PUNTOS DE INFLEXIÓN ESPIRITUAL DE LA HISTORIA NORTEAMERICANA

Revisado por: Kristine Hunt
Ilustracion: Mira Fraser
Caratula: Angi Shearstone (diseño: Luigi Morelli)
Traduccion: Edgardo Macchiavello

Nota para bibliotecarios: un archivo de este libro se encuentra en Library
and Archives Canada a Informacion acerca de derechos de autor: Canadian
National Catalogue: Amicus No 34528789 Canadiana 20080169260

iUniverse books may be ordered through booksellers or by contacting:

iUniverse
1663 Liberty Drive
Bloomington, IN 47403
www.iuniverse.com
1-800-Authors (1-800-288-4677)

ISBN: 978-1-4620-1121-6 (sc)
ISBN: 978-1-4620-1122-3 (ebook)

Printed in the United States of America

iUniverse rev. date: 4/4/2011

CONTENIDO

PARTE II: DEL TIEMPO DE CRISTO A LA CONQUISTA

Reconocimientos

Quiero agradecer a Joya Birns su pre-corrección, ingreso de datos y apoyo constante; Timothy Cox por sus observaciones y valerosas sugerencias; a Veronica Oliva-Clour por su estímulo y por invitarme a ofrecer conferencias antes de que este manuscrito estuviera terminado. Gracias a Stephen Clarke, Colin Mc Ewan, Emory Michael por el ingreso de datos, referencias y su debate de ideas sobre el tema.

Introducción

Este trabajo considerará un evento fundamental de la historia norteamericana — el punto de inflexión espiritual. La investigación histórica clásica a menudo apunta a estos eventos sin poder probar su naturaleza, su importancia, y sus consecuencias de gran alcance. Nos preocuparemos de dos de tales puntos de *inflexión*. El primero ocurrió hace unos dos mil años en Centroamérica. El segundo es un conjunto de eventos que ocurrieron en dos lugares del continente un tiempo antes de la colonización europea. Estos puntos de *inflexión* determinan el escenario para los tiempos modernos norteamericanos.

A la mayoría de americanos del norte y el sur les es poco familiar el nombre Vitzliputzli — el iniciado de las Américas en el tiempo de Cristo. Aquéllos que han oído ese nombre pueden saber que fue poco lo que Rudolf Steiner mencionó en dos conferencias dadas en 1916. [1] Allí, Rudolf Steiner estudia hechos y eventos que se dice ocurrieron hace dos mil años atrás. En el tiempo de Cristo un iniciado luchó contra las prácticas de magia negra que habían alcanzado su apogeo en ciertas formas de sacrificio humano. Su vida y hechos acarrearon consecuencias para la totalidad de las Américas. Aun cuando la historia no conservó su nombre, un individuo de tal supuesta importancia como Vitzliputzli habría dejado muchos rastros. Este trabajo unirá los hilos que apuntan hacia la existencia de esta individualidad histórico-legendaria. Lo haremos siguiendo las indicaciones de las leyendas nativas a lo largo de las Américas. Los diferentes mitos y leyendas en Norte, Centro, y Sudamérica parecen apuntar al mismo individuo. ¿Cómo es posible que quede constancia de su presencia a lo largo de estos continentes? ¿Y dónde vivió esta individualidad?

La falta de registros específicos de Vitzliputzli parece dejar sin respuestas estas preguntas. Afortunadamente, veremos que el continente ha conservado un documento inestimable, el Popol Vuh, indudablemente el más importante escrito esotérico de las Américas.

El Popol Vuh desanda en mítico lenguaje las fases de la civilización por la que toda América ha pasado en una u otra medida. Para los Mayas e Incas, estas fases son conocidas como las Cuatro Eras, y por los Hopis [*] como los Cuatro Mundos. Los Aztecas agregaron a estas un Quinto Sol.

El Popol Vuh es un muy importante registro histórico que puede ayudarnos a recordar la mitología e historia Americana. Además, esta investigación no habría sido posible sin el trabajo de Rafael Girard que penetró la cultura Maya con un interés que va más allá de lo académico. Él podía percibir que dentro de los rituales Mayas la tradición ha conservado hasta el momento mucho del conocimiento antiguo porque su comprensión podía elevarse del verdadero nivel científico que se atiene a los hechos al nivel imaginativo donde vive la conciencia Maya y la Nativa de América. En su trabajo confirmó la mitología a través de un uso interdisciplinario de la arqueología, la antropología y la lingüística. Sus descubrimientos indirectamente confirman la explicación que dio Rudolf Steiner sobre que una vez ocurrió en Centroamérica un evento de importancia central. Con ayuda del trabajo de Girard como punto de partida, podemos tener una idea muy precisa de las raíces de la espiritualidad Maya y de la nativa Americana y sus fuentes comunes. Reconocer los orígenes de mucho de la espiritualidad Nativa Americana paradójicamente nos ayudará a entender cómo en el mismo punto en el tiempo varias religiones, o en el curso del tiempo la religión del mismo pueblo puede sufrir cambios tan diametralmente opuestos. Estas oposiciones de hecho son la mayor fuente de confusión en el estudio de las religiones e historia Americana. Similares nombres pueden referirse a diferentes seres, justificando muy diferentes, e incluso diametralmente opuestos tipos de prácticas religiosas.

A través de la poco conocida contribución de Girard a la arqueología Mesoamericana, y lo que la ciencia espiritual de Rudolf Steiner puede agregar a la interpretación de los hechos que él y otros han

---

[*] N. del T.: Los **hopis** pertenecen al grupo de antiguos habitantes de la meseta central de los EE.UU., de unos 10.000 individuos, muchos de los cuales viven en Arizona en la reserva federal Pueblo Navajo.

desenterrado, es ahora posible poner los cimientos a la historia de las fuerzas espirituales que han agitado el continente americano desde el tiempo de Cristo hasta la llegada de los conquistadores y más allá. El conocimiento de Girard de las interconexiones entre la religión y el mito es una inestimable fuente documental. Aunque en varios casos la ciencia espiritual nos ofrece visiones diferentes que aquellas que él alcanza, no obstante él sigue siendo la mejor fuente de datos y de material esotérico.

En un primer paso intentaremos penetrar las diferentes capas del esoterismo Maya y compararlas con lo que tiene que decir Rudolf Steiner. Dar este paso en la comprensión de la espiritualidad Mesoamericana nos permitirá localizar, con un alto grado de certeza, el importante centro ceremonial de las Américas desde el que operó Vitzliputzli.

Después de examinar el mito y antes de entrar a la propia historia, intentaremos alcanzar un entendimiento más profundo de la naturaleza del ser que Rudolf Steiner llama Vitzliputzli. Ésta es una gran tarea, una que sólo puede resolverse definitivamente con ayuda de la conciencia clarividente. Nada más podría proporcionar "la prueba." Por consiguiente, todo lo que llevemos a cabo tendrá el valor de evidencia de apoyo. En el proceso parecerá que la ciencia espiritual y el esoterismo Maya hablan dos idiomas paralelos.

En la segunda parte del trabajo se investigará el surgimiento de nuevas influencias espirituales alrededor del tiempo que precede al descubrimiento de América por Colón. Veremos que los decadentes Misterios Mexicanos resurgieron tal como lo hicieron antes del tiempo de Cristo. Lo hicieron de una nueva manera, en lo que llegó a ser el Imperio Azteca. Otras fuerzas se le opusieron, particularmente en el norte a través de la Sociedad Iroquesa. Ambos sistemas políticos tenían muchos obvios vínculos con el conocimiento esotérico del Popol Vuh. Los Misterios Iroqueses han sido analizados en mi libro anterior, *Hidden America*. Considerando que fueron examinados en relación a sus interacciones e influencias sobre la experiencia colonial,

3

aquí su significado es profundizado desde la perspectiva del contraste entre Iroqueses y Aztecas.

No exijo de forma alguna ser exhaustivo en el tema de los Misterios Americanos. Pero aparecerá más adelante nuevamente y nos acompañará ya que este trabajo es solo el principio. Desde el tiempo de los Misterios Mexicanos originales y el de la conquista, nuestra mirada apuntará al presente. ¿Cómo el legado de estos Misterios nos afecta a todos a un nivel global? ¿Cómo continúan de manera modificada en nuestro mundo moderno?

Los Misterios Mexicanos son tanto un legado del pasado como una fuente importante de conocimiento para el futuro. El continente americano ha sufrido un único desarrollo histórico que lo diferencia del resto del mundo por una razón muy simple. Europa, y en cierto grado África y Asia, conocieron el hecho de Cristo debido a la proximidad geográfica que facilitó la difusión de este conocimiento. América, ciertamente, puede haber oído hablar de ese acontecimiento en una magnitud muy limitada por la migración de Europa. Sin embargo, la mayoría de la mitología Americana apunta no a Cristo Jesús sino al iniciado que vivió en este continente en el tiempo de Cristo. Con el trascurrir del tiempo los Misterios Mexicanos parecen adquirir una mayor importancia, fundamentalmente en el tiempo de Cristo. Quince siglos después su influencia se extendió mucho más, justificándose que los llamemos Misterios Americanos. Finalmente, como veremos en la tercera parte de este trabajo, los Misterios Mexicanos y Americanos prefiguran el desarrollo que la humanidad está sufriendo en la actualidad.

Contrariamente a la historia europea donde se han conservado los eventos y entendido en forma cronológica en los últimos tres mil años, la historia Americana vive en el crepúsculo entre el hecho y la imaginación. Por consiguiente, invitamos a nuestro lector a andar por el mundo Nativo Americano. Hechos de importancia histórica ocurrieron en tiempos no especificados y adquirieron lo que parece tener cualidades mágicas. Esto de hecho correspondió a la perspectiva y concreta percepción de lo Nativo Americano, una percepción que abarcó los hechos junto con sus impresiones espirituales. Importante para la comprensión de este libro es el conocimiento del Popol Vuh. Aquí se ofrece un resumen del libro al principio de cada nuevo tema para invitar al lector a ver el pasado de América a través de los ojos de sus habitantes originales.

Una palabra de advertencia se agrega aquí para aquéllos que pueden haber leído este libro cuando fue publicado por Trafford. Un cambio menor aparece en el capítulo 7, bajo el título "*Individualidad del Iniciado: una Hipótesis.*" La hipótesis allí presentada sigue los argumentos presentados por Bernard Lievegoed en *The Battle for the Soul*. Yo no había seguido a fondo la investigación sobre esta materia. Un par de personas que leyeron el libro los primeros días me hicieron consciente de que debía investigar lo que ellos habían realizado sobre el tema, apuntando a los separados destinos de las individualidades eternas de aquéllos conocido como Manu por un lado y como Mani por el otro. El último encarnó históricamente en el segundo siglo DC. Habiendo seguido sus argumentos, y convenido con sus conclusiones, he omitido la hipótesis formulada anteriormente. Lo que aparece bajo ese título sigue, no obstante, siendo una hipótesis.

Parte I
La Prehistoria
Americana

CAPÍTULO 1

LEYENDAS PROFÉTICAS

A TRAVÉS DE LAS AMÉRICAS

A través de las Américas existen leyendas de un ser con una mezcla de atributos que lo hacen mortal e inmortal. Su nacimiento, como se mencionó, casi siempre tiene un carácter milagroso. La madre es embarazada por un ser espiritual en la forma de un viento Norte u Oeste, u otra entidad espiritual. A menudo ella muere al dar a luz y una abuela cría al muchacho.

Nuestro personaje central es muy a menudo llamado "Profeta" por su habilidad de ver pasado y futuro. Igualmente, las numerosas tradiciones lo llaman "el Sanador" y relatan que podía curar al enfermo, dar vista al ciego y restaurar al lisiado sólo con su palabra. En todos los mitos él conversa con los elementos y los animales y tiene poder sobre ellos. Aunque dotado de atributos supraterrenales, definitivamente camina por la tierra como hombre. Bastante universalmente es reconocido como el héroe pacificador que introduce muchas artes como la escritura, el cultivo de la tierra y la domesticación de animales, y la astronomía. Algunos de sus recurrentes nombres son Dios Pálido o Dios del Amanecer. Como veremos después, en este caso, Dios del Amanecer se refiere al dios del amanecer de la humanidad. En muchas culturas Nativas Americanas él lucha contra los monstruos y bestias para traer la paz, o lo hace para vencer al sacerdocio que practica el sacrificio humano.

Aunque sus notables logros son bien conocidos en Centroamérica, ecos de ellos perduran en todas las mitologías desde Canadá hasta los Andes del sur. Una importante colección de sus historias ha sido reunida por H. T. Taylor. [1] En la siguiente sección diferenciaremos entre Norte, Sur y Mesoamérica de una manera ligeramente diferente de la geográfica que distingue parte norte, sur y centro del continente.

Mesoamérica, para esta sección del libro, corresponde al área que cubre todo México y la mayor parte de Centroamérica. Esta caracterización refleja la historia común que comparten estas dos regiones.

Norteamérica: Glooskap, Manabozho y "Hiawatha"

Muchos de nosotros en los Estados Unidos podemos recordar el verso:

Allí él cantó de Hiawatha,
Cantó la canción de Hiawatha,
Cantado su maravilloso nacimiento y ser,
Cómo oró y cómo ayunó,
Cómo vivió, trabajó, y sufrió,
Que las tribus de hombres pudieron prosperar,
Que él pudo desarrollar su pueblo.

Puede causar alguna sorpresa que un ejemplo de la mitología del Profeta sea realmente bastante familiar para los Americanos: el famoso Hiawatha de Longfellow. Hay muchas razones por las que no podríamos reconocer inmediatamente al ser de Hiawatha. Longfellow sacó su inspiración de *Indian Stories* de H. R. Schoolcraft. [2] Sabemos por su diario que él tejió la historia de Hiawatha junto con muchas otras leyendas nativas. [3] Finalmente, el nombre del propio Hiawatha es otra fuente de confusión. Las historias de Schoolcraft se refieren al héroe algonquiano Manabozho, a quien Longfellow equivocadamente asoció con el nombre Iroqués Hiawatha. Veremos después que Hiawatha es un individuo que vivió quince siglos después de Manabozho. Hay buenas razones para confundir las dos figuras. Como veremos en el capítulo 3, Parte II, la leyenda de Hiawatha: *Las Raíces Blancas de la Paz,* en efecto hacen eco de la figura del Profeta.

Schoolcraft llama Manabozho a la "gran encarnación del norte" (norte de EE.UU.). Reconoce que este mito es el más extendido entre las naciones indias. El resto de su odisea es contada a través del poema de Longfellow. De aquí en adelante siempre que se mencione el Hiawatha de Longfellow el lector debe entender que nos estamos refiriendo a

Manabozho.

Se dice que la madre de Hiawatha es virgen, su abuela es hija de la luna. 'El Viento Oriental' (Mudjekeevis), quién embaraza a la madre y causa su muerte al dar a luz. El niño crece desarrollando sus grandes dotes de observación y comunión con los animales y seres elementales. Después de alcanzar la masculinidad Hiawatha quiere luchar con Mudjekeevis por causar la muerte de su madre. Mudjekeevis, el que no se puede matar, lo pone a prueba y le da la misión de liberar a su pueblo de monstruos y bestias. (Capítulo 3: La Niñez de Hiawatha)

Hiawatha parte en su nueva misión y lucha contra el gran rey pez Mishe-Nahma. El pez se lo traga, pero el héroe mata al pez y se libera con ayuda de la ardilla y la gaviota. (Capítulo 8: La Pesca de Hiawatha). El siguiente desafío pasa por el encuentro con el mago Megissogwon, el gran Cresta de Perlas, que vive al otro lado del Gran Lago. Hiawatha es desafiado primero por la exaltada serpiente a la que dispara sus flechas. Luego lubrica los lados de su canoa al llegar a un área de brea líquida. Finalmente, después de desembarcar, vence al mago alcanzándolo con una flecha en el mechón de pelo sobre su cabeza, el único lugar donde Cresta de Perlas es vulnerable. Luego puede despojarlo de su camisa mágica de conchas de wampum*. (Capítulo 9: Hiawatha y Cresta de Perlas). Hiawatha, como héroe pacificador introduce la escritura pictórica. (Capítulo 14: Escritura Pictórica)

Con poético sentimiento Longfellow también representa al héroe como profeta para su nación:

Yo vi, también, en esa visión
Todos los secretos del futuro,
De los distantes días que serán…
Entonces una visión más oscura, más triste

---

* N. del T.: Pequeñas cuentas cilíndricas hechas de conchas pulidas y acomodadas en hileras o cinturones, anteriormente usadas por ciertos pueblos nativos americanos como monedas y joyería o para intercambios ceremoniales entre grupos.

Pasó ante mí, vaga y enturbiada;
Vi nuestra nación esparcida,
Todos olvidaron mis consejos,
Debilitada, en guerra unos con otros....

(Capítulo 21: El Pie del Hombre Blanco)

Otro elemento principal del saber popular americano es Glooskap. Él también es un equivalente de Manabozho. En la tradición Micmac[†] se dice que Glooskap vino de un país del este, por el mar. Él es un ser divino en forma de hombre. El Viento Norte embaraza a la madre, y Glooskap vive con su madre y abuela. Al crecer, Glooskap enseña a los Micmac la agricultura y la cría de ganado. Se dice que monta en una canoa de granito, un tema recurrente en muchas leyendas norteamericanas, indicando la habilidad de viajar al reino de los muertos. Los Micmac en efecto creen que Glooskap los espera a su muerte. [4]

Otros nombres para el ser de Manabozho según Schoolcraft son Inigorio y Micabo, según diferentes tribus indias. [5] En la extensa investigación de L. T. Hansen, en Georgia el profeta es llamado *E-ver-Co-Wah* (Señor del Viento y el Agua), y en Virginia Oriental *Chee-Zoos* (Dios del Alba). Los Pawnees lo llaman *Paruxti*; *Wacona* o *Waicomah* por los Dakotas; el Chippewa, *Wis-ah-Co*; el Choctaw (Oklahoma), *Ee-yo-Shee*; el Yakima (Washington), *Tacoma* (la montaña más alta lleva ese nombre por él); el Seri (Golfo de California), *Tlazoma*. [6]

Debe hacerse mención especial a la mitología de *Pueblo*[*]. Como

---

[†] Los **micmac** o **mik'mag** son una tribu de indios algonquinos, también llamada **Surike**. Su nombre proviene de **nikmag** "aliado". Se trataba de una confederación de siete tribus.

[*] N. del T.: Los **indios pueblo** son un grupo nativo norteamericano de unos 40.000 individuos que habita sobre todo en el estado de Nuevo México. El término "pueblo" se refiere tanto a la agrupación como a su modelo de vivienda: un complejo de habitaciones de varios niveles hecho de barro y piedra, con un techo de vigas cubierto con barro.
Los grupos pueblo incluyen a los hopi, los zuñi, y otros grupos más reducidos. Son los modernos descendientes de los anasazi, una antigua civilización que floreció entre los siglos XIII y XVI. La aldea pueblo más antigua es Acoma, que tiene una historia ininterrumpida de

Pueblo tiene profundos vínculos con las poblaciones *Uto-Aztecas* de México, también comparten muchos elementos comunes en sus mitologías. Un tema que frecuentemente reaparece es el del muchacho que no conoce a su padre y sale en su búsqueda. Tal es la historia "Flecha al Sol," aquí vuelta a contar por completo.

Hace mucho tiempo atrás el Señor del Sol envió a la tierra la chispa de la vida. Viajó en los rayos del sol, a través de los cielos y llegó al pueblo. Entró en la casa de una joven doncella. De esta manera el Muchacho nació de hombres. Vivió, creció y actuó en el pueblo. Pero los otros muchachos no le permitieron unirse a sus juegos. "¿Dónde está su padre?" preguntaron ellos. "¡Usted no tiene padre!" Se burlaban de él y lo perseguían. El Muchacho y su madre estuvieron tristes.

"Madre," dijo él un día, "debo buscar a mi padre. No importa donde esté, debo encontrarlo." Así que el Muchacho dejó su casa. Viajó a través del mundo de los hombres y llegó donde Sembrador de Maíz. "¿Puede usted llevarme a mi padre?" preguntó él. El Sembrador de Maíz no dijo nada, pero continuó cuidando sus cosechas. El Muchacho fue al Alfarero, al Fabricante de Vasijas. "¿Puede usted llevarme a mi padre?" le preguntó el Muchacho. El alfarero nada dijo, y continuó fabricando sus vasijas de arcilla. Luego el Muchacho fue donde el Fabricante de Flechas que era un hombre sabio. "¿Puede usted llevarme a mi padre?" El fabricante de flechas no contestó, pero, debido a que era sabio, vio que el Muchacho venía del Sol. Así que creó una flecha especial. El Muchacho se volvió flecha. El fabricante de flechas adecuó al Muchacho a su arco y lo lanzó. El Muchacho voló por los cielos. De esta manera viajó al Sol.

Cuando el Muchacho vio al poderoso Señor, lloró, "¡Padre, soy yo, su hijo!"

"Quizás sea usted mi hijo," contestó el Señor, "quizás no lo sea.

---

unos 1.000 años. Eran agricultores eficientes, que desarrollaron un sistema de irrigación. Los poblados pueblo se construían sobre una plataforma alta con propósitos defensivos.

Usted debe demostrarlo. Debe atravesar las cuatro cámaras ceremoniales (kivas): el kiva de los Leones, el kiva de las Serpientes, el kiva de las Abejas y el kiva de los Relámpagos." El Muchacho no tuvo miedo. "Padre," dijo él, "soportaré estas pruebas." Y así soportó estas pruebas. Cuando el Muchacho vino del kiva del Relámpago, estaba transformado. Estaba colmado con el poder del sol. El padre y su hijo se regocijaron. El padre dijo, "Ahora usted debe volver a la tierra, mi hijo, y debe llevar el espíritu al mundo de los hombres."

Una vez más el Muchacho se volvió flecha. Cuando la flecha alcanzó la tierra el Muchacho emergió y fue al pueblo. El pueblo celebró su retorno con la danza de la vida. [7]

Similar a esta leyenda es la historia "Los Gemelos Visitan Tawa." Aquí nos cuentan sobre los nietos gemelos de la Mujer Araña, llamada Puukonhoya, la Juventud, y Palunhoya, el Eco, respectivamente. Ellos también van en busca de su padre a quien no conocen. Su primera prueba es un encuentro con seres que guardan el umbral: un viejo, dos osos enfadados y Gatoya, guardián de todas las serpientes. Detrás de ellos el Cerrado Cañón obstruye el camino. Habiendo superado todos los obstáculos llegan a la morada de Tawa. El Dios del Sol está enfadado por la intrusión y los tira a un horno de pedernal donde el fuego rabia. Cuando abre la puerta del horno, los Gemelos escapan indemnes. Por esto Tawa sabe que ellos son sus hijos. [8]

La kiva* donde ocurren las pruebas de la iniciación reaparece en las pruebas sufridas por los Gemelos en el reino de Xibalbá — el inframundo — como veremos por lo que vuelve a contar el Popol Vuh. También reaparece el tema del horno al que los Gemelos son

---

* N. del T.: La **kiva** es una habitación circular excavada en el suelo y recubierta de un techo. En parte bajo el nivel del suelo, se bajaba por una pequeña escalera para practicar el culto o reunir al consejo del pueblo. En el centro se encendía una hoguera y el humo se escapaba por un tubo de ventilación con deflector. Las kivas más grandes podían contener varias centenas de personas sentadas en taburetes de piedra.
En las kivas se realizan las fiestas religiosas reservadas a los hombres de los anasazi, hopi e indios pueblo relacionadas con los ciclos agrícolas. Las grandes kivas del Cañón del Chaco tenían un diámetro de 18 metros y estaban subdivididas en partes según los puntos cardinales.

arrojados. Otro elemento similar a la mitología Maya es el rol de los Gemelos. La misma historia arquetípica puede ser algo llevado a cabo por uno o dos jóvenes. El que no haya diferencia entre uno o los dos se aclara por el hecho que un sólo héroe a menudo es llamado el Joven o Puukonhoya. Incluso cuando los dos aparecen juntos, es el Joven quien realiza el papel activo a lo largo de la mayor parte o de toda la historia. El segundo Gemelo parece ser fiel a su nombre, el Eco. [9] Es muy pronto para aclarar este misterio. Veremos que los Gemelos aparecen en el Popol Vuh en una forma similar.

Sudamérica: Las Dos Creaciones

Algunas de las leyendas andinas mejor conservadas vienen del Altiplano boliviano llamado el Collao. Aquí se situó una de las ciudades más sagradas del tiempo que precede la civilización incaica: Tiwanaku. Probablemente fue el centro ceremonial más grande de Sudamérica. El cronista Juan de Betanzos apunta la siguiente leyenda:

Ellos dicen que en antiguos tiempos la tierra de Perú era oscura y no había luz o día en ella. Por esos tiempos moraba allí cierto pueblo que debía obediencia a un señor cuyo nombre ellos ya no recordaban. Y cuentan que en aquellos tiempos cuando todo era noche en la tierra salió de un lago en el lugar llamado Collasuyu, un señor llamado Con Titi Wiracocha, trayendo con él cierto número de personas, aunque ellos no recuerdan cuántas. Y después de salir del lago fue a un lugar cercano, donde está ahora el pueblo que ellos llaman Tiahuanaco en el Collao. Y mientras estaba allí con sus seguidores, contaban ellos que de repente hizo el sol y el día y ordenó al sol seguir el curso que sigue. Luego hizo las estrellas y la luna. Cuentan ellos que en una ocasión anterior había aparecido este Con Titi Wiracocha y que en esta primera aparición hizo el cielo y la tierra y dejó todo oscuro. Fue entonces que creó esta raza de hombres que vivieron durante los tiempos de oscuridad. Y esta raza hizo algo que encolerizó a Wiracocha, de manera que ocurrió la segunda vez como se ha dicho y convirtió en piedra a esa raza y al señor que tenía autoridad sobre ellos, como castigo por el enojo que le habían causado. [10]

15

Aunque Con Titi Wiracocha realiza una "creación," ésta no es una repetición de la primera creación; más bien es una aceleración o un "reavivamiento de la creación" marcada por la aparición del sol, la luna, y las estrellas en los cielos. Podemos oír de Cieza de León un cuento similar al anterior:

Antes de que los Incas gobernaran o incluso antes de que se supiera de ellos en estos reinos, estos Indios relatan la cosa más notable que cualquiera otra de las que cuentan. Afirman que estuvieron largo tiempo sin ver el sol y por eso sufrieron mucha penalidad, ofrecieron oraciones y votos a quienes ellos tomaron por dioses, pidiéndoles la luz que les faltaba. Ante eso apareció el muy brillante sol del lago Titicaca en la gran meseta del Collao, y todos se regocijaron. Después de ocurrido, cuentan que de repente apareció, viniendo del sur, un hombre blanco de gran estatura y conducta autoritaria. Este hombre tenía tan gran poder que cambió las colinas en valles y de los valles hizo grandes colinas, provocando corrientes que fluían de la piedra viva. Cuando vieron su poder lo llamaron Hacedor de todas las cosas creadas y Príncipe de todas las cosas, Padre del sol. Dicen que este hombre viajó al norte a lo largo de la ruta de la región montañosa, haciendo maravillas conforme avanzaba y después nunca más lo vieron. Dicen que en muchos lugares instruyó a los hombres sobre cómo deben vivir, ser buenos y no hacerse ningún daño o lesión uno al otro, sino amarse y mostrar caridad para con todos. En la mayoría de lugares lo llaman Titi Wiracocha, pero en la provincia del Collao él se llama Tuapaca o en algunas partes de ella Arunaua. En muchos lugares ellos construyeron templos para él y en ellos colocaron estatuas a su semejanza y ofrecieron sacrificios ante ellas. Las grandes estatuas en el pueblo de Tiahuanaco se afirma son de aquellos tiempos....

Tienen de sus antepasados que dondequiera que él pasara sanaba a todos los enfermos y restauraba la visión a los ciegos sólo con sus palabras.... [11]

El cronista nativo Juan de Santa Cruz Pachacuti confirma las dos narraciones anteriores. También habla sobre un hombre barbado con

16

pelo largo, vestido con una larga capa. La habilidad de hacer brotar estallidos de la tierra es relatado por H., T. Hansen en la leyenda de las Aguas de Cacha. Cacha es una ciudad situada entre Cuzco y el lago Titicaca. Allí, durante una sequía, el profeta apareció ante su pueblo y estableció una fuente hundiendo su vara en la lava. La fuente es conocida como Fuente de Wiracocha. [12]

Un último punto de interés viene de la *Crónica moralizada de la orden de San Agustín en el Perú*, de Calancha[*]. Aquí, aparte de los anteriores temas recurrentes, también se cuenta que el héroe, llamado Thunupa, llegó a luchar contra la embriaguez, la guerra y la poligamia. Se opuso al mago negro Makuri. [13] Juan de Santa Cruz Pachacuti menciona que, antes de ser desterrado por Wiracocha, los ídolos que se adoraron requirieron de sus seguidores el sacrificio humano. [14] En las leyendas de la ciudad de Cacha y de la ciudad costera de Pachacamac se hace mención del hecho que el profeta venció la tradición del sacrificio humano. [15]

El viejo Imperio Inca no era el único que conservaba el saber popular del conocimiento del profeta. L. T. Hansen encontró recuerdos de este ser entre la tribu amazónica de los Waikano. Ellos se llaman con el nombre del ser, Waikano, de quien dicen era barbudo, les enseñó el uso de las plantas, y les dejó las ceremonias que continuaron practicando. [16] Incluso más indicativas son las leyendas del AmueSha'rep — una tribu amazónica del centro del Perú — quienes estaban en contacto con los conquistadores desde muy tempranas fases de la conquista. Está entre ellos lo que encontramos conservado como un mito que recoge muchos de los motivos encontrados en la parte central del Popol Vuh, uno que está relacionado con los hechos del

---

* N del T.: **Antonio de la Calancha** (el Padre Calancha) (Chuquisaca, 1548; Lima, 1654) Fue un eclesiástico y cronista del Alto Perú (hoy Bolivia), hijo de un encomendero andaluz. Renunció a la sucesión de su padre para ingresar en la orden religiosa de los Agustinos. Estudió Teología en la Universidad de San Marcos de Lima y alcanzó cargos elevados en su orden, que le llevaron a recorrer el Perú y a reunir un gran número de noticias para su *Crónica moralizada de la orden de San Agustín en el Perú*, cuyo primer volumen apareció en Barcelona en 1631, siendo traducido poco después al latín y al francés. El segundo tomo, que quedó incompleto, apareció en Lima en 1653. Murió en Lima en 1654.

profeta. El mito de AmueSha'rep es de adicional interés porque pertenece a un grupo cultural completamente diferente al Inca. El mito se da completo en el Apéndice 1; aquí mencionaremos los temas principales. La historia se llama "Yompor Ror y Yachor Arror,*" o "El Origen del Sol y la Luna." [17] Se sitúa en el tiempo en que "el mundo casi se acabó." La reproducción física fue amenazada porque el pueblo había olvidado la voluntad del creador. Un sacerdote decidió criar a un muchacho y una muchacha según el procedimiento ritual. Al llegar a la adultez, la mujer encontró dos bonitas flores, las recogió y se embarazó. El sacerdote comprendió que éste había sido trabajo del Abuelo Yos, la suprema deidad. Poco después la mujer fue muerta por Patonell, la madre de los jaguares. Antes de morir logró dar a luz a los Gemelos, un muchacho y una muchacha. El bagre, Meshet, amamantó a los bebés. El sacerdote pidió a Sha'rep, el lagarto, ir en busca de los Gemelos, y el lagarto lo hizo exitosamente. No obstante ellos no crecerían, y un día fueron confiados al cuidado de Patonell. El texto especifica en este punto que "ellos parecían niños pero ya eran adultos." Un día Patonell iba a cocinarlos debido a que no tenía otra carne. Los Gemelos lograron engañarla y darle la cerveza que para ellos había preparado su "hermana abeja." A su vez mataron a la madre jaguar y enterraron algunas partes de su cuerpo en diferentes lugares. El resto lo cocinaron. Cuando los otros jaguares volvieron los Gemelos los engañaron dándoles a comer el cuerpo de Patonell que habían cocinado. Los jaguares comprendieron el engaño y persiguieron a los Gemelos. Finalmente, los Gemelos huyeron por un río a través de un puente que habían formado con sus hondas, y giraron sus cuerdas cuando los jaguares lo cruzaron. Esto representó el fin de los jaguares que cayeron a las hirvientes aguas del lago. Los Gemelos finalmente se volvieron adultos, aunque en realidad sólo habían pretendido no crecer. Después los dos ascendieron a los cielos donde la muchacha se volvió luna y el muchacho sol.

Lo interesante del mito anterior es la mención de un período de incertidumbre y peligro que precede a la aparición de los Gemelos. Las mujeres fueron amenazadas con la esterilidad biológica. La ascensión

---

* N.del T.: **Yompor Ror:** Poderoso Sol y **Yachor Arror:** Madre Luna.

de los Gemelos marca el principio de una nueva época de la cultura. El tema de la leyenda también se refleja en el mito Caribeño de Guayana, y en un mito de Chiriguano. Un mito similar, más corto, amazónico, menciona a un maravilloso niño en lugar de los Gemelos. [18] Alfred Metraux ha compilado todos los mitos de Gemelos de Sudamérica. El tema de los Gemelo, dice él, ocurre desde Panamá hasta el extremo sur del continente (mitos del Ona, Yaghan, Alakaluf) y de Brasil a Perú. [19] Estos mitos pueden distinguirse ampliamente en dos categorías. En una de estas los Gemelos son entidades antiéticas, una clase de hermanos enemigos. En otra juegan roles complementarios. Aquí sólo nos conciernen los segundos. A menudo reaparecen varios elementos como tema común. La apoteosis de los Gemelos es su transformación en sol y luna. Adicionalmente son héroes de la cultura a los que las tribus deben el paso más importante de su desarrollo en esa área. Los mitos mencionados nos dan una prueba anticipada del texto del Popol Vuh y la imaginería contenida allí. Desde que el Popol Vuh es un mito mucho más elaborado, en los capítulos siguientes exploraremos la imaginería anterior a través del texto Maya.

Mesoamérica: ¿Uno o Dos? El Profeta y los Gemelos

No sería posible hacer justicia a la riqueza del material que proviene de fuentes mesoamericanas. Entraremos en un análisis más profundo del documento esotérico Maya, el Popol Vuh. Existen otros documentos, por ejemplo el Chilam Balam o "Libro de las Profecías." En esta parte nos ocuparemos del material más "exotérico" de las leyendas mexicanas y guatemaltecas que apuntan a un individuo que vivió en Mesoamérica. Aunque Rudolf Steiner nunca mencionó el sitio exacto de los Misterios Mexicanos empezado por Vitzliputzli, apuntó hacia esta área de las Américas. No debe llegar a sorprendernos encontrar aquí el material más abundante sobre este iniciado.

Daremos un ejemplo de repetición de una leyenda en la que el profeta aparece como un sanador. El poder de profetizar y sanar se encuentra aquí en una interesante mutua relación. Me he tomado la libertad de entretejer tres leyendas muy similares. La mayoría de la trama pertenece a la *Leyenda del Paso de Popocatépetl*. El contenido general

19

de la leyenda ha sido conservado y ampliado con otras dos leyendas que proponen los mismos temas: la *Profecía de Cholula y la Leyenda del Árbol del Relámpago.* [20]

En ese tiempo las visiones llegaron a obsesionar cada vez más al Profeta Kate-Zahl. Él había visto lejos en el futuro un tiempo en que resurgiría el sacrificio humano y los pueblos se olvidarían de sus enseñanzas; ya no sería útil todo lo que había vivido y por lo que había luchado.

Cansado y angustiado, el Profeta, para estar en comunión con el Gran Espíritu, buscó la soledad en la cima del volcán Popocatépetl. Allí, buscó la fuerza para renovar sus enseñanzas o pedirle a Dios lo tome en Su seno. En la ascensión Kate-Zahl notó que a la distancia los bufones lo estaban siguiendo. Ésos eran enanos y jorobados a quienes él había sanado. Se unieron a él por un profundo vínculo de amor. Vanamente trató de disuadirlos de intentar la peligrosa jornada.

Los cielos retumbaron y el relámpago golpeó; pronto la montaña fue envuelta por una ventisca de nieve. Después de un tiempo Kate-Zahl volvió a los bufones que lo seguían. Retrocediendo en su camino, los encontró apiñados, helados e inanimados. Intentó traerles calor pero comprendió que había perdido el don de sanar.

En el paso del Popocatépetl, el relámpago golpeó de nuevo, el trueno rugió. Mirando hacia abajo en el valle, Kate-Zahl contempló una visión de la destrucción de Tulán. Ahora sentía haber perdido el favor del Omnipotente y renovó su oración para dedicarse a Él. Su vida la sentía inútil e inútiles sus enseñanzas; dudó que existiera un verdadero futuro para la tierra.

El relámpago golpeó de nuevo y la montaña fue sacudida. Era como si cielo y tierra fueran arrasados. Un sol dorado brilló sobre una nueva tierra y un nuevo cielo, y abajo en el valle miró Tulán, la ciudad de su amor, pero ahora una Tulán más resplandeciente que la que conoció. Restauradas fueron todas sus anteriores glorias.

Nuevos templos de excelente belleza rivalizaban unos con otros. Por todas partes había jardines, esculturas de piedras preciosas y frescos. Admiró las inscripciones que contaban de tiempos idos. Notó que todos podían leerlas. La humanidad había superado su infancia de guerra y destrucción y entrado en una Era Dorada de Aprendizaje.

Volviendo al valle, Kate-Zahl contó a su pueblo de sus visiones. Cuando le trajeron a los enfermos y deformados, el Profeta comprendió que había recuperado el don de sanar. Pero aún lo más maravilloso de mirar era su semblante. Las partes características de su rostro y el pelo blanco lo mostraban más viejo. Una nueva sabiduría iluminó sus pacíficos y profundos ojos.

En Centroamérica como en Perú las leyendas vuelven a proponer el tema del iniciado que ayudó a erradicar, a vencer el sacrificio humano. Un ejemplo es *La Leyenda de Los Sacerdotes de Ek Balaam*, el sacerdocio del tigre. Esta leyenda muestra en esencia cómo la presencia del iniciado fue más que lo que podía devengar la ofrenda sacerdotal. Ellos fueron abrumados por su poder. [21]

Bastante diferente a cualquiera de las leyendas anteriores es la Leyenda de la Mujer, conservada en Yucatán. En Yucatán reinó una encantadora reina, cruel y sin corazón, con la piel del color del viejo marfil y pelo tan azul como las alas del cuervo. Sabiendo que el profeta no podría ser herido o envenenado, decidió atraparlo en un calabozo. La tarde de su llegada el volcán empezó a eructar humo oscuro desde su cúspide. A la señal de la reina el profeta entró en el calabozo. Luego la montaña explotó y el palacio se derrumbó. En el palacio sobrevivieron sólo la reina y un guardia. Después de escapar de la cautividad el profeta sanó a las personas que habían sido heridas y quemadas. [22]

La mayoría de elementos, si no todos, que se han presentado arriba reaparecen en el contenido esotérico del Popol Vuh. En otras fuentes aparecen elementos adicionales, particularmente en el Chilam Balam o Libro de las Profecías.

21

CAPÍTULO 2

POPOL VUH:

LAS ERAS CÓSMICAS

Aunque este trabajo se preocupa principalmente del espacio de tiempo entre el Misterio del Gólgota y el presente, influencias pre-históricas que datan de antes del tiempo de Lemuria y Atlante tienen una continuada influencia en los eventos que exploraremos. Son esenciales para este trabajo una básica apreciación global de la presencia indígena durante el tiempo de Lemuria y Atlante y los traslados de poblaciones de Atlántida hacia América del Norte y Central. Para entender estas antiguas influencias y la historia cósmica de los primeros capítulos del Popol Vuh, nos referiremos a lo que conocemos de la ciencia espiritual:

- La evolución de la tierra desde el tiempo de Lemuria hasta el post-Atlante y su relación con el curso del Año Platónico.
- Las innovaciones culturales: la evolución de los Misterios y los importantes descubrimientos que resultaron de ellas.

La primera línea de análisis sigue la evolución de la tierra a través de etapas que conducen al presente. Para todo propósito práctico sólo necesitaremos ir hasta donde Lemuria cubra nuestra área de preocupación. A esta primera línea agregaremos la noción de los ritmos del Año Platónico de aproximadamente 26,000 años. Esta añadida consideración nos permitirá fijar y establecer la evolución de la conciencia según una moderna secuencia cronológica de los eventos. Adicionalmente se verterá luz sobre la naturaleza de la cosmología Mesoamericana. La segunda clave de referencia sigue las más importantes innovaciones culturales. De éstas la más importante es la evolución de los Misterios que conectan a los seres humanos con lo divino. Éstos evolucionaron en cierto modo que Rudolf Steiner resumió así: Antiguos Misterios, Misterios Semi-antiguos, Misterios

Semi-nuevos, y los Nuevos Misterios. Finalmente, nos referiremos al más importante avance cultural, principalmente a los escritos y la forma de calendario que emergieron del registro histórico.

I: EVOLUCIÓN DE LA TIERRA

Como la mente indígena reconoce, la evolución no marcha en forma lineal, sino en ciclos de alternada expansión y reducción, ascenso y descenso, evolución y declive. Tal visión, familiar para las civilizaciones antiguas, puede reconciliarse con el método científico a través del trabajo de Rudolf Steiner. Así, el abismo entre la mente indígena y la perspectiva científica puede unirse por un puente, y así tener acceso a las leyendas y documentos de Mesoamérica antigua. Las civilizaciones Mesoamericanas hablaron de ciclos de tiempo que acaban en catástrofes naturales y a cada catástrofe siempre le siguen nuevos comienzos. La destrucción y el período de vaciado — la noche cósmica que precede un nuevo comienzo — en la cosmología india antigua es llamado *pralaya*. El indígena Mesoamericano comparó los ciclos cósmicos con el curso diario del sol; este es el porqué oímos hablar tanto de Eras como de Soles. En la Biblia esta noción de ciclos aparece por ejemplo en los "siete días de la creación." Cada nuevo ciclo introduce nuevos elementos después de repetir el ciclo precedente de una nueva manera a través de un proceso de metamorfosis e intensificación.

La tierra pasó por cuatro ciclos antes de llegar al presente. Éstos son Polar, Hiperbóreo, Lemuria, y Atlántida, llevando a la presente Era post-Atlante. En la era Polar empezó un proceso de densificación del elemento fuego en condiciones de prístina oscuridad. En el Hiperbóreo, se densificó lo aéreo y se encendió como un sol. En esta fase el sol se separó de la tierra. El desarrollo de la tierra tenía su centro en el alejado norte de nuestro hemisferio; esto es lo que indica el nombre griego Hiperbóreo. Sin embargo, el desarrollo humano no ocurre en la tierra sino en la esfera que la rodea.

La progresiva densificación de la tierra fue resuelta en la fase de Lemuria con la expulsión primero del sol y luego de la luna. Lemuria fue un continente en las regiones hoy cubiertas por el Océano Indico, aunque no podríamos pensar en ella en términos de una continua extensión de tierra. Fue destruida por grandes catástrofes volcánicas. En Atlántida el mundo entró a un estado todavía más denso con una atmósfera impregnada de agua. Atlántida fue el primer continente parecido a aquéllos de hoy. Fue destruida por el diluvio mítico cuya memoria se conserva prácticamente en todas las mitologías del mundo. Permítanos ahora circunscribir nuestro interés a las últimas tres Rondas de la evolución de la tierra. En efecto, en la primera parte de Lemuria no existía el tiempo como lo conocemos, porque no había ni sol ni luna para regular esos ciclos. Ni había un proceso de encarnación marcado por la muerte y el renacimiento, más bien una respiración, una continua inspiración y expiración, un proceso de penetrar en la materia más densa y retirarse de ella.

Lemuria

En Lemuria todavía no existían los sólidos minerales de la tierra. El fuego interno sólo podía arrojar agua hirviente y vapor, y después barro hirviente. Las plantas y animales sólo existían en el reino arquetípico, revoloteando sobre lo corpóreo. Esto es a lo que se refiere la Biblia al decirnos que fueron creados cada uno según su propio tipo y después especifica: "Cuando ninguna planta del campo estaba todavía en la tierra y ninguna hierba del campo había brotado." (Gen. 2:5) Hubo especies pero todavía no formas físicas individuales.

El ser humano sólo estaba presente en el reino etéreo, en una forma que todavía no se había condensado en lo físico. Los ojos físicos no podían percibirlo. La Biblia indica lo anterior diciendo: "no había ningún hombre para cultivar la tierra." (Gen 2:5) La primordial forma humana de Adán era hermafrodita. "Varón-hembra ellos lo crearon." (Gen 1:27) Él podía producir su familia desde dentro, dado el poder y presencia del alma-espíritu sobre la forma etérica. En las tempranas fases de Lemuria los seres humanos revoloteaban en una atmósfera vivificada en la que no se condensó ninguna forma permanente. Las formas surgían y se disolvían, pero no tenían duración y no podían conservarse en los estratos geológicos.

Mientras estos procesos continuaban, la tendencia hacia la rigidificación de la tierra alcanzó una fase en que el proceso de encarnación fue dificultado, y la mayoría de las almas permanecía en la esfera etérica cerca de la tierra o en las esferas planetarias cósmicas. Si lo que después se volvió luna hubiera permanecido unido con la tierra, tierra y hombre habrían logrado una fase de momificación. La tierra se habría vuelto lo que Rudolf Steiner llamó "un gran cementerio cósmico." Sólo aquellos cuerpos que conservaron las mayores fuerzas podían sobrevivir en estas rudas condiciones. De hecho sólo persistió un puñado de tales cuerpos. [1] La luna tomó consigo misma las substancias más toscas. Rudolf Steiner describe este proceso como aire y agua purificados de su densa materia. Lo que previamente se disolvió ahora se precipitó. Nacieron aire y agua. En la tierra, después de la separación de la luna, las substancias volvieron a un estado más maleable. El proceso de encarnación y excarnación, indicando un mayor descenso a la tierra, se estableció en la parte media y última de Lemuria.

Después de la expulsión de la luna el área del Océano Pacífico permaneció perturbada durante un tiempo, y el desarrollo ocurrió primero en el continente africano según lo ha confirmado la investigación moderna. Después, ocurrió un mayor desarrollo en el continente de Lemuria localizado entre Asia, África y Australia, en la región del actual Océano Indico. Sin embargo, éstas no eran extensiones de tierra como las que estamos acostumbrados a imaginar en el presente tiempo. No había un claro límite entre la tierra y los océanos. Incluso las partes más sólidas estaban continuamente bajo la influencia de procesos volcánicos. Desde entonces la superficie de la tierra sufría continuos cambios, no había ningún poblado permanente. Los materiales que fueron usados los tomaron del mundo de la planta.

Se dice que el "segundo hombre" fue hecho del "polvo de la tierra." Adamah quiere decir "materia terrenal." Ésta fue entonces la primera fase de una vida individual. El hombre en esa fase no poseía forma erguida, o manos. Sólo gradualmente llega a tener sangre caliente. El oído fue el primero de los sentidos en abrirse. La vista física no apareció hasta Atlántida. La vida interna estaba habitada por imágenes que le informaban al hombre sobre su ambiente.

Los seres humanos, constituidos de una sustancia casi gelatinosa, tenían dimensiones gigantescas. La corona de la cabeza estaba abierta y los rayos de luz que podían entrar por esta abertura, dando al ser humano la apariencia de tener una linterna sobre su cuerpo. La abertura membranosa entre los huesos del cráneo en un niño es el último remanente moderno de esta antigua constitución corporal. Las peculiaridades anteriores dotaron a nuestros antepasados de la habilidad de percibir con el alma. Una flor era percibida a través de órganos internos como una brillante configuración astral. No era una visión exterior la que proporcionaba el color, la forma o las cualidades externas. De hecho el ser humano de esos tiempos sólo podía actuar por inspiración de las fuerzas espirituales que lo rodeaban.

El ser humano fue desarrollando los instintos que lo condujeron. Las capacidades del pensar y la memoria todavía no existían. No haber desarrollado la memoria significa no poder articular el habla. Los primeros rudimentos del habla sólo evolucionaron al final de la época de Lemuria. Las fuerzas formativas y las fuerzas de voluntad todavía ejercían una fuerte influencia sobre el cuerpo que era mucho más plástico y sujeto a cambios. Esto se manifestó con la aparición de gigantes y enanos. El cuerpo etérico era más independiente del cuerpo físico, particularmente en la región de la cabeza, y esto le permitió a la humanidad percibir los eventos cósmicos y atmosféricos. El ser humano y el ambiente se influenciaban mutuamente. A través del surgimiento de la gravedad que sigue a la expulsión de la luna, en la última parte de Lemuria el ser humano adquirió la posición erecta y desarrolló la función y uso de las manos.

La separación de tierra y luna se reflejó en la diferenciación de los sexos que la Biblia indica con la creación de Eva. Esta fase que la Biblia llama 'la Caída', está caracterizada por la conciencia cada vez

27

mayor de la separación del seno divino. La separación de los sexos provocó la especialización de parte del organismo con el propósito de la reproducción y liberó parte de las fuerzas remanentes para el desarrollo de una incipiente e individual vida del alma. El varón desarrolló en la dirección de las fuerzas de voluntad con la que él todavía podía influir en los reinos naturales, con los que estaba mucho más interconectado. La naturaleza todavía era flexible y capaz de ser afectada por la conciencia humana. Las mujeres desarrollaron las semillas de una vida imaginativa y conceptual vinculada al reino de los sentimientos; esta vida creó el germen de la memoria que desarrolló más en Atlántida y reemplazó en importancia a la vida de los instintos. Debido a esta diferenciación y a su rol orientado al futuro, las mujeres llegaron a ser líderes naturales — el origen del matriarcado. Donde sobreviven elementos de este matriarcado, vemos restos de las civilizaciones de Lemuria en la tierra.

Al final de Lemuria tuvo lugar un éxodo en la dirección noroeste, diagonalmente a través de África hacia el lugar que ocupó la Atlántida en el Océano Atlántico. Parte de las poblaciones migrantes permanecieron en África, particularmente en el norte y centro de África. [2] Se conserva la conciencia de Lemuria en muchas de las cosas asociadas con el matriarcado, como el sistema de clanes, reglas del matrimonio y la división de pueblos en mitades (de la palabra francesa moitié para la mitad). El totemismo que es la estructura organizada de la tribu, originalmente según los signos del zodíaco, también es una práctica que se conserva desde esos tiempos originales.

Antes de que el hombre encarnara en Lemuria era una forma completamente etérica. "… el hombre gradualmente se solidificó de una forma opaca." Esta forma opaca es lo que Rudolf Steiner también llama 'Fantasma'. Este fantasma revoloteaba en la periferia de la tierra. Cuando el hombre todavía no se había condensado físicamente, se desarrolló de una manera que para la imaginación clarividente se revela como las cuatro almas-grupo: por un lado tenían algo de la imagen del toro, del león para la segunda, del águila para la tercera, y algo similar al hombre para la cuarta. [3] Estas son las mismas fuerzas que trabajan en las almas grupales de los animales y son responsables de su forma física. Para hacerse humanos nuestros antepasados tenían que atravesar, en sucesión, cuatro almas grupales de animales. El ser humano se sentía pertenecer al alma grupal, así como nosotros sentimos que nuestros dedos pertenecen a nuestro cuerpo y ego. Cuando el hombre estaba entre seres espirituales oía el nombre de lo que él era. "Un grupo oyó la palabra que en el idioma original era la palabra para ese grupo; otro grupo oyó una palabra diferente. El hombre no podía nombrarse desde dentro; su nombre resonaba en él desde fuera." [4]

Las almas-grupo actuaban como arquetipos o prototipos desde la región del sol sobre las réplicas físicas presentes en la tierra. Hablando sobre los seres humanos físicos y los seres espirituales, Rudolf Steiner compara a estos últimos con la astralidad que baja para encontrar la planta en la primavera y el verano. Lo mismo ocurrió con el ser humano. El principio astral en algún momento se acercó y en otro se retiró (es decir, se retiró durante la fase de rigidificación,). La relación entre los hombres en la tierra y su contraparte arquetípica evolucionó en fases, particularmente en el punto de inflexión de la expulsión del sol y la luna. Con la separación del sol partieron seres superiores, separando las substancias más finas. Los más avanzados habían integrado a las tres naturalezas y podían ser llamados "Hombres Espíritu," los verdaderos prototipos humanos. Cuando la tierra empezó su rigidificación, los espíritus del Toro, el León y el Águila perdieron la habilidad de influir sobre las réplicas abajo en la tierra. Después de la separación de la luna recobraron esa habilidad. Las almas volvieron de las esferas planetarias y empezaron a ocupar los rejuvenecidos cuerpos, pero sólo gradualmente. La primera en recobrar su vida y desarrollar sus formas fue la planta, luego los animales. Al último encarnaron las almas, los cuerpos que encontraron estaban más desarrollados. Aquéllos que esperaron menos fueron los que adquirieron una forma animal. Aquéllos que vinieron poco después formaron las razas humanas más primitivas.

Las primeras fuerzas que trabajaron durante el tiempo de Lemuria fueron aquéllas que emanaron del espíritu del Toro. Si ninguna otra fuerza hubiera trabajado en el hombre sino las fuerzas del Toro, se habría parecido físicamente a un toro. Pero las fuerzas del Toro fueron contrarrestadas por las fuerzas del León. Para estas fuerzas podría decirse lo mismo. Si solo ellas hubieran trabajado en el hombre, su forma se habría parecido a la forma del león. Las fuerzas del León también trabajaron desde el centro de la tierra hacia la superficie pero sus efectos se agregaron sólo después de la aproximación del tiempo Atlante.

Las fuerzas del Toro y del León trabajaron desde las profundidades de la tierra. Otras fuerzas trabajaron desde la periferia, desde el largo espacio del universo hacia abajo. Éstas son las fuerzas que se vierten del espíritu del Águila. Cuando las tres fuerzas trabajan juntas, se armonizan en la formación del cuerpo del hombre. Así el hombre pudo integrar las varias fuerzas de tal manera que una neutralizaría a la otra, y así provocaría una armonía superior. El hombre da nueva dirección y manifestación a la corriente de fuerzas que trabajan a través de él. Él las armoniza en la forma de su cuerpo físico. Para la mirada clarividente, el fantasma arquetípico aparece hoy en la forma física porque el hombre ha armonizado las influencias del Águila, del Toro y del León. Esta percepción es la que está presente en la descripción de la esfinge según lo vieron los antiguos iniciados egipcios. "Los rasgos que destacan separadamente en la Esfinge están en la naturaleza humana interiormente entretejidos... Si uno permite a tal Esfinge, hecha de una forma de león y toro, y con alas de pájaro, trabajar sobre la visión clarividente, y si uno la completa agregando el Fantasma humano que está debajo, si uno teje estos elementos, nace ante nosotros la forma humana tal como la tenemos hoy." [5]

Mientras el hombre se hacía cada vez más humano — diferenciados en el mundo del espíritu — los seres animales permanecían en las fases anteriores. Si hubieran podido esperar más antes de encarnar, desarrollar su amor por el mundo físico sólo después, se habrían vuelto seres humanos. Los hombres que adelantaron su descenso a la tierra formaron especialmente cuerpos fuertes con semblantes toscos y brutales. Este conocimiento esotérico se conserva en algunos mitos Americanos a lo largo del continente; baste pensar en el ya mencionado mito de AmweSha'rep. (Vea Apéndice 1)

Otro aspecto importante del desarrollo de Lemuria se resume en el evento Bíblico llamado 'la Caída', coincidiendo con el también importante tiempo de crisis que ocurrió durante la separación de la luna y la diferenciación de los sexos. Después de que el hombre empezó a volver para habitar los cuerpos terrenales, empezó a recibir la influencia de los seres Luciféricos. Éstos actuaron en su cuerpo astral que instila pasiones, deseos, instintos, y necesidad. Así, en lugar de conservar la vieja oscura clarividencia y agregar a ella una conciencia objetiva, el ser humano perdió cada vez más la clarividencia original y empezó a desarrollar la ego-conciencia o conciencia del yo. El interés en el mundo físico lo coloca en un proceso de solidificación anticipado a lo que se pensaba debía ocurrir. Los espíritus Luciféricos trabajaron para individualizar y separar a los seres humanos, mientras que los seres divino-espirituales neutralizaron estas fuerzas uniendo a los hombres. Junto con los seres Luciféricos, los seres Ahrimánicos empezaron a afectar la percepción del hombre del mundo exterior, de manera que gradualmente y con el tiempo pudieran ver sólo las formas físicas exteriores, pero ya no más la realidad espiritual que las animaba.

La Primera Mitad de la Época Atlante

El continente de la Atlántida no debe imaginarse de la manera en que se configuran los continentes modernos. El continente estaba en un estado semi-fluido, viscoso. Las plantas no se fijaban sólidamente a la tierra; más bien se deslizaban y desparramaban sobre la substancia fluida de la tierra. El mar y la tierra no formaban límites claros. Las aguas alrededor de Atlántida fueron percibidas como tierra de los dioses. El aire estaba saturado de humera y las brumas eran más densas hacia el norte. A lo largo de la evolución Atlante el ambiente progresivamente clarificó.

En cuanto al ser humano, él todavía era capaz — como lo había sido en Lemuria — de cambiar su forma, crecer más o menos en reflejo del estado interno del alma. La persona sentía que era Dios quien tenía real ser y esencia, no él. El sentimiento de la individualidad fue

31

estimulado desde el exterior durante la primera mitad de Atlántida, particularmente a través de la manera en que trabajó el sol sobre el ser humano. Los estados de dormir y despertar eran por consiguiente notablemente diferentes a los del presente. Durante la primera mitad de la civilización Atlante el ser humano vivía en el sueño en compañía de los seres espirituales. No había un sentimiento de fatiga o necesidad de descansar antes de ir a dormir. Lo contrario fue verdad; la necesidad de descansar se sintió al entrar al cuerpo físico durante el día. Este estado de conciencia era un reflejo de la manera en que el cuerpo etérico se extendía más allá de la cabeza física. Durante la parte inicial de Atlántida, los seres humanos todavía veían los objetos como rodeados por un aura con bordes coloreados. Para ofrecer una analogía Rudolf Steiner indica que los objetos se veían un poco como cuando las cosas están en una tarde con niebla espesa bajo la iluminación de una lámpara en la calle. El sol parecía como un círculo de colores a través de una bruma.

El "yo" no brillaba en el individuo. La tribu representaba un simple organismo, un ego-alma común. La memoria del ego grupal vinculaba al individuo con los padres y abuelos; eventos de generaciones anteriores eran como reales para el ego que llegaba más allá del individuo o de lo individual. La sangre de los antepasados fluía por generaciones y la persona no se sentía limitada por la muerte y el nacimiento. Esta situación incluso continuó en cierto grado hasta el tiempo de los patriarcas hebreos. Así, incluso en el tiempo de los viejos hebreos ellos dirían: "yo y el Padre Abraham somos uno." Quienquiera estaba relacionado por la sangre estaba incluido en un "yo." El individuo en ese tiempo sentía que su parte inmortal encontraba refugio en el alma grupo de la raza y de sus antepasados prístinos. El Israelita veía a Yahvé como el alma grupo espiritual del pueblo — el "yo soy." Incluso en el tiempo de los patriarcas un hombre recordaba no sólo sus propias experiencias sino también aquéllas de su padre, abuelo, etc., Así, nombres como Adán, Abel, Caín, y Noé significaron los recuerdos que atravesaron las generaciones.

Lo anterior fue el resultado de la continuada influencia de las almas grupo, del espíritu del Toro, el León, y el Águila. Su influencia también constituyó un elemento de diferenciación en los Misterios. Aquéllos que percibieron el espíritu del Toro — los iniciados del Toro — adquirieron la visión sobre el trabajo del principio etérico y de todo lo conectado con el sistema glandular del hombre, y todo lo de la naturaleza del hombre que está firmemente conectado y atado a la tierra. Un segundo grupo recibió las influencias de los espíritus del Águila. Este grupo era más independiente de sus funciones vitales, y más abierto al elemento espiritual/cósmico. Ellos experimentaron más fuertemente las fuerzas que actuaron en la formación de la cabeza. A través de la influencia del espíritu del Toro surgió una tendencia a encarnar profundamente; a través de los espíritus del Águila la tendencia contraria a no encarnar profundamente. A través del espíritu del León se desarrolló una situación intermedia. A través de ellos los iniciados recibieron la visión del trabajo de todo lo conectado con el sistema rítmico del pulmón y el corazón. Las influencias anteriores continuaron incluso en tiempos post-Atlantes: como ejemplos están los Misterios del Toro de Apis en Egipto o de Mitras en la Antigua Persia. Los iniciados que vieron uno de estos tipos de espíritus lo describieron con cuerpo de animal y cabeza humana. [6]

A la influencia de las almas grupales se agregaba la de los planetas que caracterizaron los llamados "oráculos Atlantes." En efecto, después de la expulsión de la luna, las almas que volvían a la tierra todavía estaban unidas con los espíritus de los planetas de los que ellas descendieron. Así en el oráculo de Júpiter las almas que habían descendido de Júpiter estaban en comunión con los seres espirituales superiores de la región de la que habían descendido. Aprendieron a ver a los seres de Júpiter. Lo mismo fue para Saturno, Marte, y otros oráculos planetarios. Los más avanzados eran aquéllos que pudieron captar a los seres del Sol.

El primer Misterio conservó las enseñanzas de los Misterios del cosmos relacionado con los planetas exteriores: Saturno, Júpiter, y Marte. Los Misterios Planetarios se difundieron en diferentes regiones. Los oráculos del sur eran oráculos de Saturno preocupados de los misterios del calor. Al norte los oráculos de Júpiter estaban más involucrados con los misterios de la luz. En el centro desarrollaron los oráculos de Marte y del Sol. Los Misterios de Marte eran enseñanzas sobre la acción de las fuerzas formativas particularmente en el elemento acuoso. Los Misterios del Sol formaron una unidad de todas las otras enseñanzas pero a un nivel superior; ellas contenían todos los impulsos para el futuro.

Los pueblos del sur fueron los primeros en sentir la necesidad de desarrollar las formas sociales centradas en la noción del estado. En el Oeste se manifestó después a través de los Toltecas; en el Este comenzó por los egipcios y babilonios. El liderazgo fue asumido por el sacerdote-rey que unió en él la función masculina de gobernar con la cualidad femenina de la revelación. Desde el Sur se originaron los precursores de los Toltecas (de aquí en adelante llamados Antiguos Toltecas para distinguirlos del posterior Tolteca histórico) y otros indios Americanos. Después (particularmente desde el cuarto período) se agregaron los oráculos conectados a los planetas — Mercurio, Venus y Vulcano — destacados por el desarrollo de las facultades internas.

La instrucción en el Misterio Atlante se enfoca en algo marcadamente diferente de lo que siguió en el tiempo post-Atlante. Se impartió a través de la total y absoluta presencia de los maestros iniciados, por la poderosa impresión ejercida por su conducta y presencia. El aprendizaje se despertó a través de la capacidad imitativa que entonces estaba muy desarrollada. Aquéllos que habían alcanzado cierta madurez tuvieron que ser expuestos durante mucho tiempo a la benéfica influencia del maestro. Finalmente se creó un vínculo tal entre el maestro y el pupilo que todo lo que el maestro poseía en forma de sabiduría se vertió en el alma del discípulo. En ese tiempo, aunque el cuerpo etérico y físico estaban llegando a coincidir más y más — especialmente en la última parte de Atlántida — su unión no era tan fuerte, de manera que para la iniciación el maestro todavía podía hacer posible el retiro del cuerpo etérico del cuerpo físico del pupilo. En ese momento el pupilo podía compartir lo que el maestro tenía en visión espiritual.

La Segunda Mitad de Atlántida: Desarrollo de la Conciencia del Ego

El cuarto período de Atlántida fue principalmente el tiempo del desarrollo de los Misterios de Marte y del Sol. Los Misterios de Marte exploraron las fuerzas formativas del elemento acuoso. Éste también fue el tiempo de diferenciación para las futuras razas Turanias. Los Misterios del Sol eran los más exaltados, poseían un lugar central entre los Misterios que hemos visto y los Misterios del período siguiente. Los Misterios del Sol y de Marte ocuparon una posición geográfica intermedia entre los Misterios de Saturno y de Júpiter. Los últimos dos y Marte son llamados "planetas exteriores." Sus Misterios trasmitían las fuerzas del cosmos y concedían la revelación de los dioses.

Sólo en el lugar de los Misterios del Sol se encontró necesario el dominio de las fuerzas terrenales para la construcción de templos. Manu fue el iniciado que dirigió los Misterios del Sol en Atlántida. Él es a quien la Biblia llama Noé. Su nombre significó "el que trae quietud." Trajo quietud a través del poder de pensamiento, iniciando importantes cambios para toda la evolución Atlante.

El cuarto período marcó un importante punto de inflexión. Gradualmente, en la segunda mitad del desarrollo Atlante, el hombre empezó a sentirse como un ego, sumergido en un cuerpo físico, mientras al mismo tiempo perdía la conciencia del mundo espiritual. La realidad física empezaba a aparecer más claramente — a emerger de la bruma, por así decirlo. En ese punto el individuo empezó a distanciarse de las cuatro almas grupo. Así, en la quinta Era Atlante fue implantado el impulso del ego-alma. En ese tiempo fue Manu quien dijo: "Hasta ahora ustedes han visto a los que los han conducido; pero hay líderes superiores a quienes ustedes no ven. Son los líderes a quienes ustedes están subordinados. Oirán las órdenes del dios a quien ustedes no ven; y obedecerán a uno de quien ustedes no pueden hacerse ninguna imagen." [7]

35

Los misterios que siguieron desde el quinto período en adelante le permitieron al hombre independizarse del cosmos y lo imbuyeron con facultades internas, particularmente la habilidad del pensamiento abstracto — una fase más de separación de la revelación cósmica; éstos fueron los Misterios de Mercurio, Venus, Luna, y Vulcano que existieron en el norte y sur de Atlántida. El último representó una intensificación particular de los otros tres. En la última fase de Atlántida se originaron los cultos que celebran a los antepasados. En estos rituales el alma, habiendo perdido la conexión con el conocimiento divino, buscó el conocimiento de la inmortalidad en la continuación de la línea de generaciones, en su descendencia.

El quinto período vio la primera diferenciación en dirección a lo que después sería el tipo Semítico. Los períodos sexto y séptimo tienen poca influencia en el destino del Antiguo Tolteca y de los indios de América. Estas épocas dieron lugar al primitivo sumerio y a las primitivas poblaciones mongoles. El séptimo período sembró las primeras semillas de la diferenciación entre la magia blanca y la negra. La magia blanca era practicada principalmente dentro de los Misterios del Sol. El mal uso de la fuerza vital, comenzando la práctica de la magia negra, fue emprendido principalmente dentro de los Misterios de Marte. De este mal uso resultó la última catástrofe que causó el diluvio y la desaparición de Atlántida.

Al final del tiempo Atlante el aire y el agua se separaron más. Disipada la bruma se hicieron visibles el sol, la luna, y las estrellas. La dispersión del agua también hizo posible el nuevo fenómeno del arco iris, otra imagen central de los mitos relativos a esta época tal como el diluvio bíblico.

En las fases posteriores de Atlántida cada vez más seres humanos desarrollaron nociones del pensamiento intelectual. Su pérdida de facultades clarividentes fue una razón para el escarnio por parte de aquéllos que se aferraron al más temprano atributo de la clarividencia natural. No obstante fueron estos nuevos "pensadores" quienes podían concebir cómo elaborar una tecnología de navegación que asegurara su supervivencia y emigración de Atlántida.

Recapitulando, los grupos que emigraron de Atlántida a las Américas se originaron en el sur de Atlántida, y corresponden a lo que hemos caracterizado como el tipo águila. Ellos eran parte de los Misterios de Saturno. Después agregaron sus efectos los Misterios de Venus y de Mercurio. Los perceptibles paralelos entre los Maya/Tolteca y las antiguas civilizaciones babilónicas derivan más de su exposición a los Misterios de Saturno, Venus, y Mercurio que de cualquier posterior y posible contacto histórico. Los Misterios de Venus y Mercurio adquirirían gran importancia en la visión Tolteca del mundo.

Según la investigación de Wachsmuth tres grupos alcanzaron las Américas desde Atlántida. [8] Las migraciones empezaron alrededor de 15,000 años A.C., durante el quinto período de la civilización Atlante. Un grupo anterior se extendió a través del área de Florida y se dirigió hacia el nordeste del continente. Éstos fueron los precursores de la tribu Algonquiana. Este grupo conservó principalmente el sello del águila y retuvieron un estilo de vida nómada. Un segundo grupo pobló Centroamérica. Entre aquéllos estaban los precursores de los Mayas y Toltecas. Estas poblaciones dieron gran importancia al calendario y al cómputo del tiempo. Sus leyendas hablan del original "paraíso de agua." Ésta es la corriente que a la mayoría nos involucrará en el presente estudio. La tercera corriente se dirigió hacia Sudamérica. El antiguo Aymara de la alta meseta de Bolivia y Perú probablemente son descendientes de este grupo. Ellos conservaron una muy compleja diferenciación social y florecieron principalmente alrededor de la cuenca del Lago Titicaca donde se desarrolló la famosa civilización Tiahuanaco.

A los primeros tres grupos que emigraron de Atlántida se agregó el tipo Mongol que cruzó el estrecho de Bering y bajó desde el norte. Este tipo es claramente reconocible en los Inuit (Esquimales) y poblaciones del noroeste de América del Norte. Ellos se mezclaron en el nordeste con el Algonquiano y llegaron mucho más al sur del oeste americano. Su influencia tocó Centroamérica a través de los Chichimecas y Aztecas. Ésta es la única fuente de migración reconocida por las más modernas fuentes históricas.

Tiempo Post-Atlante

En antiguos tiempos la ley tribal a menudo requirió que los individuos se casen con su parentela — el llamado "matrimonio endogámico." Ése también fue el caso con los hebreos. El resultado de esta práctica fue la habilidad de generar fuerzas mágicas que trabajaron de un alma a otra. Rudolf Steiner ofrece un ejemplo en el cambio del agua en vino en las bodas de Canaán, indicando que fue la fuerza que fluyó entre María y Jesús la que permitió la realización del milagro. El agua no se cambió en vino: se experimentó y percibió completamente como vino a través del resultado de las fuerzas de consanguinidad. No sólo tuvo el mismo sabor del vino; también tuvo el mismo efecto en el organismo. [9] A través de la consanguinidad la herencia fue conservada en el cuerpo etérico. La sabiduría del cuerpo etérico conservó la vieja clarividencia.

Acercándose al tiempo de Cristo, el matrimonio endogámico dio camino a cada vez más matrimonios exogámicos — fuera de la parentela — con la resultante dilución de las facultades llevadas en la sangre. El oscurecimiento de las viejas facultades atávicas eventualmente llevaron a los hombres a buscar la verdad a través de sus sentimientos, voluntad, y su propio ego. Esto llevó a aumentar las tendencias anti-sociales, separando a los hombres. La sangre se hizo progresivamente menos capaz de llevar la vieja sabiduría y cada vez más portadora del egotismo. Ya no era apta para llevar a los hombres más hacia arriba, cuando los hombres contaban con la vieja visión. El cuerpo etérico, por así decirlo, retuvo cierto capital de sabiduría del lejano pasado, pero nada vino a renovar esa sabiduría, simplemente hubo un proceso de continuo morir de lo poco que el cuerpo etérico podía portar de ella. Esta "erosión de la sabiduría" ocurrió a través de la creciente participación de los seres Luciféricos y Ahrimánicos. Los seres Luciféricos dirigieron al hombre hacia el mundo físico. A través de Ahriman los hombres se hicieron incapaces de ver acabado lo que los sentidos les revelaban; confiaron solamente en el mundo de Maya, de la ilusión. Así, fue a través de la combinada acción de los seres Luciféricos y Ahrimánicos que la herencia de la sabiduría menguó progresivamente. Después de cada muerte, el "capital de sabiduría" menguaba progresivamente debido a la realidad de la vida en la condición del cuerpo físico. Este estado de cosas fue revertido por el hecho de Cristo en el Gólgota. [10] En nuestro tiempo el cuerpo etérico ya no está tan estrechamente atado al cuerpo físico. Sin embargo, cuando el cuerpo etérico de nuevo empieza a expandirse, no puede sacar nada del cuerpo físico. Así, si las cosas hubieran continuado inalteradas, el cuerpo etérico no hubiera podido conservar la vieja sabiduría o adquirir la nueva. El cuerpo etérico se habría desvitalizado y el cuerpo físico se hubiera secado. Esto explicaría el fin de la misión de la tierra. Sin embargo, a través del hecho de Cristo, la humanidad dispone de dos opciones. Sin el Cristo el cuerpo etérico no tiene nada que dar al agotado cuerpo físico. El hecho de Cristo ocurrió de tal manera que repuso la vieja y cada vez más limitada sabiduría. Cuando aceptamos el impulso de Cristo, éste satura el cuerpo etérico con nueva vida.

Los ritmos del Año Platónico: El Lugar de la Mitología Mesoamericana

Las fases que hemos bosquejado en sucesión desde Lemuria hasta Atlántida y en la sucesión de los siete períodos de Atlántida hasta el presente, están influenciados por muchos ritmos cósmicos, siendo el principal el ritmo del llamado Año Platónico. Esto es medido por el movimiento de precesión de los equinoccios que pueden evaluarse por la posición de la tierra respecto a las estrellas fijas. Cada año, en el equinoccio de primavera, el sol sube en una parte diferente del horizonte del zodíaco. Este movimiento, al principio imperceptible, mide un grado cada 72 años. Cada 72 X 30 o 2160 años el sol se mueve de un signo del zodíaco al siguiente. Estamos actualmente en el signo de Piscis y nos movemos hacia el signo de Acuario. Este es el porqué estamos hablando de la próxima Era de Acuario. Toma 2160 X 12 o 25,920 años que el sol vuelva a su posición original en el reloj del mundo y salga desde el mismo lugar en el zodíaco. El cosmos imprime sus influencias en la tierra de una manera rítmica que se hace visible en el movimiento del Año Platónico. Cada uno de los signo del zodíaco a su turno imparten su única influencia cualitativa. La humanidad recibe estos impulsos en libertad y a su vez grava en el curso del universo el resultado de sus decisiones. No está implícita una rigurosa necesidad en la expresión de esta interacción.

Al final de la Era de Lemuria, en el equinoccio de primavera el sol estaba en Piscis. Han habido siete eras Atlantes y ahora estamos en la quinta Era post-Atlante. Han habido doce eras después del fin de Lemuria — todo un Año Platónico — y estamos en la misma posición en el reloj cósmico en que estábamos entonces hace 26,000 años.

Medimos el año, como lo hicieron los antepasados Mesoamericanos, a través de cuatro estaciones. Para nuestros antepasados la división del año en cuatro partes iguales estaba indicada por la cruz intersolsticial, marcando la posición del sol a su salida y en su ocaso en el solsticio de verano y de invierno — la posición de la más alejada del sol sobre el horizonte. En el solsticio de verano el sol en su salida y ocaso marca la más lejana elongación del sudeste y sudoeste en el hemisferio norte. En invierno marca la más lejana elongación nororiental y noroccidental. La cuarta posición forma la cruz intersolsticial. Esta cruz apunta a cuatro signos del zodíaco. Durante el curso de un año cósmico hay tres variaciones básicas de 3 X 4 grupos de constelaciones zodiacales. Éstas son las siguientes:

- Piscis, Géminis, Virgo, Sagitario,
- Acuario, Tauro, Leo, Escorpio,
- Capricornio, Aries, Cáncer, Libra,

Guenther Wachsmuth llama a estos conjuntos de constelaciones Prototipo I, Prototipo II, y Prototipo III respectivamente, cada prototipo que tiene 4 posibles variaciones. [11] Las tradiciones mitológicas del mundo nos indican aproximadamente el tiempo de su formación debido a su énfasis sobre uno de los grupos de cuatro constelaciones. Rudolf Steiner da un ejemplo: los antiguos persas (Prototipo I) proyectaron lo que emana de la constelación de los Gemelos hacia la constelación de Virgo. Ellos representaron ésta última no sólo con espigas de maíz sino también con el niño que es

40

representado por los Gemelos. Igualmente en la antigua época Egipcio-Caldea (Prototipo II) Leo fue considerado de la misma manera como lo fue Virgo por los persas. Ahora, en el León proyectaron lo que vino del Toro y así surgió la religión de Mitras. Lo mismo se hizo para la constelación de Cáncer en la que los romanos proyectaron lo que vino del Carnero (Prototipo III) al comienzo del tiempo de Aries. (12)

La mitología Mesoamericana se centra fuertemente en las constelaciones del Prototipo II. Al principio de la época Atlante Tauro estaba en el punto más alto — el solsticio de verano — y Escorpio en el más bajo. Éste fue el tiempo en que el hombre empezaba a desarrollar su cuerpo físico a través de las fuerzas de la tierra. El par Tauro-Escorpio refleja la fortaleza que las fuerzas de la tierra adquieren en la organización corporal. El par Leo-Acuario formó el complemento que indica la posibilidad de resurrección y reconexión con el mundo espiritual a través de las fuerzas del corazón. Escorpio era como la imagen de los órganos reproductores; el águila a menudo tomó el lugar del escorpión, y bajo esta forma es conocida en la cosmología Mesoamericana. El águila, tan importante para toda la civilización Mesoamericana, también representa el endurecimiento de las fuerzas de la cabeza. Al principio de Atlántida el sol descendió sobre el horizonte en el signo de Leo, la posición del equinoccio de otoño. Esto dio lugar a la imagen del sol tragado por el jaguar o de la oscuridad como un jaguar.

La evolución de los Misterios

Rudolf Steiner caracterizó cuatro fases sucesivas en la evolución de las formas básicas de los sagrados Misterios en que los seres humanos recibieron las revelaciones de los dioses. Éstos son: los Misterios Antiguos, los Misterios Semi-antiguos, Semi-Nuevos y Nuevos. (13) Sólo los primeros tres nos conciernen aquí.

Misterios Antiguos

De estos Misterios nada histórico se conserva. Los dioses descendieron del mundo del espíritu para morar entre los seres humanos, aunque sólo en cuerpo etérico. Ellos asumieron el oficio sacerdotal dentro de los Misterios e impartieron sus enseñanzas a los seres humanos. Las ceremonias se planearon de acuerdo con ciertas configuraciones astrológicas; los movimientos de los planetas determinaron las condiciones favorables para un intercambio entre los mundos. Los sacerdotes eran la forma humana viviente de los dioses. Los miembros de la congregación esperaban no percibir ninguna diferencia entre ellos y los dioses.

Esta primera fase de los Misterios llevó a la elaboración de los primeros muy simples calendarios de 364-365 días que sólo muy aproximadamente correspondieron al año solar. Al finalizar los meses lunares, para completar el año, el sacerdote tenía que insertar días que eran considerados sagrados. Estos momentos eran especiales porque subrayaron que el pensamiento de la humanidad difirió del pensamiento de los dioses. Éstas también eran esas especiales ventanas del tiempo que permitieron la comunicación entre los mundos. "Fue en tales tiempos que los sacerdotes de lo antiguo buscaban conservar las efectivas fuerzas del sol y de la luna en las substancias con las que celebraban las sagradas ceremonias, de manera que lo que recibían en los tiempos sagrados pudiera repartirse entre todas las ocasiones del año en que necesitaran celebrar." [14] Estas ceremonias eran los medios de llevar a cabo la transubstanciación durante la que la sustancialidad de la materia terrenal es transformada, espiritualizada.

Los sacerdotes iniciados tenían que someterse completamente a las influencias del cosmos para lograr la transubstanciación. Las substancias así generadas eran conservadas para llevar a cabo la transubstanciación en otros momentos del año. Dentro de los Antiguos Misterios, y particularmente cuando se llevó a cabo la transubstanciación, se le concedió a los sacerdotes una comprensión del futuro apocalíptico. Las ceremonias se llevaron a cabo bajo la tierra, en cuevas ubicadas en los precipicios, porque allí, durante el acto de transubstanciación, el sacerdote experimentaba cómo su organismo físico se hacía uno con toda la tierra.

Los Misterios Semi-antiguos

De estos Misterios tenemos por lo menos unos pocos archivos históricamente conservados. Los Dioses ya no descendieron sino enviaron sus fuerzas para trabajar en el recinto de los Misterios. Para lograr la transubstanciación los sacerdotes tenían que recurrir a los "fermentos." Éstos trabajaron como el fermento de la masa del pan, cuando una parte de la masa anterior se conserva para los próximos lotes de pan. Los fermentos facilitaron la transubstanciación en otras substancias conservando su propia substancia. Se guardaron en antiguos vasos sagrados que habían sido conservados por mucho tiempo en los Misterios. Sobre ellos, Rudolf Steiner dice: "El sacerdote iniciado entiende la transformación, la transubstanciación que tiene lugar a través de las fuerzas conservadas en las substancias; sabe que ellas vierten el resplandor del sol en los sagrados vasos de cristal de cuarzo. Lo que se buscaba en ellos, la razón de su necesidad era que fueron vistos como órgano de percepción del celebrante para el apocalipsis, para la revelación." Y más: "El momento en que [el sacerdote] veía el resplandor del sol de la Hostia era el momento en que llegaba a ser sacerdote en su ser interior." [15]

Los templos ya no fueron construidos bajo tierra. Subieron a la superficie y se le dio gran importancia al agua a través de la ablución y después con el bautismo. El culto trabajaba con las fuerzas del cuerpo etérico. El sacerdote interiormente sentía las transformadas substancias uniéndose con su cuerpo etérico. Los seres que trabajaron en ese tiempo entre la humanidad fueron los antiguos "Maestros de la Sabiduría" que se habían retirado a la Esfera de la Luna. Ellos trabajaron entre los hombres sólo en cuerpos etéricos. [16] Los Misterios Semi-antiguos se inauguraron después del fin de Atlántida.

Los Misterios Semi-Nuevos

La Misa Eucarística es el bien conocido sobreviviente de los Misterios Semi-Nuevos en los tiempos modernos, que fueron creados cuando los seres humanos pudieron percibir la Palabra, la Palabra mágica en ellos mismos. Ahora el habla humana se agregó al habla del culto. Un último remanente está presente en los diferentes credos religiosos. El nuevo elemento de estos cultos fue el lugar central del elemento rítmico de la sagrada palabra.

De tal naturaleza eran los Misterios de los Cabirios,* cuando la conciencia griega empezó a emanciparse de los viejos Misterios del Este. En los altares Cabirios en lugar de fermentos eran ofrecidas las mismas substancias. Eran encendidas sustancias sacrificiales conservadas en frascos especiales y en el humo ascendente el habla mágica del sacerdote hacía visible las Imaginaciones proferidas en la Palabra. Así el camino hacia arriba a los divinos poderes se hizo visible externamente en el humo sacrificial. Surgieron dos posibilidades. "De esta manera ocurrió que se experimentó el esfuerzo ascendente de fuerzas humanas hacia fuerzas divinas, se reveló en lo hablado en el humo sacrificial o directamente a través de la entonación de la mágica y cultica Palabra." [17]

El ser humano se volvió uno con el elemento aéreo y a través de éste con el cosmos. El sacerdote y los participantes experimentaron la Palabra en su cuerpo astral. Con el paso del tiempo aquéllos que practicaban el culto lo experimentaban sólo muy vagamente. Sin embargo, no importa cuán respetable era el celebrante y no obstante siempre es algo espiritualmente presente, al menos si la liturgia ha sido correctamente preservada. En el origen, los Misterios Semi-Nuevos fueron realizados por los Bodisatvas, seres humanos favorablemente evolucionados que trabajaron como emisarios de los Maestros de Sabiduría de la Luna. Eran iniciados completamente humanos los que

---

* N. del T.: En la mitología griega, los **Cabiros** o **Cabirios** (en griego antiguo Κάβειροι *Kabeiroi*) eran un grupo de enigmáticas deidades ctónicas. Fueron adorados en un culto mistérico que tuvo su centro en la isla de Samotracia (Grecia) y estuvo estrechamente relacionado con el mito de Hefesto. El culto se extendió rápidamente por todo el mundo griego durante el período helenístico, siendo finalmente adoptado por los romanos.

por el mundo iniciaron los centros de Misterio. La transición de los Misterios Semi-Antiguos a los Semi-Nuevos es fundamental para una comprensión de los Misterios Mexicanos en la transición del tiempo de nuestra era.

La Transición en el Tiempo del Gólgota

Los Misterios celebrados mucho tiempo antes del Gólgota, particularmente los llamados Misterios del Sur, eran predominantemente Misterios de Verano; eran Misterios de éxtasis. [18] Lo que mencionaremos más abajo se refiere principalmente a los Misterios del Sur tal como se desarrollaron en Egipto y Mesopotamia, y continuaron influyendo en la cultura europea y — de manera moderada — lo que ocurría en América. Que este elemento se aplica a la cultura Mesoamericana puede averiguarse por nuestra exploración de las manifestaciones de la espiritualidad Maya y más tarde de la Mesoamericana, particularmente respecto a la siempre presente y central cuestión del Dios del Año, sobreviviente en la espiritualidad Tolteca y Azteca. Adicionalmente, como lo veremos después, la civilización Maya marcó la transición de los Misterios Semi-Antiguos a los Misterios Semi-Nuevos como es visible en el ritual ceremonial central de la "visión de la serpiente."

En tiempos muy anteriores al Gólgota los hombres recibieron sus pensamientos con vívidas imaginaciones del mundo del espíritu. Los pensamientos e imágenes entraron juntos de tal manera que los receptores supieron que estaban comunicándose con seres espirituales y que los pensamientos no eran su posesión personal. No los recibieron en plena ego-conciencia y por consiguiente vinieron sin esfuerzo. En esos Misterios conocimiento y fe eran uno; el conocimiento actuó con la fundamental fuerza de la fe. Igualmente ciencia, arte, y religión no estaban separadas.

Sin embargo, con el tiempo los líderes progresivamente empezaron a separar algunos pensamientos y a ofrecer un camino para la individual aprehensión de los pensamientos. De hecho los iniciados ofrecieron estos pensamientos a los seres superiores. Esto se hizo en pleno verano porque en ese momento la tierra está más conectada con todo el

45

ambiente espiritual que la rodea, y el hombre puede conectarse más fácilmente con el ambiente cósmico. Si esto no se hubiera hecho los pupilos del Misterio habrían estado expuestos a la tentación Luciférica que los hubiera llevado al pasado.

Los iniciados ofrecieron los pensamientos a los dioses superiores entrando a las ceremonias vistiendo los símbolos de la sabiduría y quitándoselos uno a la vez. Al final de la ceremonia habían vuelto a ser hombres regulares que en el curso del año necesitaban nuevamente adquirir sabiduría. Así que un tiempo de sabiduría alternaba con un tiempo de ignorancia.

A los candidatos a la iniciación se les enseñaba a leer el "Libro de la Naturaleza." Esto significaba la habilidad de leer en cada manifestación de la naturaleza una revelación de los secretos del universo y su relevancia para la vida humana. Los iniciados comunicaron las inspiraciones que recibieron del llamado Dios del Año. Este Dios del Año pertenecía a la jerarquía de los Arcai o Poderes Originales. A través del Dios del Año el iniciado pudo leer algo de los brotes que crecen en primavera, algo más de lo que florece después, todavía otras revelaciones de los frutos que maduran en verano y otoño, y de los árboles desnudos en invierno. En la primavera el iniciado podía entender cómo las fuerzas del universo forman el cuerpo físico humano. En el verano pudo leer y entender los secretos de la vida de la planta y el cuerpo etérico humano. En otoño descifró las formas que los animales toman así como sus conductas estacionales, instintos y necesidades. Esto también trajo el conocimiento de los secretos del cuerpo astral humano. Durante el invierno el iniciado experimentó una profundización de su vida interna a través de la actividad y ejercicio espiritual. Se acercó a los secretos de su ego. Su atención fue llevada del mundo exterior a las profundidades de su ser interior. Esto culminó en la experiencia del Sol de la Medianoche, la observación del sol a través de la superficie de la tierra. Esto fue posible porque en invierno la tierra es interiormente espiritualizada.

Lo anterior se cumplió hasta los siglos 8 y 9 A.C. cuando los pensamientos que bajaban a la humanidad crecían en oscuridad. Esto fue compensado por la habilidad del hombre de adquirir sus propios pensamientos, lo que fue un importante cambio de conciencia. Para los iniciados la fiesta de mediados del invierno estaba llena de tristeza por saber que el hombre no podría encontrar su ego en la vida terrenal. Fue un sentimiento de desamparo del cosmos que se hizo más fuerte al acercarse el tiempo de la encarnación de Cristo, pero estuvo acompañado por el conocimiento profético de Su venida a la tierra que traería sanación al alejamiento del cosmos que la humanidad había sufrido. Se sabía que la representación del dolor cambiaría a una de alegría interior.

Antes del tiempo del Gólgota los pensamientos eran experimentados como en la actualidad experimentamos la respiración. En el tiempo que lleva al Gólgota y como consecuencia, los pensamientos se sentían más como la sangre que mora y circula en nuestras venas; se sentían como más terrenales y más personales. Este cambio en la conciencia de la manera de experimentar el pensamiento humano se reflejó en un cambio de importancia entre el solsticio de verano y el de invierno. Los pensamientos humanos ahora estaban en peligro de caer presa de Ahriman. El ser humano — deseoso de experimentar nuevamente lo divino — necesitó conectarse con los Misterios de la deidad encarnada, y eso se hizo mejor en el tiempo opuesto del año, en pleno invierno. Fue así porque después del Gólgota el Ser de Cristo que una vez moró en el sol ahora estaba unido con la tierra. Así que en lugar de salir hacia el cosmos a mediados del verano, el alma humana tenía que profundizar interiormente para conectarse con y espiritualizar las fuerzas que trabajaban desde abajo. Por cuanto antes los sacerdotes habían promulgado sacrificios para otros, ahora los Misterios de Navidad eran, en términos de Rudolf Steiner, "más democráticos." En estos Misterios lo que importaba era la habilidad de compartir la experiencia con otros.

Conciencia de la Noche y del Día

Otro cambio de conciencia ocurrió de una manera particularmente marcada entre los antiguos hebreos que después de todo estaban preparando el terreno para la encarnación del Cristo. Mientras los hebreos estaban promoviendo la nueva emergida facultad del pensar, todavía recibían sus revelaciones en los sueños particularmente vívidos. En estos sueños clarividentes Yahvé, cuyo nombre les prohibieron pronunciar, les habló a través del Arcángel Micaél, Su semblante. [19] Por esta razón aquéllos buscadores de la iniciación llamaron a la revelación de Yahvé "la revelación nocturna." Así que, se dieron cuenta que en la conciencia ordinaria no podían alcanzar lo divino; los secretos de la existencia sólo podrían alcanzarse en otro estado de conciencia. También supieron que durante el día sólo seres Luciféricos los acompañaban en su conciencia. El ser creador se comunicaba cuando los seres humanos entraban en la conciencia de la noche, o en la parte de ellos en la que eran inconscientes durante la conciencia del día. Este es el porqué Yahvé fue llamado "Gobernante de la Noche," y Micaél "Semblante de Yahvé" o "Servidor de Yahvé."

Ocurrió un cambio en el tiempo del Misterio del Gólgota: la tierra necesitaba que el ser humano progresara. Poco a poco despertaría la conciencia del mundo espiritual no sólo en la conciencia del sueño sino también en la conciencia ordinaria. Para que esto ocurriera tenía que haber un tiempo de transición. Y en ese tiempo de transición hubo lo que Rudolf Steiner llama "una oscura noche del conocimiento." Micaél pasó de ser el que ofreció la revelación de la noche a inspirar al ser humano en la conciencia del día. Pasó de ser espíritu de la noche a espíritu del día en el tiempo del Gólgota. Éste también fue el tiempo en que el elemento Ahrimánico adquirió progresivamente más importancia.

Lo que ocurrió entre los hebreos y en otras partes del mundo adquirió un colorido particular en Mesoamérica, dada su más pronunciada conciencia Atlante. Así, lo dicho arriba sirve como paralelo. No obstante, veremos los cambios en la naturaleza de los Misterios (de los Antiguos Misterios a los Semi-nuevos), en la naturaleza y función del

Dios del Año, y un cambio de la conciencia de la noche a la del día. Éstos son más pronunciados en algunas culturas que en otras.

Innovaciones Culturales: el Idioma, la Escritura y el Calendario

Los cambios culturales que más nos interesan aquí son el idioma, la escritura y el calendario. En el tiempo Atlante existió un original idioma raíz común a todos. Las consonantes aparecieron de la necesidad del alma de comunicar las impresiones exteriores. Las vocales reflejaron las experiencias internas del alma, como la alegría, el placer, el dolor, o la tristeza. Los Ángeles que habían completado su desarrollo en la antigua Luna inspiraron este idioma original. Sin embargo, la diversidad no se hubiera hecho realidad si solo los Ángeles lo hubieran influenciado. Los "ángeles retrasados," que no habían completado su desarrollo, representaron su papel trabajando a través de maestros especiales. Nosotros les debemos el desarrollo de los diferentes idiomas a partir de un idioma primordial a los que Rudolf Steiner llama "grandes, iluminados maestros." [20]

Aquí es necesario un poco de claridad para caracterizar las diferencias entre los Ángeles normalmente desarrollados y aquéllos que no habían logrado su pleno desarrollo en la antigua Luna. Aquellos que no pasaron por un pleno desarrollo fueron seres Luciféricos que podemos imaginarlos como seres que están entre los Ángeles y la humanidad. Ellos forman el escalón más bajo de seres Luciféricos. Aunque estos seres son la fuente del mal, no son malos de por sí. A los ángeles Luciféricos les debemos la posibilidad de la diferenciación de las culturas a través del idioma. Desde que ellos no completaron su evolución en la antigua Luna, estos seres Luciféricos pudieron incorporarse en cuerpos humanos en la evolución de la tierra. En el tiempo de Lemuria y sobre todo en el tiempo Atlante, los seres humanos ordinarios vivieron lado a lado con varios individuos que portaban tales seres angélicos Luciféricos en su más profundo centro. Los seres Luciféricos encarnados crearon culturas en varios lugares.

En contraste con el idioma que para la humanidad tiene un origen común en el tiempo, la escritura apareció en diferentes puntos en el tiempo en varias civilizaciones y asumieron formas muy diferentes. La necesidad de escribir corresponde al deseo de conservar la experiencia y conexión con la revelación del espíritu. Mientras estas experiencias podían renovarse continuamente no había necesidad de conservar una memoria de ellas en una forma fija. La escritura pictórica de jeroglíficos de Egipto representó imágenes que primero eran experimentadas interiormente. El alfabeto mucho más abstracto sólo se introdujo mucho más tarde, alrededor del año 1500 A.C.

Los primeros calendarios fueron vinculados al sol y a la luna, y sólo después empezarían a tomar parte los ciclos planetarios. El Calendario egipcio antiguo, conocido como *Annus Vagus* o "Año Errante," tenía 365 días, dividido en 12 meses de 30 días cada uno, más 5 días extras al final del año. El mes consistía de 3 "semanas" de diez días cada una. Este sistema estuvo en uso alrededor del año 2400 A.C., y posiblemente antes. La experiencia del tiempo estuvo originalmente acompañada por un vivo sentimiento de los ritmos planetarios que reflejaban la guía de los dioses. Después, cuando se perdió este conocimiento, el tiempo era experimentado como la repetición de lo mismo, como una mecánica alternancia y repetición de inalterables y pre-determinadas leyes.

II: CONCIENCIA AMERICANA NATIVA

El Nativo americano vivió — y en una magnitud real todavía vive — en un tipo de conciencia que retiene muchos aspectos de la conciencia Atlante. Rudolf Steiner habla sobre la conciencia Atlante en relación a la idea del Tau. En inglés y alemán esta palabra es similar a rocío. Del Tau Rudolf Steiner dice: "La sabiduría de Atlántida está incorporada en el agua en una gota de rocío. La palabra alemana Tau es nada más que el viejo sonido Atlante. Así que debemos mirar con reverencia y devoción cada gota de rocío que reluce en una hoja de césped como un sagrado legado de esa era en que la conexión entre el hombre y los Dioses todavía no era tan distante." [21] Lo que Rudolf Steiner llama el

Tau es lo que los nativos americanos expresan como el "Gran Espíritu." La cruz de la T, el símbolo del Tau, de hecho está muy extendido en las civilizaciones Americanas Olmeca, Maya, Inca, y otras.

Cómo el Nativo americano imagina la propia tierra realmente es mucho decir en este aspecto. En América del Norte los Algonquianos y muchos otros grupos llaman a la tierra *Isla de la Tortuga*. Hemos visto que esta idea no difiere de la manera en que el mundo es visto por los primeros hombres Atlantes para quienes los dioses moraban en las aguas que rodeaban el continente de Atlántida. Para el viejo Nativo americano, e incluso del presente, el océano y el cielo eran co-sustanciales. Curiosamente, el verde y también el azul a menudo son llamados por el mismo nombre. Entre muchas tribus Mayas la misma palabra indica agua, invierno, lluvia, y vegetación. Todos los ríos surgen de Tlalocan, el paraíso terrenal. La tierra flotante es imaginada como un monstruo y se llama Itzam-taxi-ain, gran cocodrilo. [22]

El Nativo americano vive totalmente en la conciencia imaginativa Atlante. Su cuerpo etérico — mucho menos conectado con el cuerpo físico — les comunicaba imágenes imbuidas con vida. Una vez más permítanos mirar la visión Maya del mundo. El sol se pone a través de una cueva al oeste y surge a través de otra en el este. Los cielos son soportados por el mundo del árbol, erigido sobre cuatro pilares (también llamados portadores) simbolizado por las cuatro montañas más altas de la región. El Árbol (Cósmico) del Mundo significa literalmente "cielo sostenido en lo alto" (Wakah-Chan). Las montañas son lo que fueron después las pirámides: un pedestal natural para los dioses. El Chorti actual (Maya Étnico) cree que las nubes vienen de las montañas más altas. Las nubes — llamadas serpientes de agua — forman un recipiente que se vacía a través del hocico. Se transfiere el agua de una montaña a otra. Este concepto es pictóricamente representado por pájaros descansando en la cima de una montaña y llevando banderolas de nubes. Los pájaros simbolizan el espíritu de las nubes.

El poder del cuerpo etérico y su cercana asociación con el cuerpo astral trajo dos consecuencias naturales. La vida de sentimientos estaba más estrechamente asociada con los fenómenos del crecimiento. En el pasado, el astral inferior podía influir en el crecimiento del cuerpo, por eso la manifestación de gigantes y enanos y todas las otras formas humanas Atlantes. Esto es evidente en eras más tempranas de la humanidad Americana y en la frecuente referencia que hacen las leyendas Mesoamericanas y otras leyendas Americanas de pasadas razas de gigantes.

Como los Atlantes, los Nativos Americanos tienen una prodigiosa memoria. Este es el porqué recuperan la comprensión del actual ritual y prácticas que ofrece una visión de las religiones de antiguos tiempos. La memoria trabajó diferentemente de cómo trabaja en la actualidad. Un ejemplo lo ilustrará. Acerca del famoso Códice mexicano descubierto en el tiempo de la Conquista o poco después, Doris Heyden expresa que Don Fernando de Alva Ixtlilxochitl, descendiente del famoso Nezahualcoyotl, lo ofreció para la comprensión de la interpretación de los sagrados o históricos textos. [23] Don Fernando declaró que los *tlamantine* o "sacerdotes sabios" de los Aztecas se aprovecharon de las canciones que acompañaron los sagrados textos. Las palabras y ritmo de las canciones aclararon muchas de las imágenes de los textos. Enfatizó que una imagen solo podía entenderse con ayuda de la otra: "[las imágenes visuales] dieron verdadero significado a las canciones, ya que estaban compuestas de metáforas, símiles, y alegorías." Apoyando más esta teoría está la cita de un erudito Nahuatl:

> "Yo canto las imágenes del libro
> Y las veo extenderse;
> Soy un pájaro elegante
> Porque hago a los códices hablar
> Dentro de la casa de las imágenes." [24]

Una última consecuencia de esta particular conciencia del Nativo americano es su rápido acceso al mundo de las almas que han partido y a los antepasados. En la forma de la oración "Todas Nuestras

Relaciones" está incluido no sólo lo viviente sino también las generaciones pasadas, los antepasados. En su famoso discurso, el Jefe Seattle contrasta la conciencia Nativa americana con la conciencia Occidental, no sólo respecto a su viva percepción de la realidad del mundo espiritual detrás de la naturaleza, sino mucho en base a su viva conexión con todos aquéllos que se han ido antes de él.

Popol Vuh: Historia de un Documento

No nos podríamos aventurar a escribir este libro si no fuera por la existencia del documento Maya conocido como Popol Vuh. Las imágenes y eventos descritos en el sagrado texto nos permitirán reconstruir la mitología Americana, luego la historia Maya y Tolteca. En esta primera parte sólo nos preocuparemos de la historia de los dioses y las Eras de la humanidad Mesoamericana.

Por una buena razón, el Popol Vuh se ha llamado la Biblia Mesoamericana. Su significado más probable es "Libro del Consejo." De hecho es una descripción de los eventos centrales de la historia Americana. Ningún otro documento indígena abarca tanto como el Popol Vuh. Otros cuatro documentos Maya-Quiché incluyen partes comunes de su historia, pero ninguno de éstos, ni cualquier otro, abarca tan inmensa sucesión de eventos como el Popol Vuh.

Adrián Recinos[*] cree que fue originalmente escrito unos pocos años antes de la conquista española. Se estima que el documento fue escrito en 1544. El documento original podría haberse escrito en jeroglíficos Mayas por uno o varios autores del linaje que una vez gobernó Quiché: los Cauecs, las Grandes Casas, y el Señor Quiché. El Padre Ximenez, monje dominico, lo tradujo en 1688 después de que los nativos Mayas le mostraron el texto. El monje afirma que el Maya creció escuchando y memorizando el contenido del Popol Vuh, aunque sólo los sacerdotes estaban calificados para interpretarlo.

---

[*] N. del T.: **Adrián Recinos** - Nacido en la ciudad de Guatemala en el año de 1886. Realizó la primera edición del Popol Vuh, a partir del manuscrito que encontró en la Biblioteca de Newxberry, Chicago, Estados Unidos. Ensayista, traductor, Falleció en 1962.

El abad francés, Etienne Brasseur de Beaubourg, probablemente tuvo en su poder el libro después de su misteriosa desaparición de la Biblioteca de Guatemala en 1858 — la fecha coincide con su visita al país. Procedió a escribir una traducción francesa en 1861. Luego, la versión original fue redescubierta por Adrián Recinos en la Biblioteca de Newbury, en Chicago en 1941, quien escribió una segunda y más completa y exacta traducción española. La primera traducción inglesa del texto español fue trabajo de S. G. Morley y D. Goetz en 1950. Sólo en 1985 el texto Maya original fue traducido al inglés por D. Tedlock.

El documento es una narrativa continua, sin subdivisiones o estructura establecida. Sólo a través de la última traducción fue que recibió su presente subdivisión en capítulos. No obstante algo destaca. Un solo evento es la clara transición entre el mito y la historia, caracterizado por la resurrección del central dúo de héroes, los Gemelos Hunahpú e Ixbalamqué, de quienes discutiremos en mayor detalle después. Ese evento se refleja en el macrocosmos en el llamado Amanecer, un nuevo paso evolutivo acompañado por la adquisición de una nueva conciencia. Es de hecho la transición a una conciencia histórica.

En toda la narrativa aparece lo que serían trastornos y repeticiones. La sucesión de eventos parece moverse de un lado a otro en el tiempo. Lo hace según una estructura definida. Primero nos cuentan sobre los días de la Creación, un equivalente al Génesis de la Biblia, luego sobre las cuatro eras de la humanidad — los cuatro estados de conciencia experimentados por los Nativos americanos. Sólo se hace alusión a la Cuarta Era en la Parte I, Capítulos 1 a 3 (versiones de Recinos y Morley/Goetz). A cada era corresponden definidos tipos de organización social. Una segunda parte nos cuenta las intervenciones divinas en los asuntos humanos, primero por los llamados Apus, luego por los Gemelos, seguido por el principio de la Cuarta Era (Parte I, Capítulos 4 a 9, y Parte II). La tercera y cuarta sección narran el desarrollo histórico experimentado por la nación Quiché poco antes y después de la Cuarta Era (Parte III y IV).

Toda la odisea del Popol Vuh gira alrededor del eje vertical de cielo, tierra, e inframundo — el eterno motivo de toda la mitología

Mesoamericana. Entraremos ahora a las imágenes de la primera parte del documento que representan las eras de la humanidad a la que el Popol Vuh consagra sólo tres capítulos. En esto nos asistirá la inestimable ayuda de R. Girard.

Una pequeña discusión de la vida y metodología de Girard subrayará el valor del Popol Vuh como herramienta de investigación. Antes de experimentar su antes no producida investigación, los documentos indígenas fueron considerados inaccesibles al estudio científico. Girard encontró considerable resistencia de los superiores Mayas, y sólo después de más de veinte años de mutuo conocimiento pudo ganar su confianza, recibir sus visiones, y ser admitido en sus ceremonias. A través del trabajo de Girard, son las tribus Chorti y Quiché-Maya las que se expresan sobre su pasado y su propia visión del mundo. Ésta es la verdadera dimensión de su trabajo sin precedentes.

Cuatro Eras: La Narrativa del Popol Vuh

A lo largo de este trabajo he aprovechado la traducción que Adrián Recinos hizo en 1947, *Popol Vuh: las antiguas historias del Quiché;* la más reciente versión inglesa del D. Tedlock, *Popol Vuh: The Definitive Edition of the Mayan Book of the Dawn of Life and the Glories of Gods and Kings;* y la traducción de Goetz y Morley de la versión española de Recinos, *Popol Vuh: The Sacred Book of the Ancient Quiché Maya.* [25]

El Popol Vuh anuncia ser la revelación de los dioses, que procede a enumerar. El preámbulo describe la división del libro entre los hechos de los dioses y la posterior historia humana. Se hace mención de un Popol Vuh original que ya no existe. Según el texto, en el original era claramente visible "la venida desde el otro lado del mar [referencia probable a Atlántida] y la narración de nuestra oscuridad, y nuestra vida." (Preámbulo)

El Popol Vuh empieza de la misma manera como el Libro del Génesis. La tierra todavía no había sido creada y el aire y el agua eran los únicos dos elementos presentes. Todavía era noche. El mundo fue puesto en movimiento por los Progenitores — la Gran Madre y el Gran Padre — y el dúo Tepeu y Gucumatz que estaban en las aguas. En el cielo estaba 'Corazón del Cielo', también llamado Huracán. 'Corazón del Cielo' es uno y trimembrado, formado por Caculha Huracán, el relámpago; Chipi Caculha, la pequeña llamarada; Raxa Caculha, el trueno. [26] Tepeu y Gucumatz reflexionaron sobre cómo traer luz y vida. De los cielos salió la palabra creativa de 'Corazón del Cielo'. De la mutua deliberación y deseos de los dioses y a través de su palabra creativa, surgió la tierra. Después aparecieron las montañas, valles, y árboles. Tepeu y Gucumatz se dirigieron a 'Corazón del Cielo' en regocijo. Éste último contestó, "Nuestra creación concluirá."

Lo que sigue es la creación de los seres humanos. Hubo tres fases y tres fracasos. Después, en el texto, el cuarto exitoso esfuerzo es elaborado en mucho más detalle a lo largo de las Partes I y II.

La primera fase fue la creación de las "bestias," seres que vivieron muy cerca del estado animal. A cada uno de ellos se le asignó su propio territorio. Los dioses pidieron a las bestias llamarlos sus creadores, santificar sus nombres. Pero ninguno de ellos podía hablar, aunque cada uno profirió sonidos diferentes. Después de un segundo ensayo los dioses comprendieron su fracaso. Decretaron que las bestias serían de beneficio por su carne, que tendrían que sacrificarse por otros, volviéndose en efecto animales.

No obstante, los dioses anhelaron un ser al que pudieran recurrir en su nombre y proporcionarles sustento. El segundo ser humano fue así creado de la tierra y el barro, pero carecía de cohesión y fuerza. Podría hablar pero no tendría razón, ni podría multiplicarse. Los dioses deshicieron su creación y llamaron en su ayuda a un par de ancianos, Ixpiyacoc e Ixmucane, descritos como profetas y pronosticadores del futuro. Ellos tenían que crear al hombre mortal. Ésta fue la fase de la creación del Hombre de Madera, maniquíes hechos de madera. Se parecían a los hombres, y podían hablar, procrear, y extenderse sobre la tierra. Sus pies y manos no estaban totalmente formados, ni tenían sangre o grasa. Carecían de alma, razón, y recuerdo de sus creadores. Su olvido fue la fuente de su desgracia. Por eso el Corazón del Cielo provocó un diluvio que trajo el fin al Hombre de Madera.

En la fase del Tercer Hombre por primera vez el Popol Vuh menciona una explícita diferenciación de los sexos. La carne del hombre fue hecha del tzite, un frijol, la mujer del tule, una caña. Sin embargo, a los seres humanos todavía les faltaba el pensamiento, y no recordaron honrar a los dioses. Esta vez una oscura e interminable lluvia causó su ruina. No sólo los elementos se rebelaron contra la humanidad — así lo hicieron las herramientas y los animales domésticos. Las vasijas, cacerolas, piedras para moler, y los perros se quejaron de haber sido maltratados por sus dueños. Los animales y herramientas querían que los humanos experimentaran el dolor que ellos soportaron. La humanidad fue así aniquilada. Sólo los monos en los bosques sobrevivieron como descendientes de esa era. A lo largo de mucho del resto del libro discutiremos en mayor detalle la Cuarta Era.

Las Cuatro Eras y la Evolución de la Conciencia

La interpretación de la historia Americana se ha enfangado en insuperables dificultades. Con ausencia casi absoluta de fechas anteriores a nuestra era es casi imposible dar a las mitologías su debido lugar y colocar los eventos en un contexto del tiempo. El Popol Vuh nos permite preparar los fundamentos de las fases de desarrollo de las civilizaciones Americanas pre-históricas e históricas. Las fases de desarrollo y los estados de conciencia de la humanidad que no coincidan se harán evidentes por alguna observación básica. Los actuales Nativos Americanos difieren grandemente entre ellos a través de su organización social, prácticas religiosas, visiones del mundo, etc., Los habitantes de la Tierra del Fuego viven en una fase de desarrollo anterior a la introducción del ritual religioso, así también los Yahi y su último representante, Ishi. Las culturas nómadas, como la Apache o Sioux, difieren de las sociedades agrícolas como la de *Pueblo*. La conciencia no evolucionó homogéneamente a lo largo del continente. Se añaden a esto las diferentes olas de inmigración que se sucedieron unas a otras a lo largo de los siglos.

Llamaremos la atención a la diferencia entre las fases de desarrollo y estados de conciencia de varias civilizaciones llamando a la primera: 'Era' (Primera Era, Segunda Era, etc.) y a la segunda: 'Hombre' (Primer Hombre, Segundo Hombre, etc.). Primer Hombre es un estado de conciencia originado desde la Primera Era pero que subsiste a través de todas las Eras posteriores. En la presente Cuarta Era, coexisten todos los estados de conciencia; así tenemos Primer Hombre, Segundo Hombre, Tercer Hombre, y Cuarto Hombre. El lector necesita tener presente que el proceso de evolución de la conciencia es continuo. En ningún estado se reproduce totalmente el pasado. El Fueguino, habitando la punta sur de las Américas, no posee la misma conciencia o práctica pre-religiosa que estaban ampliamente extendida cuando toda América estaba todavía en su fase de desarrollo.

Para poder seguir las fases de desarrollo de la conciencia necesitamos referirnos a un grupo homogéneo. Para poder, además, ponerlos en orden cronológico, necesitamos referirnos a un proceso de desarrollo que terminó en el mayor punto de inflexión del desarrollo americano. Tal es el proceso descrito en el Popol Vuh debido al papel central jugado en Mesoamérica por la civilización Maya. Lo que el Popol Vuh muestra, al contrario de muchas otras mitologías del continente, es el completo despliegue de cuatro fases sucesivas de conciencia y su logro pleno. La Cuarta Era marca el logro pleno de la conciencia histórica. Esta fase, como veremos después, fue lograda primero por la civilización Maya. Cómo pudieron declarar los Aztecas haber alcanzado más allá de la fase de un Quinto Sol, es un asunto que se aclarará en el capítulo nueve.

Una dificultad más en el presente análisis está en las continuas olas migratorias. Hemos visto arriba, ya antes del final del tiempo Atlante hubo migraciones desde el hundimiento del continente. Posteriores olas migratorias vinieron de Asia; ellas son principalmente las que esa historia reconoce. En los más recientes tiempos conforme la investigación empieza a resaltar cada vez más, también hubieron migraciones desde Europa que alcanzaron las Américas. Las razas más mencionadas en este contexto son los celtas, fenicios, babilonios, y hebreos. Nosotros consideraremos algunas de estas migraciones en los capítulos posteriores, particularmente en el séptimo. Por otra parte podemos considerar que el agente de cambio no sería tan importante como la naturaleza del cambio de conciencia y la fase de desarrollo a la que corresponde.

Rudolf Steiner ha descrito el desarrollo de la humanidad desde los tiempos de Lemuria, a través de Atlántida, hasta el desarrollo de la presente época post-Atlante. Estas descripciones servirán aquí como un marco de referencia paralelo. Debemos tener presente que el ordenado desarrollo de las épocas de la civilización (Polar, Hiperbórea, Lemuria, Atlántida, la tierra actual) se diferencian por todas partes de la tierra. Mientras Atlántida estaba sufriendo su propia evolución, otras áreas de la tierra estaban habitadas, y sufriendo una evolución paralela. No hay una sucesión de desarrollo que se aplique a todo el globo, sino sucesiones particulares según los diferentes desarrollos pre-históricos que ocurrieron en cualquier área geográfica.

Hay acuerdo general entre los arqueólogos y los documentos nativos de América Central y del Sur en la medida en que las tres primeras Eras están involucradas (vea cuadro en la pág. 56). Las Eras también han sido llamadas Soles o Mundos. En diferentes lugares del Popol Vuh se nos cuenta del 'Amanecer'. Este evento se refiere a una ocurrencia externa tal como corresponde a un cambio de conciencia. Para algunos grupos étnicos como los Hopis, cada sucesivo cambio de conciencia es visto como otro 'Amanecer' o, en sus términos, "Emergencia."

Para amplificar la comprensión de las cuatro eras nos referiremos al Popol Vuh, Parte I, Capítulos 1 a 3. A esto se le agregará el registro de la arqueología. Lo que sigue es un corto resumen de la narrativa de las Tres Eras hasta el principio de la Cuarta, con ayuda de la agregada investigación de Girard. [27]

Primera Era: Los Gigantes

Durante la Primera Era el hombre todavía vivía dentro de un mundo paradisiaco sin conocer el mal. No había una real estructura social y todavía no exista la división en mitades o clanes. La vida estaba organizada en pequeños grupos relacionados por la sangre, grupos patrilineales. Girard llama a ésta una fase completamente individualista. Nosotros preferimos llamarla pre-individualista, desde que precede a la diferenciación sexual y a la posterior evolución de la individualidad. La vida se vivió en simple comunión con el mundo espiritual. El hombre, nos dicen, tenía un sentido de la presencia del creador. Todavía no había un ritual porque no había necesidad de religión, ni había ceremonia de entierro de los muertos. De hecho, la ciencia espiritual indica que el hombre no pasaba por el ciclo de encarnación y excarnación. También nos dicen que el hombre no poseía la facultad del habla: "Pronuncien nuestros nombres, alábenos, su madre, su padre.... Pero ellos no podían hacerles hablar como hombres; sólo silbaban, gritaban, reían a carcajadas eran incapaces de hacer palabras y cada uno gritaba de una manera diferente." (Popol Vuh, Parte I, Capítulo 2) El primer hombre no conocía la alfarería, no construyó casas o templos pero moraba en cuevas.

Esta fase corresponde — al menos en términos de conciencia — a las tempranas fases del hombre de Lemuria que la ciencia espiritual nos dice no poseían la facultad del habla pero transmitían el pensamiento a través de un tipo de telepatía. La memoria todavía no había desarrollado. El hombre de Lemuria tenía poder sobre las fuerzas de su cuerpo; podía aumentar su fuerza por ejemplo a través de su voluntad. La suya era una "religión de la voluntad." Aquéllos que ostentaban el poder eran venerados por los otros. El episodio de Vucub Caquix y sus hijos — que se refiere al Primer Hombre (en lugar de la Primera Era) — resaltará esta titánica fuerza. De Lemuria, Rudolf Steiner dice que la mayor parte de la humanidad sólo podía calificarse como que simplemente alcanzaba un estado animal. Vemos por consiguiente que lo que el Popol Vuh define como el hombre de la Primera Era es equivalente a la humanidad en la temprana fase de desarrollo de Lemuria.

El fin de la Primera Era llega con la transformación del hombre en animal — aquellos que encarnaron demasiado pronto. "Acepte su destino: sus carnes serán rasgadas en pedazos. Así será. Ésta será su suerte." (Parte I, Capítulo 2) La humanidad de la Primera Era todavía existió en tiempos posteriores. Según el conocimiento nativo no todos los Primeros Hombres desaparecieron o se transformaron en animales. Veremos un ejemplo en el próximo capítulo del Popol Vuh con el episodio de Vucub Caquix.

Segunda Era: Religión

El hombre de la Segunda Era supo hablar pero le faltaba la comprensión. En el sagrado texto es llamado Hombre de Barro. Girard definió la Segunda Era como patriarcal y colectiva. La organización social evolucionó al nivel de lazos de parentesco, practicando el llamado matrimonio exogámico fuera de su filiación. La unidad más simple es la macro-familia de tres generaciones. La propiedad es poseída en común. El pueblo se ha vuelto unidad política y es gobernado por un consejo de jefes. Los dioses que tienen un rol en este período son lo que el Popol Vuh llama Apus. La organización social es aludida en el episodio de Vucub Caquix donde el hombre de la Segunda Era (o Segundo Hombre en el episodio específico) está representado por "Cuatrocientos Muchachos," 400 (20 X 20) equivalente a un número mucho más grande en el esoterismo Maya. Esta manera de caracterizar el grupo especifica la naturaleza patriarcal y colectiva del organismo social. En esta fase los hijos heredan las cualidades morales e intelectuales de sus progenitores.

Otras innovaciones son el resultado de la Segunda Era. Lo más emblemático es la introducción de la alfarería, simbólico para el Hombre de Barro. Aquí vemos una señal del movimiento progresivo del prevaleciente elemento Atlante del agua hacia el elemento de la tierra. La alfarería es una extensa fase de dominio sobre el elemento sólido. Seguirá en el tiempo el uso de la madera y después la piedra en la escultura y la arquitectura. Los Apus introducen las artes, en particular el canto y la pintura. Probablemente la danza también data de este período. Las primeras plantas cultivadas son raíces: yuca, jicama, batata, taro, etc., ¡El maíz todavía no había sido introducido!

Esta Segunda Era tenía muchas similitudes con la segunda parte de Lemuria. La memoria había desarrollado pero todavía no había una capacidad para el pensamiento lógico. El idioma estaba en sus comienzos y así cantaban y bailaban, y cultivaban plantas comestibles. El Popol Vuh apunta a un primer conocimiento del bien y del mal. Con el tiempo, la Segunda Era trajo la transición de la vida nómada a la sedentaria y el movimiento hacia la sociedad matriarcal.

En general la transición de la Primera a la Segunda Era fue pequeña. Su resultado principal fue la formación de una estructura social. Los únicos héroes de esta era fueron los Cuatrocientos Muchachos; no se menciona ningún verdadero individuo. La Segunda Era acabó con un diluvio. La Tercera Era introducirá cambios mucho más radicales.

Tercera Era: Matriarcado

La Tercera Era es la del "Hombre de Madera." El texto Quiché indica que el hombre es hecho de "madera" de tzite, un frijol, y la mujer es hecha de tule, una caña usada para hacer esteras. Ambas plantas son originarias de Guatemala. Por primera vez el hombre es claramente distinguido de la mujer. El nombre 'Hombre de Madera' está asociado con el hecho que el hombre entra en el tiempo de los implementos de madera, y de la escultura de madera.

Los dioses piden la ayuda de Ixmucane e Ixpiyacoc, un par de profetas. Ixpiyacoc, la figura masculina, tiene un papel pasivo en la mitología Maya. Ixmucane, la figura femenina, la activa, indica la transición de una visión del mundo patriarcal, o más pre-individual, a una visión del mundo en un régimen matriarcal. La sucesión se produce por el lado de la madre. La Abuela (Ixmucane) es la cabeza del clan. Los hombres tienen un papel político-militar. Vemos ahora tres generaciones: Ixmucane e Ixpiyacoc, Hun y Vucub Hunahpú (los llamados Apus), Hun Batz y Hun Chouen. El último vive con la Abuela. En esta fase los Apus comienzan su descenso al Inframundo. Antes de salir, piden a Hun Batz y a Hun Chouen continuar cultivando las artes y mantener el fuego encendido en el hogar, así como "el calor en el corazón de su abuela." (Parte II, Capítulo 2: "Ustedes ocúpense de tocar la flauta y de cantar, de pintar, de esculpir; calienten nuestra casa y calienten el corazón de su abuela".)

Hun Batz y Hun Chouen son los guías de esta era. Su naturaleza todavía es la de los guías divinos. Son músicos, cantantes, pintores, escultores, joyeros, jugadores de dados, y jugadores de pelota. (Parte II, Capítulo 1) Los efectos de sus innovaciones son dramáticos. La Tercera Era comienza con la domesticación de animales y el verdadero principio de la horticultura. Se introducen el maíz, los frijoles, y probablemente también la calabaza, y constituirán las principales comidas de todas las generaciones por venir. El fumar viene después del cultivo del tabaco. Otras importantes plantas cultivadas son el cacao y el copal (quema como el incienso). Con el algodón viene el arte de tejer. La muela (piedra para moler) también es introducida en este período. Curiosamente se llama *camé*, como los señores que gobiernan en la última parte de la Tercera Era.

Camé es un nombre importante en la Tercera Era. El mal ahora activo en el mundo, es aludido a través de la presencia del clan adversario de Xibalbá y sus líderes, Hun Camé y Vucub Camé. Se cuenta que los *tucurs* (magos, literalmente búhos) llevan a cabo sacrificios humanos iniciados por el Camé. La tarea de la Tercera Era es desarrollar el conocimiento del Inframundo. El proceso sólo se completará al final de la Tercera Era con el episodio del descenso de los Gemelos al Inframundo. Encontramos referencias al primer uso de la tortura usando hormigas y espinas (como en el episodio de la infancia de Hunahpú e Ixbalamqué). El sacrificio humano aparece en forma de decapitación (como en la muerte del Hun Hunahpú) y el descuartizamiento. El canibalismo también se origina de este horizonte cultural. Después, el sacrificio humano evoluciona hacia formas de remoción de órganos.

En el campo religioso presenciamos la veneración del muerto y la aparición del dios de la muerte. Al muerto ahora se le entierra en cementerios permanentes. También se desarrolla la práctica del entierro secundario con exhumación de los huesos que después se cuelgan en un árbol. Esto va junto con la idea que el alma reside en los huesos. La momificación es una práctica que entra en la misma dirección y que desarrolló principalmente en Sudamérica. Como podemos ver, la humanidad de esta era lucha con la cuestión de la inmortalidad que sólo se resolverá en la era siguiente. Las dudas sobre la inmortalidad del alma están acompañadas por un intenso terror a morir y "al fin de los tiempos." La Nueva Ceremonia del Fuego — celebrada cada 52 años — es un vestigio de este terror de muerte al fin de los tiempos, como aparecerá más claramente cuando volvamos al estudio de la astrología Mesoamericana.

El resultado final de la evolución anterior es la diferenciación de los tres mundos común a muchas mitologías Americanas: el cielo, la tierra, y el inframundo. La Caída del estado original de unión con los dioses es acompañada por el conocimiento del alma como la que teje entre el mundo del espíritu y el mundo del cuerpo y la materia. El mundo superior es el mundo del espíritu, el que vive más allá del bien y el mal. El inframundo es donde están presentes el bien y el mal — es el mundo del alma. No debe entenderse como un mundo negativo, un equivalente al infierno doctrinal, sino como el mundo a través del que el alma evoluciona en su camino a la tierra del espíritu. Esto se refleja en el hecho que el muerto buscaba bajo la tierra o arriba en las montañas o las nubes; éstos son pasos de su viaje al más allá.

El sacerdocio se hace hereditario. El sacerdote también es un sanador y puede predecir el futuro. Es el chamán que puede abandonar su cuerpo a través del mediador, un animal guía. La introducción del sacrificio animal también ocurre durante este tiempo — el pavo es el animal elegido. Los primeros calendarios son lunares, reflejando la importancia del matriarcado.

La Tercera Era corresponde de muchas maneras al fin de Lemuria y la transición a la Atlántida. En esta fase aparece el comienzo del idioma, el papel predominante de las mujeres, la domesticación de los animales y la introducción de la agricultura, así como el uso de animales sacrificiales. El fin de la Tercera Era pasa por una lluvia negra (Parte II, Capítulo 3) y la rebelión de los animales y herramientas contra la humanidad. No está claro si el fin de la Era se alcanza por la lluvia o por erupciones volcánicas. Sin embargo, se

64

expresan claramente referencias a los fenómenos volcánicos y tectónicos en el capítulo de Vucub Caquix, durante la Tercera Era. Al final de la Era Hun Batz y Hun Chouen se transforman en monos. Después, en la Cuarta Era, los dos representarán los vicios de la ociosidad y la envidia.

Cuarta Era

De la Cuarta Era nos ocuparemos específicamente en el capítulo 6. De momento podemos especificar que esto marca la transición de la conciencia mítica a la histórica. La historia de las tres Eras anteriores indica qué cualidades le faltaban a los hombres y necesitaban desarrollar. Durante la Primera Era el ser humano es una mera bestia y carece de la facultad del habla. Durante la Segunda Era puede ser comparado con un simple trozo de barro y no tiene memoria. Durante la Tercera Era es como una estatua de madera; no posee la facultad del entendimiento, y su falta de sangre indica carencia de voluntad. Los ingredientes que la humanidad necesitaba desarrollar eran espirituales: el poder del hablar, recordar, y pensar. El Hombre Maíz que tiene todas las cualidades anteriores inaugura la Cuarta Era. El destino del Hombre Maíz está asociado con un totalmente nuevo desarrollo de la agricultura, íntimamente conectado con la vida ritual y la astrología.

El desarrollo moral es una manera de ver los más profundos significados del Popol Vuh. El bien y el mal no tienen meramente un rol fijo. Ellos son sólo términos relativos. El bien de una época se vuelve mal en la siguiente. El chamán/sacerdote de la tercera época se convierte en hechicero del cuarto período. Hun Batz y Hun Chouen son los guías de la Tercera Era. Para resistirse a la aparición de los Gemelos incorporaron los vicios del período siguiente: la pereza, la crueldad, y la envidia. Esto no significa que no tuvieran un lugar lícito ni siquiera en la Cuarta Era. Allí son los patrocinadores de las artes y de la alegría. Los cuatro representantes de la Primera Era se convierten en portadores cósmicos de la era siguiente. Nada es estático en el Popol Vuh. Todo de verdad corresponde a la realidad del desarrollo espiritual de razas y pueblos.

Girard resalta el hecho que la arqueología y las fuentes indígenas están de acuerdo hasta donde están involucradas las primeras tres Eras. A estos tres horizontes Girard agrega el horizonte de la Cuarta Era y el patriarcado Maya. La arqueología moderna no enfatiza las diferencias de nivel de desarrollo alcanzado por los Mayas respecto a las culturas contemporáneas como lo hace Girard siguiendo la lógica interna del Popol Vuh. Esto se resume en el siguiente cuadro:

Según los Arqueólogos	Según el Popol Vuh	Desarrollos
1er Horizonte: Pre-historia	1ª Era: "los bestias"	Cazador-recolector
2do Horizonte: Arcaico	2ª Era: "el hombre de barro", "Cuatrocientos Muchachos"	Invención de la alfarería, primer desarrollo de la Agricultura
3er Horizonte: Formativo	3ª Era: "el hombre de madera," matriarcado	Calendario Sagrado, Calendario Circular, Cultivo de maíz
El Maya Clásico	4ª Era: "el hombre de maíz," patriarcado	La Cuenta Larga, segunda cosecha de maíz

Ahora es posible intentar encontrar un tiempo para las cuatro sucesivas épocas. No hay estricta correspondencia entre las cuatro Eras y las épocas definidas por Rudolf Steiner; sólo hay paralelos. Los antiguos Toltecas — que emigraron de Atlántida antes del Diluvio — llevaron la conciencia Atlante a un continente que todavía no había recibido el pacificador impulso de Atlántida. Por consiguiente, en las primeras poblaciones de Mesoamérica encontramos principalmente rasgos pre-Atlantes. La Primera Era correspondería a esta población Americana original. Aunque vivían en el tiempo de Atlántida o antes, permanecían en un estado de conciencia pre-Atlante. La Segunda Era ve el principio de una organización social, probablemente una introducida por el antiguo Tolteca en su primera emigración de Atlántida. Como veremos en las imágenes del Popol Vuh, la Tercera Era aparece a través del surgimiento de la civilización Olmeca. Es la tesis principal de este libro que la Cuarta Era en Mesoamérica fue guiada por el Maya en el tiempo de Cristo. La demostración de las tesis anteriores es tema del siguiente capítulo.

La terminología que se refiere a los períodos de la historia de Mesoamérica varía ligeramente según autores o escuelas de pensamiento. Por ejemplo, lo que es Formativo Tardío para algunos, puede encontrarse como Protoclásico para otros. Para mantener la homogeneidad a lo largo del trabajo nos referiremos a la siguiente terminología:

Antes del año 1500 A.C.:	Arcaico
1500-800 A.C.:	Formativo Temprano: comienzo de la civilización Olmeca
800-300 A.C.:	Formativo Medio
300 A.C.-0:	Formativo Tardío
0-200 DC:	Protoclásico: surgimiento de la civilizaciones Maya y Teotihuacán
200-600 DC:	Clásico temprano
600-900 DC:	Clásico tardío
900-1200 DC:	Clásico terminal / Postclásico Temprano
1200 DC - conquista (1519):	Postclásico Tardío: surgimiento de los Aztecas

Para nuestro propósito, la Primera y Segunda Era son períodos que pueden definirse como Arcaicos, la Tercera Era se corresponde estrechamente con el surgimiento del Olmeca y el Formativo; la Cuarta Era corresponde al surgimiento de la civilización Maya.

Las diferentes Eras traen con ellas diferentes tipos de conciencia. Al hombre de Lemuria original y a los inmigrantes de Atlántida se les agregaron olas de migración del tiempo post-Atlante antes y después del tiempo de Cristo. Ellas forman un capítulo complejo en la historia de las Américas, uno que está más allá del alcance del presente trabajo. No obstante exploraremos la influencia que alcanzó Centroamérica a través de Asia vía el Estrecho de Bering, y de Fenicia y Palestina. Para resumir entonces, las Cuatro Eras nos dan una clave válida de interpretación de la evolución espiritual de la humanidad Americana, un cianotipo de desarrollo que recibe confirmación de los registros

67

antropológicos de Norte y Sudamérica. El Popol Vuh se refiere más a los estados de conciencia que a las migraciones históricas, porque su enfoque es el evento central del 'Amanecer' y las fuerzas espirituales que se opusieron o trabajaron hacia su realización.

Las Cuatro Eras y el Desafío del Tiempo Post-Atlante

La Parte II del Popol Vuh explica en lenguaje imaginativo la naturaleza de los cambios ocurridos durante la Cuarta Era. Es la tesis de este libro que el iniciado de las Américas provocó la Cuarta Era. Por consiguiente trataremos a fondo la Cuarta Era en los capítulos 6 y 7. En este momento será suficiente indicar la evolución de la conciencia que puede seguirse desde la Primera hasta la Cuarta Era.

La Cuarta Era es inaugurada por el 'Amanecer' y es la Era del Hombre de Maíz. De los Apus que inician el primer descenso al Inframundo recordamos que nacen en la oscuridad. Los Gemelos inauguran la era solar. El cambio puede compararse a una re-aceleración de la tierra. El Chilam Balam de Chumayel establece: "El mes [significa la nueva astrología] fue creada cuando la tierra despertó." [28] Esto nos lleva a creer que el Nativo americano en esta fase percibió cambios importantes en el aura de la tierra. El 'Amanecer' y despertar en el nivel terrenal corresponden a más importantes cambios de conciencia.

El Nativo americano con conciencia como de Atlante tenía que sufrir un proceso dual. Por un lado tenía que progresivamente penetrar el elemento tierra, el elemento del espacio. Es apreciable que el Segundo Hombre sea el Hombre de Barro que realmente no alcanzó un estado sólido. Luego está el Hombre de Madera, y se nos dice que sólo el último hombre tenía sangre. Así como Hombre de Maíz pertenece al cielo, la tierra, y al inframundo, la planta del maíz lo hace en diferentes fases de su desarrollo. La última parte del Popol Vuh hace muy clara esta noción. Las anteriores esculturas del continente hacen entendibles las palabras del Popol Vuh: "ellos no tenían extremidades." Las primeras esculturas muestran un conocimiento muy rudimentario de la anatomía: las extremidades están escasamente presentes. Es principalmente en la fase de la escultura Maya clásica que el cuerpo humano alcanza la armonía más alta en medida y proporción, representando totalmente la anatomía humana. Parece como si el Hombre americano gradualmente ganara posesión y conciencia de la plena naturaleza del elemento terrenal que penetra su cuerpo, conforme su conciencia se retira progresivamente del divino elemento del ambiente.

El segundo proceso concierne a la relación del ser humano con el tiempo. La Caída del Paraíso ocurre al final de la Primera Era. La fase prístina de unión alcanzada en la Primera Era nos lleva a la última fase de conocimiento de la inmortalidad lograda por el Hombre de Maíz. La "bestia" no necesitaba religión porque estaba en contacto con la divinidad. Los Hombres de la Segunda y Tercera Era descubren a través de la memoria el vínculo entre generaciones, comienzan los rituales de entierro, e inauguran la era de prácticas religiosas. El hombre de la Tercera Era lucha con las nociones del inframundo y de la mortalidad. Aquí aparece el problema de la condición finita del tiempo. De esto se origina el terror a la extinción del mundo tan acertadamente descrita en la Nueva ceremonia del Fuego, como veremos en los capítulos sobre los Toltecas y los Aztecas. La astronomía de estas dos civilizaciones no puede describir con certeza la continuidad del tiempo. Que el Maya inicia otra fase de la civilización es resaltado por la resurrección de su dios solar, Hunahpú, y la contraparte lunar, Ixbalamqué. Lo que aparecería como un mero símbolo en el mito se vuelve realidad en el hecho que los Mayas son los primeros en inventar un calendario que no es cíclicamente más largo. Gana en eternidad, porque está basado en un punto de referencia galáctico.

Acompañando este movimiento de caída y redención está el movimiento de separación entre el cielo y la tierra. De un mundo de agua y aire pasamos a la creación de la tierra y las montañas. Después, en la Segunda Era, pero sobre todo en la Tercera, el Nativo americano descubre el inframundo. Este movimiento aumenta con el creciente esfuerzo del Camé y los Señores de Xibalbá. El bien y el mal están en completo antagonismo. La integración de inframundo, tierra, y mundo superior sólo ocurre a través de la integración del ser humano y los elementos divinos en la figura de los Gemelos. Es su resurrección la que trae un nuevo mundo y una nueva conciencia, acompañada por el evento del 'Amanecer'.

Las Cuatro Eras en Norte y Sudamérica

El conocimiento de los Cuatro Mundos reverbera con variaciones en las tradiciones de Norte y Sudamérica. Como ejemplo de cada uno tomaremos el Hopi y el Inca. Debemos tener presente que la correspondencia sólo es indicativa desde que cada civilización tuvo su propio desarrollo, viene de un trasfondo diferente, y se encontró con diferentes poblaciones migrantes y definidos cambios de civilización. Por consiguiente, los cambios de conciencia no necesariamente ocurren en el mismo punto del tiempo.

En la mitología Hopi, durante la Primera Era la Mujer Araña creó cuatro seres masculinos, luego cuatro femeninos. [29] Estas primeras personas no podían hablar ni reproducirse. Esta Era no conoció la enfermedad y tampoco mal alguno; las personas todavía eran puras y felices. El fin del Primer Mundo llegó desde que los seres humanos usaron "sus centros vibratorios," es decir, las facultades sobrenaturales para propósitos egoístas. El mundo fue destruido por el fuego.

Durante el Segundo Mundo las personas todavía podían hablar unos con otros desde el centro de sus cabezas. Empezaron a reñir, y la guerra y la codicia irrumpieron en sus estratos jerárquicos. La humanidad tenía que defenderse de los animales salvajes. El Segundo Mundo fue destruido por el frío y el hielo.

El Tercer Mundo vio la emergencia de grandes ciudades y civilizaciones. Las personas empezaron a usar su facultad reproductora de malas maneras. Este mundo fue destruido por el Diluvio y algunos de sus pueblos fueron salvados por la Mujer Araña. Tuvieron que sufrir repetidas migraciones. El protector de la Tercera Era fue el importante dios Hopi *Masaw*, la representación de un Guardián. Habiendo perdido la humildad, Masaw fue designado dios de la muerte y del inframundo por el dios supremo Taiowa.

Masaw también era la deidad que le pidió al Hopi que emprendiera sus migraciones antes de llegar a ser su líder en la Cuarta Era. Cada grupo tenía que seguir su propia estrella antes de alcanzar su destino. El Cuarto Mundo no era "bonito y fácil" como los anteriores pero fue el primer mundo que tuvo altura y profundidad, calor y frío, belleza y fealdad.

El Hopi representa la transición de un mundo al siguiente como una "emergencia." Es como si cada fase del Primer al Cuarto Mundo fuera un movimiento progresivo desde la oscuridad hacia la luz del día. Esta visión del mundo es reproducida en la estructura del ceremonial kiva que tiene un agujero en la tierra, llamado *sipapu*, para indicar el lugar de emergencia de un mundo anterior, y una escalera que lleva a una abertura en el techo, en la dirección del siguiente mundo.

Girard indica que las culturas andinas también subdividieron su desarrollo cultural en cuatro eras. Algunos de sus primeros historiadores conservaron la tradición, la versión más completa estaría dada por Guamán Poma. [30] La Primera Era, Pakanmok Runa, comienza con una tierra habitada por animales salvajes y monstruos como gigantes, enanos, y fantasmas. El "Pueblo del Amanecer" fue el primero en conquistar la tierra. Ellos eran nómadas que moraban en cuevas. Vivieron de las bayas y enterraron sus muertos sin ceremonias.

La Segunda Era es la Era del Wan Runa (pueblos indígenas). El dios Alpamanta Rurac hizo de barro a las criaturas de la Segunda Era. Este período marcó el principio de la vida sedentaria y la actividad agrícola. Los seres humanos abandonan las cuevas por la primera morada llamada *pukullo*. La invención de la alfarería se les atribuyó a los dioses. El pueblo adoraba al dios del relámpago Illapa, su símbolo de la vida y la muerte; el kuntur (el cóndor), pájaro del sol; y al kuri poma, el león dorado. Nació la idea del inframundo. En ese tiempo llegó el dios Tonapa o Tarapaca. La Segunda Era acabó con un diluvio y la rebelión de los animales domésticos y herramientas.

La Tercera Era es llamada la Era del Purun Runa. El uso de la tierra fue más intensivo. Hubo más plantas cultivadas, y la llama y la alpaca fueron domesticadas. El trabajo cooperativo alcanzó un clímax. Entre las invenciones de la era estaba el tejido, el trabajo de los metales, el uso del tambor y la flauta, pero todavía no había escritura. Otra introducción típica de esta era fue el uso ritual de las bebidas fermentadas. Los soberanos, llamados Capac Apo, eran trasportados en una litera, una característica de la Tercera Era que sobrevive en muchas culturas.

La Cuarta Era es el tiempo del Auka Runa, "pueblo del tiempo de la guerra." Las luchas internas de la era anterior alcanzaron un clímax. Este fue el tiempo de las ciudades fortificadas llamadas *pukaras*. Los agricultores dejaron las tierras bajas para tomar refugio en la alta meseta. Durante esta Era alcanzaron su pico las prácticas del canibalismo y el sacrificio humano, incluso con remoción del corazón. El muerto era enterrado con su comida y bienes, a veces con sus mujeres. Desde nuestra perspectiva podemos ver que aunque esta fue llamada Cuarta Era, en realidad sólo fue una fase de decadencia de la Tercera Era. Las tres Eras anteriores tienen similitudes y correspondencias con las Eras del Popol Vuh, aunque la Segunda Era andina corresponde más estrechamente a la Tercera Era Mesoamericana. Esto es lo esperado, dadas las posibles diferencias entre los continentes.

CAPÍTULO 3

POPOL VUH: EL HECHO
DEL GRAN ESPÍRITU

Permitiremos que el Popol Vuh entregue tanta visión y conocimiento como sea posible antes de intentar agregar cualquier interpretación que pudiera ofrecerse a través de la visión de la ciencia espiritual. Para alcanzar esa fase exploraremos el escenario de la Tercera Era, de la que el descenso de los Apus al Inframundo capta la esencia.

Después del cuarto capítulo de la Parte I, el Popol Vuh nos cuenta los hechos de los dioses, en particular de los Apus y de los Gemelos, Hunahpú e Ixbalamqué. La narrativa va de un lado al otro y luego regresa, primero los Gemelos, luego los Apus, y después de nuevo los Gemelos. Al final de la historia de los Apus nos cuentan que los Gemelos son sus descendientes. Ésta es una de las razones para creer que el primer episodio de los Gemelos ocurre en el tiempo después de la historia de los Apus. Pero hay más razones.

En el primer episodio, los Gemelos son confrontados por los gigantes llamados Vucub Caquix y Chimalmat, y sus dos hijos, Zipacna y Cabracán. Estos gigantes son representantes de una Era patriarcal (la única mujer, Chimalmat, apenas es mencionada) y más particularmente la Primera Era. ¿Son ellos hombres de la Primera Era, o el Primer Hombre de una Era posterior? Habiendo visto lo que caracteriza las diferentes Eras podemos encontrar la clave en el texto. El texto se refiere a la presencia de Hombres de la Segunda Era — los Cuatrocientos Muchachos — quienes han adoptado un estilo de vida comunal. El texto también menciona el uso de la *chicha*, un alcohol de maíz fermentado. El maíz y las bebidas fermentadas aparecen en la Tercera Era. Aclarando las cosas, refiriéndose a los gigantes, el Popol

Vuh también declara: "Verdaderamente, son una muestra clara de aquellos hombres que se ahogaron y su naturaleza es como la de seres sobrenaturales." (Parte I, Capítulo 4) Ésta es una referencia precisa al hecho que los gigantes son representantes del Primer Hombre en un tiempo posterior. Esto nos coloca en el tiempo de la Tercera Era, y la presencia activa del anciano Ixmucané e Ixpiyacoc confirma más todo el cuadro.

Vemos cuán importante ha sido reconocer las diferentes Eras y sus características. La historia de la confrontación de los dioses con las fuerzas contrarias está dividida en dos según los tipos de seres que ellos confrontan. Ésta es la lógica interna del Popol Vuh. En la primera parte (Parte I, capítulos 4 a 9) los Gemelos confrontan las fuerzas de las alturas, al Gigante Vucub Caquix y sus hijos. En la Parte II, primero los Apus y luego los Gemelos confrontan la fuerza contraria de las profundidades, el señor de Xibalbá. De hecho toda la Parte II del Popol Vuh se ocupa de la confrontación de las fuerzas de Xibalbá. Sin embargo, todos los episodios de los Gemelos ocurren durante la misma Era, la tercera. Así se hace el descenso de los Apus al inframundo.

Es finalmente entendible por qué Vucub Caquix ha sido presentado primero y después viene toda la historia perteneciente a los señores de Xibalbá. Los dioses progresistas son desafiados por ambos lados. La primera es la amenaza menos seria del retorno al pasado. La segunda es una confrontación mucho más difícil de la que depende la emergencia de la Cuarta Era. Modificaremos el orden del Popol Vuh para seguir los eventos más secuencialmente.

¿Quiénes son los principales personajes en esta divina conspiración? De los Apus hemos dicho que juegan todo el largo día y que son sabios y profetas. El hecho de que no trabajen hace más evidente su condición de dioses. Se les distingue como Hun Hunahpú (1 Hunahpú) y Vucub Hunahpú (7 Hunahpú). Ellos aparecen como dos seres; en realidad son numerales de siete dioses, una usual manera Maya de presentar a los dioses. Lo veremos en otras ocasiones: Hun Chouen (Un Artesano) y Hun Batz (Un Mono) son los guías divinos de la era. La situación es diferente para los Gemelos Hunahpú e Ixbalamqué que son hijos del Apu y de Ixquic, siendo el resultado de la unión de un dios con una mujer. Son hijos de una virgen. Como hemos visto en el capítulo 1, éste es un tema familiar de la mitología Mesoamericana y Americana. Los Gemelos son humanos y divinos. Después veremos que la dualidad de los gemelos es una manera de distinguir diferentes realidades. En otras palabras, los Gemelos pueden verse como un dispositivo imaginativo, similar al que vimos en la mitología Hopi donde encontramos un Joven y un Eco, dos entidades aparentemente no relacionadas. En efecto, los Gemelos tendrán que luchar con los señores del inframundo como humanos. Nos cuentan del nacimiento de los Gemelos así como de su infancia, detalles innecesarios para todos los otros dioses. Los señores del inframundo están separados en Camé y sus subordinados Señores de Xibalbá. El autor de éste libro está en deuda con el trabajo de Rafael Girard y Nahum Megged por sus muchas visiones en esta parte de la narrativa. [1]

La Narrativa

La Parte II del texto Maya empieza con una genealogía de los Apus Hun Hunahpú y Vucub Hunahpú. Ellos descendieron de los antiguos profetas Ixpiyacoc e Ixmucané. Del Apus descendieron Hun Batz y Hun Chouen. Su madre se llamaba Ixbaquiyalo, esposa de Hun Hunahpú pero ya no se le menciona más en el libro. Hun Batz y Hun Chouen eran profetas y hombres sabios. Los hermanos se consagraron a las artes: a tocar la flauta, a cantar, cazar con cerbatana, pintar, esculpir, hacer joyería, y trabajar el oro.

Hun Hunahpú y Vucub Hunahpú gastaron su tiempo jugando a los dados y al juego de pelota. Habiendo ido a jugar la pelota en el camino al reino de Xibalbá fueron vistos por Hun Camé y Vucub Camé en el reino del inframundo. Su juego perturbó a los señores. Los Camé quisieron llamar a los dos dioses al inframundo porque deseaban los adornos y vestidos que usaron los Apus para el juego de pelota. Por consiguiente los Camé enviaron a mensajeros con una invitación para jugar la pelota en su reino y un pedido para que los Apus llevaran sus vestidos. Antes de partir los Apus comunicaron a la abuela, Ixmucané, su decisión de ir a Xibalbá. A los hijos Hun Batz y Hun Chouen les confiaron el cuidado de la abuela y el cultivo de las artes.

Los Apus bajaron por una empinada escalera que lleva al inframundo. Llegaron a un río subterráneo en el cañón llamado Nuzivan Cul y al Cuzivan, y lo cruzaron. Después cruzaron otro río que atravesaba espinosos arbustos, un río de sangre de la que no bebieron, y un último río. Siguieron adelante hasta donde se encontraban cuatro caminos: uno era rojo, el segundo negro, el tercero blanco, y el último amarillo. El camino negro les dijo: "Yo soy el que deben tomar porque yo soy el camino del Señor."

Al llegar al vestíbulo del concilio de Xibalbá encontraron dos maniquíes de madera. Tomándolos por los señores los saludaron, causando la hilaridad de los Señores de Xibalbá. Habiéndose presentado, los señores ofrecieron a los visitantes asientos de piedra. Sin saber que los asientos estaban calientes los dos despertaron con la sorpresa, causando de nuevo la alegría de los anfitriones. Los señores sometieron a los Apus a la primera de muchas pruebas: la Cueva de la Oscuridad. A los Apus les fue dada una antorcha de pino encendida y un puro encendido. Su tarea era conservar el lugar iluminado y devolver todos los objetos al día siguiente. El día siguiente, cuando se habían consumido las antorchas y los puros, los Gemelos fueron condenados a ser sacrificados. Después de hacerlo y antes del entierro, la cabeza de Hun Hunahpú fue colgada en un árbol. Simultáneamente con la colocación de la cabeza, este árbol dio frutos por primera vez. Sin embargo, la cabeza original no podía distinguirse del resto de los frutos.

El Descenso de los Apus al Inframundo

El descenso de los Apus inaugura una nueva era, indicada cuando ellos le dicen a Hun Batz y a Hun Chouen, hijos de Hun Hunahpú: "Ustedes ocúpense de tocar la flauta y de cantar, de pintar, de esculpir; calienten nuestra casa y calienten el corazón de su abuela." (Parte II, Capítulo 2) Este episodio marca una transición importante. Éste es el equivalente americano del Crepúsculo de los Dioses. Los Elohim dejan su morada original. En consolación envían a la humanidad a sus hijos como guías para ayudarles a reconectarse con los mundos espirituales a través de la religión y las artes. Los guías, Hun Batz y Hun Chouen, son más probablemente seres humanos actuando completamente por inspiración divina. Sus vidas no tienen una biografía escrita que conste en algún lugar, aparte de su fallecimiento al final de la Tercera Era.

El episodio de los Apus contrasta con los dos episodios de los Gemelos. A los Apus les falta sabiduría, destreza, y conocimiento de las leyes de la tierra. Su aventura en el reino de Xibalbá parece una ingenua derrota total. Los Apus juegan el juego de pelota en la superficie de la tierra. Ellos no saben que están jugando arriba del reino de Xibalbá.

No se dice si los Apus juegan el juego de pelota. Aún la confrontación aparece en otros términos. Ellos llegan a encontrar el mundo de la muerte que no conocen, que se le muestra en fases sucesivas. Al principio se les muestran los maniquíes que no diferencian de los vivos; los saludan, causando la hilaridad de los Xibalbá. Por último, al final de sus pruebas los Apus se dicen, "Este mismo día usted desaparecerá y su memoria se borrará." Ésta es la mayor prueba por la que los Apus son inducidos a creer que nada hay después de la muerte, ni siquiera resurrección.

El anterior es el primer mensaje superficial del episodio. Esto no es todo lo que aparece después de una segunda lectura del texto. Los dioses de los cielos visitan a su oponente pero dejan su pelota y ropas en casa. En efecto, ellos no les ceden a sus enemigos cualesquiera de sus atributos, los poderes que los Camé quieren adquirir. El fallecimiento de los Apus es sólo una exploración preliminar del reino de la muerte. Los dioses necesitan saber sobre Xibalbá y la muerte humana.

Los Apus son derrotados en la Cueva de la Oscuridad. Ésta es una prueba que les exige mantener la luz en la oscuridad. Ellos fallan debido a que no pueden mantener la conciencia en el reino de la muerte. Por eso son sacrificados. El texto especifica que Hun Hunahpú es decapitado y su cuerpo enterrado junto con el cuerpo de Vucub Hunahpú. Ya está claro que la función de Hun Hunahpú es distinta de la de Vucub Hunahpú. Esta idea reaparecerá frecuentemente.

La cabeza de Hun Hunahpú está colocada en la horquilla de un árbol. Se plantan las primeras semillas de la resurrección en el reino de Xibalbá. El texto dice: "Y habiendo puesto la cabeza en el árbol, al instante el árbol que nunca había producido fruta antes de que la cabeza de Hun Hunahpú fuera puesta entre sus ramas, se cubrió de fruta. Y este árbol de calabaza, se dice, es el que ahora llamamos la cabeza de Hun-Hunahpú." (Parte II, Capítulo 2) El árbol que nunca ha fructificado se vuelve un Árbol de la Vida o Árbol del Mundo. Cabeza y calabaza son lingüísticamente equivalentes: cabeza es *ahpu*, y también es jefe.

El fin del descenso al inframundo refuerza el sentimiento de que ha ocurrido un crepúsculo de los dioses. Los Apus han trabajado para reducir el abismo entre los cielos y el inframundo que ellos no comprenden. La humanidad Americana parece caer presa de los Camé, aunque por otro lado Hun Batz y Hun Chouen continúan ofreciendo guía e inspiración. El escenario está listo para una confrontación entre los señores del inframundo y los poderes guías de la Tercera Era. Los Apus, aparentemente derrotados, han conservado el poder de los señores del inframundo y en él siembran vida. Esta vida representada por las calabazas en el árbol es el principio de la siguiente fase de conquista del reino de la muerte.

Se nos presentan los Señores de Xibalbá como seres capaces de infligir enfermedades a la raza humana. (Parte II, Capítulo 1) "Así Xiquiripat y Cuchumaquic, eran los Señores de estos nombres. Éstos son los que causan los derrames de sangre de los hombres. Otros se llamaban Ahalpuh y Ahalganá, también señores. Y el oficio de éstos era hinchar a los hombres, hacerle brotar pus de las piernas y teñirles de amarillo la cara, lo que se llama *Chuganal*. Tal era el oficio de Ahalpuh y Ahalganá."

Ellos nos recuerdan la imagen que Rudolf Steiner tiene del ser suprasensible Quetzalcóatl, un espíritu que describe como similar al Mefistófeles de Goethe, esencialmente un ser Ahrimánico. [2] Él más lo caracteriza así: "Su símbolo era similar a la vara de Mercurio del Hemisferio Oriental, el espíritu podía diseminar la maligna enfermedad usando ciertas fuerzas mágicas. Podía infligirla en aquéllos a quienes él deseaba dañar para separarlos del relativamente buen dios, Tezcatlipoca." [3]

En todas las narraciones los siete Apus, también llamados 'Corazón del Cielo', son el equivalente en la tradición Occidental a los siete Elohim. Permítanos conocer lo que Rudolf Steiner tiene que decir en este contexto:

> Los indios entonces tomaron con ellos para el Oeste todo lo que era grande en la cultura Atlante. ¿Cuál fue lo más grande de todo para el indio? Fue que él todavía pudo oscuramente percibir algo de la antigua grandeza y monarquía de un período que existió en la vieja época Atlante en que la división de las razas apenas había empezado, en la que los hombres podían mirar al sol y percibir los Espíritus de la Forma (Elohim) como a través de un mar de bruma. A través de un océano de bruma el Atlante contempló lo que para él no estaba dividido en seis o siete, sino que actuaban juntos. Esta acción cooperativa de los siete Espíritus de la Forma fue llamada por los Atlantes el Gran Espíritu que se reveló al hombre en la antigua Atlántida. [4]

La transición a la evolución de la tierra fue marcada por la separación del Elohim Yahvé de los seis Elohim restantes. Seis de los normales Espíritus de la Forma residían en el Sol mientras Yahvé ejercía su influencia desde la Luna, y asumía el papel principal. El Popol Vuh está anunciando las cambiantes condiciones de los tiempos y el cambio de conciencia experimentado, describiendo a los Apus mirando con interés una tierra que no comprendían totalmente. El descenso de los Apus corresponde a un crepúsculo de los dioses y a un oscurecimiento de lo que puede decirse es como la percepción del mundo del Atlante causada por la creciente realidad del inframundo y sus poderes.

CAPÍTULO 4

LA TERCERA ERA

La transición entre la Segunda y la Tercera Era está marcada primero sobre todo por una creciente separación entre lo humano y lo divino. El chamán es ahora el intermediario entre sus compañeros los seres humanos y los dioses. El conocimiento del bien y el mal también se ahonda y con éste la aprehensión del inframundo o reino del alma así como de los cielos o mundos espirituales superiores. Permítanos tener presente que esta división de inframundo y mundos espirituales superiores concierne a los reinos del alma y del espíritu mucho más específicamente que el bien y el mal de la tradicional teología occidental.

La referencia más clara de la transición de la Segunda Era a la Tercera Era es el pasaje de una era igualitaria a una sociedad religioso/jerárquica. Este es el porqué el Popol Vuh se refiere al Hombre de la Segunda Era, sobreviviente en períodos posteriores, como los Cuatrocientos Muchachos: cuatrocientos, 20 X 20, es el número que en el esoterismo Maya significa muy grande o infinito. Esta transición social ocurrió en Mesoamérica, según el registro histórico, alrededor del año 1500 a 1200 A.C. La civilización que introdujo estos cambios fue la Olmeca, la que ha sido confirmada como "la cultura madre" de Mesoamérica. Permítanos volver al contenido imaginativo del Popol Vuh antes de buscar la confirmación en el registro histórico.

Demostrar nuestra aserción sobre el inicial empuje espiritual de la Tercera Era es más difícil que con respecto a la Cuarta Era. La razón está en la naturaleza de nuestros presentes estudios. El Popol Vuh presenta un firme punto de referencia en términos imaginativos. Imagen tras imagen construye un cuadro de la naturaleza de la transición que ocurre sobre todo en el momento de la Cuarta Era. Para caracterizar la Cuarta Era el autor necesitó en primer lugar encontrar un punto de referencia en el tiempo que nos permitiera posicionar la transición entre la Tercera y Cuarta Era. Una vez seguros fue posible usar el contenido imaginativo del arte Olmeca y todo lo que la antropología, lingüística, arqueología, y arqueoastrología han traído a la luz respeto a los Olmecas y todas las otras sociedades que pueden ser actualmente caracterizadas como Tercer Hombre, es decir, la conciencia de la Tercera Era tal como ha sobrevivido hasta el presente. Comparar a los Olmecas con el Tercer Hombre actual a menudo ofrece confirmación de las imaginaciones del Popol Vuh.

Olmeca es el nombre que los investigadores han dado a esa civilización cuya mayoría de rastros claros ha sobrevivido en Veracruz del sur y Tabasco occidental a lo largo de la costa Atlántica de México. Olmeca era el nombre con que los Aztecas se refirieron a la región. Los Olmecas también se han identificado con el llamado "Complejo Ceremonial Formativo Medio." "Formativo" es el término arqueológico que en términos históricos corresponde a la Tercera Era.

La reciente investigación confirma el hecho que antes de los Olmecas hubo sociedades esencialmente igualitarias sin estratificación social, [1] que fue uno de los contrastantes cambios introducidos por los Olmecas. Los historiadores dividen la historia Olmeca de un período pre-Olmeca a uno epi-Olmeca con los siguientes rangos aproximados de tiempo:

Pre-Olmeca:	1500–1200 A.C.
Olmeca inicial:	1200–900 A.C.
Olmeca intermedio:	900–600 A.C.
Olmeca y epi-Olmeca terminal:	600 A.C.-1 D.C. [2]

La evidencia más temprana de ocupación humana cerca del importante sitio Olmeca de La Venta, en la llamada "Región Central Olmeca" en el área sur del Golfo de México, ha sido fechada como período Pre-Olmeca. La siguiente fase, la Olmeca Inicial, estuvo acompañada por el crecimiento de los importantes centros de La Venta, Los Cerros, y San Lorenzo, y quizás también Tres Zapotes. El lugar de San Lorenzo tuvo poca vida y prácticamente habría colapsado incluso antes del fin de este período.

Durante el Olmeca Intermedio se desarrollaron nuevos lugares, como Río Pesquero y San Martin Pajapan. La influencia Olmeca se extendió desde el norte de México hasta bastante al sur como El Salvador y Costa Rica. Esta influencia se manifestó en los complejos modelos de población que van desde pueblos a aldeas, talleres artesanales o sepulcros locales, unificados por un sistema económico socio/político, por lo menos a nivel regional.

Curiosamente, esta cultura que tanto influenció la vida social Mesoamericana menguó muy abruptamente alrededor del año 400 A.C., en el período que se ha llamado Olmeca Terminal. Éste fue el tiempo de la desaparición de La Venta, y San Lorenzo que al parecer fueron de nuevo ocupadas. El período que siguió se llama Epi-Olmeca. Aunque persistió la iconografía Olmeca, fue un tiempo de declive. De interés para nuestro análisis es el hecho que al final de este tiempo aparecían en Tres Zapotes las primeras *estelas* y otras tempranas inscripciones en la parte occidental del territorio Olmeca.

No hay duda que la influencia Olmeca alcanzó su apogeo en la llamada región central Olmeca en la Costa del Golfo. Hay razón para creer que la cultura Olmeca no tuvo su origen allí sino en la Costa del Pacífico. Permítanos seguir la evidencia que apunta en esta dirección.

De la Segunda a la Tercera Era: Origen Olmeca

Nuestro hilo guía desde la transición de la Segunda a la Tercera Era viene de observar el desarrollo del calendario y el surgimiento de la agricultura. Como tendremos abundantes ocasiones para aclarar, el llamado "Calendario Sagrado" de 260 días está estrechamente asociado en tiempo y función con el desarrollo de la agricultura y particularmente con el cultivo del maíz. ¿Dónde estaba la primera sociedad agrícola que prosperó en Mesoamérica? El Calendario Sagrado es un conocimiento que abarca la conciencia de los movimientos de los cuerpos celestes, el uso de habilidades matemáticas, y el perfeccionamiento del ciclo agrícola del maíz. La dificultad en plantar el maíz estaba en evitar que la semilla se secara o se ahogara en el agua. El maíz exigía gran conocimiento del régimen

83

de lluvias. Permítanos por consiguiente mirar más de cerca el desarrollo de la agricultura en Mesoamérica.

Se ha estimado que desde aproximadamente 5000 años A.C., el 10% de la dieta provenía de las plantas domésticas. En el año 1500 A.C., aumentó a 35%.[3] En las áreas agrícolas inusualmente favorecidas, el excedente de alimentos hizo posible apoyar un nivel de diversificación del trabajo no posible en otras áreas. Eso es lo que ocurrió en el Viejo Mundo en el Valle del Nilo, del Tigris y Éufrates, y en el Valle del río Indo en Pakistán. Aunque las tierras de la llanura de la costa mexicana del Golfo son a menudo fecundas, el agua, debido a su naturaleza calcárea, a menudo está en su nivel más bajo y no inmediatamente disponible. Sin embargo, en Soconusco, región de la Costa del Pacífico que está entre el sur de México y Guatemala occidental, se presentaban todas las condiciones para una agricultura abundante.

El naturalista alemán Hans Gadow (1855–1928) pensó que el Calendario Sagrado tenía su origen en las tierras bajas tropicales, debido a los nombres de caimán, mono, iguana, tapir, etc., que se mencionan a menudo. Vincent Malmström se centra en la región de Soconusco de la costa del Pacífico porque tiene la geografía correcta, la astronomía correcta, la biología e historia que coinciden con el Calendario Sagrado. Reconoce a otros que habían llegado a similares conclusiones: Zelia Nuttall en 1928 y Ola Apenes en 1936, aunque los dos habían caído en la "trampa de Copan," poniendo el origen del Calendario Sagrado en Copan. Esa ciudad se sitúa en la misma latitud que Soconusco, pero más al este. Girard también reconoce la especial importancia de Soconusco en la elaboración del calendario, aunque al hacerlo se centra principalmente en la elaboración de la "Cuenta Larga," el último refinamiento del Calendario Sagrado.

El Soconusco no sólo reúne todas las condiciones ideales para el cultivo del maíz sino también para el desarrollo de los excedentes agrícolas que apoyarían el desarrollo de la civilización. En su parte más larga el Soconusco se extiende 200 millas NO-SE desde la latitud 13° a 17° a lo largo de la costa del Pacífico sur de México y oeste de Guatemala, en una anchura de 30 millas.

Estas 6,000 millas cuadradas comprenden un área de diversidad ecológica increíble debido a las amplias variaciones geográficas. En esta región nos movemos del nivel del mar hasta una elevación de 13,000 pies: la montaña más alta, Tajamulco, tiene 13,845 pies de altura y está situada a 20 millas de la frontera mexicana. En el lado mexicano el suelo es granito; el sur de la frontera es de origen volcánico. Aunque los suelos mexicanos son pobres, están favorecidos por un buen clima.

La temperatura fluctúa entre 80° y 86° F (27°C aproximadamente). La lluvia tipo monzón alcanza un promedio mensual de 5 a 6 pulgadas. De diciembre a abril hay un creciente déficit de humedad de 22 pulgadas. Esta cantidad es más de lo que se ha registrado a finales de junio. El máximo ocurre en septiembre, luego la lluvia disminuye en noviembre. Debido a este comportamiento climático los ríos llevan agua todo el año y lo que está cubierto de vegetación es un exuberante bosque tropical. El maíz puede cultivarse a 2,600 pies sobre el nivel del mar. Hay un alto grado de diversidad ecológica que va desde los mangles costeros al bosque tropical y al páramo (una meseta alpina sin árboles). La muy rica fauna abunda con peces, camarones, mejillones, tortugas, y pájaros acuáticos y en tierra con tapires, ciervos, saínos, etc. Con tan rica diversidad de suministro de alimentos las poblaciones indígenas fácilmente podían disponer de gran parte de su tiempo sin estar obligados a trabajar.

Desde el año 7000 al 1800 A.C., los pueblos en la región vivieron como nómadas. Los primeros poblados permanentes, acompañados por estratificadas estructuras sociales y la sofisticada alfarería, surgieron alrededor del año 1800 A.C., la más temprana fecha registrada en Mesoamérica. El período anterior al establecimiento de la influencia Olmeca según John E. Clark es el período Barra (1850–1650 A.C.), el período Lacona (1650–1500 A.C.), el período Ocos (1500–1350 A.C.) y el período Cherla (1350–1200 A.C.). [4]

La primera evidencia de la actividad agrícola aparece en el período Lacona. Lo primero en cultivarse — debido a su facilidad — fueron las raíces y los tubérculos. A finales del período apareció el maíz como la cosecha dominante. Este es el porqué Clark sugirió llamar a este pueblo *Mokaya*, que en el idioma Mixe-Zoque significa "pueblo del maíz". El cacao probablemente también fue explotado por este tiempo. Por la cerámica recuperada hay alguna evidencia que la influencia Lacona se extendió hasta el norte de Oaxaca y hasta el oeste hacia las tierras bajas de la llanura de la Costa del Golfo a través del istmo de Tehuantepec. [5]

Desde aproximadamente 1600 años A.C., surgieron pueblos a lo largo de Soconusco que fue de hecho una de las regiones de Mesoamérica más altamente pobladas. Permítanos mirar más de cerca los tres sitios arqueológicos localizados: Paso de la Amada, Cantón Corralito, y Ojo de Agua. En el Paso de la Amada los arqueólogos han encontrado uno de los primeros palacios y la más vieja cancha de pelota, que datan de alrededor del año 1600 A.C. [6]

David Cheetham llama Cantón Corralito a "la primera verdadera colonia de América." [7] El lugar, explorado primero en 1985, había sido un centro importante del pueblo Mokaya. Su tradición acabó aproximadamente en el año 1200 A.C., cuando los artefactos Olmecas aparecen en la región. Cantón Corrallito, cubrió por lo menos 600 acres allá por el año 1000 A.C. Hay miles de objetos de estilo Olmeca diferentes a aquéllos encontrados en cualquier otra parte de Mesoamérica, fuera de la región central Olmeca, a lo largo de la Costa del Golfo. Hasta el 20% de la alfarería analizada en el lugar vino de San Lorenzo, uno de los primeros y más importantes centros ceremoniales Olmecas. Se ha supuesto que Cantón Corralito era un centro administrativo Olmeca en la región y puede haber sido habitado por los Olmecas del Golfo. La ocupación de la colonia acabó alrededor del año 1000 A.C., debido a la inundación del cercano Río Coatan.

Ojo de Agua, de un tamaño de por lo menos 250 acres,* puede ser el primer centro ceremonial planeado en Mesoamérica y el primero con pirámides. [8] La sofisticada alfarería del área data del año 1800 A.C. Para sorpresa de todos, fue una de las primeras alfarerías que produjo artículos de alta calidad. La temprana alfarería existió en otra parte (por ejemplo, Guerrero) pero era mucho más cruda. Ojo de Agua

---

* N. del T.: 1 acre = 0,40468564224 hectáreas

también tiene una serie de montículos de arcilla. Los montículos 5 y 7, sugieren una forma piramidal, pueden ser las primeras pirámides en Mesoamérica. Otras no aparecen hasta la creación de La Venta (construida alrededor del año 1200 A.C.), un segundo centro Olmeca importante.

Hay otros signos del desarrollo de una alta cultura en la región de Soconusco: el primero concierne al desarrollo de la escultura monumental no diferente de la bien conocida Olmeca; el otro, desconocido en Mesoamérica, es la evidencia del conocimiento del magnetismo.

Posiblemente tan atrás como el período Barra (1850–1650 A.C.) el pueblo de Soconusco empezó a erigir a sus jefes esculturas monumentales. [9] Estas esculturas son difíciles de fechar porque se argumenta que han sido movidas. Algunos investigadores indican que se remontan al año 2000 A.C.; otros las ponen alrededor de 1200–800 A.C. e incluso más en el futuro, como en el año 500 A.C. Las estatuas se sitúan en el lado guatemalteco del Soconusco debido a la presencia de basalto que es mucho más fácil de esculpir que el granito mexicano. Se representaron los rudimentos de un cuerpo o una cabeza en grandes cantos rodados redondeados de 5 pies de diámetro o más. Los contornos se grabaron en bajorrelieve con la mínima talladura. Ellos han sido apodados "muchachos gordos" aunque su género no es reconocible. La mayor parte del tiempo estas figuras mantienen sus manos envueltas alrededor de sus cuerpos de manera que se juntan en el centro del abdomen.

Muchos de los muchachos gordos están magnetizados, como lo están muchas otras esculturas encontradas a lo largo de la región.[10] Se han encontrado once estatuas en *La Democracia*, Guatemala: cuatro esculturas de cuerpos humanos y seis de cabezas humanas tienen propiedades magnéticas. En *El Baúl* se han descubierto también dos estatuas que poseen las mismas propiedades. Una de ellas representa a dos hombres sentados sobre un banco en posición de piernas cruzadas. Donde sus brazos se cruzan se localizan dos polos magnéticos norte y dos polos sur bajo el banco. Un jaguar cercano tiene dos polos magnéticos norte en sus patas sin detectados polos sur. También se ha encontrado en Izapa una estatua magnética que podría ser la de una cabeza de tortuga o un cuerpo de rana. Tiene una fuerte polaridad norte en su hocico y una polaridad sur igualmente fuerte en la extrema parte de atrás de la cabeza de manera que puede compararse a un imán gigante.

Surgen algunas generalidades en los modelos de magnetización. Si la escultura es una cabeza, normalmente está magnetizada en la sien derecha; si es un cuerpo el polo magnético está normalmente cercano al ombligo. [11] Sin embargo, nada se ha introducido en las piedras en estos puntos; simplemente son lugares donde ocurre naturalmente una concentración superior de magnetita o hierro magnético. Normalmente existe un polo opuesto de atracción apenas a más de 4 pulgadas. En el ejemplo de la cabeza, si las fuerzas magnéticas entran sobre la oreja derecha, saldrán por debajo. Si entran en el cuerpo a la izquierda del ombligo, ellas lo dejarán a la derecha de él. Así, la mayoría de veces hay un tipo de campo magnético en forma de U. Tan extraño e interesante como puede haber sido el conocimiento del magnetismo para los pueblos de Soconusco, nosotros todavía estamos en la oscuridad acerca de la aplicación práctica o razón para este tipo de conocimiento.

En base a muchos de estos descubrimientos, sorprendería mucho si la cultura Olmeca tuviera su origen en el Soconusco. Para aclarar más este asunto buscaremos apoyo en otra evidencia.

Antes de 1200 A.C., existió en Soconusco una cultura llamada Mokaya. A través del istmo los Olmecas iniciaron intercambios culturales alrededor de 1200 A.C. El Mokaya posteriormente adoptó todos los motivos ceremoniales Olmecas en el uso de su alfarería. El igualitarismo de la sociedad Mokaya desarrolló según la estratificación religiosa Olmeca, aunque mantuvo autónomos los rasgos regionales. Se llega a ver que se propaga una nueva conciencia en el hecho que la nueva estratificación continuó por más de doce siglos. [12]

Nosotros ya hemos señalado la aparición de la elaborada alfarería allá por el año 1800 A.C. en el período Barra. Entre 1350 y 1200 A.C., los arqueólogos hablan del período Cherla, período en que la "influencia Olmeca" se infiere de la idea que los Olmecas se habían movido al sur de la Costa del Golfo. Esto no está apoyado por evidencia arqueológica; es más, hay evidencia que ocurrió lo contrario. ¡El estilo de la cerámica Ocos (del período Lacona) parece haberse extendido hacia el norte! Ocos está cerca de Izapa, al sur. [13]

El centro ceremonial Olmeca más antiguo es San Lorenzo, data de 1350 A.C., durante el tiempo del inicio de la fase Cherla del Soconusco. San Lorenzo también es el centro que está en más directa proximidad al Soconusco a través del istmo de Tehuantepec. Esto puede atestiguar el movimiento hacia el norte de los pueblos de habla Zoque de Soconusco. La ausencia de cualquier población intermedia es fácil de explicar dada la aridez del istmo de Tehuantepec. Para la gente que usaba los ambientes húmedos y la agricultura, nada como su hábitat original apareció hasta que alcanzaron el otro lado de la bifurcación, donde San Lorenzo es ubicada sobre un río.

Por último tenemos la evidencia lingüística. M. Swadesh arguye que el idioma pre-Maya se hablaba a lo largo de la Costa del Golfo allá por el año 1500 A.C. Argumenta que el Huastec (al norte de Veracruz) estaba separado del Yucateca (hablado en la región de Campeche y del Yucatán) durante el siglo 13 A.C. Esto muy probablemente ocurrió por la intrusión en medio del grupo de otro grupo de habla que no era Maya. [14] Esta intrusión podría tener su origen en el grupo Zoque que venía de Soconusco y se extendió al norte. Basados en la lingüística es casi cierto que tuvo lugar esta migración.

Otro componente mayor de la afirmación que la civilización Olmeca se originó en el Soconusco viene de la elaboración de la "Cuenta Corta," que da lugar al ciclo de 52 años, tan central para todas las astronomías Mesoamericanas antes de la aparición de la Cuenta Larga Maya, y para muchos grupos étnicos aun después de eso. Varios sitios Olmecas al ocaso del 13 de agosto se alinean sobre prominentes montañas. El 13 de agosto es la fecha del cenit del sol en Izapa. Ésta también es la fecha del comienzo del tiempo Maya. Nosotros volveremos a este aspecto después de considerar la religión e iconografía Olmeca. [15]

La Civilización Olmeca

Si la hipótesis de Soconusco es o no verdad, no altera todo lo que sigue respecto a la importancia de los Olmecas. ¿Cuál fue el cambio más visible introducido por la cultura Olmeca? Muchos historiadores lo definen como un súbito influjo cultural sin precedentes formales conocidos, ni desarrollo gradual. [16] Asimismo, la totalidad del panteón (templo dedicado a todos los dioses) de criaturas humano/animales olmecas, aparecidas en el estatuario, estaban presentes desde el inicio. En el corto tiempo que sigue a la expansión Olmeca, casi simultáneamente tuvieron lugar varios fenómenos. Éste fue el tiempo de la proliferación de las ciudades. San Lorenzo y La Venta tenían centenares e incluso miles de habitantes. El aumento de la población se hizo posible por la revolución tecnológica: las nuevas técnicas de cultivo como el uso de terraplenes e irrigación, hibridación de los cultivos, la introducción del telar atado a la espalda, y más probablemente el conocimiento de astronomía del chamán y el calendario astronómico/religioso conocido como "Calendario Sagrado." La hibridación de plantas de cultivo a través de la polinización e injerto fue más probablemente tarea del chamán y una de las revoluciones centrales de la Tercera Era. [17]

Linda Schele habla de un Complejo Olmeca que incluye una parecida cosmología, formas simbólicas, estilo artístico, y actuaciones rituales que fueron combinadas con las versiones locales. Así, grupos de diferentes regiones, hablando idiomas diferentes, constituyeron el Complejo Olmeca. Una de las maneras en que parece haberse extendido la influencia cultural es a través del uso Olmeca de pequeños objetos portátiles.

La cosmovisión Olmeca se reflejó en sus centros ceremoniales. El diseño de sus ciudades nunca fue totalmente visible a los ojos humanos, porque parecen haber sido pensadas para los dioses. Sus sofisticadas visiones abarcaron un coherente estilo artístico. Inventaron la escultura monumental e inauguraron el uso ritual de cuevas, cumbres de montañas, y fuentes. En efecto, es el arte y la iconografía Olmeca los que nos permiten estar más cerca para comprender algún aspecto del misterio Olmeca. Permítanos volver en este momento a este aspecto.

El Arte y la Cosmología Olmeca

Los Olmecas introdujeron importantes cambios tecnológicos y artísticos en la cultura de Mesoamérica. En el campo arquitectónico Centroamérica les debe la introducción del talud (cuesta entre dos planos horizontales como los usados en muchas posteriores pirámides Toltecas y Mayas), el uso de la columna, y la introducción de trabajos de ingeniería hidráulica. Nos han dejado elaborados sistemas de desagües en sus mayores centros ceremoniales (por ejemplo, La Venta, San Lorenzo, Laguna de los Cerros). El centro ceremonial de San Lorenzo puede darnos una idea del tamaño de la revolución Olmeca. La topografía natural fue modificada con la construcción de seis crestas artificiales en los lados norte, sur, y oriental. ¡Un estimado de 67,000 metros cúbicos de tierra fue necesario para crear una plataforma de 650 pies de largo, 160 pies de ancho y 20 pies de alto! ¡Este fue solo uno de los muchos centros ceremoniales! San Lorenzo también tenía un sistema de desagüe de 650 pies tallado en basalto y diez cabezas colosales.

Las famosas y colosales cabezas fueron uno de los primeros objetos artísticos que atrajeron la atención a la cultura Olmeca. La mayoría de ellas pertenece a una era entre 1200 y 600 años A.C. Son muy armoniosas y — todas, excepto las últimas — fueron construidas con la proporción de la regla dorada. Ellas tienen narices anchas, labios espesos, y largas orejas adornadas con aretes. El elemento más asombroso de su construcción no es su tamaño sino el hecho de que las piedras usadas fueron traídas de un lugar muy alejado. [18] Algunos autores, entre ellos Neil Baldwin, creen que las colosales estatuas representan a los sagrados gobernantes. [19]

La revolución Olmeca no puede medirse meramente por la grandeza de sus logros más visibles. Puede apreciarse en los artefactos más pequeños. El tratamiento del jade es el más indicativo. Aunque un material muy duro y difícil de tallar, el Olmeca podía esculpirlo con asombrosa exactitud y colocar en él diminutas perforaciones. La piedra fue bellamente pulida. Esto llevó a Michael Coe a expresarse así: "no importa cuán pequeño sea el objeto, siempre parece mucho más grande

91

de lo que realmente es." En efecto, puede decirse que los Olmecas imbuyeron la civilización con totalmente nuevos significados.

La civilización Olmeca tenía un sorprendente nuevo estilo artístico, con rasgos dominantes como: cuerpos humanos con cabezas de felino, máscaras como de jaguar, frentes surcadas, prominentes caninos, pronunciados labios superiores, pequeñas narices de felino, etc. Los arqueólogos se dan cuenta que el arte Olmeca jugó un papel casi exclusivamente sagrado (una excepción muy probablemente se encuentra en las representaciones en arcilla aparentemente más mundanas). Esto explicaría por qué los objetos de jade y piedras verdes como podría ser la diorita o similares, fueron enterrados bajo el patio ceremonial de La Venta, y por qué se enterraron muchos objetos en escondites y cementerios. La presentación del centro ceremonial habla de un arte que sólo los dioses pueden aprehender en su totalidad. A propósito, ésta también es una característica que se encuentra en otras partes de Mesoamérica y en la cultura andina.

En base a las muchas culturas que han retenido las típicas organizaciones sociales de la Tercera Era, los arqueólogos deducen que mucho del arte Olmeca fue pensado para llevarse en los viajes. A través del objeto de arte los chamánes podían presentar nuevos significados y símbolos a otros grupos étnicos. Incluso hoy, entre el Cuna de Panamá y el Chocó de Colombia, el arte es para la mayor parte ritualmente funcional. El chamán lleva con él los objetos que usará para sus rituales. Algunos de ellos serán desechados después de la ceremonia; otros se guardarán en cajas o bultos para uso ulterior. Los objetos cumplen el rol de "auxiliadores del espíritu"; ayudan al chamán en la realización de adivinaciones, curaciones, o cualquier otro ritual. Así lo hizo el arte y todavía lo hace ampliando los poderes del alma y la naturaleza. [20]

El arte Olmeca es una curiosa mezcla de naturalismo y abstracción. Sin embargo, no es realista, como puede verse por el hecho que la proporción de la cabeza con el cuerpo del adulto es 1 a 4 en lugar del más natural 1 a 7. Más bien, el arte Olmeca casi siempre lleva un sentido sobrenatural. Carolyn Tate ve en este arte un énfasis en el estudio de la transformación interna y cómo se manifiesta exteriormente. [21] Las caras Olmecas a menudo despliegan una simetría muy estricta y una idealizada belleza geométrica en lugar de fieles proporciones realistas. En general ellos se preocupaban más por el arquetipo del éxtasis divino que por los rasgos individuales. Esto a veces es reforzado por los signos tallados en las esculturas que representan símbolos del inframundo y su umbral. Algunas interesantes figuras en pie — particularmente aquéllas de la ofrenda 4 de La Venta — son retratadas en la pose del éxtasis cultico. Están con las piernas ligeramente encorvadas, las rodillas dobladas y la espina dorsal en posición de relajación. La mirada, también relajada, está dirigida a un punto muy lejano o más probablemente dirigida al interior. La figura "meditante" en La Venta sigue el eje cósmico de las efigies.

El artista Olmeca debe de haber sido, solo en estatus, segundo para el sacerdote. Así de importante y prolongada debe haber sido la producción de artefactos de manera que el artista probablemente tenía que retirarse de la sociedad para producir una efigie de lo sobrenatural. Forzosamente debe de haberse comunicado con el otro mundo. Esta necesidad fue reconocida en el Yucatán del siglo 16: el artista Maya que entonces recibía una comisión iba al templo a meditar para recibir la inspiración. [22]

La Iconografía Olmeca

Habiéndose abordado los aspectos generales del arte Olmeca permítanos volver ahora a su tema, que puede ser dividido en imágenes míticas y representaciones de la figura humana. Según B. de la Fuente hay 3 grupos de imágenes Olmecas. [23] Al primero pertenecen las siguientes imágenes míticas:

- Muy pocos y deteriorados monumentos representan la unión de un jaguar y una mujer, una unión que puede haber producido el llamado "ser-jaguar," parte animal y parte humano*. Karl Taube refuta esta interpretación y ve las esculturas como una

---

* N. del T.: Motivo iconográfico característico del arte olmeca, representa a una figura de rostro humano y boca de jaguar.

imagen del sacrificio humano, el jaguar es el chamán enmascarado. [24]

- Figuras humanas que surgen del interior de una cueva de esos grandes monolitos que se han llamado "altares." Una de aquéllas es la famosa *La Venta Altar 4,* del que se hablará más (figura 1).

- Las figuras humanas altamente estilizadas, con máscaras como cabezas, sosteniendo bebés. La postura inerte de los niños hace pensar en el sacrificio humano.

Figura 1: Altar 4 de La Venta

A un segundo grupo pertenecen figuras que principalmente representan seres sobrenaturales o chamanes. En estas las características animales e imaginarias están principalmente concentradas en la cabeza y la cara. A veces unas garras sustituyen manos y pies. Entre ellos están los llamados "bebés jaguar" reconocibles por el grueso labio superior curvado hacia atrás con grandes caninos bifurcados que salen a través de la boca, y una ancha y chata nariz (figura 2).

A un tercer grupo pertenecen las figuras humanas que pueden ser divididas en tres tipos:

- Hombres bajo protección sobrenatural: por ejemplo, figuras que llevan elaborados "seres-jaguar" con un tocado encima de las cabezas humanas.
- Mediadores: figuras humanas sentadas con individualizadas expresiones, algunos rasgos felinos, y un aura sobrenatural que

94

los rodean. Ellas pueden ser figuras de iniciados.

- Colosales cabezas: sus ojos, abiertos a rasgados parecen expresar la condición de un individuo muerto. Esto también podría indicar que los más altos iniciados pueden haber influenciado a los chamanes incluso después de su muerte (figura 3).

Figura 2: el bebé jaguar   **Figura 3: cabeza colosal**

El jaguar y el Águila

Cuando ellos están presentes, el aspecto del jaguar forma un continuo entre la forma más puramente humana con sólo la boca del jaguar, una media fase de interpenetración, y una casi completa metamorfosis animal. Los rasgos del jaguar son así parte integral del individuo retratado en lugar de máscaras agregadas a ellos. Peter T. Furst concluye que las estatuas representan fases de transformación. Prácticamente por todas partes, nota que ellas representan las convulsiones de una mueca de tortura, implicando un gesto de esfuerzo. Es la descripción de la transformación chamánica que en efecto es física y emocionalmente exigida. Richard Burger ha llegado a las mismas conclusiones con respecto a la cultura andina Chavín que probablemente al mismo tiempo jugó un papel paralelo al Olmeca. [25]

Lo que es reconocible en el registro artístico es confirmado por la antropología actual. La Tercera Era, recordaremos, se conserva hasta cierto punto, aunque transformada, en el moderno "Tercer Hombre." Así, muchas tribus de la Amazonía se llaman "Pueblo Jaguar" y afirman ser descendientes de antepasados jaguares. Ellos también pueden llamar a su territorio "la Tierra del Jaguar." Para algunos el primer pueblo jaguar era de animales y humanos; otros se consideran verdaderos jaguares. El chamán, como guardián de la tribu, es jaguar por excelencia. A lo largo de Mesoamérica y de Sudamérica las palabras para chamán y jaguar son las mismas o similares — y éste también es el caso para muchas tribus Mayas. Esto es porque el jaguar es el espíritu compañero del chamán (el nagual). Es a través de la ayuda del jaguar que el chamán va al mundo espiritual. Es a menudo una jornada llena de peligro de un encuentro con todas las almas de los seres no redimidos. La jornada también se describe como la lucha del chamán con el jaguar. De todo lo anterior puede parecer sorprendente que alguna o ninguna tribu considere al jaguar una deidad. Pueden definirlo como "amo de las especies" — un poderoso ser, pero pocas veces un dios. El porqué es así es un asunto al que volveremos después.

Indicaciones de la manera en que se logra el vuelo chamánico también vienen del registro de la antropología. La preparación para la transformación chamánica, era y todavía es, lograda a través del uso de substancias psicotrópicas entre las que el tabaco juega un papel importante. Se inhalaba a través de la nariz o se hacía en fajos de hojas y cal para mascar — un poco como todavía se prepara la coca en los Andes. El tabaco nativo es mucho más fuerte que las conocidas variedades cultivadas, y su ingestión conduce a un agresivo y alterado estado que es recordativo de las poses descritas en las estatuillas olmecas del chamán en varios estados de transformación. El tabaco lleva a la hiper-vigilia y al completo estado de alerta, similar a la coca. La llamada "cuchara olmeca" podría ser el instrumento para inhalar tabaco y otras substancias alucinógenas. A ellas a menudo se les da la forma de pájaros, un tema que es evocador de la jornada del chamán. Como comprenderemos más allá, el pájaro es de hecho otra dimensión complementaria de esta jornada del espíritu.

Una enigmática postura chamánica es la llamada "pose del acróbata." Se representa en la *Estela* (tablas de piedra conmemorativas cortadas o talladas) por un personaje con los pies sobre la cabeza. Una figura de Tlalilco (cerca de México, D.F.) se encontró junto con un espejo de piedra y "los adivinadores enfardados," más probablemente atributos de poder (figura 4a). De otras representaciones acrobáticas está claro que la figura representa un chamán/gobernador. Así, aparece asociado con el águila que indica el vuelo chamánico, o con el tocado, un símbolo de poder. Ejemplos de la pose del acróbata también son conocidos por la antropología. El Tacana del oriente de Bolivia usa el salto mortal como una técnica para inducir el trance chamánico. Hasta cierto punto lo mismo practican los Huichol o Wixáritari de México. [26] Una última confirmación de esta pose del acróbata aparece en la

Figura 4a: post-Atlante del acróbata   Figura 4b: Panel Shook

estatuaria Olmeca, como en el monumento San Lorenzo 16, en un altar de Río Pesquero o en el "Panel Shook" de San Antonio Suchitepequez, también llamado Altar Circular (figura 4b). [27]

¿Quién es entonces este jaguar que no está definido ni como dios ni como ser humano? Permítanos acercarnos por etapas a esta figura que es familiar para la ciencia espiritual. El jaguar es un animal que vive en el bosque donde es el más temido de todos los animales. Es un buen nadador y brinca con facilidad. Está activo de día y de noche. Es entonces un animal que vive al límite de los elementos — el mediador entre los opuestos y entre los elementos. Esta imagen es reforzada por una adición que ha aparecido más claramente en reciente investigación. El jaguar tiene un álter ego (segunda personalidad) en la figura del águila. Todo lo que se ha dicho sobre el jaguar se aplica — aunque en menor grado — al águila.

De hecho, una combinación de jaguar y águila aparece en la cultura Olmeca y en su contraparte andina, Chavín. El águila arpía — la que más se parece a la representación Olmeca — es la más grande de todas las águilas Americanas. Un macho puede pesar 9 a 10 lbs, una hembra de 15 a 20. La cabeza adornada por un cuello de plumas. Lo que se ha dicho anteriormente sobre el jaguar se refleja en el águila arpía. Dado su tamaño y hábitos rapaces de hecho a menudo es llamada "el jaguar del cielo." Los chamánes también se transforman en águilas en sus sagradas jornadas. La tribu Mojo de Bolivia y la Bororo del Brasil central relacionan al jaguar y al águila arpía como espíritus compañeros de los chamánes y gobernantes. [28] El jaguar y el águila arpía están estrechamente asociados con el trueno de quien son mensajeros en los cielos. Esta fusión de identidades explicaría por qué el jaguar Olmeca tiene la llamada "cejas de llama." Ésta realmente sería la cresta de plumas del águila arpía. Lo que más confirma la hipótesis anterior es el hecho de que los jaguares a veces son representados con plumas en su espalda.

Tenemos ahora más elementos que nos permiten caracterizar el jaguar/águila. Consideremos un último elemento iconográfico que revelará más la naturaleza del jaguar y por qué no es ni dios ni ser humano. Esto aparecerá de una exploración de los temas del Altar 4 de La Venta (vea figura 1). El altar es un monolito grande que realmente debería llamarse trono. Representa a un gobernante sentado en un trono. Aparece bajo un arco, como emergiendo de la tierra. El arco es coronado por la boca de un jaguar con colmillos y bandas cruzadas que, como Girard explica, se refiere a un lugar en los cielos que es la intersección de la eclíptica y la Vía Láctea, un umbral cósmico muy significante en la visión Mesoamericana del mundo. Así el gobernante es colocado entre dos umbrales: uno apuntando al inframundo, el otro a los cielos. El chamán gobernante lleva un casco del pájaro que semeja al águila.

Ya hemos visto al águila y al jaguar — o más precisamente al león —

en otro contexto. Éstos son los espíritus del León y el Águila trabajando como almas grupales en tiempos de Lemuria y Atlante. No sorprende encontrarlos entre poblaciones que han retenido la conciencia Atlante. Espíritus Jaguar/León y Águila son realmente una generalidad de la cosmología Americana. Ellos se difunden en la iconografía incluso donde no están presentes en la fauna, indicando que son algo más que referencias naturalistas o símbolos importados. Para poblaciones que han retenido la primera orientación cósmica de tiempos Atlantes no sorprende demasiado no encontrar la manifestación del espíritu del Toro o sus equivalentes locales que completen la imagen de la esfinge. Así, podríamos decir que para el Nativo americano, el águila y el jaguar representaron una clase de esfinge simplificada del arquetipo humano del Nativo americano.

En otro sentido el jaguar/águila juega el papel de quien Rudolf Steiner ha llamado el "Guardián del Umbral." Es el Guardián que guía al chamán al mundo del alma y el espíritu. Es el Guardián que prueba la preparación del discípulo para cruzar el umbral; por eso la jornada del espíritu tiene la calidad de prueba para el chamán/gobernador, y por eso lo peligroso que es para el chamán intentar el vuelo del espíritu.

Podemos volver ahora a los seres espirituales a quienes el chamán encuentra en su viaje al otro mundo.

El Dragón Celestial

El primer ser que consideraremos es el que aparece más abundantemente en la iconografía Olmeca, el llamado Dragón Celestial. Es representado como una forma completa o con la simbólica "garra-ala," un compuesto de mano humana, pata animal, y ala de pájaro, indicando que este ser se mueve entre los mundos (figura 5). K. A. Taube lo llama "serpiente emplumada" porque aparte de las plumas a menudo tiene pico y alas. Las bandas cruzadas del cielo (La Cruz de San Andrés) representada frontalmente a menudo se ponen en la boca del dragón. Otro símbolo asociado es el símbolo con forma de diamante, el precursor del jeroglífico Maya de Venus/Lamat[*]. Éste es el símbolo que evolucionó en el quincunx, la

---

[*] N. del T.: Para los Mayas, **LAMAT** representa el conejo, cuya suavidad y ternura es el

estrella de cuatro puntas con un punto central (figura 6). La frente coronada es otro de los atributos de la serpiente emplumada. Además, frecuentemente es representado con un colmillo.

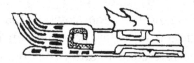

Figura 5: Dragón Olmeca

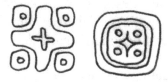

Figura 6: el símbolo de Venus/Lamat

K. A. Taube estudió las cabezas símbolos que dan el mejor diagnóstico del ser. [29] En muchos ejemplos artísticos del Formativo Temprano aparece la garra-ala justo detrás de la cabeza como si fuera un apéndice de la mejilla o cuello. Éste todavía era el caso durante el Formativo Medio. La garra-ala es más una ala que una pata. Por eso la mayoría de serpientes emplumadas del Formativo Temprano tienen una garra-ala volteada hacia arriba para representar las alas emplumadas. De hecho la garra-ala puede ser el símbolo del viento, y por extensión, de las nubes y la lluvia. Éste es por consiguiente el ser que trae la lluvia, y K. A. Taube argumenta que él es el antepasado de Quetzalcóatl. Mayor indicación de la exactitud de esta interpretación es su frecuente asociación con las olas y el estar en el agua. El Monumento 19 de La Venta obviamente representa una serpiente coronada por una llama en la frente (figura 7). Inmediatamente abajo y al lado están dos pájaros *quetzal* oponiéndose a una banda en el centro

---

camino hacia un infinito y expansivo amor, y cuya dimensional madriguera se convierte en el portal en el que entras.

del cielo. Note de pasada la aparición de quetzales en íntima asociación al ser de Quetzalcóatl.

La asociación del quetzal con la serpiente emplumada puede entenderse fácilmente debido al uso de plumas verdes del pájaro — un símbolo para el agua, la lluvia, y el crecimiento. El quetzal "manojo de plumas" es un símbolo evocador del germinar, como césped o retoños de maíz. Este es el porqué las plumas del quetzal normalmente aparecen en los trajes de las deidades del maíz de Mesoamérica. Esta asociación está bien documentada a lo largo de Mesoamérica. Las esculturas Olmecas de gobernantes representan manojos de plumas normalmente vistos en las esculturas. Vea al respecto al individuo de San Miguel Amuco (Guerrero) vistiendo una serpiente emplumada con el manojo bajo su brazo izquierdo. El manojo en las manos de las figuras de dignatarios, más metamorfoseadas en los tiempos Mayas, se consideró una antorcha; sin embargo, es un símbolo para el agua y el crecimiento (figura 8).

Dragón Terrestre

Permítanos considerar una segunda y menos familiar criatura: el llamado "dragón terrestre." El caimán es un símbolo muy conocido que siguió al primer símbolo de la tortuga, representando la masa de tierra que surge de las aguas. Una imagen de este dragón se encuentra en La Venta Monumento 6 (figura 9). Este monumento es un sarcófago del gobernante que describe el hecho de haber sido sepultado en la tierra. Esta y otras figuras tienen los ojos en forma de 'L' cuando se les ve frontalmente, ambos cubiertos con "cejas de fuego" y encías con soportes hacia abajo. En el Medio Formativo la tierra era representada por una línea de soportes de la encía o un solo soporte envolvente de la encía (figura 10). El último simbolismo, más estilizado, es la identificación más universal del dragón de Tierra y una boca abierta usada para representar el acceso al inframundo. De vez en cuando se muestran dragones celestiales y terrestres juntos para formar dos criaturas separadas o un monstruo con rasgos celestiales y terrenales.

W. M. Stirling lleva nuestra atención a la porción superior de la Estela D Tres Zapotes, que retrata dos cabezas de jaguar de perfil. Las bandas

101

del cielo contienen imágenes del jaguar y de la serpiente. En La Venta Monumento 80 un gran jaguar cósmico sostiene en su boca una serpiente bicéfala (figura 11) En el arte Olmeca más temprano las serpientes son representadas colgando de las esquinas de la boca del jaguar. Las serpientes aparecen en forma de cuerdas. Éste también es el caso en otras esculturas, como en el Monumento 80 de La Venta, Monumento 1 de Los Soldados, y Monumento 37 de San Lorenzo. Se vean las serpientes como dos criaturas o como una, un aspecto permanece constante: su vínculo con el jaguar, no sólo a través de alguno de los motivos de las serpientes (colmillos, cejas de fuego, etc.) sino también a través del rol central del jaguar que las une. Podemos decir ahora que las dos serpientes, o la serpiente bicéfala, representan los elementos y las deidades que gobiernan sobre ellos. Como es lógico, es aire y agua en el personaje de Quetzalcóatl. La tierra es el elemento predominante del dragón de tierra. No hay ninguna indicación que el fuego tenga todavía una existencia propia. Lo anterior no debe sorprendernos en vista de la prevaleciente conciencia Atlante de ese tiempo. Sólo en posteriores Eras la conciencia Mesoamericana lograría más conocimiento de los elementos. El elemento del fuego fue una muy bien captada realidad de la conciencia

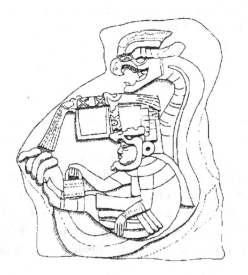

Figura 7: La Venta Monumento 19   **Figura 8: Manojo de plumas**

102

de los Aztecas, como en la figura de Xiucoatl, la "serpiente de fuego," y el papel que juega en el nacimiento de su héroe patrón Huitzilopochtli, o en la Nueva Ceremonia del Fuego.

Hay un extenso reino más allá del elemento aire, agua, y tierra que hemos descrito: el reino del Dios *Chac*, dios de la lluvia. Según K. A. Taube, el Dios de la Lluvia aparece representado tan a menudo como lo es el dragón celestial. [30] Él también está fuertemente imbuido con imágenes del jaguar. La culminación de las representaciones de Chac ocurre durante el llamado Formativo Tardío, el período que marca el comienzo de la Cuarta Era. Permítanos observar algunas de sus características de identificación: hocico hacia abajo, un solo diente puntiagudo, y un bigote rizado en la parte de atrás de la boca.

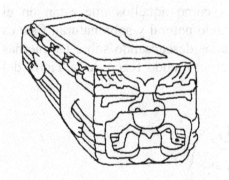   

Figura 9: La Venta Monumento 6   **Figura 10: soporte encía/tierra**

Más contundentes son los detalles encima de la cabeza. A menudo hay espirales de formas suavemente curvas, o un par de rollos fluyendo en dirección opuesta e identificado como un *muyal* o nube, en idioma Maya. En su más simple estilización la nube toma la forma de una lemniscata o 'S' echada. En forma abreviada, el Dios de la Lluvia puede aparecer como un ojo con cresta de plumas o 'S' echada de la que cae una gota de lluvia de tres lóbulos (como las hojas). De tal manera, la lluvia fue equiparada con las lágrimas del dios. Una vez más encontramos aquí una representación de Tau, el Gran Espíritu. La iconografía anterior, unida con otras abundantes observaciones antropológicas, señala el rol del chamán/rey como preservador del orden del mundo natural. Ciertamente, jugó un papel importante pidiendo lluvias para la agricultura. Su conocimiento de astrología también jugó un papel central en la agricultura.

El chamán/gobernador también fue identificado con el Árbol del Mundo, el fundamento cósmico del mundo. El Árbol del Mundo ha sido representado como un completamente cambiado y sobrenatural saurio en cuya cola y cuerpo superior aparece vegetación (por ejemplo en Izapa), o simplemente como brote de maíz. Simplificado al extremo aparece como un trébol — símbolo del brote de maíz — usado en el tocado del chamán. A menudo el gobernante es la figura central rodeada por las cuatro plantas de maíz de las cuatro direcciones. Juntos forman la famosa figura del quincunx que sobrevivió al tiempo de los Aztecas (vea figura 6).

Los gobernantes son identificados como aquéllos que están en el centro cósmico y la interfaz del mundo natural y sobrenatural. Este es el porqué a menudo son representados descansando sobre las piernas de reptiles, es decir, descansando en el mundo físico de la Tierra del Dragón (figura 12).

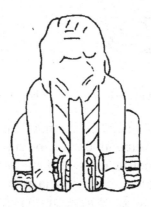

Figura 11: jaguar sosteniendo en su boca una serpiente bicéfala

Limitados brotes o cortes aparecen en forma de "antorchas" que sostienen en sus brazos. Los bultos a menudo son asociados con los llamados "nudilleros de metal," identificados como instrumentos para sangría. Los nudilleros pueden haber sido grandes cáscaras de conchas. Los dos objetos — los manojos y los nudilleros de metal — son ahora reconocidos como símbolos de autoridad. El chamán era entonces la autoridad que podía erigir el Árbol del Mundo, poniendo y conservando el equilibrio entre el mundo físico, el mundo del alma (el inframundo), y los mundos espirituales. Al respecto vea las figuras de tamaño natural de San Martin Pajapan: el chamán lleva un tocado antropomórfico y en sus manos sostiene una estaca en la posición en que estaría una persona en el acto de intentar levantarlo (figura 13).

Más que su iconografía, el elemento que colocó a la civilización Olmeca en el contexto de su futuro profético fue el Calendario Sagrado en su enlace con el dios del maíz, el dios que sufrió la muerte y la resurrección.

La Astronomía Olmeca

La cultura Olmeca ha definido la noción de la propia Mesoamérica que corresponde al área original de expansión de la cultura del maíz. Dondequiera llegó la civilización Olmeca, la siguieron el cultivo del maíz y el Calendario Sagrado. Lo que estamos a punto de ilustrar viene de lo que fue después conservado por el Maya.

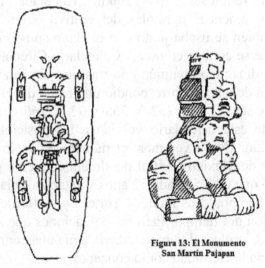

Figura 13: El Monumento
San Martín Pajapan

Figura 12: el celta de Río Pesquero

105

La astronomía Maya presenta cierta complejidad. Para entender la visión del mundo del Nativo americano necesitamos conseguir un entendimiento más profundo de ésta. Presentaremos elementos muy básicos antes de volver a un minucioso análisis de los aspectos más esotéricos del calendario Maya en el capítulo de la Cuarto Era. Antes de la aparición del llamado Cuenta Larga en la Cuarta Era — y para la mayoría de las culturas incluso después — los dos principales calendarios del año eran:

- El *Haab*, o año solar de 365 días dividió en 18 meses de 20 días cada uno, con 5 días extras al final del año, los llamados "cinco días de aflicción." También llamado "Año Impreciso," desde que es más corto en 6 horas respecto al verdadero año.
- El *Tzolkin* o "Calendario Sagrado" compuesto de 260 días que son permutaciones de 20 signos (igual a los 20 días del Haab) y 13 números. Corre de febrero a fines de octubre y luego está ausente durante 105 días hasta que se alcance de nuevo la fecha del principio. Éste es el Tzolkin estático, pero también hay un "Tzolkin dinámico."

En su origen el Tzolkin era un calendario fijo que se usaba para el trabajo de la comunidad en los campos de maíz (llamados *milpa*) con celebraciones religiosas. El Tzolkin vinculaba mitos, rituales, astronomía, y prácticas agrícolas del cultivo del maíz. El Tzolkin dinámico también se usaba junto con el Haab como engranajes de un reloj en lo que se conoce como el "Calendario Circular." En este caso cada Tzolkin dinámico continúa uno tras otro sin final. Esto significa que a cada día del año le correspondió una fecha del Haab y una fecha del Tzolkin. Cada 52 años (52 X 365 = 73 X 260 = 18.980 días) las dos ruedas de este calendario volvían a las posiciones iniciales de Haab y Tzolkin. Como veremos, el número 52 es importante en las civilizaciones de México Central donde era conocido por el ritual del Fuego Nuevo que ocurrió cada 52 años y estaba asociado con el terror al fin de los tiempos. Los mundos Tolteca y Azteca estaban atados a esta concepción del tiempo. Para las poblaciones que sólo conocieron el Calendario Circular, el tiempo todavía tenía una connotación cíclica, y se desconocía la eternidad como concepto.

Una posible razón para el número 260 está en la relación entre Venus respecto a la tierra y Venus respecto al Sol. El ciclo sinódico de Venus toma entre 584 y 585 días. Al final del ciclo el planeta regresa a la misma posición sobre la eclíptica. Venus tarda entre 224 y 225 días en dar la vuelta alrededor del sol. La proporción de los dos ciclos (585/225) es exactamente 2.6 que multiplicado por 100 nos da el número del Tzolkin. Ésta es una hipótesis creíble para un calendario donde el Sol y Venus tienen los dos más importantes roles.

Para el Maya que no conoció las fracciones, el uso del Tzolkin permitió fijar su calendario de una manera precisa con los movimientos de los planetas en el universo. El Tzolkin tiene notables propiedades. Cuarenta y seis Tzolkins representan exactamente 405 revoluciones lunares, 65 ciclos de Venus corresponden a 146 Tzolkins, 50 revoluciones de Marte corresponden a 153 Tzolkins, y 104 revoluciones de Mercurio corresponden a 115 períodos del intervalo del Tzolkin entre los dos pasajes del sol por el cenit. [31] Muchas más propiedades se vincularon al Tzolkin y al calendario Maya. El lector interesado puede encontrar algunos pensamientos desafiantes en el libro de las Profecías Mayas. [32] Claramente éste no fue el resultado de un sistema de prueba y del error sino del conocimiento iniciático de leyes superiores que trabajan en el universo. Sin embargo, hubo un elemento que la conjunción de Haab y Tzolkin no podían compensar: el fenómeno de la precesión de los equinoccios que supone un desplazamiento angular de unos 50,3" por año - aproximadamente 1° cada 72 años.

El Año Impreciso y el Calendario Sagrado no ofrecían una rigurosa contabilidad del tiempo. Cada cuatro años, en efecto, un salto de un día extra compensa el regular intervalo de tiempo entre los solsticios y equinoccios, y esta diferencia se acumula más en períodos más grandes de tiempo. Una manera de calibrar el calendario para corregir la diferencia entre el Haab y el año astronómico se hizo observando dentro de los templos la posición del sol en el momento de los solsticios. Esto podía hacerse poniendo las pirámides en alineación de tal manera que en el solsticio el sol ascendiera o se colocara en la cresta de la montaña más alta del horizonte en tal fecha. Malmström descubre en San Lorenzo una alineación con la montaña Zempoaltepec en el ocaso del solsticio invernal. En La Venta, el Volcán San Martin sirvió probablemente como marcador para el ocaso del solsticio de verano. El trazado de Laguna de los Cerros (situada al noroeste de San Lorenzo) resulta del compromiso de ubicación sobre un río y de una alineación con el solsticio de verano a la salida del sol sobre el Cerro Santa Marta. Tres Zapotes está orientado a la salida del sol del solsticio de verano con el Volcán San Martin. [33]

Además de los solsticios, en el curso del año, en las áreas tropicales hay otros fenómenos claramente reconocibles y mensurables. Éstos son dos momentos cada año en que el sol brilla precisamente sobre la cabeza, desde el cenit. En la latitud 23°5', al norte y al sur del ecuador, el sol alcanza el cenit durante el solsticio de verano. En las latitudes entre los dos extremos el sol intercepta el cenit dos veces, antes y después del solsticio de verano. El pasaje por el cenit podría determinarse a través del uso del gnomon[*] — una simple vara de piedra, exactamente vertical plantada en la tierra. Es sólo en los días del cenit del sol que el gnomon no produce sombra a mediodía.

Una de las fechas más importantes en Mesoamérica es la del 13 de agosto; es la fecha del principio de la Cuenta Larga Maya, pero parece probable que esta fecha no se hubiera originado con la civilización Maya. El 13 de agosto es la fecha del cenit del sol en la latitud 14°15' en el Soconusco. En esta latitud está Izapa, de la que mucho se dirá respecto a la Cuarta Era. Al ocaso del 13 de agosto el Cerro de las Colinas se alinea con el pico de Orizaba. Posteriores estructuras construidas en La Venta se desviaron unos 23°5' del lugar del eje que apunta a 8° noroeste. Los ejes ortogonales de esta orientación marcaron el ocaso del 13 de agosto en el horizonte occidental. [34]

Astronomía Polar: Un Centro de Iniciación Olmeca

Hay tres importantes sitios Olmeca en el sur de México, próximo a la Costa del Golfo. La Venta es el más grande de los tres y aparentemente el más importante. Está situado en una isla del Río Tonalá de dos millas cuadradas, en las llanuras del norte de Tabasco. Dada su situación geográfica no podría haber soportado una gran

---

[*] N. del T.: **Gnomon**: Instrumento astronómico que servía para determinar el acimut y la altura del sol. También varilla que indica las horas en un reloj solar.

población. Su situación y construcción indican que debe de haber sido reservada para un uso ceremonial.

La Venta tiene un arreglo estrictamente simétrico alrededor de un eje 8° noroeste. Para lograr esta orientación exacta los constructores han tenido que encargarse de llenar una extensión adicional de tierra, por eso el eje diverge del eje central de la isla. Ésta es una primera indicación de que hubo una deliberada intención detrás de la orientación de los edificios.

La pirámide más grande tiene una única forma de cono acanalado. Es una plataforma perfecta para la observación del cielo nocturno. En la situación climática y topográfica de La Venta, era necesaria la pirámide para pasar la altura del techo de la arboleda tropical. Al astrónomo-sacerdote le tocó la tarea de encontrar la relación entre el tiempo del año y las celestiales configuraciones nocturnas para indicar los momentos de siembra, de quema, de segando de la mies, etc., Lo podía hacer correlacionando el patrón de lluvias con las observaciones astrológicas. La pirámide permitió precisas observaciones astronómicas con este fin.

Ya que La Venta está situada a 18° latitud norte, las estrellas nunca estarían dentro de los 18° del polo norte celestial. En la actualidad, la estrella Polaris de la Osa Menor es la mejor estimación aproximada al polo norte celestial. Sin embargo en el tiempo Olmeca, el polo celestial estaba justo en un punto en el espacio. El punto de referencia más fácil en los cielos era el 'Gran Vagón' cuyas cuatro estrellas principales de la "bóveda" estaban todas localizadas dentro de los 18 grados del polo celestial. Por consiguiente eran visibles alrededor del año. Es la hipótesis de M. P. Hatch que el lugar de La Venta estaba orientado hacia el 'Gran Vagón', y particularmente hacia las cuatro estrellas llamadas Osa Mayor Alfa, Beta, Gamma, y Delta. [35] Estas estrellas son un perfecto reloj de tiempo y pueden usarse como "indicadores" para determinar el polo norte celestial. El momento ideal para empezar el cómputo del tiempo era la noche del solsticio de verano. A la medianoche del 21 de junio de 2000 A.C., el centro de la bóveda estaba exactamente en el meridiano (la línea imaginaria norte sur en el cielo). En esa misma noche, directamente al sur de la Osa

109

Mayor y también en el meridiano está la estrella Gamma Cygni — la estrella central de Cygnus, una constelación con forma de X desigual. Las dos constelaciones cruzaron el meridiano a medianoche. Tal evento fue espectacular y sirvió para marcar un momento importante del año.

La mismísima noche del solsticio de verano, las Pléyades se elevaban sobre el horizonte, casi derecho hacia el este. En situación opuesta a ellos Escorpio se ponía en el horizonte. Leo jugaría el papel equivalente a Cygnus a medianoche del solsticio invernal. Así las cuatro constelaciones de Cygnus, Pléyades, Leo, y Escorpio habrían permitido el reconocimiento del solsticio de verano, el descenso del equinoccio, el solsticio invernal, y el equinoccio de primavera.

M. P. Hatch cree que el típico labio superior cuadrado del jaguar Olmeca representa la bóveda de la osa (vea figura 3). Ella también cree haber reconocido los símbolos para Cygnus (La Cruz de San Andrés) para Leo (una medialuna) y para las Pléyades (tres círculos en grupo). [36] Su explicación tiene el mérito de describir las posiciones de las estrellas de una manera correcta en momentos diferentes del año. El enigmático conocimiento y uso de las propiedades magnéticas incorporadas en las esculturas, mencionado antes, da un peso adicional a la hipótesis del llamado "Dios Polar." Finalmente, la hipótesis de la importancia de la Osa Mayor gana más peso cuando se calibra contra la creciente evidencia de la importancia de la Cruz del Sur en las civilizaciones andinas durante los dos milenios antes de nuestra era. La constelación de hecho puede haber servido como el aspecto del sistema operativo de medición con cuyas proporciones se construyeron edificios y ciudades, que C. Milla Villena defiende poderosamente. [37]

La precesión de los equinoccios es un fenómeno muy preciso y predecible por las estrellas en la eclíptica. Es mucho menos preciso y predecible por las estrellas alrededor del polo celestial. La declinación de las cuatro estrellas de la bóveda disminuyó lentamente entre el período de 2000 a 1000 A.C., y el doble de rápido entre 1000 y 500 A.C. En 600 A.C. la Osa Mayor estaba mucho más hundida en el horizonte que antes. El tránsito meridiano fue retardado por 1 hora 20' para Osa Mayor Alfa. Por esta y otras razones astronómicas relacionadas con la precesión de los equinoccios, parece que 600 A.C.,

La Venta había dejado de cumplir el propósito para el que había sido construido.

Hemos visto cómo la noción del tiempo fue central para la humanidad Mesoamericana. La cosmología y la vida interna formaron una entidad indisoluble. La perdida comprensión de la conexión con el tiempo significó cuestionar la esencia del alma. De hecho ese fue exactamente el proceso que en la Tercera Era llevó al agónico crepúsculo de los dioses, con la dolorosa cuestión de la mortalidad y el destino del alma. Sólo la Cuarta Era trajo una solución al enigma de la inmortalidad del alma y de la eternidad en el tiempo. La necesidad de cambiar puntos de referencia astrológicos probablemente es lo que el Popol Vuh llama la caída de Vucub Caquix. Astronómicamente, esta figura Luciférica corresponde a la Osa Mayor, reforzando la posibilidad de la hipótesis de La Venta de M.P. Hatch. La caída es una buena imagen para el desplazamiento de la constelación en el espacio debido a la precesión de los equinoccios. Este fenómeno también coincide en el tiempo con el descenso mitológico de los Apus al inframundo. Por el tiempo de los Gemelos, la astronomía de la Estrella Polar era una ciencia que miraba al pasado, anhelando una condición que ya no existía.

Cultura Olmeca: Entre Pasado y Futuro

¿Cómo llegó la cultura Olmeca a tan súbito fallecimiento? Román Piña Chan ha estudiado estrechamente las colosales cabezas Olmecas encontradas principalmente en los más grandes centros ceremoniales. [38] La mayoría de ellas fueron talladas entre 1200 y 600 A.C. Como hemos mencionado antes, son muy armoniosas en sus proporciones, de hecho construidas según la Regla Dorada. Esta regla guía ya no aparece en las posteriores cabezas construidas después del año 600 A.C. Esta observación parece confirmar en el campo artístico lo que conocemos por la arqueología. La civilización Olmeca estuvo sujeta a un declive cultural desde por lo menos 400 A.C. La hipótesis de la Caída de la Osa Mayor/Siete Guacamayo ofrece una explicación de la modalidad de esta caída. Otra indicación del declive cultural es la descripción en el Popol Vuh de la transformación del sacerdocio de la Tercera Era en monos, haciendo explícito que antes del advenimiento

111

de los Gemelos el sacerdocio había perdido relevancia.

Como indica el Popol Vuh, la Tercera Era llevó al "crepúsculo de los dioses." En su idioma esto es el "descenso de los Apus al Inframundo." El crepúsculo de los dioses en un sentido más amplio empieza con la llegada del "tiempo de oscuridad" o Kali Yuga, que comienza en 3100 A.C. con la pérdida de habilidades clarividentes, que se manifestó antes en la civilización de Egipto y Babilonia. [39] En anteriores tiempos los egipcios supieron que los dioses habían gobernado y les habían enseñado. Al decir que los dioses habían sido sus maestros quisieron decir que en un estado clarividente alcanzaron a sus maestros que no encarnaron en humanos cuerpos físicos. *En el tiempo de los antiguos egipcios los iniciados podían percibir el nivel de los Ángeles que sólo podían aparecer en cuerpo etérico y por consiguiente sólo percibidos por individuos clarividentes.* Esto significó que los individuos que recibieron guía estaban seguros de la fiabilidad de la sabiduría comunicada. Había un vínculo muy directo entre esta sabiduría y el mundo espiritual.

Esta directa conexión con el mundo espiritual empezó a menguar en la cultura egipcia e incluso más en la cultura Caldeo-babilónica. El primer líder que los egipcios reconocieron como más humano que divino se llamó Menes. Fue entonces que entró en la civilización la posibilidad de errar porque a partir de allí los seres humanos tuvieron que confiar en el instrumento del cerebro. En el tiempo del Kali Yuga la cultura egipcia jugó un papel emblemático debido a que en diferentes tiempos fue guiada por ángeles, ángeles retrasados, o simples seres humanos. Los seres retrasados participaron en la idea de la momificación que indicaba que la preservación del cuerpo era importante en la evolución del alma después de la muerte. [40]

En el mismo punto en el tiempo en que principió el Kali Yuga, con las culturas Caldeo/Mesopotamia empezó el encogimiento del cuerpo etérico, preparando el escenario para un cambio de conciencia. Los individuos y culturas podían aceptar el cambio o rebelarse contra éste y aferrarse a la pasada clarividencia ya en decadencia.

Aunque la Era de la Oscuridad comenzó en el año 3101 A.C., lo que es conocido como el crepúsculo de los dioses empieza alrededor de 1250 A.C., un punto de inflexión para las civilizaciones hebrea y griega marcada por el Éxodo y por la guerra de Troya. En términos mitológicos esto se expresó en la muerte de Osiris, Adonis, o Tammuz (Egipto/Fenicia /Babilonia, respectivamente). Después, aparecían los mitos indicando la resurrección del dios. La nueva conciencia entendida en gran parte por las civilizaciones griega y hebrea estaba en severo contraste con las prácticas de los vecinos de Mesopotamia, Egipto, y Fenicia. Abraham introdujo las ofrendas del pan y el vino, lo que representó un cambio de ofrendas de sangre a ofrendas a la planta y al alma — a una espiritualización del sacrificio. Igualmente, la circuncisión implicaba un alejamiento del éxtasis sexual que permitía a los humanos recuperar en forma decadente las viejas fuerzas de la clarividencia, alentando así la recién nacida facultad del pensar. La Dionisiaca intoxicación de los Fenicios — con el sacrificio humano en su más decadente manifestación — intensifico la "prodigiosa" naturaleza de la clarividencia atávica para proyectarla al futuro. [41]

La cultura hebrea promovió las fuerzas de la luna y la tierra de su dios Yahvé, en lugar de las viejas fuerzas del sol. Éstas fueron las fuerzas para la adquisición de la libertad y la formación de un ego humano independiente, alcanzado a costa de una mayor separación de la realidad solar del espíritu. Contrariamente a esta progresión, cuando los misterios de la Luna entraron en decadencia en Mesopotamia, los sacerdotes recuperaron viejas facultades de percepción a través de la práctica del sacrificio del primogénito.

Entre los Israelitas la propia herencia estaba cambiando en su naturaleza. La nueva meta era servir a la promoción de las fuerzas del pensar que llevarían al futuro, en lugar de la preservación de las viejas facultades de la clarividencia ahora corrompidas. Este fue el porqué Jacob le quitó a Esaú el derecho como primogénito. Lo hizo por ingenioso, la mayor prueba del surgimiento del intelecto.

La Olmeca fue una civilización posicionada entre el pasado, del que todavía obtuvo su inspiración, y un tiempo por venir que estaba a punto de introducir un considerable cambio de conciencia. En varias partes de la cultura Olmeca podemos encontrar evidencia de esta

113

atadura al pasado primordial. En el arte aparece en el famoso tema "jaguar bebé". También es visible en las figuras de bebés inertes cuya postura y conducta es evocadora del sacrificio humano. En la fuente El Manatí se han encontrado restos de cuerpos de niños desarticulados. [42] Una fascinación similar estuvo consagrada a los jorobados, enanos, y a la figura de fetos deformados. Personajes jorobados emergiendo de las bocas de bestias parecen indicar que viajaron de un lado a otro entre los mundos. Lo mismo es verdad para los enanos: un cementerio enano en Ofrenda 1943-M de La Venta está en el sepulcro funerario A-3 situado entre la tumba C del gobernante y el mar del inframundo del patio hundido. [35] Esto, junto con la recuperación de los pequeños tronos Olmeca, refuerza la idea que los enanos cumplían para los gobernantes la función de mensajeros al Inframundo. Finalmente, la deformación de la cabeza sirvió para el propósito de conservar anteriores formas de conciencia. Es visible en la cabeza forma de pera de muchas esculturas.

El registro de la arqueología confirma las afirmaciones del Popol Vuh. La gran cultura que precedió a la Maya fue la Olmeca. Antes de ellos todo Mesoamérica tenía sociedades trabajando bajo principios igualitarios. Según el sagrado libro era el tiempo de los Cuatrocientos Muchachos. Los Olmecas introdujeron en las sociedades de la Tercera Era la totalmente nueva cultura de las sociedades igualitarias de los Cuatrocientos Muchachos. Ninguna cultura expuesta a este cambio volvió a su estado original. Es más, no hay indicación de que este cambio se hiciera por la fuerza; más bien fue como si las diferentes culturas se hubieran prestado el conocimiento de los Olmecas. Un indicio está en el hecho de que algo de lo más famoso del arte Olmeca — las famosas hachas Olmecas encontradas en Oaxaca — no se encontraron en el corazón de la tierra Olmeca. [44] Parece por consiguiente que diversas culturas se sobrepusieron a los valores y visión del mundo Olmeca en su trasfondo original, manteniendo la autonomía política de las áreas donde se encuentran los principales centros ceremoniales.

La cultura Olmeca introdujo un completamente nuevo cambio cultural cualitativo, uno que se hizo más claramente visible en las artes en que ningún precedente formal ha sido descubierto. Llegó como si fuera inspiración divina. Este nuevo arte, así como la introducción del Calendario Sagrado, es la revolución introducida por Hun Batz y Hun Chouen, a quienes el Popol Vuh describe como artistas y hombres sabios.

La civilización Olmeca preparó Mesoamérica para el futuro con el cultivo ritual del maíz. El año ritual del Tzolkin bosqueja un camino profético de la muerte a la resurrección. El dios del maíz señala el camino a las preguntas que dominan las mentes y corazones de la Tercera Era: ¿sobrevive el alma a la muerte? ¿Continuarán el tiempo y la civilización? ¿Habrá eternidad? El Calendario Sagrado Olmeca construyó la fundación sobre la que el Maya elaboró la astronomía de la resurrección y la eternidad.

La civilización Olmeca preparó la tierra para la venida del iniciado de las Américas y la inauguración de la Cuarta Era. Sin embargo, esta misión llegó por lo menos a una parcial paralización en el período de decadencia que empieza alrededor del año 400 A.C. Es difícil de establecer cómo la decadencia y la protección se agotaron en la práctica. Al final de la cultura Olmeca se introdujo la práctica del sacrificio infantil para reafirmar la capacidad de clarividencia atávica que progresivamente se estaba perdiendo. Sirviendo al mismo propósito estaba la práctica del sacrificio humano con remoción de órganos, de lo que más se dirá en el siguiente capítulo.

CAPÍTULO 5

POPOL VUH:

EL HECHO DE LOS GEMELOS

Ahora veremos el hecho de los Gemelos que forma el corazón de la parte mitológica del Popol Vuh, la parte que trata de los hechos de los dioses (Parte I y II).

La Milagrosa Concepción de los Gemelos (Parte II, capítulo 3)

Después de la muerte de los Apus, el Xibalbá puso una prohibición sobre el fruto del árbol de la vida, nadie podía acercarse a él. Sin embargo, Ixquic, la hija de Cuchumaquic, señor de Xibalbá, decidió ir ver el árbol al lugar de Pucbal-Chah. Viendo a la doncella al pie del árbol, Hun Hunahpú le preguntó si deseaba la fruta del árbol. Ya que ése fue su deseo, le pidió que extendiera su brazo hacia la cabeza. Hun Hunahpú escupió en su mano, y donde la saliva cayó fue inmediatamente absorvida. La cabeza del árbol declaró que a través de la saliva el dios embarazó a la doncella y predijo que a través de ella tendría herederos espirituales. Así es cómo fueron concebidos los Gemelos Hunahpú e Ixbalamqué.

Después de seis meses de embarazo el padre de Ixquic percibió su estado y creyó que ella había sido deshonrada. Al ser interrogada Ixquic negó haber tenido un encuentro con cualquier hombre. La respuesta reforzó la sospecha inicial e Ixquic fue condenada a ser sacrificada teniendo que quitarle su corazón. Se enviaron cuatro mensajeros para que ejecutaran el acto sacrificial. A ellos Ixquic les reveló la verdad sobre su embarazo. Los mensajeros estuvieron de acuerdo en salvarla, y para engañar al señor la doncella concibió la idea de sustituir el corazón, requerido como una prueba del sacrificio, con la savia roja coagulada del árbol de la sangre. Ixquic amonestó a los magos para cesar la práctica del sacrificio humano. Ella profetizó que el futuro sacrificio requeriría sólo la sangre de los animales. Al volver a su señor los mensajeros pusieron sobre el fuego el falso corazón y pudieron engañar al Camé. Después dejaron de servirlo y se unieron a Ixquic.

Nacimiento e Infancia de los Gemelos (Parte II, capítulos 4 y 5)

Cuando estaba a punto de dar a luz, Ixquic se unió a Ixmucané y sus nietos, Hun Batz y Hun Chouen. A la Abuela le reveló que llevaba la semilla de su hijo, Hun Hunahpú. Ixmucané no creyó en su mensaje. En cambio la envió a una misión imposible de cumplir cual era llenar una gran red con granos de maíz. Llegando al campo la joven mujer descubrió una sola planta de maíz. Llena de dolor se dirigió a las deidades del maíz y de la naturaleza, admitiendo sus pecados e invocando su ayuda. Ella tomó las sedas del maíz y la puso bajo la red como si fueran mazorcas. De repente la red se llenó de granos. Los animales del campo ayudaron a Ixquic a llevar la cosecha. La Abuela, no dando crédito a la afirmación de la doncella, fue al campo y averiguó que Ixquic había dicho la verdad. Comprendió entonces que sólo su hijo podía haber hecho posible tal milagro y finalmente aceptó a su nuera.

Poco después Ixquic dio a luz a los Gemelos Hunahpú e Ixbalamqué. Los dos no podían dormir y mantenían despierta a la Abuela. Hun Batz y Hun Chouen pusieron a los Gemelos sobre un hormiguero y después sobre arbustos espinosos. Su envidia y celo les provocaron desear la muerte de los Gemelos. Ellos sabían en su corazón la importancia de los Gemelos, pero no se resignaban a la idea de que alguien llevara su mensaje. Los Gemelos crecieron acostumbrados al abandono y al rencor de la Abuela y de los hermanos. Ellos fielmente entregaban el fruto de su caza pero a cambio recibían poca comida. Aunque conscientes de todo, lo sufrieron con tolerancia.

Un día los Gemelos volvieron a casa sin jugar y le contaron a la Abuela que los pájaros que habían cazado habían quedado colgados en un árbol. Hun Batz y Hun Chouen estuvieron de acuerdo en ayudar a sus hermanos más jóvenes, sin darse cuenta que los Gemelos querían darles una lección por todo el sufrimiento que les habían impuesto. Fueron juntos hasta el pie del árbol llamado Canté donde cantaban innumerables pájaros. Hun Batz y Hun Chouen subieron el árbol para bajar los pájaros que los Gemelos habían cazado. De repente el árbol empezó a crecer y los dos no pudieron bajar. Sobresaltados y asustados les preguntaron a los Gemelos qué hacer y les dijeron: Desaten sus taparrabos, átenlos a sus caderas con un extremo largo por detrás, como cola, y podrán moverse con mayor facilidad". Habiéndolo hecho al instante se transformaron en monos y empezaron a actuar como tales. Los Gemelos volvieron a casa y le dijeron a la Abuela que algo les había ocurrido a sus nietos y que ésa sería una prueba de su fuerza. Hunahpú e Ixbalamqué empezaron a tocar su flauta y los tambores y llamaron a los dos monos. Hun Batz y Hun Chouen llegaron y bailaron con la música causando la hilaridad de la vieja mujer. Los Gemelos reprocharon a la Abuela por haber ahuyentado a los nietos. Ellos le dijeron que llamarían de nuevo a los dos monos y le pidieron evitara reírse. Dos veces más los Gemelos tocaron sus instrumentos y los monos respondieron a su llamado. Sus bufonadas eran más de lo que la abuela podía soportar sin reír y de nuevo huyeron. Cuando los Gemelos tocaron sus instrumentos por cuarta vez sus hermanos mayores no respondieron. Hun Batz y Hun Chouen fueron así castigados por su orgullo y envidia. Ellos no quisieron dar paso a los nuevos tiempos poniendo obstáculos en el camino de sus hermanos más jóvenes.

Los Gemelos inauguraron el trabajo en los campos de maíz. Lo hicieron como seres divinos sin necesidad de esforzarse y con ayuda de los animales. Tomaron sus herramientas y le pidieron a la Abuela que les trajera el almuerzo cuando fuera el momento. Cuando los Gemelos fueron al campo, la azada empezó a trabajar sola para quitar los árboles y los arbustos. La tórtola parada en la cima de un árbol estaba lista para alertarlos a la llegada de Ixmucané. Entretanto ellos cazaban con sus cerbatanas. Cuando la paloma cantó para alertarlos,

los Gemelos se untaron con tierra y aserrín para fingir que habían estado trabajando. Cuando volvieron a casa después del trabajo fingieron igualmente estar muy cansados. Al siguiente día sólo volvieron al campo para encontrar todo su trabajo deshecho y los árboles y plantas crecidas. Repitieron el trabajo del día anterior y decidieron vigilar el campo toda la noche. A medianoche sorprendieron a los animales que estaban invocando los espíritus de las plantas y llamándolas a que de nuevo aparezcan. Ellos no podían comunicarse con el león y la pantera, y del ciervo y el conejo sólo cogieron sus colas. Ni podían poner sus manos en cualquier otro animal excepto en la rata, a quien la envolvieron en una tela, y luego apretaron su cabeza, quemaron su cola en el fuego y trataron de ahogarla. Intentando salvar su vida, la rata les dijo que no debería morir en sus manos ni los Gemelos trabajar en los campos. La rata les reveló el secreto de los efectos personales del juego de pelota que los Apus dejaran en la viga de la choza y que la Abuela mantenía en secreto para que los Gemelos no lo supieran. Con la rata los Gemelos inventaron un plan para entrar en posesión de la vestimenta para el juego de pelota. Volvieron a la choza a mediodía escondiendo a la rata con ellos, pidieron su comida a la Abuela y después le dijeron que estaban muy sedientos. La Abuela fue al río para llenar una vasija. Los Gemelos instruyeron al mosquito para hacer demorar a la Abuela perforando la vasija de agua. Entretanto la rata subió a las vigas y masticando las sogas juntó la ropa, soltó todo. Los jóvenes tomaron la vestimenta e inmediatamente fueron a esconderla en el camino que llevaba a la cancha de pelota. Yendo al río también ayudaron a la Abuela a arreglar el agujero de la vasija.

La Confrontación con los Gigantes (Parte I, capítulos 3 a 9)

Antes del Amanecer, existió un ser muy orgulloso que tenía por nombre Vucub Caquix que significa Siete Guacamayo. El sol y la luna todavía estaban ocultos, por así decirlo, y Vucub Caquix se llamó el sol y la luna. Obviamente él no era el sol, ni podía ver muy lejos. Sólo sus dientes y sus ojos brillaban como el sol. Él podía pretender ese estatus porque el verdadero sol todavía no alboreaba. Vucub Caquix tenía una esposa, Chimalmat, y dos hijos, Zipacná y Cabracán. Zipacná podía crear y destruir las montañas y alardear: "yo soy el que hizo la tierra." Cabracán provocaba los terremotos clamando: "yo agito los cielos y muevo la tierra."

Los Gemelos lamentaron el estado de cosas, y planearon destruir a Vucub Caquix y su descendencia. Vucub Caquix tenía un árbol de *nance* del que diariamente obtenía el alimento. Los Gemelos se escondieron cerca del árbol cuando Vucub Caquix se subió a éste para sacar frutas. Con sus cerbatanas lo hirieron en la mandíbula, causando su caída. Cuando Hunahpú se le acercó, Siete Guacamayo le arrancó el brazo. El siete Guacamayo sintió dolor en sus dientes, pero sabía que los Gemelos tendrían que volver para recuperar el brazo.

Los Gemelos fueron en busca de ayuda a los dos profetas, Ixmucané e Ixpiyacoc. Con ellos hicieron un plan. La vieja pareja pretendería ser sanadora de dientes y abuelos de los dos niños huérfanos. Todos juntos fueron a la casa de Vucub Caquix, todavía afligido por su dolor de dientes. Cuando encontraron al señor, los abuelos rogaron por su caridad a cambio de sus servicios y habilidades como cirujanos. Los ancianos le ofrecieron reemplazar los dientes con otros hechos de hueso molido. En realidad los reemplazaron con granos de maíz blanco, provocando que los dientes perdieran su brillo original. Finalmente también le quitaron los ojos, la última señal de esplendor del señor. Así es cómo Siete Guacamayo y su esposa Chimalmat murieron y los Gemelos recuperaron el brazo arrancado. Los ancianos ayudaron a poner en su lugar el brazo de Hunahpú. Los Gemelos prosiguieron, felices de haber cumplido los deseos de Corazón del Cielo. Los Gemelos confrontaron a los hijos de Siete Guacamayo, pero antes de que el sagrado texto interponga un episodio que involucra a uno de ellos, a Zipacná.

Zipacná estaba bañándose en la orilla de un río cuando vio pasar a los Cuatrocientos Muchachos que intentaban llevar un tronco que querían usar como viga central de su casa. Tenían dificultad para mover el tronco porque era muy pesado. Después de inquirir sobre su actividad el gigante ofreció ayudarlos. Los muchachos le preguntaron a Zipacná por sus padres y él les dijo que no tenía; entonces ellos le dieron abrigo a cambio de más ayuda para el día siguiente. En realidad los Cuatrocientos Muchachos se sentían intimidados y preocupados debido a su fuerza, por ello inventaron un plan para librarse del gigante. Con el pretexto de tener que plantar la viga en el suelo excavaron un agujero y le pidieron a Zipacná que se pusiera dentro del agujero para que los ayudara. Ellos realmente pensaban enterrarlo. El gigante, conociendo su plan, fingió estar de acuerdo. Una vez en el agujero excavó un refugio a su costado. Cuando todo fue hecho el gigante llamó a los muchachos para decirles que el trabajo estaba acabado. Los muchachos lanzaron el poste con fuerza intentando aplastar a Zipacná que llorando fingió haber sido herido. Zipacná fingió más dando parte de su pelo y sus uñas a las hormigas que las llevaron a la superficie. Para los muchachos, ésta fue prueba suficiente de la muerte de Zipacná. Los Cuatrocientos Muchachos se regocijaron ante la noticia y bajaron la guardia para beber chicha. Al tercer día, cuando se hubieron emborrachado, Zipacná derrumbó la viga y toda la casa se vino encima de ellos. Ninguno sobrevivió y la tradición dice que después fueron incluidos en la constelación de las Pléyades.

Los Gemelos se encolerizaron por la muerte de los Cuatrocientos Muchachos. Fue cuando decidieron acercarse a Zipacná que acostumbraba caminar por la orilla del río en busca de peces y cangrejos con los que se alimentaba. Los Gemelos fabricaron una imitación de un cangrejo muy grande, y lo pusieron a los pies de la montaña llamada Meavan. Después se pusieron en el camino del gigante y le preguntaron por sus actividades. Cuando les dijo que estaba cazando para comer, le indicaron que podían mostrarle un enorme cangrejo al que dijeron temían. Fingieron no desear verlo de nuevo, sólo le entregarían repetidas súplicas a Zipacná. Cuando el gigante arremetió contra el cangrejo, los Gemelos derrumbaron la montaña sobre él. Zipacná se convirtió en piedra. Era ahora el turno del segundo hijo, Cabracán.

El gigante Cabracán estaba ocupado echándose abajo las montañas con sus pies. Los Gemelos se le acercaron, preguntando sobre sus actividades. Fingieron ser huérfanos que ignoraban su origen y le contaron de la existencia de una gran montaña hacia el este. Le preguntaron escépticos si podía derrumbarla. Lleno de curiosidad el gigante pidió ser llevado a la montaña. En el camino los Gemelos cazaron pájaros. Ellos no necesitaron de sus cerbatanas porque podían cazarlos simplemente con su respiración, causando la admiración del gigante. Después de detenerse para descansar, los Gemelos asaron los pájaros sobre el fuego y cubrieron con tiza al que querían darle a Cabracán. En un acto de magia imitativa, cubriendo el pájaro con tierra, quisieron provocar el entierro del gigante. Cabracán fue tentado por la comida cocinada a la que él no estaba acostumbrado, desde que sólo comía comidas crudas. Después de comer al pájaro, el gigante se sintió muy debilitado. Había perdido su fuerza y los Gemelos lo ataron y enterraron.

La Visita al Inframundo (Parte II, capítulos 6 y 7)

Encantados por su descubrimiento, los Gemelos fueron a la cancha del juego de pelota, la misma que sus padres usaron. Una vez más los señores de Xibalbá los vieron jugar, y perturbados por el ruido enviaron a sus mensajeros a la choza de la Abuela. Los mensajeros le dijeron a la Abuela que los señores deseaban ver a los Gemelos dentro de una semana y pedirles que lleven sus efectos personales del juego de pelota. Aunque llena de ansiedad, la Abuela pensó cómo enviarles el mensaje a sus nietos. En ese momento un piojo cayó en su falda. Recogiéndolo, le pidió ir a ver a los Gemelos y le confió el mensaje de los señores. En camino a cumplir con su mandado el piojo encontró a la rana y le contó su tarea. Ellos estuvieron de acuerdo en que la rana podría tragar al piojo y llevar el mensaje más rápidamente. Más por el camino la rana se encontró con la serpiente y le contó su misión. De nuevo acordaron que el mensaje llegaría más rápidamente si la serpiente se tragaba a la rana, y procedió a hacerlo. Finalmente, la serpiente se encontró con el halcón que la tragó para llevar el mensaje todavía más rápidamente. Este último llegó a la cancha del juego de pelota y los Gemelos, oyendo su llamado, le dieron caza, hiriéndolo en el ojo. El pájaro herido anunció que estaba llevando un mensaje, pero que primero necesitaba curarse. Los Gemelos le aplicaron en su ojo herido hule de la pelota y una hierba medicinal. Al instante el pájaro sanó. El halcón vomitó la serpiente y la serpiente la rana. La rana intentó arrojar al piojo pero no pudo. Los Gemelos le dieron de puntapiés en la parte de atrás, luego buscaron en su boca y encontraron al piojo detrás de sus dientes. Comprendieron que la rana no lo había tragado sino simplemente había fingido. La rana fue castigada volviéndose desde entonces comida para serpientes. El piojo finalmente dio el mensaje a los Gemelos y les contó de la pena de la Abuela. Los Gemelos regresaron a su choza para luego marcharse. Para consolar a Ixmucané sembraron dos plantas de maíz dentro de la casa. Ellos predijeron que la vieja mujer por el destino de las plantas podría saber si sus nietos estaban vivos o muertos. Las dos plantas de maíz fueron colocadas en tierra seca.

El Descenso al Inframundo y las Pruebas (Parte II, capítulos 8-11)

Los Gemelos regresaron por el camino tomado por los Apus antes que ellos. Bajaron por la empinada escalera y por los mismos ríos. El texto especifica que no tocaron las aguas porque tendieron sus cerbatanas y las usaron como puentes. Finalmente también llegaron al cruce con los cuatro caminos. Los Gemelos enviaron a ellos a su aliado el mosquito con la orden de picar a cada uno de los señores. El mosquito primero picó a los dos maniquíes, sin obtener respuesta, y luego a los otros señores. Cada vez que era picado un señor, el mosquito se dirigía a él por su nombre preguntando lo que había ocurrido. A través de esta artimaña los Gemelos conocieron los nombres de cada uno de los señores de Xibalbá.

Cuando llegaron a Xibalbá los señores le pidieron a los Gemelos saludaran a los maniquíes o muñecos de madera. Los Gemelos evitaron caer en la trampa y empezaron saludando a cada uno por su nombre, lo que tomó desprevenidos a los señores, desde que deseaban que sus nombres se mantuvieran en secreto sin que los Gemelos conocieran su identidad. Luego los señores les ofrecieron a los Gemelos los asientos calientes, pero viendo el engaño lo rechazaron.

Como lo hicieran sus padres antes que ellos, los Gemelos tenían que someterse a la prueba de la Cueva de la Oscuridad. Como a los Apus, a ellos se les dio una antorcha encendida de madera de pino y un puro

124

encendido con la condición de devolverlos enteros a la mañana siguiente. Los Gemelos no encendieron la antorcha sino plumas de guacamayo en su punta, y pusieron gusanos de luz (luciérnagas) en sus puros. De esta manera a la mañana siguiente cumplieron con lo que los señores pidieron. El Xibalbá, encolerizado por su éxito, preguntó sobre la identidad de los Gemelos pero de ellos no recibió respuesta alguna. Los Gemelos fueron desafiados a un juego de pelota. Aunque los señores usaron su propia pelota, los Gemelos los derrotaron. Para el segundo juego los Gemelos usaron su pelota, y de nuevo derrotaron a los señores. La tarea que la noche siguiente los señores le impusieron a los Gemelos parecía imposible de realizar. Tenían que recoger cuatro calabazas con flores: una roja, una blanca, una amarilla, y una cuarta de otra clase de flor. Los gemelos tenían que realizarla mientras estuvieran encerrados en la Cueva de los Cuchillos, el segundo tormento de Xibalbá. Los Gemelos prometieron a los cuchillos carne de animales en lugar de sacrificios humanos. En cuanto a las flores, llamaron a las hormigas para que las corten y se las entreguen. Los señores habían confiado el cuidado del jardín de Xibalbá a dos guardianes. Pero ninguno de ellos se dio cuenta que las hormigas estaban robándoles sus flores. Las hormigas subieron a los árboles, cortaron las flores y después las juntaron. Los señores se sintieron derrotados y desafiaron a los Gemelos a otro juego de pelota, pero esta vez nadie ganó.

La siguiente prueba de los Gemelos fue la Cueva de Frío. Los Gemelos la superaron quemando palos viejos y sobrevivieron hasta la mañana siguiente. La cuarta prueba vino con la Cueva de los Jaguares. Hunahpú e Ixbalamqué la sobrevivieron tirando huesos a los animales. La quinta fue la Cueva del Fuego donde los Gemelos soportaron un calor abrasador. La prueba final se dio en la Cueva de los Murciélagos. Desde que las alas de los murciélagos cortaban como cuchillos, los Gemelos se escondieron durmiendo dentro de sus cerbatanas. Viendo que no podían localizarlos, los murciélagos los esperaban cerca del orificio de la cerbatana. Los Gemelos estaban curiosos por saber si había amanecido. La curiosidad de Hunahpú se impuso sobre él y sacó su cabeza de la cerbatana averiguando sobre el sol. Un murciélago lo decapitó de un golpe. No oyendo la voz de Hunahpú, Ixbalamqué comprendió que los habían derrotado. El Camé se regocijó por ello y ordenó que la cabeza sea colgada en la cancha de pelota.

Ixbalamqué recurrió a la ayuda de todos los animales, pidiéndoles ir por su comida favorita. La única que quedó atrás fue la tortuga; cuando alcanzó la extremidad del cuerpo de Hunahpú, asumió la forma de la cabeza. Los dioses del cielo vinieron al rescate y ayudaron a tallar la cara de la tortuga para que finalmente la cabeza pudiera de nuevo hablar. El sol estaba a punto de salir y los dioses quisieron demorarlo. Para esto confiaron en el zopilote, quien realizó la tarea con éxito. Ixbalamqué aconsejó a Hunahpú sobre el siguiente juego de pelota. "No haga nada," le dijo, "yo lo haré todo." Entretanto Ixbalamqué también le confió al conejo la tarea de esperar e ir por la pelota cuando saliera fuera de la cancha.

Cuando salió el sol los Gemelos sobrevivieron saliendo ilesos. Los señores los invitaron a un juego en el que la cabeza de Hunahpú sirvió como pelota. Ixbalamqué fue el primero en asirla. Se parecía a la pelota que pasaría por el aro pero entonces la detuvo y la dirigió hacia el bosquecillo de roble donde esperaba el conejo, fingiendo correr con la pelota. Cuando le tocó el turno al Camé, Ixbalamqué reemplazó la cabeza de la tortuga con la verdadera cabeza y puso la falsa cabeza en la cancha de pelota. Después de que los señores encontraron la pelota sustituta reanudaron el juego. Ixbalamqué tiró una piedra a la pelota de tortuga que cayó y se rompió en mil pedazos. Los Camé fueron humillados y derrotados.

Muerte y Resurrección de los Gemelos (Parte II, capítulos 12-14)

Habiendo sobrevivido a todas las pruebas, los Gemelos inventaron otro plan para derrotar al Xibalbá. Invitaron a los profetas Xulu y Pacam. Ellos les dijeron que los señores pensaban tirarlos en un horno. Los sabios fueron a engañar a los señores acerca de la manera de disponer de los cuerpos de los Gemelos. Ellos tenían que fingir que la única manera de librarse de ellos era moler sus cuerpos hasta las cenizas y tirarlos al río. Los Gemelos abandonaron a los sabios sabiendo que iban a su muerte. Se dirigieron hacia el fuego que los señores cuidaban y de buena gana se tiraron sobre él. Los señores del inframundo se alegraron y reclamaron la ayuda de Xulu y Pacam. Los dos llevaron a cabo el plan de los Gemelos y se aseguraron de que las cenizas de los Gemelos se dispersaran en las aguas del río.

Al quinto día los Gemelos fueron vistos en el agua con apariencia de hombres-pez. Al siguiente día se presentaron como indigentes al Señor de Xibalbá. Le dijeron a los señores que podían entretenerlos con sus bailes y con muchos otros hechos prodigiosos. Podían quemar las casas y luego restaurarlas a su condición original, o matar y luego resucitar al muerto. El Xibalbá aceptó la demostración y quedó maravillado. Noticias de esto llegó a Hun y Vucub Camé que también quisieron ser testigos de tales habilidades. Los Gemelos aparentaron no atreverse a realizarlas para los jefes del Xibalbá. Los señores querían saber de dónde venían, y de nuevo los Gemelos fingieron ignorar su origen. Comenzaron su actuación, y empezaron haciendo proezas a pedido de los señores. Primero cortaron en pedazos a su perro y lo resucitaron, y luego quemaron su casa y la regresaron a la normalidad. Finalmente sacrificaron a un hombre, le quitaron su corazón y después lo resucitaron. Pasmados, los señores les pidieron repetir la última actuación con ellos. Ixbalamqué sacrificó a Hunahpú y luego lo reavivó. Por último les pidieron: "¡Hagan lo mismo con nosotros!". Los Gemelos hicieron lo que les pidieron, obviamente sin resucitar a los señores. El texto especifica que murió el jefe supremo de los señores. Al oír esto, los otros señores huyeron, todos excepto uno que rogó por su perdón. Después de esconderse en un cañón, los señores fueron descubiertos y se rindieron a los Gemelos.

Al haber derrotado al Camé, los Gemelos revelaron su identidad y declararon que habían venido a vengar la muerte del Apus. Los señores de Xibalbá pidieron clemencia. Los Gemelos decretaron que los señores tendrían que abstenerse de jugar a la pelota; tendrían que limitarse a las artes manuales y a los oficios y no podrían dominar las mentes de los hombres justos. Sólo los escucharían los malvados, aquéllos entregados al vicio.

Entretanto la Abuela, lamentando la muerte de los Gemelos, vio renacer las dos plantas de maíz sembradas en su choza, después de haberse marchitado en el momento de la muerte de los Gemelos. Hunahpú e Ixbalamqué restituyeron la memoria de los Apus y les prometieron que serían los primeros en ser adorados por las personas leales. Luego, cuando el sol estuvo en lo más alto, los Gemelos ascendieron a los cielos, uno se convirtió en el sol, el otro en la luna. En ese momento se iluminó el domo de los cielos y la cara de la tierra. Los Cuatrocientos Muchachos fueron resucitados y se convirtieron en estrellas.

El Ser de los Gemelos

Los capítulos acerca de la vida y hechos de los Gemelos Hunahpú e Ixbalamqué son los más conocidos del Popol Vuh. En ellos aparece el punto focal del mito que marca la transición de la Tercera a la Cuarta Era. Los Gemelos anunciaron el tiempo del Amanecer, acompañados por un nuevo estado de conciencia para la humanidad Americana. La continuación de la fase de descenso es indicada por el nombre de los seres. Hunahpú, el más importante de los Gemelos, hereda el nombre y cualidades de su predecesor Hun Hunahpú. Él es un ser solar y su arma elegida — la cerbatana — representa el rayo solar, por eso todos los milagros que resultan de su uso. Después de completar su hecho los Gemelos inician la era del hombre de maíz.

Los Gemelos son hijos de la terrenal Ixquic, hija de Cuchumaquic, señor de Xibalbá. En el nombre de Ixquic aparece etimológicamente la palabra *quic*, que significa sangre. *Ix* significa tierra. Cuchumaquic significa "Colector de Sangre." El Popol Vuh lo califica en estos términos: "Son los señores llamados 'Rincón de la Casa' y' Colector de Sangre'. Y ésta es su comisión: extraer la sangre de las personas." (Parte II, Capítulo 1) Los Gemelos son concebidos cuando la cabeza de Hunahpú permite que algunas gotas de saliva caigan en la palma de la mano de Ixquic. Éste es el origen del nacimiento de una virgen. La gota de saliva, como gota de agua que fertiliza la tierra, es otra expresión de la gota de rocío: la totalidad del ser de Tau — el Gran Espíritu — que personifican los Apus. Hunahpú y el maíz compartirán

128

un destino común desde ese momento en adelante. Hunahpú, como la cosecha, nace en el inframundo. La gota de agua es la misma que fertiliza la cosecha en el campo.

La madre ya señala la misión de sus hijos. Envía a los mensajeros para asegurar que será sacrificada y arrancado su corazón, Ixquic muestra el uso del copal como sustituto para el sacrificio del corazón. El quemado de la sustancia reemplazará al sacrificio del corazón; el sacrificio del alma reemplaza al sacrificio humano. Ixquic concibe a los Gemelos que heredan las características de su padre. Desde el principio está claro que son enviados para continuar la misión de los Apus. Esta vez toman con ellos el conocimiento de la tierra que recibieron de su madre.

Hay claros indicios, incluso antes del nacimiento milagroso de los Gemelos, que se entra en una era de transición. La Abuela no puede aceptar a Ixquic desde que ella es hija de un Xibalbá. Piensa que sus hijos han muerto en Xibalbá y no puede aceptar la exigencia de Ixquic de llevar a los hijos de Hun Hunahpú. Ixquic alega, "No obstante es verdad que soy su nuera; lo he sido por largo tiempo. Yo pertenezco a Hun Hunahpú. Ellos viven en lo que yo llevo, Hun Hunahpú y Vucub Hunahpú no están muertos; volverán para mostrarse claramente. Y verá su imagen en lo que yo le traigo a usted." Note aquí cómo el autor usa una entidad intercambiablemente, sola o las dos juntas. La Abuela responde, "Además, eres una embustera: mis hijos de quienes hablas ya son muertos." (Parte II, Capítulo 4)

El reconocimiento de Ixquic por la Abuela sólo viene después de que ella le encarga una tarea imposible de cumplir: llenar una cesta con el maíz de una sola planta. Ixquic toma el pelo del maíz y llena la cesta con mazorcas. La imagen posiblemente señala una nueva fase del cultivo del maíz que el Maya introdujo. Antes de completar este hecho Ixquic promulga el Ritual de la Confesión a través del que la doncella invita a Chabal, guardián del maíz, y una trinidad de diosas cuyos nombres empiezan con Ix, el prefijo que indica tierra. Ixquic les dice: "yo tengo una obligación debido a muchas faltas." Así ella reconoce su naturaleza humana y su pecado, pero a través de los seres que lleva en su útero puede provocar el milagro del maíz. Por esta señal Ixmucané puede reconocer que Ixquic lleva a sus nietos y finalmente puede aceptar al recién venido.

El final de las pruebas de Ixquic es también el final de su actuación. Las pruebas de los Gemelos empiezan donde terminan las suyas. Su nacimiento ocurre en el bosque, lejos de la choza de la Abuela, siguiendo los hábitos de la Tercera Era. El nacimiento de Hunahpú — y por extensión el de los Gemelos — se dice ocurrieron en el solsticio invernal. Esto se confirma por el hecho que el calendario civil que corresponde a su regencia, rige durante el invierno del año (la estación tropical seca).

Los Gemelos enfrentan la oposición de los hermanos más viejos. Hun Batz y Hun Chouen son los líderes de toda una época. La humanidad de esa era vio el trabajo de los guías de la humanidad en la figura de los líderes que los representaron. Así Hun Batz y Hun Chouen más probablemente son los líderes que en la tierra representan a los dioses. El hecho de que uno de ellos se llame Artesano y el otro Mono señala el principio y el fin de una era justo como lo representa el Popol Vuh. Al final de la Tercera Era Hun Batz y Hun Chouen personifican los vicios de ese período: la crueldad, la envidia, y la indolencia. Ellos después se transformarán en monos. Lo que sigue en efecto es un resumen de las decadentes prácticas que pueden imponer a los Gemelos. Esto se resume en una frase del Popol Vuh: "Ahora bien, lo que querían Hunbatz Batz y Hun Chouen era que [Hunahpú e Ixbalamqué] murieran allí mismo en el hormiguero, o que murieran sobre las espinas. Lo deseaban así a causa del odio y de la envidia que por ellos sentían Hun Batz y Hun Chouen." (Parte II, Capítulo 5) Los dos tormentos impuestos a los Gemelos fueron torturas a las que fueron sometidos los enemigos durante la Tercera Era: la tortura por las hormigas y por las espinas. [1]

Los Gemelos portan en ellos los tormentos impuestos por sus hermanos. En palabras del sagrado texto leemos: "Pero no se enojaban, ni se encolerizaban y sufrían calladamente, porque sabían su condición y se daban cuenta de todo con claridad." (Parte II, Capítulo 5) Del mensaje del mito podemos entender que está empezando una nueva era. Las fuerzas de la herencia por sí solas no serán suficientes para

130

sostener al individuo. Los Gemelos y sus hermanos comparten la misma herencia. Hun Batz y Hun Chouen se muestran indignos de ello y se transforman en animales. Los Gemelos muestran que no es solo su herencia la que los califica para conducir a la humanidad a una nueva era, sino también sus méritos. En efecto Hunahpú e Ixbalamqué son cazadores y granjeros. Se hace evidente por el texto que su agricultura no es una agricultura común. Ellos pueden contar con la ayuda de los elementales. El poder de los Gemelos sobre el reino animal aparecerá a lo largo del sagrado texto, sobre todo en las pruebas de Xibalbá y en el juego final de la pelota.

Hunahpú e Ixbalamqué inauguran el principio de una era patriarcal. Aseguran que ellos cuidarán de la Abuela. (Parte II, Capítulo 5) De hoy en adelante los hombres trabajarán en los campos y será perfeccionado el cultivo del maíz, llegando a ser fundamental en toda la civilización resultante.

El Peligro del Pasado

La confrontación con los gigantes ocurre en un momento en que todavía no había luz. El Popol Vuh nos dice: "estaba nublado y el crepúsculo reinaba en la faz de la tierra. No había sol todavía... Cielo y tierra existían, pero las caras del sol y la luna estaban cubiertas." (Parte 1, Capítulo 4) El nombre Vucub Caquix, traducido literalmente, significa Siete Guacamayo. En términos astrológicos, para la tradición Maya es lo mismo que el Gran Vagón. Su esposa equivale a la constelación de la Osa Menor, el Pequeño Vagón. El nombre de su hijo, Zipacná, se refiere a un animal mitológico con los rasgos de un cocodrilo. [2] El nombre encaja con la descripción de un ser que se dice pesca cangrejos. El hermano de Zipacná es Cabracán, o Terremoto.

Tenemos, por consiguiente, una asamblea heterogénea de seres. Lo que todos ellos tienen en común es su conciencia primitiva. Cazan o recogen y tienen una fuerza titánica que les permite derrumbar montañas. Su rasgo de unión es su ambición por ser más de lo que son. Vucub Caquix es representado por el guacamayo, un loro que remeda e imita. Del mismo modo que el gigante, él pretende ser más de lo que

131

es. Siete Guacamayo afirma: "Así, pues, yo soy el sol, yo soy la luna, para el linaje humano. Así será porque mi vista alcanza muy lejos." (Parte I, Capítulo 4) Zipacná dice: "yo soy el que hizo la tierra." (Parte I, Capítulo 5) Cabracán: ¡Yo, derribo las montañas! -decía." (Parte I, Capítulo 9) Es el orgullo el que influye en los tres seres. Este orgullo está acompañado por la fuerza pero falta el ingenio. Los Gemelos pueden atraerlos fácilmente a las trampas y superarlos a través de la magia. Incorporando un elemento terrenal en sus seres lo neutralizan todo. Un pájaro untado con tiza causa la muerte de Cabracán, considerando que Zipacná es aplastado bajo una montaña y los dientes y ojos de Vucub Caquix son reemplazados por maíz, símbolo de la relación del hombre con las tareas de la tierra.

Como el Padre Ximenez intuyó, los gigantes son representantes de una era anterior a través de la que actúan los seres Luciféricos, [3] están dotados de fuerza titánica y la usan en su lucha contra los Gemelos, como en el episodio del arrancar el brazo de Hunahpú. Ellos pierden a los Gemelos porque su existencia es extraña a la realidad de la tierra. Cuando los Gemelos, con ayuda de Ixmucané e Ixpiyacoc, quitan los dientes y ojos de Vucub Caquix, el gigante dice: "no está bien que ustedes tiren de mis dientes porque sólo es con ellos que soy un señor y todos mis ornamentos son mis dientes y mis ojos." Poco después de ser removidos el texto dice: "Al instante decayeron sus facciones y ya no parecía Señor." (Parte I, Capítulo 6) La única verdadera fuerza de Lucifer al parecer residía en aquellas partes del cuerpo que pueden reflejar la luz del sol: los dientes y los ojos.

Un episodio interesante interpuesto en la narrativa es la lucha de Zipacná contra los Cuatrocientos Muchachos. Aquí vemos una confrontación entre el Hombre de la Primera Era y el Hombre de la Segunda Era. Los Cuatrocientos Muchachos toman decisiones compartidas para eliminar a Zipacná a quien temen debido a su fuerza. Zipacná puede adelantarse a sus intenciones a través de sus atávicas facultades de percepción, su habilidad de "ver muy lejos."

Representantes de las tres Eras están presentes en la parte del Popol Vuh que estamos estudiando. Después de mirar atrás a los desafíos del pasado, el Popol Vuh dirige nuestra atención a las más urgentes pruebas del presente y el futuro, aquéllas propuestas por los señores de Xibalbá. Desde las alturas de las montañas el Popol Vuh nos lleva a las profundidades del inframundo.

El Segundo Descenso al Inframundo

Antes de descender al inframundo los Gemelos han enfrentado todos los males de la anterior Primera y Segunda Era. Han derrotado a los gigantes y a las fuerzas Luciféricas que estaban detrás de ellos. La acción se muda de las montañas y volcanes hacia la barriga de la tierra, el reino de los señores de Xibalbá.

Antes de ocuparse de su misión en el inframundo, los Gemelos realizan una acción simbólica muy indicativa para la Abuela. Plantan dos tallos de maíz en medio de la casa. El texto especifica que las plantaron en tierra seca. Con este gesto los Gemelos unen su destino con el destino del maíz. El tardío crecimiento no sólo dependía de los elementos naturales sino también de la vida de los Gemelos, y por lo tanto de las posteriores ceremonias religiosas. En el calendario esto se refleja en dos signos similares llamados *kin* (día/sol) y *kan* (maíz). Ellos son representados por un círculo y, según Girard, ambos corresponden a la cabeza de Hunahpú. [4]

Los Gemelos van al inframundo de la misma manera que antes fueron sus padres. Sin embargo, cruzaron los ríos sobre su cerbatana solar y también durmieron sobre ellas. Esto los aísla del contacto con el inframundo. Los Gemelos se han beneficiado de la experiencia de los Apus. También en su carácter poseen el elemento de la tierra. Contrariamente a sus antepasados toman con ellos sus efectos personales del juego de pelota, pero evitan dar sus nombres, es decir, sus esencias; a su vez logran comprender los nombres de sus adversarios gracias a la ayuda del mosquito. Del mosquito el Popol Vuh dice que es un "pelo de la pierna de Hunahpú que éste se arrancó." (Parte II, Capítulo 8) A diferencia de los Apus ellos pueden percibir a los maniquíes por lo que realmente son. También saben que tienen que rechazar la pelota de los señores y usar la suya en el juego.

Después de ganar el juego los Gemelos renuncian a su derecho de sacrificar la vida de los señores. Esto indica que el sacrificio humano estaba en uso en ese punto del tiempo y que los señores de Xibalbá o su tukur lo realizaron con los enemigos vencidos. Los Gemelos no sólo han venido a Xibalbá con el deseo de derrotar al Camé, sino también con la intención de inaugurar una nueva era, una sin sacrificio humano. El resto de la odisea confirmará más este punto.

En el inframundo los Gemelos tienen que sufrir varias pruebas, seis cuevas y un juego de pelota final. Adicionalmente hay juegos de pelota entre las pruebas de las cuevas, pero ninguno tan importante como el último. En la Cueva de la Oscuridad los Gemelos logran mantener la luz sin quemar el puro. Para lograrlo se aprovechan del poder de la cola emplumada del guacamayo. Lucifer (Siete Guacamayo), a quien ellos han encontrado y vencido, es el que puede ayudar a que su conciencia se mantenga despierta en la oscuridad. Lucifer encuentra así su lugar correcto en la evolución.

La segunda prueba es la Cueva de los Cuchillos. Al parecer dos pruebas se llevan a cabo al mismo tiempo, una representada por el peligro de los cuchillos, la otra es una tarea aparentemente imposible, obtener las flores del vigilado jardín de los señores. Los cuchillos de pedernal son pacificados por la promesa de los Gemelos de que en adelante podrán sobrevivir a costa de carne animal. Los señores de Xibalbá reciben las flores que requirieron por intermedio de las hormigas que las juntaron para los Gemelos. Ahora los animales y las flores reemplazarán al sacrificio humano; las dos partes de la prueba revelan una relación interior. En esencia los Gemelos reconocen la necesidad del sufrimiento en el orden de la creación, pero ellos lo desvían al sacrificio de animales y plantas, así como al sacrificio interior.

La siguiente prueba es la Cueva de Frío que los Gemelos superan quemando troncos de árboles. La cuarta cueva es la de los jaguares. Ixbalamqué es co-sustancial con los jaguares y las fuerzas de la noche; por consiguiente no pueden derrotarlo. El dios del jaguar, un

134

instrumento de las fuerzas que cayeron en decadencia que a menudo vemos representadas particularmente en la estatuaria Olmeca, ahora se le hace trabajar con las deidades progresistas. Por último, incluso la Cueva de Fuego no puede destruir a Hunahpú, un ser solar.

El punto de inflexión de las pruebas de las cuevas llega con la última, la Cueva de Los Murciélagos. El murciélago celestial corta la cabeza de Hunahpú de un solo golpe. La decapitación de Hunahpú recapitula la anterior de Hun Hunahpú. El error de Hunahpú ha sido su impaciencia para esperar el alba o Amanecer. La Cueva de Los Murciélagos es la prueba opuesta a la primera, la Cueva de la Oscuridad. En la Cueva de Los Murciélagos el Amanecer está a punto de ocurrir ahora que Hunahpú ha sido decapitado. Este es el "Falso Amanecer" que los Camé quieren inaugurar pero que los Gemelos tienen que demorar. El dios Tohil quiere iniciar el Falso Amanecer en lugar del "Verdadero Amanecer." El Popol Vuh habla sobre él en un tramo de la Parte III. En ese punto toda la creación y Corazón del Cielo (el Apu) vienen al rescate de los Gemelos. Corazón del Cielo sólo puede intervenir cuando los Gemelos hayan abandonado todos sus poderes. El buitre es enviado a evitar el Amanecer que los señores de Xibalbá quieren provocar.

La última cueva es seguida por un juego de pelota que los señores de Xibalbá quieren jugar con la cabeza de Hunahpú. Requiere la colaboración del reino animal para hacer una falsa cabeza a fin de reemplazar la cabeza del héroe. Ésta es sólo una primera fase. Los Gemelos no pueden anticipar su muerte, pero ese momento llegará por elección voluntaria.

Hunahpú e Ixbalamqué vuelven a Xibalbá después de sus pruebas iniciales, porque su meta no es sobrevivir a las pruebas de las cuevas sino cambiar toda la evolución y contrarrestar el impulso del Camé. Los Gemelos engañan a los señores para matarlos a través del fuego y voluntariamente ellos mismos se tiran en él. Nos dicen después que sus cenizas fueron echadas al río. Los Gemelos reaparecen después de cinco días como hombres-pez. Un simbolismo muy esotérico está oculto en estas pocas líneas. El joven dios maíz también se llama Dios 5 porque en la región de Soconusco, para germinar, el maíz demora cinco días. El pez es el *nagual* o representante animal del joven dios maíz. Aquí de nuevo los Gemelos comparten el destino del maíz. Todo el mito está impregnado de imágenes del mundo natural en el que el Maya está inmerso.

La apoteosis de los Gemelos, su resurrección, es su elevación e identificación con el sol y la luna. En otras palabras nos dicen que el Amanecer finalmente ha ocurrido. No sólo aparecen el sol sino también las estrellas. El Chorti Maya todavía identifica a Hunahpú como Dios del Amanecer, un nombre que hemos visto aparecer en otras leyendas. El Dios del Amanecer realmente representa al Dios del Alba. La conciencia como de Atlante del Nativo americano completó su descenso desde el elemento acuoso de Tlalocan, su paraíso original, a la abundancia de la tierra. Esto es lo que algunas tradiciones, por ejemplo la mitología del Collao de Bolivia, llama 'Segunda Creación'. Nosotros ya hemos citado el capítulo dos del libro Chilam Balam sobre "la creación del *uinal*" (mes, o astrología por extensión). Allí nos dicen que la creación del mes ocurrió "cuando la tierra, así como las piedras y los árboles, despertaron." Una segunda traducción dice: "El *uinal* fue creado, la tierra fue creada; el cielo, la tierra, los árboles, y las piedras estaban en orden...." [5] Las dos traducciones no dicen cosas diferentes. Los indígenas comparan el Amanecer, un nuevo despertar, con una nueva creación. En terminología Hopi el amanecer es llamado "la emergencia del inframundo." Éstas son absolutamente diferentes formas imaginativas de comunicar un cambio similar que ocurrió en el aura de la tierra.

Algo más ha aclarado el texto del Popol Vuh: las diferentes funciones de Hunahpú e Ixbalamqué. En todos los episodios es Hunahpú el que juega el papel activo. Es Hunahpú el que pierde su brazo por Vucub Caquix; es él quién pierde su cabeza en la Cueva de Los Murciélagos. Ixbalamqué simplemente lo acompaña. Hunahpú se convierte en el sol, Ixbalamqué, según su naturaleza más humana (co-substancial con el jaguar) se convierte en la luna a la que el indígena ve íntimamente conectada al reino de la tierra, vía la substancia del agua. Hunahpú, la entidad solar, se aprovecha del compañero humano o cuerpo humano de Ixbalamqué. ¿Describe la historia a dos entidades diferentes: un dios en la figura de Hunahpú, un hombre en la figura de Ixbalamqué, o

136

describe a dos seres unidos? No puede ser posible dar una respuesta definitiva. No obstante, ciertos jarrones del período Maya Clásico retratan a Ixbalamqué con barba, acentuando su dimensión humana. Tal es el caso de una famosa interpretación del dios del maíz que resucita de un caparazón de tortuga, ayudado por Hunahpú e Ixbalamqué. Los Gemelos están adelante o al costado del caparazón e Ixbalamqué es reconocible por su barba (vea figura 1).

La representación de la dualidad de Cristo y el iniciado en la imagen de los Gemelos puede corresponder en más de una manera al trabajo del iniciado con el Cristo. La investigación de Rudolf Steiner sobre la interacción de los discípulos con el Cristo puede verter alguna luz sobre esta materia. La mayor parte de esto aparece en su ciclo de conferencias titulado *El Quinto Evangelio* donde ofrece visiones que hacen más inteligibles algunos pasajes de la Biblia. La primera revelación involucra el hecho que durante los últimos tres años de su ministerio, el cuerpo de Jesús no siempre estaba presente cuando el Cristo se manifestaba a los discípulos. Sin embargo, el espíritu parecía vestido en un cuerpo etérico de tal manera que no siempre era posible saber si estaba o no físicamente presente. [6] Con el paso del tiempo y hacia la llegada de su muerte, el Cristo adquirió la habilidad de hablar a través de sus discípulos. El discípulo en cuestión se transfiguraría. Su rostro cambiaría de tal manera que los forasteros creerían que era el Cristo Quien hablaba. En ese tiempo a los espectadores el Cristo les parecería bastante ordinario. [7] En las conferencias sobre el Evangelio de San Marcos Rudolf Steiner nos dice que esto es lo que él descubrió en relación a la conversación de Cristo con los Saduceos. [8] Esto explica la dificultad de los Fariseos de reconocer a Jesús entre los otros y su necesidad de hacer que Judas lo bese para arrestar al hombre correcto. Si lo anterior fue cierto para los discípulos, todos esperaríamos lo mismo del más elevado de los iniciados que se comportó como ministro de Cristo en las Américas.

Dos consecuencias inmediatas provienen de la resurrección de los Gemelos. El temor de muerte de los nativos causado por el crepúsculo de los dioses (descenso del Apus) es ahora superado por la resurrección de los Gemelos — prueba de la inmortalidad del alma. En el ciclo del maíz, su comida principal y centro de su economía, la humanidad de la Cuarta Era percibió el anual renacimiento de su deidad solar. El Popol Vuh da énfasis a este vínculo. La resurrección de los Gemelos es reflejada por el destino del maíz en la casa de la Abuela. El maíz muere y luego cuando los Gemelos resucitan, brota una segunda vez. Además, como veremos después en más detalle, esto se refleja en el hecho que el preciso conocimiento astronómico le permitió al Maya cultivar dos siegas de maíz por año. Esto implica un cambio cualitativo en una civilización capaz de mantener una población superior desde una perspectiva económica.

La conclusión de la odisea de los Gemelos llega con la derrota del Camé. Aquí se aclaran unas pocas cosas sobre los poderes del mal. Sólo uno de los septumembrados seres es específicamente muerto. En efecto, vimos: "Y he aquí que primero sacrificaron al que era su jefe y Señor, el llamado Hun-Camé, rey de Xibalbá," y más, "Y muerto Hun-Camé, se apoderaron de Vucub-Camé. Y no los resucitaron." (Parte II, Capítulo 13) [9] Aquí de nuevo vemos a un ser de doble naturaleza (o más precisamente septumembrado), un recurso que hemos visto usar antes. Él es designado por el primero y el último número, pero también se aclara que un ser tiene la supremacía. El texto diferencia al Xibalbá del Camé. Los Xibalbá son perdonados. Después de su derrota el sagrado texto precisa de los señores de Xibalbá: "Su poder en antiguos días no era mucho. Por esos tiempos sólo les gustaba hacer el mal a los hombres; en verdad, no tenían categoría de dioses." (Parte II, Capítulo 14) Los Xibalbá y los Camé eran seres humanos inspirados por seres espirituales retrasados — pero no obstante seres humanos. De ahora en adelante su papel será estar presente en las funciones seglares; tendrán la opción de volverse artesanos y producir alfarería o piedras de molino; no tendrán acceso al juego de pelota o a cualquier función ceremonial religiosa. Ellos sólo podrán llamar a aquéllos que se entregan a los vicios. El mal, por consiguiente, ha sido limitado a su función natural en el avance de la evolución del mundo. Los Xibalbá podrán probar la virtud humana, no poner las normas de la civilización. El mal no reinará soberanamente como lo hizo en la plenitud de la práctica del sacrificio humano.

Los Gemelos finalmente pueden descubrir su identidad; pueden exigir la herencia de los Apus y llevar al pueblo en una nueva dirección para alabar a los Apus en lugar de a los dioses del inframundo. El cielo, la tierra, y el inframundo han encontrado una nueva relación entre sí. El punto de inflexión de la historia Americana — la transición en los tiempos históricos — ha ocurrido.

CAPÍTULO 6

LA CUARTA ERA

El principio *de la Cuarta Era tiene una única dimensión en la historia de Mesoamérica.* Ninguna otra mitología que no sea la Maya, y ningún otro registro que no sea el del Popol Vuh, elabora claramente este evento en tal detalle. Pocas culturas Americanas han mostrado tan dramática transformación interna y externa como la testimoniada por la cultura Maya en este punto del tiempo. Para hacer visible este fenómeno tendremos que penetrar cada vez mucho más profundamente en su cosmovisión. Después veremos cómo las indicaciones geográficas y arqueológicas de la historia moderna encajan con el conocimiento esotérico Maya. Estos resultados se examinarán después a la luz de las aseveraciones que hiciera Rudolf Steiner en 1916 acerca de los Misterios Mexicanos.

Dos seres, o grupos de seres, hicieron posible la transición de la Tercera a la Cuarta Era: los Apus y los Gemelos. La religión y vida de la Cuarta Era giran alrededor de ellos. Los eventos que narra el Popol Vuh están reflejados en los importantes cambios que la civilización Maya provocó en todos los campos del conocimiento. Veremos muchos aspectos del desarrollo de esta cultura para corroborar el lenguaje imaginativo del sagrado texto y encontrar su significado más profundo en las entrelíneas de la historia grabada.

El Amanecer: Punto de Inflexión del Tiempo

El Amanecer fue un evento importante para la tierra y para aquéllos que lo testificaron. La tierra fue vivificada y los ojos de las personas se abrieron a una nueva realidad. Efectivamente equivalió a una nueva creación. La percepción de la realidad y la conciencia están aquí íntimamente vinculadas. La conciencia Atlante no percibía los colores y los contornos como lo hace el hombre moderno. Más bien, los objetos aparecían como imágenes entretejidas unas en otras, sin distinguir claramente sus contornos.

Hemos visto cómo la conciencia del Nativo americano puede definirse como Atlante. Rudolf Steiner nos ofrece otro ejemplo de cómo la conciencia de antiguos tiempos difería de la conciencia moderna, incluso en la Era post-Atlante, en el caso de los antiguos caldeos en la importante transición del tiempo del inicio del Kali Yuga. Los caldeos, descendientes de los sumerios originales, tenían una percepción diferente de sus ambientes. Eran inconscientes de la diferencia entre la luz del sol del día y de su ausencia. Percibieron el sol como negro, rodeado por una bonita aura. De igual modo, los Nativos americanos imaginaron que por la noche descendían por un embudo. [1] En este punto del tiempo algunos caldeos empezaban a percibir más plenamente la realidad física, mientras todavía retenían la percepción de algunas realidades espirituales detrás de esa realidad física. Esto significó una transición de la conciencia de la noche a la conciencia del día. La revelación recibida en el sueño o en el estado de sueño, en unión con los dioses, tenía que dar paso a la comunicación recibida en plena conciencia.

La conciencia Caldea y Maya difirieron inmensamente y por consiguiente el ejemplo anterior sólo puede servir para ilustrar paralelos. Lo que es importante comprender es que diferentes estados de conciencia están acompañados de diferentes tipos y grados de percepción del mundo. Las observaciones de Rudolf Steiner nos estimulan para comprender que el Popol Vuh está intentando expresar una dimensión más profunda de la realidad. No sirve para el pensamiento simbólico. Así el Amanecer corresponde a la emergencia de un nuevo estado de conciencia y percepción. Esto explica el porqué se percibió como una nueva creación.

Observaremos un estado de conciencia diferente cuando examinemos la historia del Maya Quiché. Sin ir más lejos, su historia asume una dirección fija cuando ellos dudan esperar por el Amanecer. El texto dice: "Nuestras primeras madres y padres no tenían todavía maderos ni piedras que custodiar, pero sus corazones estaban cansados de esperar el sol." (Parte III, Capítulo 4) Los precursores del Quiché se separaron del resto de los Mayas antes del crítico evento del Amanecer y, como el Popol Vuh subraya, desarrollaron una relación diferente con este importante evento que la mayor parte Maya.

142

En el preludio al Amanecer el Popol Vuh trata el tema del mal y su manifestación dual. Los Gigantes pueden destruir y provocar eventos similares a las catástrofes naturales. Por otro lado el Xibalbá puede traer enfermedad y muerte. Ambos conjuntos de seres recurren a la fuerza o a la destreza. Siete Guacamayo arranca el brazo de Hunahpú, el Camé decapita a Hun Hunahpú y a Hunahpú. Los Apus y los Gemelos aceptan la necesidad del sacrificio. Esto se hizo claro en el punto culminante de la odisea de los Gemelos. Sus muertes en el fuego del horno la emprenden voluntariamente. Los Xibalbá y Vucub Caquix actúan solamente para ellos mismos al extremo de pretender ser dioses. Los Gemelos restauran el culto de los Apus, como aparecerá después en una mirada más cercana a la religión, al calendario, y a la astronomía Maya.

La historia confirma los cambios en la conciencia que acompañan la revolución Maya. El sacrificio humano está presente en el período Preclásico, pero ausente de la Cuarta Era por lo menos durante algunos siglos. No es practicado por el Maya hasta el siglo 4 DC, y sólo se reintroduce gradualmente, con alternado éxito, hasta alcanzar un pico con la llegada de los Toltecas en el Yucatán y la fundación de la Liga Mayapán (que significa Bandera de los Mayas) durante el siglo 11. Es más, los sacrificios aquí mencionados no implican la remoción de órganos, por lo menos no hasta el tiempo de la Liga.

En América, el destino del individuo estaba íntimamente vinculado con la tribu o el grupo étnico. Los Quiché soportan un destino colectivo como nación. Respecto a los dioses que ellos siguen, difieren de las otras tribus Mayas de Cachiqueles, Rabinal, Tzotzil, etc. No obstante el Popol Vuh apunta al principio de la opción individual. Ixquic, una Xibalbá, ha elegido transgredir los deseos de su padre y se rebela contra la necesidad del sacrificio humano. Ella da a luz a los Gemelos quienes después darán fin al que reina en su pueblo.

El tema de la elección u opción individual repite el imperativo a abandonar la idolatría que Manu demandó de sus seguidores en la quinta época post-Atlante: "Usted seguirá al Dios de quien usted no puede labrar su imagen." Éste es el imperativo que acompaña el tiempo del Amanecer. Esperar el Amanecer requiere el desarrollo de la fuerza de la fe, puesta contra la menguante fuerza de la vieja revelación divina en que el conocimiento proveniente de la revelación era sinónimo de fe. Esperar el Amanecer sin tener el apoyo exterior de los dioses es similar a las pruebas de las tribus de Israel para quienes el éxito exterior no estaba automáticamente relacionado al favor de Dios. Las pruebas y fracasos pusieron el escenario para el desarrollo de nuevas fuerzas del alma. La esperanza del Amanecer es un tiempo de gran prueba interior, sobre todo para los sacerdotes que eran los conductores del pueblo.

Dios de la Agricultura y Dios Solar

La resurrección de los Gemelos estuvo precedida por la reintegración del culto de los Apus corrompido por el Camé. El Camé de hecho había superado el culto de los Apus. Así es cómo el Popol Vuh describe el hecho de los Gemelos: "Y he aquí cómo ensalzaron la memoria de sus padres, a quienes habían dejado y dejaron allá en el Sacrificadero del juego de pelota: Ustedes serán invocados, les dijeron sus hijos, cuando fortalecieron su corazón. Serán los primeros en levantarse y serán adorados por los hijos esclarecidos, por los vasallos civilizados. Sus nombres no se perderán. ¡Así será!, dijeron a sus padres y se consoló su corazón. Nosotros somos los vengadores de su muerte, de las penas y dolores que les causaron. (Parte II, Capítulo 14)

El texto también remarca que la más temprana desaparición de los Apus y elevación del Camé se corresponde con el apogeo del sacrificio humano. El culto de los Apus, o el Gran Espíritu, había sido alterado por el Camé. El septumembrado ser del Apu(s) se convirtió en el septumembrado Camé. El Gran Espíritu de Xibalbá en realidad es un ser Ahrimánico.

La posición de los Apus y de los Gemelos en la Cuarta Era se refleja en la división del año. La estación de lluvias es la correspondiente al Calendario Sagrado y es el tiempo del llamado Dios de la Agricultura — el resucitado Apu. La estación seca es la estación del calendario civil y del Dios Solar. La transición entre los dos ocurre en Yaxkin (25 de octubre), a veces erróneamente se cree es el Nuevo Año. En

144

realidad es la fiesta del Nuevo Sol. Yaxkin conmemora el Amanecer y el punto en el tiempo de la resurrección de los Gemelos. Por consiguiente, el año está dividido en dos partes. El Dios de la Agricultura desde sus orígenes es conmemorado y celebrado durante el tiempo del crecimiento del maíz. El Dios Solar, que gobernaba durante la estación seca, es también llamado Dios Tribal, reflejando el hecho que él es, más que el Dios de la Agricultura, quien distingue a las tribus. El Dios Solar da inicio a la historia de cada tribu.

De hecho, un conocimiento mucho más profundo es el incluido en la división del año que aparece a primera vista. En el Popol Vuh encontramos pistas de éste conocimiento en la apoteosis de los Gemelos. El sol que se eleva en los cielos en el momento del Amanecer es un ser espiritual. El Popol Vuh lo hace claro indicando que es más que el sol físico: "Semejante a un hombre era el sol cuando se manifestó." (Parte III, Capítulo 9) Ésta no es una incidental figura retórica. De hecho lo mismo aparece bastante claramente en las narrativas del Amanecer en Sudamérica. El cronista español Molina dice al respecto: "En el momento que estaba a punto de salir, el sol, en la imagen de un hombre muy resplandeciente, llamó al Inca...." [2]

En los mitos de Norte y Sudamérica están ocultas verdades muy profundas que sólo son conocidas por la ciencia espiritual, particularmente respecto al Misterio del Gólgota. Rudolf Steiner ha indicado en muchas ocasiones que en la crucifixión, la sangre de Jesús que se vertió en la tierra tenía un efecto eterno para el futuro del planeta. La tierra se habría secado si no hubiera sido por el hecho sacrificial de Cristo y su sangre vertida en la tierra. Visto espiritualmente, después de la muerte de Cristo la tierra se volvió un ser brillante irradiando luz en su entorno, y se hizo posible que cada ser humano experimentara esa luz en él. "Cuando Jesús murió en la cruz en el Gólgota algo nació en la Tierra que antes sólo había existido en el cosmos. La muerte de Jesús de Nazaret fue el nacimiento del todo-imperante amor cósmico dentro de la esfera de la Tierra." [3] En la experiencia clarividente los iniciados de Irlanda descubrieron el cambio en el aura de la tierra, entendiendo por ello la magnitud de un evento que no habrían testimoniado históricamente. [4] Mucho de lo mismo ocurrió en América, por lo menos entre los Mayas.

El Amanecer fue un evento cósmico. Se reflejó a través del cambio en la conciencia humana que el sacerdocio de los Misterios Mexicanos preparó cuidadosamente y que el hecho de los Gemelos iniciara. No había nada automático en la naturaleza de este cambio. La Parte III del Popol Vuh traerá más evidencia para este aspecto de la historia de Mesoamérica. El hecho de Cristo, y del iniciado americano, ofreció en libertad la posibilidad de un nuevo curso evolutivo.

El Amanecer divide el año en dos, porque dos seres gobiernan su respectiva parte del año. La estación seca es el tiempo de Hunahpú, y a ésta corresponde el conocimiento del hecho histórico del iniciado en nombre del Cristo — el espíritu solar. Esto también es lo que introduce la conciencia histórica entre los Mayas. Por otro lado, la estación de lluvias es la que refleja ante todo la contraparte del iniciado.

El Dios Solar — el Cristo — ahora cumple la tarea antes realizada por el Dios del Año. En palabras de Rudolf Steiner, "Cristo ha tomado en Él tareas que anteriormente en la evolución terrenal habían sido cumplidas por el 'Dios del Año'. En esta transición del 'Dios del Año' a Cristo, es decir, en la transición de una experiencia más natural a una completamente espiritual del ciclo del año…." [5]

El iniciado representa el papel del Guardián del Umbral, lo hace acertadamente de muchas maneras. Representa al Dios del Trueno y del Relámpago del ciclo agrícola. En la cultura Mesoamericana, ser impactado por el relámpago (y sobrevivir) es una prueba del favor de los dioses y de ser capaz de soportar la iniciación. Es el iniciado quien educa a su pueblo en las rígidamente codificadas tareas comunales de los campos. Él forma el vínculo entre el pasado Atlante del Gran Espíritu y los tiempos históricos del espíritu solar. El Calendario Sagrado puede compararse a un camino de educación que lleva al individuo al reconocimiento anual del evento del Amanecer entre los Mayas. El iniciado, como Guardián del Umbral, en el curso del año lleva al individuo de la conciencia Atlante a la post-Atlante.

El rol de los dos seres se indica en la imagen de la apoteosis Hunahpú e Ixbalamqué como el nuevo sol y luna. Este enigmático papel de sol y luna es conocido por la ciencia espiritual como el reino de la vida después de la muerte. Una vez el alma se libra del cuerpo se expande en el cosmos. Hasta que alcanza la esfera de la luna que está involucrada en lo que se llama la fase del kamaloca. Es una fase de quemado de todas las ataduras que el alma todavía tiene hacia su vida anterior en la tierra. Experimenta las consecuencias de todos sus actos en la vida anterior. La esfera de la luna forma la frontera entre las experiencias del kamaloca y la entrada en el reino de los planetas interiores, Mercurio y Venus, a la que después sigue la entrada en la esfera del Sol. El Sol forma la entrada hacia el reino de la esfera puramente espiritual. Antes, nuestra vida en el mundo espiritual nos permite sólo encontrar a aquéllos con los que anteriormente estábamos asociados en la tierra, o aquéllos con quienes compartimos comunes creencias religiosas y espirituales. En la esfera del Sol podemos relacionarnos sobre una base puramente humana — tanto como hemos hecho de ésta nuestra preocupación en la tierra — lo que quiere decir: tanto como hayamos penetrado nuestra vida con el impulso de Cristo, el Guardián Superior del Umbral. Es a través del Guardián Inferior del Umbral que podemos dar los primeros pasos en el reino espiritual, el mundo del alma. A través del encuentro consciente con el Guardián Superior podemos entrar en el auténtico mundo espiritual y consagrar nuestra vida a la mejora de todos los otros seres humanos en la tierra.

La luna y el sol están en esta relación uno con otro y con el Guardián del Umbral Inferior y Superior. Esto hace más entendible el porqué, tanto para el Maya como para otros pueblos indígenas, el campo de la tierra se extiende hasta la luna. Bajo esta luz Ixbalamqué y Hunahpú participan, uno tras otro, en la educación de su pueblo. Es el iniciado que guía a su pueblo a través de fases de la colectiva educación práctica-espiritual del Calendario Sagrado. Cristo/Hunahpú es el arquetipo del desarrollo individual que sigue a Yaxkin, el tiempo del Amanecer.

El llamado Tzolkin — creación de la Tercera Era — es un Calendario Sagrado que en la Cuarta Era relacionaba el hecho de los Gemelos y su descenso a Xibalbá con el cultivo del maíz. Es un calendario de prácticas religioso-agrícolas vinculado a las observaciones astronómicas que acompañan el cultivo del maíz. Su ciclo de 260 días va de febrero a fines de octubre. El año civil comprende los restantes 105 días del año. Incluso climatológicamente, el tiempo del Calendario

Sagrado, que corresponde a la estación de lluvias, repite las condiciones de la humanidad Atlante. Yaxkin es el divisor entre el ciclo pre-histórico de la naturaleza y el tiempo histórico de la cultura. Por ejemplo, las fiestas de Kukulkan o de otras figuras históricas son celebradas durante la estación seca. Entre las dos estaciones, en el tiempo de Yaxkin, está la resurrección de los Gemelos y la conmemoración del Amanecer, que efectivamente da comienzo a la historia. Durante la estación seca no se realiza culto alguno al Dios de la Agricultura.

El Dios de la Agricultura y el Dios Solar tienen otras muy distintas características complementarias. El culto al Dios de la Agricultura es realizado por la noche, por consiguiente en condiciones de conciencia similares a aquéllas anteriores al Amanecer. Los rituales del Dios Solar son realizados al mediodía. El sacerdote de la Agricultura recibe su conocimiento literalmente de las estrellas. Antes de la conquista era el sacerdote solar el que guardaba los libros sagrados. A él pertenecieron los campos de la historia y la ciencia. El juego de pelota se realizó durante la estación seca, particularmente alrededor del tiempo del solsticio invernal, en honor al Dios Solar.

Los dos sacerdotes reflejan la realidad de dos tipos de conciencia. El trabajo en los campos se hace colectivamente. Los sacerdotes de la Agriculturas trabajan en un grupo a cuya cabeza está el "horchan" (cabeza de serpiente). El sacerdote solar, llamado kin, (sol, día) actúa solo. El individualismo inaugurado por Hunahpú sobrevive lado a lado con la conciencia grupal de épocas más tempranas. Curiosamente, quince siglos después los Aztecas mantenían esta misma estructura sacerdotal. Antes de Cristo el don de la clarividencia atávica dependía de la herencia. En el tiempo de preparación para la encarnación de Cristo el pueblo hebreo ya no respetaba estrictamente las leyes de la herencia, en un esfuerzo por animar el desarrollo de la nueva facultad del pensar en contraste con la simple preservación de facultades atávicas. [6]

El Maya prehispánico llamó Kinich Ahau a su Dios Solar. Al Dios de la Agricultura lo llamó Itzamat-ul, que significa "el que recibe la gracia," o "rocío del cielo," otra confirmación de la esencia Tau del

Apu. [7] El dúo de la Agricultura y Solar (u otros, no-solares, Dioses Tribales) acompañan todas las religiones y civilizaciones de Mesoamérica que después estudiaremos. Entre los Toltecas tenemos a Tlaloc (Dios de la Agricultura) y Quetzalcóatl (Dios Tribal); los Aztecas honraron a Tlaloc (Dios de la Agricultura) y a Huitchilopochtli (Dios Tribal).

Lo que diferencia a las tribus es principalmente el Dios Tribal, sea el Cristo u otro ser. ¿Podemos preguntarnos si la relación con el Dios de la Agricultura permaneció igual en el curso del tiempo, o fueron las diferentes tribus adoradoras de dioses de diferentes épocas? Veremos esta materia cuando entremos a la historia de las tribus en el capítulo 1 de la Parte II.

Una Nueva Mirada al Calendario Sagrado y al Civil

Ahora exploraremos los más profundos significados del Calendario Sagrado y civil de eras anteriores, y más a fondo respecto a la Cuarta Era. El Tzolkin unió mitos, rituales, astronomía, y prácticas agrícolas del cultivo del maíz. El número veinte es central para su arquitectura. El mes, llamado uinal, tiene veinte días y esta unidad se llama el *Ahau* o señor (la deidad solar). Veinte son la suma de los dedos de las manos y de los pies; es la medida del hombre que ha encarnado totalmente en sus extremidades.

El Calendario Sagrado y civil empieza con los cinco "días de aflicción" o "días sin nombre" que completan el año de 365 días. Girard ilustra la correspondencia de las cuatro Eras con las fases del calendario:

- "Pralaya," los cinco "días de aflicción," febrero 8 a 12: el estado que precede a la formación del tiempo y del universo.

- Primera Era, empieza el 12 de febrero: la creación del universo y del tiempo.

- Segunda Era, empieza con la apertura de la estación lluviosa el 1 de mayo: la creación de las plantas.

- Tercera Era, con un punto de inflexión el 12 de agosto: en esta

149

fecha el "doblado del maíz" para el secado de la mazorca tiene una correspondencia simbólica con la "obligación del año," la típica ceremonia de la Tercera Era.

- Cuarta Era, celebraciones históricas e inauguración del inicio de la estación seca en Yaxkin (25 de octubre): el Amanecer. [8]

El sagrado año de Tzolkin reune interesantes propiedades. Hay dos períodos sucesivos de 40 días entre el 8 de febrero y el 1 de mayo, luego dos veces 52 días desde el primer pasaje del sol por el cenit en el solsticio de verano y del solsticio de verano al segundo pasaje del cenit (12 de agosto). Podemos resumir lo anterior como sigue:

Del 8 de Febrero al 21 de marzo: 40 días

Del 21 de marzo al 1 de mayo (primer pasaje por el cenit): 40 días

Del 1 de mayo al Solsticio de Verano: 52 días

Del Solsticio de Verano al 12 de agosto (segundo pasaje por el cenit): 52 días. [9]

En escala mayor, 52 años es el tiempo que completa un Calendario Circular, culminación que en las civilizaciones Tolteca y Azteca se conmemoró con la Nueva Ceremonia del Fuego.

Las tareas agrícolas se realizan en días que los sacerdotes han encontrado favorables. Hay días propicios para sembrar, limpiar la milpa*, cosechar, almacenar, etc., El maíz ocupa un lugar central en la comprensión indígena del mundo espiritual. Su nacimiento, muerte, y resurrección le dan significado a cada parte del Calendario Sagrado; el ciclo ceremonial anual y el panteón de los dioses no pueden entenderse sin él. El maíz, para su crecimiento, necesita de las operaciones físicas realizadas en los campos y de las sutiles energías introducidas por la vida ceremonial a través del año. Para encontrar nuestro camino dentro de una mitología que reverberará a lo largo de otros quince siglos de historia Mesoamericana, necesitamos entender quiénes son los dioses números y sus varios nombres equivalentes. Ellos son parte integral

---

* N. del T.: **Milpa** es un término español-mexicano que significa 'campo', derivado del Nahuatl *mil-pa* "para el campo".

del Calendario Sagrado.

Todos los dioses Mayas y de Mesoamérica hacen referencia a dioses números para lo que Girard ha aclarado mucho de la terminología. Entre éstos ya hemos visto el Dios 5, el Joven Dios del Maíz, y el Dios 7, que corresponde a los siete Apus. Otros dos números son importantes para tener un básico entendimiento de la numerología Maya: los números 13 y 9. El Dios 13 es el dios de los cielos, mientras el Dios 9 indica el inframundo. El Dios 7 opera en la superficie de la tierra como Dios de la Agricultura.

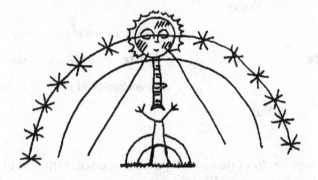

Figura 1: Chilam Balam

El Dios 13 aparece en el Chilam Balam representado con su cuerpo encima del Árbol de la Vida (figura 1). [10] El Dios 13 está plantado en la tierra, la cabeza extendida hasta los cielos. En algunas representaciones la cabeza del Dios de la Agricultura aparece en el medio, con 6 estrellas en cada lado. Vemos aquí la agrupación de 6 + 1 + 6. El Dios de la Agricultura o Dios 7 está al medio de una progresión que forma su número desde cualquier lado que se cuente. El Maya realmente cuenta 13 constelaciones del zodíaco. Ésa era la tesis de H. J. Spinden en 1916, que desde entonces ha sido confirmada por otros estudiosos. [11]

El Dios 7 se refiere a los 7 Apus o los íntegros 7 Elohim. Otra manera de imaginar al Dios 7 tiene que ver con el movimiento anual del sol en el horizonte. La intersolsticial marca que cruza los cuatro extremos visibles del sol en los solsticios: la más alta y más baja salida del sol y alargamientos del ocaso. Éstos son los pilares sobre los que se construye la casa de los cielos. Las cuatro esquinas con las tres posiciones diarias del sol de nuevo forman el número 7. Las tres posiciones diarias están hacia el este (ascenso), al centro (correspondiendo con el cenit dos veces por año en las áreas tropicales) y hacia el oeste (descenso). Esquemáticamente es representado como sigue:

Norte

.   .   Elongaciones en el solsticio de verano

Este   . . .   **Oeste**   posiciones diarias

.   .   Elongaciones en el solsticio de invierno

Sur

El Dios 7, siguiendo el destino del maíz, se encuentra con el Dios 9, la deidad del inframundo. El Dios 9 es representado por los nueve Señores de la Noche: en su serie está incluido el Dios del Frío y el Dios de la Muerte. El origen del número nueve es más oscuro que el de los otros. Girard lo entiende en la equivalencia que le atribuye el Maya a los números tres y nueve. Para el Maya, en el inframundo se expresa la realidad del número tres: la unión del principio masculino y femenino y el joven maíz que es el resultado de estos principios. Por otra parte, los nueve dioses podrían concordar con los nueve estratos del inframundo que Rudolf Steiner describe en su trabajo. [12] Había nueve estratos del inframundo en correspondencia con los trece estratos de los cielos.

Ahora podemos mirar el desarrollo del maíz y cómo es asociado con los hechos de los dioses. El Dios 7, el Dios de la Agricultura, preside el ciclo del maíz, como hemos visto anteriormente. Al ser puesto en la tierra, el grano de maíz sufre un proceso de disolución, de muerte. En esta fase es equiparado con el Dios del Frío con quien el dios del maíz tiene que luchar una tremenda batalla, la misma que el hombre enfrenta al ir al inframundo. El Dios de la Agricultura envía la lluvia que actúa conjuntamente con el primordial Dios Saturno/Fuego (del inframundo) quién proporciona el calor para que germine la joven semilla. El grano de maíz que muere en la tierra es equiparado con Tezcatlipoca, el dios que se transforma para alimentar a la humanidad; él es representado con un pedernal, el prototipo del cuchillo sacrificial usado para el sacrificio animal, y representado en hachas y cuchillos con caras humanas. [13]

Cuando el maíz desarrolla sus primeras dos hojas es comparado con el Dios 5, el Dios Solar que ha resucitado. El número 5 indica los 5 días que toma el maíz en germinar en el Soconusco. Conforme desarrolla la planta, su espíritu se retira progresivamente. La manifestación y el potencial del espíritu son extremos opuestos que forman dos extremos de un espectro. El fin del ciclo agrícola es el principio de la regencia del Dios Solar. En esta fase el maíz pierde su significado religioso ya que ha alcanzado su máxima manifestación física.

La cultura Maya y después de ellos todas las otras de Mesoamérica, perfeccionaron en el calendario el simbolismo de su cosmología. Esto puede verse en relación a las fechas cardinales del Tzolkin. El primer día numeral asociado con el principio del Tzolkin no es 1 sino 7 (por ejemplo, 7 Ahau, que significa 7 Señor, o 7 Chouen, que significa 7 Mono), reflejando el hecho que el Calendario Sagrado es gobernado por el Dios de la Agricultura o Dios 7. El pasaje del sol por el cenit corresponde a un día 9 del Tzolkin. Esto inaugura el descenso del sol al inframundo de acuerdo con el simbolismo del número 9. Finalmente, el cierre del Tzolkin ocurre en un día 13, conmemorando la resurrección de los Gemelos. [14]

En el siguiente cuadro el Tzolkin es asociado con los dioses números y con los episodios del Popol Vuh que equiparan al maíz con los hechos de los Gemelos, o Dios 5.

- El 8 de febrero: inauguración del Calendario Sagrado. Primer movimiento del sol. Dios 7 (Dios de la Agricultura) lleva al calendario circular.
- 21 de marzo: equinoccio. El Dios solar desciende a la tierra. Se

instituye el Hogar del Fuego, el hogar puesto al centro del universo, simbolizando la creación original. Quemado de las cizañas en la milpa.

- 30 de abril - 1 de mayo: el pasaje del sol por el cenit. Esto corresponde al descenso del sol al inframundo. El inframundo es simbolizado por el Dios 9. Empieza en la estación de lluvias y las Pléyades alcanzan su cenit. Rituales de atracción de las lluvias. Mitológicamente corresponde al sacrificio del Apu, el origen del Árbol de la Vida, la fecundación de Ixquic. Antes de sembrar se observa una estricta abstinencia sexual, mostrando una vez más cómo el maíz no es sólo producto de las fuerzas naturales sino una co-creación de los seres humanos con los dioses. La primera cosecha de maíz es llamada maíz de fuego ("milpa de fuego").

- 21 de junio: solsticio de verano. La precipitación máxima.

- 25 de julio: período seco. Preparación de los campos para la segunda milpa. Ritual de petición para la suspensión temporal de las lluvias.

- 12 de agosto: segundo pasaje del sol por el cenit. Doblado de la primera milpa y sembrado del segundo maíz. El doblado del maíz indica el cierre de un ciclo. También sirve como arquetipo durante un ciclo más grande y el llamado "cambio del año" que fuera evocado en la Nueva Ceremonia del Fuego realizada cada 52 años. La posición de la Vía Láctea indica el tiempo de la segunda siembra. Antes del cenit del sol hay el muy conocido fenómeno de las Perseidas, la lluvia de meteoros, que empieza el 11 de agosto y alcanza su clímax el 12 de agosto.

- Septiembre (primeras 3 semanas): las semillas de la segunda cosecha del maíz se siembran entre los tallos de la primera cosecha. Esta cosecha rinde 2/3 de la primera pero requiere mucho menos trabajo.

- 24 de octubre a medianoche: fin del calendario y ciclo agrícola. Se le deja de rendir culto al maíz. Fin del período oscuro. Los dioses salen del inframundo. El retorno de los dioses a los cielos es lo que significa el Dios 13. El Yaxkin ocurre el día 13 del Tzolkin.

- 25 de octubre: conmemoración del Amanecer, comienzo de los cien días de descanso y caza. Fiesta de la muerte y fiesta solar. Elevación de Hunahpú al estatus de Dios Solar.

- Diciembre, antes del solsticio: *doblada* de la segunda cosecha.

- 21 de diciembre: solsticio invernal, fiesta de la cosecha. Éste fue el tiempo de la celebración del juego de pelota. [15]

Podemos introducir otras dos herramientas del calendario: la Cuenta de los Nueve Señores de la Noche, y el Año Lunar.

- La cuenta de los Nueve Señores de la Noche. Cada uno de los Nueve Señores gobierna durante cada noche siguiente en una sucesión interminable. Cada señor gobierna 20 veces exactamente durante los 180 días entre el primer pasaje del sol por el cenit el 1 de mayo y el cierre del Tzolkin. Ellos acompañan el ciclo del maíz desde la siembra a la conclusión del Calendario Sagrado.

- Año Lunar. Es un calendario de 177 días, aproximadamente la mitad del año solar. El principio de la estación seca y el principio de la estación de lluvias está al principio de cada año lunar.

Dios Solar y Juego de Pelota

Según las fuentes coloniales el juego de pelota se llevó a cabo sólo en la estación seca, alrededor del solsticio invernal, en honor del Dios Solar. [16] J. M. Jenkins indica que la cancha de pelota se llamó *Pom Hexel Hom* que él traduce como: "Ofrenda y resurrección en el cementerio de la cancha de pelota." M. T. Uriarte confirma que Hom quiere decir tumba y también cancha de pelota. [17] La evidencia lingüística confirma lo que puede descubrir la simple observación. Las canchas de pelota normalmente están a un nivel más bajo, se hunden en la tierra. Su topografía refuerza lo que el Popol Vuh nos dice sobre

155

ellas: que eran entradas al inframundo. A menudo son descritas en los códices con una cruz que las divide en cuatro partes iguales, por ejemplo, en el Códice Columbino y en el Códice Borbonicus. La división de los cielos y la tierra en cuatro cuadrantes corresponde a la elevación de la casa de los cielos sobre la tierra, cuyos cimientos están en las cuatro elongaciones este y oeste más lejanas del sol en el solsticio.

La forma del campo evolucionó mucho a través de los siglos. Pasa de ser un campo abierto a la clásica forma de 'I'. Durante el juego los jugadores golpeaban la pelota de caucho, símbolo del sol, hacia el equipo contrario en la otra mitad del campo. El juego era rápido y peligroso. Los jugadores, que tenían que tirarse a tierra, se protegían con guantes y rodilleras. No podían tocar la pelota con la cabeza, pies o brazos. Parece que llevaban yugos alrededor de su cintura con el que también podían pegarle a la pelota. [18] El propósito del juego era hacer pasar la pelota por un anillo.

Como se indica en las imágenes del Popol Vuh, la mayor parte de los historiadores piensan que el juego de pelota representaba una batalla entre las fuerzas de la luz y de la oscuridad. Del contexto del Popol Vuh que menciona los repetidos juegos de pelota del Señor de Xibalbá contra los Gemelos, es probable que el juego fuera la celebración del renacimiento solar a nivel anual. Veremos en el capítulo 6 que puede haber tenido una mayor importancia cósmica respecto a ciclos más largos de tiempo.

Las canchas de pelota se encuentran al suroeste de Salvador. Se extendieron al norte de México Central sin llegar a la frontera. Una isla fuera de su distribución geográfica se encuentra en Arizona y Nuevo México. Posiblemente la cancha de pelota más vieja sea la encontrada en 1995 en el Paso de la Amada en Chiapas, que data de entre 1400 y 1250 A.C. Según indica M. Coe, en San Lorenzo aparece la primera cancha Olmeca intencionalmente construida. [19]

Curiosamente ninguna cancha se ha encontrado en la famosa ciudad de Teotihuacán — cuya historia nos ocupará en el capítulo 1, Parte II. Después, el juego también desapareció de las tierras bajas Mayas. En el período Clásico Tardío Maya, las canchas de pelota fueron reconstruidas en las mismas áreas, e incluso en la exacta ubicación de las viejas. Esto denota el deseo de mantener una conexión con el pasado. [20] Schele y Freidel apuntan a las obvias diferencias en los *marcadores* de la cancha de pelota: algunos describen las escenas míticas entre el Señor de Xibalbá y los Gemelos, mientras otros describen a prisioneros, cráneos, y el sacrificio humano. [21] En su forma más elevada el juego celebraba el hecho de los Gemelos. En su posterior manifestación el juego de pelota adquirió un nuevo simbolismo militarista, por ejemplo en Tulán y Chichen Itza, un aspecto de la anterior civilización Tolteca. En Tulán había no menos de 6 canchas de pelota; allí, como en Chichen Itza, estaban asociadas con los postes donde se colgaban calaveras. Las canchas también estaban asociadas con el simbolismo de la guerra y, durante el tiempo Azteca, el juego era acompañado por el sacrificio humano.

La Revolución de la Cuenta Larga

Hemos mencionado que el Haab de 365 días y el Calendario Sagrado de 260 días dieron lugar a la "cuenta corta," más conocido como Calendario Circular. El Tzolkin dinámico se usó junto con el Haab como engranajes de un reloj en el ciclo de 52 años. Cada 52 años las dos ruedas de este calendario volvían a sus posiciones iniciales de Haab y Tzolkin. Éste fue un tiempo de verdad; los sacerdotes se preguntaban cómo podrían recalibrar el calendario. Este acto fue permitido en el ritual del Nuevo Fuego, que estaba asociado con el miedo al final de los tiempos. Los mundos Tolteca y Azteca todavía estaban ligados a esta concepción del tiempo. Para las poblaciones que sólo conocieron el Calendario Circular, el tiempo todavía tenía una connotación cíclica, y se desconocía la eternidad como concepto. La muerte del Apu en el inframundo fue mucho más que una figura retórica; fue la condición del alma de la Tercera Era Mesoamericana que busca una nueva relación con el espíritu. La ansiedad que precede la ceremonia del Nuevo Fuego era el reflejo exterior de una condición del alma. La resurrección de los Gemelos fue la realidad que reemplazó la muerte del Apu. El Maya inauguró la nueva conciencia de la Cuarta Era en que su calendario jugó un papel central. La resurrección del Apu y el concepto de eternidad en el calendario son los aspectos complementarios de una nueva dimensión de esperanza inaugurada por el hecho de los Gemelos.

La Cuenta Larga Maya está basada una vez más en el sagrado número 20. El orden de las unidades en que se basó el calendario son:

- kin (sol): un día

- uinal (luna: aproximadamente mes): grupo de 20 kin

- tun: 18 (en lugar de 20) grupo de uinal o 360 días

- katun: grupo de 20 tun o 7,200 días

- baktun: grupo de 20 katun o 144,000 días (aproximadamente más de 394 años)

- El Gran Ciclo de 13 baktun o 5,125 años.

En este sistema, un Calendario Circular corresponde exactamente a 2 katun, 12 tun y 13 uinal. Fechas encontradas en la estela están escritas en orden descendente de magnitud, empezando de los ciclos más largos de tiempo.

El Maya estaba confiando en otro ciclo, la Cuenta Larga de 5,125 años, en lugar del ciclo de 52 años. En éste sistema todos los días de ese ciclo eran únicos; después de 5,125 años el ciclo empezaba de nuevo, así como lo había hecho el Calendario Circular después de 52 años. Para todo propósito práctico éste es el equivalente a la eternidad, desde que va mucho más allá de la duración de la vida humana. Un Gran Ciclo fue considerado una Era del Mundo. Hay un muy similar y notable precedente para el gran ciclo Maya: los indios antiguos conservaron el conocimiento de las 5000 épocas del año llamado Krita Yuga, Treta Yuga, Dvapara Yuga, y Kali Yuga. La última — la Era de la Oscuridad — empezó en 3101 A.C. y terminó en 1899 DC. El presente Gran Ciclo Maya empezó el 13 de agosto de 3114 A.C., y acabará el 21 de diciembre de 2012. Se alinean así estrechamente los ciclos indios y Mayas. Esto explica el significado de la fecha 2012 como el esperado principio de una Nueva Era, el fin de un Kali Yuga, o Era de la Oscuridad. La era presente que empezó en 1899 marca el principio del Satya Yuga indio o Era de la Luz. La Era india de la Luz y el próximo Gran Ciclo Maya son designaciones de un único tiempo en la historia humana. Rudolf Steiner, refiriéndose a las profecías de todas las tradiciones, comenta: "Éste es de hecho el tiempo de las grandes decisiones — la gran crisis a la que se han referido los sagrados libros de todos los tiempos — porque en realidad al que se refieren es al tiempo presente." [22]

El 13 de agosto, como recordamos, es la fecha del segundo pasaje del sol por el cenit. La fecha 3114 A.C., conmemora el nacimiento de Venus, según la tradición Maya. El papel primordial que Venus juega en toda la visión del mundo de Mesoamérica confirma la perdurable herencia del Atlante de los Misterios de Venus.

El famoso estudioso de la cultura Maya M.D. Coe afirma que el calendario Maya de la Cuenta Larga alcanzó su definida forma en el siglo 1 A.C. Si fue un logro Maya u Olmeca es algo que queda abierto al debate. [23] Con la invención de la Cuenta Larga aparece la estela fechada de la cultura Maya, grabando eventos históricos. La estela es así la contraparte funcional de la Nueva Ceremonia del Fuego. Los pueblos de la Cuarta Era no necesitan la Nueva Ceremonia del Fuego porque tienen la Cuenta Larga que usan para registrar los eventos en su estela. La Nueva Ceremonia del Fuego es de hecho desconocida para la mayoría Maya y sus descendientes.

Es de gran interés para nuestro estudio considerar las fechas y distribución de las fechas más tempranas de la Cuenta Larga. Éstas son las siguientes:

- Estela 2 de Chiapa de Corzo: 10 de Diciembre, 36 A.C.

- Estela C de Tres Zapotes: 5 de Septiembre, 32 A.C.

- Estela 1 de El Baul: 6 de marzo, 37 DC, o 21 de julio, 11 DC (no claro todavía)

- Estela 5 de Abaj Takalik: 2 fechas: 22 de mayo, 103 DC, y 6 de junio, 126 DC

De las seis estelas con las primeras fechas grabadas, dos vinieron de Soconusco guatemalteco, tres del área Olmeca, y una de mitad del camino entre estas dos, de manera que con esta evidencia es difícil

159

determinar en qué parte de este eje se originó la Cuenta Larga. [24]

La Cuenta Larga y las Competitivas Astronomías de Mesoamérica

La cuestión con la que lucha la astronomía es la diferencia entre el año solar de 365 días y el año sideral al que todos los años se le agrega seis horas. Responsable de esta adición es el movimiento del sol a través de los signos del zodíaco durante el tiempo que se ha llamado 'Año Platónico' de 25,920 años. En otros términos, el sol no vuelve después de un año al mismo lugar exacto que ocupó en los cielos el año anterior. Cada 72 años se mueve un grado más allá en la eclíptica. Este fenómeno es conocido como la precesión de los equinoccios. Parece que se inventaron tres maneras de tratar con el problema o de compensarlo para que fuera trabajado en pasos sucesivos. El primero lo ofreció la civilización Olmeca; el segundo estaba en uso durante las posteriores civilizaciones Teotihuacán, Tolteca, y Azteca; finalmente, el Maya logró inventar la Cuenta Larga.

Hay evidencia que indica que los primeros Olmecas adscribieron el año solar al año sideral tomando como referencia a la Osa Mayor, identificada en el Popol Vuh como Vucub Caquix, como hemos visto en referencia a la Tercera Era. Los Toltecas y Aztecas hicieron uso del llamado cenit astrológico. El Maya pudo pasar a una astrología láctea donde los ritmos terrenales estaban sólidamente sostenidos dentro de los ritmos del cosmos. Antes hemos puesto nuestra atención en la astronomía polar; ahora consideraremos la astronomía del cenit.

En las áreas tropicales, el camino anual del sol hace un arco por los cielos que corta el cenit en dos ocasiones. En el verano, entre estos dos pasajes por el cenit, el sol brilla desde el cielo norteño. Fue un fenómeno muy notable — uno que permitió fijar el ciclo agrícola dentro del curso del año. A los primeros astrónomos también les permitió corregir periódicamente la diferencia producida por la precesión de los equinoccios. El reconocimiento del cambio entre el pasaje del cenit esperado y el real les permitió a los sacerdotes realinear periódicamente el año solar con el año sideral.

La manera más fácil de reconocer el pasaje por el cenit era a través del

160

uso del "gnomon." La versión más simple es un poste puesto en exacta posición vertical: cuando el sol está en el cenit, el gnomon no arroja sombra. Otra manera más precisa y detallada de descubrir el pasaje por el cenit es usando una cámara astronómica llamada "cámara del cenit." Éste es un espacio subterráneo conectado con la superficie por un largo pozo vertical. Los rayos del sol penetrarán a través de toda la profundidad del pozo sólo cuando el sol brilla exactamente en el cenit. Se han encontrado tales cámaras en algunos de los lugares más importantes de México, por ejemplo, Teotihuacán, Monte Alban, y Xochicalco. [25] Volveremos a la astronomía del cenit cuando miremos en más detalle la civilización Tolteca y Azteca. Allí, la idea básica descrita arriba es tejida con adicionales motivos cosmológicos.

Hemos visto cuán central fue la noción del tiempo para el Mesoamericano. La cosmología y la vida interna formaron una entidad indisoluble. La pérdida de la comprensión de la conexión con el tiempo significó el cuestionamiento del ser del alma. De hecho fue exactamente este proceso el que en la Tercera Era llevó al agónico crepúsculo de los dioses con la desgarradora pregunta de la mortalidad y el destino del alma. Sólo la Cuarta Era trajo una solución al enigma de la inmortalidad del alma y de la eternidad. La necesidad de cambiar puntos de referencia astrológicos es probablemente lo que el Popol Vuh llama la caída de Vucub Caquix, reflejando en los cielos el desplazamiento en el espacio de la Osa Mayor debido al fenómeno de la precesión de los equinoccios. Esto coincide en el tiempo con el descenso mitológico del Apu al inframundo. Por el tiempo de los Gemelos, la astronomía de la Estrella Polar era una ciencia que miraba al pasado, el anhelo de una condición que ya no existía.

En esencia dos tipos de astronomía nos muestran tendencias complementarias. La primera mira al pasado. Es un conocimiento que fue válido durante cierto período de tiempo, luego progresivamente perdió su conexión con la realidad. ¿Fue ésta aplicada recién al final de la Tercera Era y también fue un aspecto de la lucha de los Gemelos para traer la nueva visión del mundo? Esa pregunta sería difícil de contestar. A nivel histórico sabemos que el centro Olmeca de Tres Zapotes, cerca de la Costa del Golfo de México, todavía estaba en función en el segundo siglo A.C. Ésta es una indicación de que aunque

161

la civilización Olmeca estaba menguando, la astronomía del dios polar todavía podía haber tenido seguidores.

La astronomía del cenit está íntimamente atada a la noción cíclica del tiempo: al Calendario Circular de 52 años. Otro aspecto también está claro. La astronomía del cenit se cumple sólo dentro del trópico, es decir dentro de una latitud de 23°5' al norte o sur del Ecuador. Específicamente, el pasaje por el cenit está íntimamente vinculado con la *exacta* latitud: sólo dos lugares en la misma latitud tendrán idénticos pasajes por el cenit. Por consiguiente, el uso del cenit como punto de referencia liga íntimamente las observaciones astronómicas a la latitud.

La astronomía más temprana estuvo ligada al tiempo; la más tardía estaba limitada al espacio. Sólo la astrología Maya se emancipó en mayor grado de la limitación del tiempo y del espacio y podría ser llamada "astronomía galáctica." El miedo a un universo que flota en el espacio o a la necesidad de renovar el "contrato con el tiempo" a través de la Nueva Ceremonia del Fuego fue superado por la noción de eternidad, firmemente establecida por la Cuenta Larga.

Para entender la astronomía Maya más plenamente permítanos considerar algunos conceptos con los que el Maya contribuyó a la visión Mesoamericana del mundo. Los Nativos Americanos compararon la Vía Láctea (y todavía es así) con una gigantesca serpiente. Después de la llegada de los conquistadores fue llamada Santiago — un término derivado del camino de Compostela que se decía seguía la Vía Láctea. La eclíptica corta la Vía Láctea entre las constelaciones de Tauro y Géminis y, al final opuesto de los cielos, en Sagitario. En julio, a medianoche, la Vía Láctea está en su cenit y forma una cruz con la eclíptica en las constelaciones de Tauro y Géminis. Esta cruz fue vista como la intersección de un par de serpientes de dos cabezas, y fue representada por una esvástica, el equivalente de una cruz móvil, una cruz que gira durante la noche, contrariamente a la fija cruz astronómica formada por el eje entre los puntos en el espacio de salida del sol del solsticio y el ocaso.

En el momento opuesto del año, durante el Solsticio Invernal, la Vía Láctea cruza la eclíptica en Sagitario en un ángulo de 61°. Éste es el tiempo de la celebración del renacimiento del ser solar Hunahpú. En Sagitario la Vía Láctea forma una expansión, una protuberancia. Al extremo opuesto de Taurus/Gemini la Vía Láctea está en su delgadez. Visto desde la perspectiva del universo, nuestra Galaxia en su más amplia extensión está exactamente en Sagitario. En Sagitario la Vía Láctea forma una oscura hendedura, casi completamente rodeada por la luz blanca de las estrellas. El Maya vio este lugar como un útero de creación. La eclíptica que corta el zodiaco atraviesa la Vía Láctea en Sagitario, muy cerca de donde se localiza el Centro Galáctico, que está aproximadamente a 26,000 años luz de la Tierra, tema central de la nueva astronomía galáctica — una que veremos muy usada en Izapa. La nueva astronomía galáctica, basada en la observación de la Vía Láctea y la eclíptica, reemplazó los dos enfoques: la astronomía polar y la del cenit.

El cambio de cosmovisión reflejado en la Cuenta Larga tenía su contraparte en la nueva organización social. Uno y el otro están íntimamente entrelazados y atados en el tiempo a la vida y hechos de los Gemelos. Ésta también es la conclusión de Schele y Friedel. Repasando la revolución Maya ellos concluyen, "No es coincidencia que la monarquía y la escritura Maya emergieran simultáneamente en el siglo antes de nuestra Era Común, porque la técnica de la escritura sirvió a las instituciones jerárquicas de la vida Maya." ¡Este hecho se cumplió en el corto espacio de un siglo! [26]

La Monarquía Maya y la Civilización

La antigua civilización Maya tomó forma más probablemente entre el Formativo Tardío (300 A.C. - 0) y el Protoclásico (0 - 200 DC), pero más particularmente en la segunda parte. Éste fue un tiempo de intensificada agricultura y de otros adelantos tecnológicos, acompañado por un crecimiento exponencial de la población. Importante para este crecimiento, argumenta Girard, fue la introducción de la segunda cosecha del maíz. Parece que también fue el tiempo que vio el surgimiento de la agricultura intensiva como los campos levantados, las terrazas agrícolas y las huertas frutales. Inventaron también ingeniosos sistemas de captación y almacenamiento de agua pluvial como los canales, las aguadas y los chultunes o depósitos subterráneos que sobrevivieron al tiempo de los Aztecas. Schele y Friedel indican que algunas de éstas formaron granjas reales en las que la labor se ofrecía como tributo. Esto explicaría por qué la nobleza también fue llamada *Ah Prenda* (Pueblo Lirio de Agua). [27]

Se creía que la escritura empezó a destacar alrededor del año 250–300 DC., durante el período Clásico Maya. Los últimos resultados se refieren a una sucesión de escritos; desde un temprano Olmeca escrito 900 A.C., a un último escrito "Isthmian" o "Epi-Olmeca", al final, la mejor conocida escritura Maya aparece profusamente en la estela Clásica. [28] En estos hechos encontramos confirmación de que a la escritura le siguió muy de cerca el uso de un calendario, y que los dos sirven para la preservación del conocimiento atávico en un tiempo en que la memoria ya no puede transmitirse a las generaciones siguientes. Por consiguiente, no sorprende encontrar confirmación del hecho que la escritura ya existía — incluso si a un limitado nivel de uso — en el tiempo en que los Olmecas introdujeron el Calendario Sagrado. Así, el Maya no inventó la escritura: ellos simplemente la llevaron a un nuevo nivel de desarrollo, y generalizaron su uso.

En la arquitectura y el arte, el Maya también introdujo nuevos e importantes elementos. Enormes pirámides aparecieron en las tierras bajas. Se estima que alrededor del primer siglo DC apareció la innovación arquitectónica del voladizo abovedado. Estos adelantos son confirmación del papel del iniciado en las artes y el conocimiento, como lo conocemos de las leyendas.

El centro ceremonial de Izapa puede haber sido el lugar de introducción de las estelas. Sus estelas, que no indican fecha, pueden apuntar a una clase de primer evento histórico o primordial, el que es descrito en las imágenes del Popol Vuh relativo a la vida de los Gemelos. Ellas pueden no necesitar fecha porque no se refieren a gobernantes sino a un primer iniciado y a un principio de los tiempos, más precisamente al principio de la Cuarta Era. Pueden ser el eslabón en el tiempo entre la conciencia mítica y la histórica. Repasaremos estas estelas en detalle cuando estudiemos más estrechamente la importante ubicación de Izapa.

En San Bartolo, una muy remota y boscosa región de *El Peten* al nordeste de Guatemala, se ha encontrado un mural de muy alta calidad parecido a aquéllos de estilo Maya Clásico. Se ha fechado en 100-200 años DC que lo hace uno de los primeros murales Mayas. La compleja imagen mitológica representa al Dios del Maíz. Ningún ejemplo anterior se ha encontrado en las áreas Mayas; otros son conocidos del período Clásico Tardío. Los expertos del Museo Peabody de Yale lo definen como potencialmente uno de los descubrimientos más importantes en la arqueología Maya en las últimas décadas. [29]

Permítanos ahora mirar la revolución social introducida a través del establecimiento de la monarquía y la ciudad-estado. En el Protoclásico emergió el título Ahau, refiriéndose al Dios Solar. Antes de ese tiempo hubo allí creciente tensión social. El generalizado comercio estaba generando un flujo de riqueza que era desigualmente distribuida, y las diferencias sociales exacerbaron las tensiones. El liderazgo se estaba haciendo más jerárquico. La institución del Ahau conservó y dio otro significado a la jerarquía social.

El rey era el ahau del *ahauob*, la nobleza. Los ahauob gobernaron unidades subordinadas, y bajo ellos estaban los *cahal*, o nobles menores. Los primeros reyes se vieron como hermanos descendientes de los mismos antepasados míticos. La herencia fue predominantemente dada al hijo mayor, pero el hecho de que también se le diera a otros hijos en muchos casos muestra que era importante el apoyo de la nobleza. La desviación de la estricta herencia es un factor importante al que hemos aludido anteriormente. La monarquía dio lugar a la aparición de grandes pueblos en la zona sur, como Uaxactun, Cerros, y El Mirador. El número de reinos evolucionó de alrededor de una docena en el primer siglo A.C., a tantos como 60 en el siglo octavo DC. [30]

El sistema político Maya fue de muchas maneras semejante al de las ciudades-estado griegos. A los forasteros se les presentó como un todo unificado. La mayoría de los reinos estaban organizados jerárquicamente alrededor de un centro principal o capital, con ubicaciones secundarias que van desde ciudades o recintos palaciegos a aldeas y granjas. Curiosamente, al principio el reino Maya no mantenía un ejército. Este estado de coexistencia puede haber provenido del poder de la idea de la hermandad entre los reyes.

El rey finalmente era la reencarnación de los Gemelos y volvía a representar su triunfo sobre la muerte. Este es el porqué todos los reyes descendieron de un antepasado original. La metáfora principal de la monarquía era el parentesco con los fundadores originales y los dioses detrás de ellos. Ésta puede ser la razón del porqué los primeros gobernantes dejaron pocos registros de sus identidades. [31] La Cuarta Era introdujo la división entre el Año Sagrado y el Año Civil. Había una división entre las tareas y funciones del sacerdocio que podemos suponer por la tradición que sobrevive. Sin embargo, la monarquía no ha sobrevivido con ella. Según la sobreviviente división del año, el primer rey muy probablemente era su autoridad civil fundamental, correspondiendo al tiempo del año civil. Así la Cuarta Era introduce la separación de los roles del rey y del sacerdote que habían sido uno y el mismo durante la Tercera Era.

El Maya inauguró la transición del matriarcado a lo que generalmente se llama patriarcado. Podría argumentarse que es un matriarcado-patriarcado, desde que la relación de consanguinidad era considerada a través de los varones, el número de miembros políticos a través de la mujer. El linaje provenía de un antepasado común y se agruparon en clanes. La organización del clan cambia las diferencias en el prestigio social y riqueza. Después de la primogenitura, el linaje fue clasificado según su distancia al eje central del primogénito de un clan. Los linajes fueron clasificados en función del linaje central de la descendencia del rey. Los descendientes de los parientes más cercanos del rey formaron el linaje de los nobles. Un ordenamiento muy similar estaba en vigor en el tiempo de los Incas. [32]

Permítanos mirar al pueblo de Cerros que experimentó la institución de la monarquía cuando se encontraba en su comienzo. Curiosamente, se localiza en Yucatán del sur, justo al norte de Belice, en el océano, lejos de los primeros centros culturales. Cuando Cerros adoptó la monarquía, ocurrieron cambios irreversibles en menos de dos generaciones. Fue un cambio del paradigma. Se emprendió la renovación urbana alrededor del año 50 A.C., y Cerros pasó de ser un pueblo de pescadores a ser un reino. Esto implica, según Schele y Friedel, que antes emisarios y artistas llegaron a Cerros a introducir esta revolución cultural. [33]

El eje del pueblo corrió de norte a sur, con una cancha de pelota al extremo sur. Después de construido en el eje norte-sur, Cerros extendió sus edificios en el eje este-oeste. El templo principal — llamado Primer Templo — muestra el lugar donde estaban colocados cuatro grandes troncos de árbol. Con estos el rey conmemoró el evento de la subida al cielo, un evento que ocurrió al comienzo de la creación. Cuatro grandes máscaras fueron colocadas delante o a los lados de los escalones, en dos plataformas antes de la cima del templo. Había una correspondencia entre la colocación de las cuatro máscaras y sus significados: la salida del sol y la estrella de la mañana al este; la puesta del sol y la estrella de la tarde al oeste. En esta representación, el sol se vio elevándose y poniéndose sobre las aguas del océano. El rey se movió en espiral primero en el sentido de las agujas del reloj para entrar en el interno sanctum y para salir se movió en espiral en sentido contrario a las agujas del reloj. Fue en el sanctum interno que ayunó y recibió las visiones de sus comunicaciones con el inframundo y el cielo, aquí él también entraría en comunicación con sus antepasados. Saliendo del sanctum de la pirámide trazó un camino circular del este al oeste y del norte al sur, imitando el movimiento del sol y de Venus.

Estructuras cada vez más grandes le permitieron al rey realizar sus ceremonias abiertamente, aunque todavía bastante privadamente, rodeado por otros sacerdotes y dignatarios. Una plaza más abajo de la base del templo permitía un grupo mayor. Había una última plaza más baja que podía acomodar a una muchedumbre mucho más grande. El rey, después de sus ceremonias, bajaría las escaleras y sería visto primero por la nobleza y luego por todos. Estos tres niveles de iniciación y participación están igualmente presentes y claramente marcados en los centros ceremoniales incas, como por ejemplo en la Isla de acceso del Sol a la sagrada piedra, de donde se decía había surgido.

Esa civilización Maya representó un punto decisivo también indicado por el nombre *chan,* nombre que ellos mismos le dieron. Girard, a través de la investigación tecnológica, y desde una perspectiva arqueológica Schele y Freidel [34] confirman que la palabra *chan* (Cholan) o *can* (Yucatec) significa cielo y también serpiente. Los gobernantes Mayas intercambiaron libremente el nombre para cielo y serpiente en sus títulos y nombramientos. Ambos glifos se leyeron de la misma manera. Girard afirma que el término *chan* representa mejor la cultura Maya que el término Maya, proveniente de la Liga de Mayapán diez siglos después.

Chan apunta a la serpiente del cielo. La serpiente del cielo también es el camino de acceso entre el ser humano y los sagrados mundos. En el sarcófago de Palenque del Señor Pacal, la serpiente envuelta alrededor de la rama horizontal del árbol-cruz representa la eclíptica, y bastante exactamente así, desde que tiene dos puntos de corte con la viga horizontal. Parece apuntar al camino que lleva del mundo humano al mundo de los dioses a través del portal de Géminis y de Sagitario.

La 'visión serpiente'* era el canal de comunicación entre el gobernante Maya y el mundo del espíritu. Un dintel de Yaxchilan muestra a la Señora Xoc, durante y siguiendo el rito de sangrado de la lengua. La sangre era reunida en un papel sobre un tazón. Éstos eran iluminados como por el fuego y la Señora Xoc en el humo que se elevaba tenía la visión de un antepasado, [35] lo que indica que a través de la sangre los gobernantes podían adquirir poderes de visión del pasado o el futuro. Sin embargo, sabemos que el Popol Vuh compara las ofrendas naturales a través del hecho que los Gemelos repudian el sacrificio del corazón y sangrado que son una artimaña de los dioses en espera de la oculta reintroducción del sacrificio humano. Los archivos parecen indicar el retorno con el tiempo de la práctica del sangrado. Sin embargo, la visión obtenida en la elevación del humo es el sello del nuevo tipo de Misterios introducidos por el Maya; los Misterios de la Sagrada Palabra. Éstos son los que Rudolf Steiner caracterizó como los Misterios Semi-nuevos. Éste es entonces el aspecto más profundo

---

* N. del T.: La visión de la serpiente es limitada en detalles, pero no impide la detección de movimiento.

de la revolución Maya y la razón del porqué ellos se llamaron serpientes. Esta transición también está marcada por el énfasis puesto en el solsticio invernal que es el tiempo de la celebración de la fiesta de Hunahpú, el Dios Solar. Éste es otro importante paso de transición en los Misterios Semi-nuevos — ya no más se celebran los misterios del éxtasis en el solsticio de verano, asociado con el Dios del Año, pero se celebra la nueva conciencia del Cristo que ha descendido del sol a la tierra.

La transición dentro de los Misterios es visible en la elaboración del nuevo calendario. El Calendario Sagrado y Haab son precedidos por los llamados "días de aflicción" o "días sin nombre" que completan el año de 365 días. Ésta es una forma del calendario típico de los Misterios Antiguos y Semi-antiguos que todavía no habían alcanzado la habilidad de penetrar en la ciencia astronómica. La diferencia entre el año astronómico y el calendario produjo la aparición de los remanentes cinco días sagrados que tenían una importancia especial para propósito del culto, sobre todo en el logro de las transubstanciadas substancias o fermentos a ser usados durante el resto del año. La Cuenta Larga que está anclada a una nueva percepción de las revoluciones celestiales consagra el logro de nuevas facultades humanas que pueden obtenerse a través de los Misterios Semi-nuevos. Sin embargo, el Calendario Sagrado y la acompañada celebración de los cinco días de aflicción soportaron y jugaron un papel secundario en la cosmología Maya al lado de la Cuenta Larga.

Presentación de la Vida de los Gemelos en el Popol Vuh

Que el Popol Vuh no es sólo una "historia" se confirma aún más por algo incluso más tangible que el cambio de conciencia descrito en relación al advenimiento de la Cuarta Era. El contenido del mito apunta a una muy específica área geográfica de Mesoamérica. También apunta a una abertura muy estrecha del tiempo. El documento Maya es bastante preciso cuando se trata de los eventos sobre los hechos de los Gemelos, respecto a Vucub Caquix y los Señor de Xibalbá. Caquizahay, "la casa de los Guacamayo," según Brasseur de Beaubourg, es el pueblo de Alotenango en la región de Alta

Verapaz, en la parte occidental de la costa del Pacífico de Guatemala. [36] Dennis Tedlock cree que la curvatura del Río Negro (o Chixoy) al norte de Rabinal es el lugar donde se ubica la montaña Meavan, donde los Gemelos enterraron al gigante Zipacna. [37] Las montañas citadas en el Popol Vuh en relación a los Gigantes son: Chicac, Hunahpú, Pecul, Yuxcanul, Macamob, y Huliznab. Ellas corresponden al Volcán de Fuego, el Volcán de Agua, el Volcán de Santa Maria, Cerro Quemado, y Zunil. Salvo el último que permanece desconocido, todos los otros están localizados en Alta Verapaz. [38]

¿Y qué sobre Xibalbá? La cancha de pelota es localizada en Nim Xor Carchah. Este lugar, mencionado en *Anales de los Xahil*, se localiza una vez más en Alta Verapaz. En la región hay un extendido fenómeno de ríos que desaparecen bajo tierra en parte de su curso. Finalmente los pueblos llamados "Ah Tza" y "Ah Tukur", lo acredita Brasseur de Beaubourg, se refieren a las tribus de Itzae y los Tukur de Tecolotlan que habitan Verapaz. [39]

Más evidencia que apunta a la costa del Pacífico en la frontera entre Guatemala y México aparece en la información proporcionada en el Libro del Consejo. Toda la fauna mencionada en el texto está presente en el área, como el lagarto, el jaguar, el crótalo, y las conchas de la familia del Spondilus. El tapir está exclusivamente presente allí. En el reino botánico la evidencia es aún más abundante, encontramos allí el cacao, el zapote, el pataxte, el anona, el jocote, el matasanos, la calabaza, el copal, los árboles de nantze y ceiba, algodón, caucho, tabaco, y frijoles que el libro menciona. Finalmente, en el oeste de Guatemala se desarrolló el maíz de alguno de los cultivos salvajes originales. Ésta probablemente es la original Tamoanchan, la mítica tierra del origen, aunque esta palabra también puede representar el anterior origen de Atlántida.

Intentaremos identificar un centro ceremonial que jugó un papel importante en el establecimiento de la Cuarta Era. Lo haremos teniendo en cuenta las limitaciones ya impuestas por el Tzolkin y por las condiciones que hemos encontrado ciertas sobre la Cuarta Era. Algo necesita reiterarse aquí para evitar una posterior confusión. El Tzolkin y la Cuenta Larga muy probablemente se originan en la misma área geográfica, sin embargo, no lo hacen al mismo tiempo: pasaron aproximadamente diez siglos entre uno y otro. En la actualidad estamos buscando el lugar de origen de las imágenes del Popol Vuh cuyas condiciones también coinciden con los requerimientos para el cultivo del maíz tal como se describe en el Tzolkin.

Dado el limitado tiempo asociado con ciertos fenómenos astronómicos (por ejemplo, 105 días entre dos pasajes del sol por el cenit) el Tzolkin sólo podría haberse originado dentro de cierta latitud dada, entre los 14°15' y los 15°15' norte. Ésta es la latitud que corresponde a la región del Soconusco. En una latitud más al este encontramos también Copan, el centro ceremonial más grande del período Maya Clásico. El arte alcanzó la cima de su expresión en los monumentos y estatuas allí presentes. Más allá de Copan y su paralelo, lo más difícil para los sacerdotes llegó a ser armonizar los cálculos astrológicos con las limitaciones del Tzolkin. De hecho, Copan fue usado como un punto de referencia para corregir los cálculos [40] ¿Fue entonces Copan el Centro de Misterio original en el punto de inflexión de la historia Americana? Aunque los cálculos astronómicos eran correctos en Copan, su condición climática no correspondía a la que el Popol Vuh describe como favorable para las dos cosechas consecutivas del maíz. Adicionalmente Copan no se fundó hasta el siglo cuarto DC.

Para encontrar todas las condiciones buscamos circular por el paralelo de Copan hacia la costa. Allí podemos encontrar la total correspondencia entre el ciclo ceremonial del año y las prácticas agrícolas del maíz. Ésta es el área que corresponde a la ciudad de Tapachula, Chiapas, México, a unas millas de la frontera guatemalteca. Es cerca de aquí que encontramos el enigmático centro de Izapa, conocido por los arqueólogos como el punto de inflexión y unión entre las diferentes civilizaciones al principio de nuestra era. Este pequeño lugar con pocas ruinas conocidas pero con increíble relevancia para la historia de Mesoamérica, se fundó en el segundo y tercer siglo antes de nuestra era.

En la actualidad no es fácil el acceso a las ruinas de Izapa. Ningún autobús turístico abusa de las ruinas. De hecho, durante todo el tiempo que las visité, yo era el único visitante con guía. Los guardias en cada bloque de las ruinas regresan de sus ocupaciones con los animales o del trabajo agrícola para abrir el portal y darnos acceso. Yo debo de haber sido uno de los muy raros visitantes durante un caluroso pero ventoso día de febrero. En algunos niveles mi visita no satisfizo mis expectativas. Las importantes estelas protegidas por una cubierta de aluminio son muy pálidas y escasamente visibles a la luz del día. Apenas podía descubrir los dibujos que ya había visto reproducidos tantas veces. A veces no podía reconocer ni la estela.

Esto es Izapa, un lugar arqueológico muy importante en la historia de Mesoamérica. En contraste con el famoso Teotihuacán o Tenochtitlan que veremos después, nada exterior habla de la importancia del lugar. En su minimalismo, Izapa es muy sobrio y elegante. Podemos ver que todo tenía un propósito y nada fue agregado para exteriorizar pompa y magnificencia.

Las ruinas revelan que Izapa muy probablemente fue exclusivamente un sitio ceremonial donde vivieron muy pocas personas, un verdadero Centro de Misterio. Se construyó en el Formativo Tardío (300 A.C. - 0). La mayoría de las construcciones (Grupos A, B, E) datan de la llamada "Fase Guillén" (300 - 50 A.C.). En ese tiempo el mayor centro Olmeca en la costa Atlántica estaba en declive. El importante grupo F que incluye una pirámide y una cancha de pelota data de la siguiente fase llamada Hato (50 A.C. - 100 DC) e Itstapa (100-250 DC). [41]

La expresión artística del Centro de Misterio marca un punto de inflexión. Se ha dicho que es una cultura crucial en la transición de los Olmecas a los Mayas. En Izapa se encuentran motivos después presentes en Teotihuacán y en la civilización Zapoteca de Monte Albán. La influencia del centro también se siente en Kaminaljuyu, un importante lugar Preclásico de Guatemala.

¿Por qué se le da tanta importancia a este actualmente descuidado lugar? En parte puede haber sido por su situación geográfica, cerca del istmo de Tehuantepec, que le dio fácil pasaje entre el norte y el sur. Sin embargo, hay mucho más que eso. Izapa, aparenta ser el lugar donde las imágenes del Popol Vuh aparecen grabadas en las estelas ceremoniales. Éstas son estelas que carecen de fecha, diferente a los tipos más comunes de estelas. Barba de Piña Chan ha identificado quince estelas que describen episodios del Popol Vuh. Entre las más reconocibles están:

Figura 2: estela 25, Izapa

Figura 3: Estela 10, Izapa

Estela 5: Primordial escena de la creación
Estela 25: El brazo de Hunahpú arrancado por Siete Guacamayo
    (figura 2)
Estela 89: Cabracán atado por los Gemelos
Estela 10: La fecundación de Ixquic por Hun Hunahpú (figura 3)
Estela 12: Los dos tallos de maíz creciendo en la choza de la Abuela
Estela 21: El Señor Xibalbá cortando la cabeza de Hun Hunahpú en la
    Cueva de Los Murciélagos
Estela 60: La derrota final y sacrificio del Señor de Xibalbá

Estelas 22 y 67: Escenas de la muerte y resurrección de los Gemelos
  (figura 4)
Estela 9: Resurrección y ascensión de los Gemelos [42] (vea figura 3,
  capítulo 7, pág., 196)

Se ha hecho cada vez más evidente que el Popol Vuh es un documento
esotérico verdaderamente fundamental no solo para Mesoamérica, si
no para toda América. El Calendario Sagrado, más desarrollado en la
Cuarta Era, es la recreación anual del hecho de los Gemelos, y estos
hechos siguen muy de cerca el cultivo del maíz. La presencia de la
estela señala a Izapa como Centro de Misterio de origen del Popol Vuh
y de la Cuenta Larga. El espacio de tiempo durante el que fue
construido Izapa le da más peso a la hipótesis. Confirmaremos esta
afirmación en lo que sigue y en el próximo capítulo.

Figura 4: Estela 67, Izapa

Izapa y el Misterio Olmeca

Izapa es misterioso. ¿Cómo tan pequeño lugar puede haber tenido
efectos duraderos sobre toda la región y más allá? Aquí mencionamos
un claro "síntoma" en el sentido de que Rudolf Steiner habló en

términos históricos. Las ruinas, en sí mismas bastante engañosas, es un síntoma de algo más profundo que el registro histórico puede sacar a la luz. A través de Izapa una fuente – un manantial de renovación espiritual estaba activo en América. No sorprende entonces que tantos desarrollos históricos apunten hacia este pequeño y poco espectacular lugar. La ciencia puede confirmar su importancia sin perder el pleno entendimiento de los hechos. Con respecto a la naturaleza de la renovación espiritual que tuvo lugar en Izapa, de momento sólo podemos sacar a la luz más evidencias.

El famoso arqueólogo Maya M. D. Coe reconoce el rol de Izapa respecto al Olmeca y Maya en las siguientes palabras: "Crucial para el problema de cómo se produce la cultura superior entre los Maya es la civilización de Izapan, porque ocupa un punto intermedio en el tiempo y en el espacio entre las primeras fases de la civilización Olmeca y el Clásico Temprano Maya. Su sello es un elaborado estilo de arte encontrado en monumentos esparcidos en una amplia zona, desde Tres Zapotes (Olmeca) en la costa de Veracruz, al llano de Chiapas y Guatemala en el Pacífico, y hasta la parte superior del área de la Ciudad de Guatemala." [43]

La investigación de Girard nos permite entender el enigma de la evolución entre el Olmeca y el Maya. El arte de Miraflores del Pacífico que floreció entre los años 250 A.C., y 250 DC., despliegan ambos un carácter Olmeca y rasgos que aparecerán después en el período Clásico Maya (250-600 DC). Pueden verse vínculos artísticos entre Miraflores, Santa Lucía Cotzumalguapa (Soconusco), y el Olmeca La Venta en la costa Atlántica. La región de Soconusco del que Izapa es parte, representa una cultura más avanzada que la de las regiones que la rodean, pero es muy similar a la cultura de La Venta. Como se vio antes, se ha encontrado en Tres Zapotes (costa Atlántica) una estela que data del año 31 A.C., fechada cuatro años después de la encontrada en El Baúl y cinco años después de la encontrada en Chiapa de Corzo, ambas en la costa opuesta.

Existen otras similitudes en el estilo artístico entre el Maya y el Olmeca. Muchos elementos artísticos son comunes a las dos civilizaciones: la cruz, el Tau, el ceiba (árbol de la vida), la esvástica,

175

el plumero en la cabeza, los ojos y orejas Olmecas, el glifo del *kan* para el maíz, etc. En base a toda la evidencia Girard concluye que es difícil decir dónde se detiene la Olmeca y empieza la Maya. E. J. Palacios está de acuerdo en que sólo hay una cultura Olmeca original de la que surgió la Maya y la Zapoteca, que luego desarrollaron independientemente. [44]

¿Entonces por qué es que la realidad de tal continuidad ha confundido a los arqueólogos? Para acercarse a una respuesta podemos mirar el problema desde una perspectiva estética. Glen Williamson ha considerado las diferencias entre el arte Olmeca y el de Izapan. En algo del arte Olmeca descubrió un muy fuerte elemento de miedo; está claramente presente en los niños Olmecas, muy probablemente víctimas sacrificiales. Según Williamson, Izapa marca una transición a un "arte orientado al sol." Concluye que el arte Maya representa una explosión de vida después de un período que estuvo dominado por el miedo y la muerte. [45] Ésta sería una confirmación del mensaje del Popol Vuh. Algunas observaciones de Girard van en la misma dirección. El joven Dios del Maíz tiene los rasgos de la pantera en el arte Olmeca de La Venta. En el arte del período Miraflores, su representación zoomórfica fue el pez que simboliza el engendro en el útero — de nuevo y una vez más una imagen cualitativamente diferente. [46]

Un arte diferente y una diferente perspectiva del mundo en dos culturas que forman una continuidad: ésta es una explicación muy creíble sobre el enigma Olmeca-Maya. Entre las dos culturas está un evento y un lugar que cambiaron completamente los valores espirituales/culturales. Podríamos desechar todos los juicios anteriores como simples sentimientos, lejos de la realidad objetiva, y aun así, es innegable que el espectador recibe una impresión muy diferente de los contrastantes tipos de arte y es atrapado por la belleza expresada en Izapa. En palabras de otro investigador impactado por la belleza del arte de Izapan: "La profunda cosmología escondida dentro del código pictográfico de Izapa representa un gran florecimiento del conocimiento, una era de gran apertura visionaria y logro que pueden haber corroído los sosos dogmas seculares allá por el tiempo en que apareció en escena el Maya Clásico." [47]

Entre la cultura Maya y la Olmeca hubo un punto de inflexión en el tiempo. En el espacio de un siglo amplios cambios culturales atraviesan Mesoamérica. La nueva forma de iniciación sufrida por el rey Maya marca la transición a una nueva forma de conciencia. Esto corresponde a la fase que surgió en lo que Rudolf Steiner llama los Misterios Semi-nuevos. El ritual fue recitado en la Sagrada Palabra y hecho visible en la 'visión de serpiente'. Tal era la importancia de esta nueva revelación que el Maya se llamó a sí mismo *chan*, serpiente. Ofrendas naturales reemplazaron a la práctica del sacrificio humano de la fase decadente de la cultura Olmeca. Este cambio corresponde a la imaginación central del descenso de los Gemelos a Xibalbá, su muerte y resurrección.

El viejo miedo a la muerte y al fin de los tiempos estuvo acompañado por el nuevo conocimiento de la inmortalidad que sigue a la resurrección, la imagen central del Amanecer en el Popol Vuh. La escritura y el calendario fueron dos invenciones que subrayaron el cambio de conciencia que introdujo la civilización Maya. En general esto correspondió al surgimiento de una conciencia histórica, sancionada en el papel central de las estelas.

El nuevo calendario estaba basado en ciclos mucho más largos que el del Calendario Circular de 52 años, pero ésa fue simplemente una consecuencia de la nueva forma. Su fundamento fue el conocimiento de la precesión de los equinoccios que permitieron un calendario de mucha mayor precisión que la del Calendario Circular. La Cuenta Larga probablemente hizo posible una revolución en el campo agrícola, por lo menos en el Soconusco, a través de la introducción de la segunda cosecha del maíz. Este cambio permitió una expansión de la población al principio de la Cuarta Era.

Ixbalamqué se volvió el arquetipo para todos los nuevos reyes que se consideraban hermanos de él. El establecimiento de la ciudad-estado y la monarquía estuvieron estrechamente asociados con la nueva forma de iniciación. La cultura Maya descansó en el movimiento de diferenciación social que acompañó al surgimiento de la civilización Olmeca y a la que le dio nuevo y más profundo significado. Ésta fue la esencia revolucionaria de la ciudad-estado Maya.

Ahora podemos avanzar en esta exploración regresando a la investigación de Rudolf Steiner sobre la naturaleza de los Misterios Mexicanos. Con sus revelaciones y con ayuda del esoterismo Maya podemos acercarnos al enigma de la personalidad del iniciado americano.

IXBALAMQUE: EL INICIADO

DE LAS AMÉRICAS

Para investigar los Misterios Mexicanos, extenderemos nuestra mirada a la evolución general de los Misterios después de la destrucción de Atlántida. Después del Diluvio la humanidad se preparó para dar un nuevo paso en la difusión del conocimiento a través de los Misterios. Lo que había sido una sola fuente de conocimiento — aunque dividida de acuerdo al Misterio planetario — formaba dos corrientes, una del Norte y otra del Sur. [1]

La corriente del Norte se trasladó a través de Inglaterra, el norte de Francia, Escandinavia, Rusia, y de allí al Asia e India. Éstos eran pueblos más adaptados al uso de los sentidos exteriores que voltearon su mirada hacia la percepción externa del macrocosmo, siguiendo lo que podría llamarse *Camino del Sol*. Sus dioses pertenecían a los dioses superiores, los del macrocosmo. Los pueblos del norte construyeron en su forma corporal una imagen del espíritu, y vivieron en el mundo del Cristo, el mundo del espacio y del zodíaco. En el mundo del espacio está representado lo que está sobre el bien y el mal. El Cristo no descendió a la tierra por el camino del tiempo, sino por el camino del espacio. Estuvo rodeado por los doce apóstoles, como la tierra está rodeada por los doce signos del zodíaco.

La corriente del Sur pasó por España a África, Egipto, y Arabia. Sus dioses pertenecían al inframundo; ellos eran gobernantes de la vida del alma. Osiris, la divinidad que los hombres encuentran al atravesar el portal de la muerte, no vive en el mundo externo de los sentidos. El encuentro con el dios del inframundo conduce a una elevación de la conciencia. Los pueblos del sur crearon en su vida interior del alma la invisible imagen de la deidad. Por consiguiente, éste fue un camino de purificación de la vida moral del hombre. Los dioses de la vida interior despertaron o temor y terror o confianza y benevolencia, dependiendo de la fase de desarrollo del hombre. El mundo espiritual de los pueblos del sur se llamaba mundo de Lucifer, el "portador de la luz." En contraste con el 'Camino del Sol', éste era un 'Camino Luciférico'. Es el número siete el que nos lleva del espacio al tiempo, hacia los dioses del reino Luciférico. Siete es el número relacionado con el desarrollo humano, como en los septenios. También está vinculado con los eones de desarrollo planetario o las fases de desarrollo en Atlántida o en nuestra presente época post-Atlante. El Ser de Cristo puede entenderse en Su totalidad a través de la unión de las dos corrientes. [2]

América no siguió esta evolución general, ni parte de Asia, particularmente lo que corresponde a la China actual. América y China conservaron la vieja conciencia Atlante. El Popol Vuh nos ha permitido ver cómo ocurrió esto a través de cuatro sucesivas Eras. En el Oeste, la unidad de conciencia Atlante también se conservó en Irlanda, o más exactamente en la antigua Hibernia, como veremos más adelante en éste capítulo.

Para profundizar nuestra comprensión de los Misterios Mexicanos reuniremos muchos y diferentes hilos de la historia. Los tramaremos del conocimiento de los Misterios Mexicanos tanto Maya como Antroposófico. Ya que estos Misterios conservaron lo último del conocimiento Atlante, exploraremos otros Misterios similares, anteriores, como los Misterios Americanos o los Misterios de Hibernia. También volveremos a un análisis histórico de las interacciones entre el Viejo y el Nuevo Mundo, particularmente al lugar ocupado por el impulso hebreo y Fenicio/Babilonio en el Nuevo Mundo. Este enfoque tiene un doble propósito: nos permitirá aclarar similitudes y diferencias entre los Misterios, antes de resaltar la singularidad de los Misterios Mexicanos, y nos llevará a identificar a Vitzliputzli, el iniciado de las Américas.

Trasfondo Científico Espiritual de los Misterios Mexicanos [3]

Sabemos por Rudolf Steiner que en el Oeste surgió el que fuera un antagonista del Gran Espíritu, pero no obstante conectado a él. Su nombre suena parecido a Taotl. Rudolf Steiner lo define como una distorsión del Gran Espíritu, un ser que no encarnó físicamente. El Popol Vuh señala un episodio que pone el escenario para las fuerzas de Taotl en el evento del primer descenso de los Apus al inframundo. En éste vemos a los Elohim — los Siete Apus — descendiendo a la tierra. La naturaleza de los Apus sufre una transformación, después concluida con la resurrección de los Gemelos. Su descenso despierta un profundo miedo de muerte. Aquéllos que se aferran a la memoria anterior de los Apus en realidad se refieren a un ser retrasado que ha tomado su lugar — al Camé.

El Señor de Xibalbá reverencia a los siete Camé. En la jerarquía de Xibalbá el Popol Vuh los llama "jueces supremos." (Parte II, Capítulo 1) Es más probable que aquí encontremos el equivalente del ser Taotl de quien habla Rudolf Steiner. Los Gemelos suprimen este culto para reintegrar a los siete Apus, el Gran Espíritu, en una nueva forma. Ellos están subordinados a Hunahpú, el Espíritu Solar del Cristo.

Como hemos visto antes, Rudolf Steiner menciona otro espíritu retrasado, conocido bajo el nombre de Quetzalcóatl, a quien califica como mefistofélico, es decir esencialmente Ahrimánico. En efecto, él dice: "Su símbolo era similar al bastón de Mercurio encontrado en el Hemisferio Oriental, el espíritu que podía diseminar enfermedades malignas a través de ciertas fuerzas mágicas. Podía infligirlas en aquéllos que deseara dañar para separarlos de Tezcatlipoca, el relativamente buen dios." El culto de Quetzalcóatl no era público, sino esotérico. Contribuyó al fomento de los impulsos Ahrimánicos en América. El Popol Vuh confirma la presencia de este ser con la descripción de los Señores de Xibalbá, cada uno de ellos descrito según las enfermedades que podían infligir a la humanidad. Se mencionan diez de ellas en la Parte II, Capítulo 1 del Popol Vuh. [4] El culto de Quetzalcóatl continuó después del tiempo de Cristo. Su nombre es bien conocido y conectado a muchos mitos que actualmente sobreviven en la imaginación colectiva. Quetzalcóatl tampoco encarnó: como cuerpo inferior poseía un cuerpo etérico. Nosotros volveremos a este ser en los siguientes capítulos.

Opuesto a los esotéricos misterios de Taotl y Quetzalcóatl está el culto de Tezcatlipoca. Este ser pertenece a una mucha más baja jerarquía que Taotl, pero por sus cualidades estaba en parte conectado al Dios Yahvé, uno de los Elohim. El culto de Tezcatlipoca — originalmente esotérico — apuntaba al establecimiento de una religión de Yahvé, paralela a la que estaba desarrollándose entonces en Palestina. Pronto se volvió puramente exotérica. Hemos visto que el descenso del Apu dejó a Hun Batz y Hun Chouen llevar a la humanidad a través de las artes y las exteriores manifestaciones culturales. En ausencia del Gran Espíritu los hermanos cuidaron a la Abuela y, por extensión, a todo el matriarcado. Ambos fueron artistas y hombres sabios. En ellos encontramos el culto de Tezcatlipoca, con sus cualidades mixtas y el último movimiento hacia la corrupción que el Popol Vuh simboliza en la transformación de los dos guías en monos. Su impulso pierde su fuerza original sin convertirse claramente en un Misterio decadente. Más bien, es suplantado por los Misterios de Taotl y Quetzalcóatl. El esoterismo Maya confirma lo que Rudolf Steiner encontró a través de la investigación espiritual en los nombres de los guías de la Tercera Era. Como insinúa el primer nombre — Hun Batz — el guía es inicialmente hombre de sabiduría. Al otro extremo está un Mono, la imagen del Misterio vaciado y despojado de su significado.

El culto de dos seres dentro del recinto de los Misterios acompaña la espiritualidad Mesoamericana a través de las fases posteriores. Los Misterios decadentes de la Tercera Era veneraron a Taotl/Camé y Quetzalcóatl. El Popol Vuh inaugura el culto del Dios de la Agricultura — la resurrección de los Apus — y de los Gemelos. Otras culturas posteriores de naturalezas muy diferentes también cultivaron el culto dual. Los Toltecas y los Aztecas veneraron a Tlaloc el ser que asumió la función de los Apus. Adicionalmente los Toltecas veneraron a Quetzalcóatl y los Aztecas a Huitchilopochtli. Nosotros volveremos a estas materias en más detalle en los capítulos 1 y 2 de la Parte II.

El ritual central de los decadentes Misterios Mexicanos fue la realización del sacrificio humano a través de la escisión del estómago de un individuo vivo. Siguiendo tales prácticas las víctimas abandonarían el deseo de encarnar y de portar un ego humano. El alma de la víctima en el momento de morir llevaba consigo al iniciado al reino que estaba por fundarse más allá de la tierra. Rudolf Steiner concluye: "La tierra gradualmente habría quedado desolada, quedando en ella sólo la fuerza de la muerte, considerando que cualquier alma viviente habría partido para fundar otro planeta bajo la dirección de Lucifer y Ahriman." El decadente sacerdocio, y sobre todo su mago negro más elevado, tenían un conocimiento y dominio sobre el trabajo de las fuerzas de la muerte sobre todo lo que vive. El retiro de las almas de la realidad de la tierra era entonces la meta final de los Misterios Mexicanos.

Podemos detenernos por un momento en la mención del sacrificio con escisión del estómago. Esto puede sorprender a muchos, desde que está más allá de toda duda que era el corazón el órgano que los Aztecas extraían. Sobre este segundo tipo de sacrificio tenemos información de sobra. Debemos recordar que las visiones de Rudolf Steiner son el resultado de la investigación espiritual sobre uno de los secretos más profundos de los Misterios decadentes, más aún, de Misterios cuyo conocimiento tuvo que ser eliminado por Vitzliputzli para bien de la evolución de la tierra. Sobre este punto muy poco puede decir una interpretación científica de la historia. Volveremos a él sólo al final de nuestra exploración, cuando podamos comparar los Misterios decadentes de dos épocas diferentes: el tiempo de Cristo y la civilización Azteca en el siglo XV.

Para entender la naturaleza de esta transición podemos ver cómo la define Rudolf Steiner. Después de la derrota de los Misterios de Taotl, los decadentes Misterios Mexicanos del tiempo de Cristo, él nos dice:

Nada sobrevivió de estas regiones de lo que podría haber vivido si los Misterios de Taotl hubieran dado sus frutos. Las fuerzas que sobraron de los impulsos que vivieron en estos Misterios sobrevivieron sólo en el mundo etérico. Estas fuerzas todavía existen subsensiblemente, perteneciendo a lo que se vería si, en la esfera del espíritu, se pudiera encender un papel sobre una solfatara.

Después en el mismo ciclo de conferencias se completa el pensamiento así:

No obstante, quedaba tanta fuerza que en la quinta época podría haberse provocado un ataque más con el objetivo de mecanizar la *tierra de manera que la cultura resultante no sólo habría culminado en un montón de invenciones completamente mecánicas sino que habría hecho a los seres humanos de tan puro homúnculo[1]* que sus egos se habrían alejado.*

Por consiguiente, tenemos que distinguir dos fenómenos y épocas. Entre los dos el Popol Vuh confirma lo que Rudolf Steiner nos dice. Fue prohibido el sacrificio humano con su aspecto ritualista y esotérico. Esto no significa que en el entretiempo no se realizaran otros tipos de sacrificios humanos. Otros seres humanos fueron efectivamente sacrificados, pero los sacerdotes probablemente no podían aprovecharse del conocimiento de las fuerzas de los órganos como lo habían hecho antes del tiempo de Cristo y lo harían después en tiempos de Chichen Itza y de los Aztecas.

Nosotros limitaremos nuestra observación al tiempo de Cristo y al iniciado Vitzliputzli de quien dijimos nació en el año 1 DC. Rudolf Steiner no confirma el nacimiento de Vitzliputzli de una virgen; sólo confirma una tradición. Ésta es una importante distinción que debe hacerse. Según la tradición, es un "ser emplumado," una entidad etérica el que ha embarazado a la madre. Rudolf Steiner define a Vitzliputzli como un iniciado y como un "ser suprasensible en forma humana." Una vez más sorprende el paralelo con el texto Maya. El Popol Vuh iguala su mayor punto de inflexión con la abolición del sacrificio humano provocado por un ser o dualidad de seres — los Gemelos — nacidos de Ixquic, la virgen, y del Gran Espíritu. Vitzliputzli vivió entre los años 1 y 33 DC., reproduciendo la duración de la vida de Jesucristo. El año 30 DC., — inaugurando el ministerio de Cristo — vio el principio de los tres años de confrontación del iniciado con el individuo a quien Rudolf Steiner llama el "súper-mago." La batalla acabó con la crucifixión del mago. Con esta muerte no sólo es el sacerdote negro el que fue eliminado, sino también el conocimiento que poseía. Una vez más es excepcional seguir este paralelo en el Popol Vuh donde se describe la derrota de los poderes del inframundo. Los Gemelos resucitados promulgan realizaciones de

---

* N. del T.: **Homúnculo**: en la Edad Media, especie de duendecillo que los brujos simulaban fabricar.

muerte y resurrección delante de los Camé. Los Camé conocen todo sobre la muerte y sus poderes, pero no comprenden las fuerzas de vida a través de la resurrección que la mayoría de ellos codician. Haciendo uso de este poder los Gemelos pueden vencer a los Camé. Es específicamente uno de ellos — Hun Camé, su señor — quien es muerto. El otro ser, Vucub Camé, completando la entidad septumembrada, es vencido. Por otro lado a los Xibalbá, equivalente al sacerdocio de Quetzalcóatl, se les permite continuar tomando parte en la evolución, pero ahora en una forma más limitada. El mal ya no puede reinar sin restricción. Ha recuperado su lugar en la evolución del mundo. La muerte del mago impone una prohibición en su alma a lo largo de toda la época hasta la siguiente, la Era del Alma Consciente.

El Amanecer es el reflejo del hecho de Cristo y del iniciado Vitzliputzli en el aura de la tierra y en la conciencia del Nativo americano. Esto podría explicar las diferentes fases de desarrollo del esoterismo Maya. Los Misterios de la Tercera Era prepararon el conocimiento de la encarnación de Cristo a través del sagrado cultivo del maíz en el Tzolkin. Ellos anunciaron Su venida. El tiempo de espera por el Amanecer fue un tiempo de probación y también la fase final y la más intensa del crepúsculo de los viejos dioses. Visto bajo esa luz, adquiere más significado la angustia experimentada que se describe en la Parte III del Popol Vuh. Finalmente, el Maya inauguró la Cuarta Era y el culto del Dios Solar.

Rudolf Steiner no nos ha dicho mucho sobre el proceso de iniciación dentro de la zona de los Misterios Mexicanos progresistas inaugurado por Vitzliputzli. Las dos conferencias de 1916 son todo lo que tenemos al respecto, y se ocupan principalmente de los misterios decadentes. Sin embargo él era consciente de la naturaleza de los misterios progresistas, y lo mencionó por lo menos en una ocasión. Esto es lo que dice de ellos en una conferencia del ciclo sobre *Relaciones Kármicas*: "Esos Misterios [Mexicanos] fueron un factor de gran importancia en América, pero ya habían entrado en decadencia, con el resultado que las concepciones de los ritos, y su promulgación ritual se habían hecho completamente infantiles en comparación con la *grandeza de anteriores tiempos*" (cursivas añadidas). [5]

Como sostiene Stephen Clarke, es en cierto sentido desafortunado que Rudolf Steiner pudiera obtener de fuentes Aztecas sólo lo que en ese momento mencionó sobre los Misterios Mexicanos. [6] El extraviado Popol Vuh no había sido encontrado, y las anteriores traducciones del texto probablemente sólo eran accesibles a especialistas. El ser Vitzliputzli en efecto corresponde al iniciado Ixbalamqué, pero desde una perspectiva Azteca. Sin embargo, el nombre Vitzliputzli corresponde a una totalmente nueva decadente interpretación del iniciado, como aparecerá claramente en el capítulo sobre los Aztecas. Ixbalamqué, también llamado Yax Balam, es un mucho mejor nombre escogido para el iniciado que el nombre que le dieron los Mayas en el tiempo de Cristo. Nosotros lo adoptaremos en el resto de esta exploración.

Exploraremos el proceso de iniciación en lo que será una hipótesis que descansa en el conocimiento de la astronomía y cosmología Mesoamericana. Regresaremos a los aspectos poco conocidos del pasado americano para tentativamente identificar la naturaleza del ser Vitzliputzli/Ixbalamqué, hasta donde es posible a través del conocimiento antroposófico. Ellos revelarán que entre el Viejo y el Nuevo Mundo han habido más contactos de los que nosotros normalmente creemos.

Interacciones entre el Viejo Mundo y el Nuevo Mundo

Cada vez parece más cierto el que antes de Colón ya haya habido al menos tres primeras corrientes de inmigración de Europa a América. Limitaremos nuestro ámbito a la evidencia de la migración fenicia y semita. La inmigración Celta no nos concierne en este contexto. Para introducir esta perspectiva histórica sólo apuntaremos a los descubrimientos más significantes y sintomáticos. Más evidencia se presenta ampliamente en las notas al texto. Lo que parece ser una ruta alterna ahondará nuestra comprensión de la terrible batalla espiritual que se libraba en América en el tiempo de Vitzliputzli, y sus conexiones con el Viejo Mundo.

Impulsos Babilónicos vía Fenicia

A menudo ha sido minimizada toda evidencia de una presencia fenicia en el continente americano, sólo aumenta con el tiempo hasta un punto que ahora es difícil ignorar. Presentaremos parte de ese material así como la más sorprendente posibilidad de una pequeña presencia semita en algunas partes de América.

Que América, como una inmensa isla en el Atlántico, fuera conocida por los antiguos, es un hecho informado por muchos escritores e historiadores. Aristóteles en el año 360 A.C., menciona a un país fecundo, arbolado, más allá de los Pilares de Hércules. Esta isla era de hecho tan hospitalaria que muchos cartagineses (originalmente fenicios) habían ido y algunos se habían quedado. [7] En el año 21 A.C., Diodoro dijo lo mismo, agregando que los fenicios habían mantenido en secreto la existencia de tal tierra. Aeliano (~200 DC) confirma este último punto, diciendo que la gran isla era conocida entre los fenicios de Cádiz. Plutarco, en el año 70 DC., menciona que en la latitud de Bretaña se sitúan islas más allá de donde se encontró un gran continente. Muchos otros escritores informan de una tierra más allá del Atlántico. [8] De hecho, según Diodoro, los fenicios pueden haber conocido América ya en el siglo 11 A.C. Otra prueba indirecta es el conocimiento del Mar de los Sargazos y el modelo del cambio de vientos que soplan hacia América. [9]

Los fenicios eran comerciantes del mediterráneo y de más allá. Era un pueblo mercurial, comerciaban con la cultura como lo hicieron con bienes. Tenían contactos y ofrecieron sus servicios a egipcios, libios, babilonios (hititas, y después asirios), y a las flotas mercantes persas. Este pueblo polifacético se hizo del conocimiento en campos como la astronomía, la matemática, y la religión. Las alianzas y las comunes tareas comerciales intermediadas por los fenicios son la explicación más creíble para las numerosas inscripciones en egipcio, libio, y púnico-fenicio en las Américas. Algunas de éstas aparecen simultáneamente en la misma ubicación. [10] Los fenicios probablemente eran una de las pocas sociedades que poseían el conocimiento y habilidad para navegar al Nuevo Mundo, pero con su ayuda otros pudieron haber alcanzado el continente.

Para dar una idea de la inversión fenicia en asuntos marítimos basta decir que un quinquireme (un barco con cinco remeros por cada remo) necesitaba una tripulación de 250 remeros. Junto con el resto de los marineros esto significaba una tripulación total de 400 hombres.[11] En sus travesías comerciales los fenicios viajaron hasta Bretaña, África, las Azores, y las Islas Canarias. Se han encontrado monedas cartaginesas en Corvo, una isla más al occidente de las Azores. [12] Entre los años 609 a 593 A.C., durante el reino de Neco, gobernante de Egipto, los fenicios circunnavegaron África. El periplo de Jano hoy se reconoce ampliamente como auténtico. El compararlo con el prolongado esfuerzo de cuarenta años de los portugueses por alcanzar Sierra Leona en el tiempo de Enrique el Navegante, nos da una idea del nivel de especialización naval que los fenicios habían alcanzado. Se han encontrado inscripciones fenicias en las Islas Canarias; de allí una tormenta podría fácilmente arrastrar sus barcos hacia la Isla Grande del Mar Atlántico.

La indirecta evidencia fenicia se esparce a lo largo de las Américas. Aparece en primer lugar en las representaciones artísticas. En una gran estela de La Venta aparece lo que los arqueólogos llaman "la figura del Tío Sam" con el puente alto de la nariz y barba. Lleva zapatos con los dedos de los pies pintados según un estilo que los fenicios habían obtenido de los asirios. Las estatuillas de cabeza de arcilla encontradas en el Río Balsas (entre los estados de Guerrero y Michoacan) tienen largas barbas y una manera de presentar el pelo bastante parecido al estilo asirio-babilónico, recordativo del dios Melkarth. Los más enigmáticos indicios de la influencia del Viejo Mundo son los artefactos que muestran conocimiento de la rueda. Se han descubierto pequeños juguetes de ruedas en las tumbas Olmecas Tres Zapotes, Monte del Fraile (cerca de la cúspide de Popocatépetl en México central) y en Remojadas. Ellos se semejan mucho a un carro fenicio en miniatura expuesto en el Louvre. [13] El conocimiento de la rueda apunta por necesidad al Viejo Mundo. Otra evidencia concierne a la recuperación de un sello en forma de carrete usado para tratos comerciales, equivalente a los usados por los fenicios, y jarros cerámicos y ánforas de la misma composición y consistencia que aquéllas encontradas en excavaciones en Portugal y España donde los fenicios también estuvieron presentes. [14]

Cartago fue en su origen colonia fenicia que después se emancipó del país madre y empezó su propio imperio comercial. Se han encontrado monedas cartaginesas a lo largo de las costas y las orillas de ríos navegables de las Américas. Las monedas datan del siglo 4 al 3 A.C. En North Salem, Nueva York, se ha encontrado la cabeza de un caballo de caliza, tallada como escudo de armas de Cartago; coincide con el diseño que aparece en las monedas cartaginesas. Finalmente, se ha encontrado en Cuenca, Ecuador, lo que parecen ser fabricaciones fenicias de artefactos babilonios hechos en serie. [15]

Para entender las expediciones e inmigraciones fenicias y principalmente cartaginesas al Nuevo Mundo necesitamos saber un poco de historia fenicia. Cartago se fundó en 825 A.C. en la costa de la actual Túnez. Pronto se independizó. Fenicia luchó mucho tiempo para librarse de la dominación Asiria durante el siglo 7 A.C. Estos años pueden haber sido propicios para el establecimiento de una colonia en el Nuevo Mundo. [16]

El Profesor Barry Fell ayuda a verter alguna luz sobre los posibles objetivos y motivaciones de la posterior presencia cartaginesa en el continente a través de la recuperación de su moneda y artefactos fabricados en serie. Empezando en el siglo 3 A.C., Cartago había ajustado los pesos de su propia acuñación para que coincidan con aquéllos usados en Chipre y Egipto. Cartago también ejerció total control sobre el suministro de estaño, un metal que era esencial para producir el bronce usado para la fabricación de armas y para la acuñación romana.

A Cartago le faltaba la madera necesaria para su flota. Alrededor del año 300 A.C., damos testimonio del acuñado de grandes cantidades de monedas en 'electrum' — una aleación compuesta de oro y una pequeña cantidad de plata. En este tiempo desapareció el emblema Siracusano de Aretusa y fue reemplazado por la diosa Tanit, el equivalente fenicio de Astarté. Esta moneda dejó de ser acuñada después del año 241 A.C., el año que marcó el fin de la Primera Guerra Púnica. Entre los años 300 y 241 A.C., se marcó una súbita expansión de las tenencias de oro cartaginesas. Los cartagineses

La Evidencia Semítica en el Nuevo Mundo

Las Lunas

al sol. Esta configuración ocurrió el 18 de setiembre del año 106 A.C., una fecha que se corresponde con el tipo de escritura encontrado en las inscripciones. [19]

Las Lunas no es el único sitio en América que muestra inscripciones hebreas. Otra piedra encontrada en Newark, Ohio, contiene los Diez Mandamientos en hebreo. Es conocida como el Decálogo de Ohio. En un montículo en Bat Creek, Tennessee, se encontró una piedra con una inscripción en escritura Hebraica en uso en el Medio Este alrededor del año 100 DC. Es una tumba conmemorativa en la que se lee: *"yo le ruego Yah (tener) piedad."* Finalmente, se han encontrado dos piedras en Virginia occidental que contienen invocaciones a Baal: la Grave Creek Stone de Moundsville, y la llamada Lápida de Braxton. [20] La mención de Yahvé y Baal refleja la muy real y continua lucha espiritual entre las dos deidades por el alma del pueblo hebreo.

Alexander von Wuthenau ha investigado todos los rastros de presencia distinta a la Americana en Mesoamérica. Lo que lo llevó por este camino fue el repetido descubrimiento de alfarería y estatuas con exactas representaciones antropológicas de razas no nativas. Encontró evidencia de presencia semita, fenicia, celta, y africana. La presencia africana podría haber seguido a la fenicia que tenía esclavos africanos y que en un momento dado se aliaron con los libios. De interés para nosotros en el presente contexto es la llamada Estela Filacteria de Tepatlaxco, Veracruz, México. En esta estela está representada una figura barbada con un cordón enrollado siete veces alrededor del brazo y tres veces alrededor del dedo medio. Ésta es una correcta muestra de filacteria judía que se porta mientras por la mañana se recitan las oraciones de la semana. [21]

La idea de mezclas raciales no es exclusiva afirmación de investigadores conocidos o poco originales como von Wuthenau. Algunos historiadores de la corriente principal, como Nigel Davies, reconocen la presencia de rasgos negroides y del "Tío Sam" — señalando al elemento semítico — en la estatuaria Olmeca. [22] Las representaciones Olmecas nos muestran ambos, el tipo Olmeca y el dominante "Tío Sam" o vice-versa, indicando que allí se desarrollaron bastantes relaciones.

Toda la investigación arqueológica confirma la conclusión de Wuthenau que, para la mayor parte, la presencia semítica en el continente era mucho más limitada que la fenicia. Fue más alta en el período entre 500 A.C., a 200 D.C. De agregado interés es la presencia del 'glifo del número 1' en relación con el parecido del pueblo semita. Por ejemplo, en la inscripción de Bat Creek en Tennessee se lee: "Año Uno de la Era Dorada de los Judíos." [23]

Los Misterios Progresistas y Decadentes en el Medio Este y en el Nuevo Mundo

En el campo religioso, los descubrimientos más fascinantes involucran la presencia compartida de dioses a los dos lados del Atlántico. Humbaba o Baal, asociado con las deidades del inframundo del Medio Este, es muy similar al americano Dios del Fuego, como puede verse en las muchas muestras de cerámica que von Wuthenau ha coleccionado y comparado. [24] El Dios del Fuego desempeñará después en Mesoamérica un rol digno de consideración.

El Viejo y Nuevo Mundo conservan reliquias de la diosa cartaginesa Tanit (equivalente al Astarté fenicio). Su signo, consiste de un triángulo con un disco y una media luna, se ha encontrado en Deerpark y en la Montaña Hawk Nest, Nueva York. Los elaborados símbolos de Tanit en las lápidas cartaginesas coinciden con los correspondientes petroglifos en Colorado. Finalmente, se ha descubierto en el Estado de Nueva York, en la unión de los ríos Chenango y Susquehanna, una urna de metal al estilo fenicio-egipcio que retrata a Astarté, y fechada en alrededor del año 600 A.C. [25]

La presencia de los dioses del Viejo Mundo y sus homólogos Americanos parece mostrar que se emprendió una batalla espiritual en ambos lados del océano. Los fenicios y hebreos habían experimentado varios tipos de relaciones en el Medio Este. Mencionamos una primera era de colaboración entre ellos en el tiempo del Rey Solomón. Esta íntima alianza entre las dos naciones — que tuvo amplia repercusión a nivel económico y militar — podría no haber ocurrido sin un acercamiento a nivel espiritual. Los reinos de Solomón y David probablemente restauraron una unidad de culto a la original deidad de Jehová. Tal es la opinión de T. C. Johnson [26] y también el implícito registro de la Biblia.

Las cosas cambiaron en Fenicia cuando tomó el poder el Alto Sacerdote Et-baal (899-867 A.C.). Como sacerdote fanático de Astarté extendió la práctica del infanticidio. Al casarse su hija Jezebel con Ahab, rey de Israel, envió con ella a sus cuatrocientos sacerdotes de Baal y cuatrocientos sacerdotes de Astarté. Jezebel indujo a Ahab a construir un templo a Baal-Melkart, delante del que ocupaba un lugar una escultura de piedra de Baal. La nación de Israel abandonó el culto a Jehová como también vemos en el segundo Libro de los Reyes: "Hicieron pasar por el fuego a sus hijos y a sus hijas, y se dieron a la adivinación y al encantamiento." (2 Reyes, 17:16-17) La deidad era adorada en imágenes talladas, como ídolos. El infanticidio ritual se llevó a cabo regularmente y se consumó en el fuego. Los sacrificios ocurrieron anualmente, o para ocasiones especiales, o como una ofrenda para calmar a los dioses después de calamidades mayores.

Este punto en el tiempo vio la prueba de la nación hebrea en su creencia de Yahvé. En los viejos tiempos los favores de los dioses eran conocidos por el destino incurrido por las tribus o la nación entera. Los dioses expresaron su enojo a través del hambre, las plagas, y las guerras. El nuevo culto de Yahvé requirió que el individuo vea su destino separadamente de los hechos de los dioses. La nación hebrea fue invitada a seguir a su dios Yahvé y ser fiel a él sin tener en cuenta las pruebas que vendrían. Los eventos externos no serían tomados como prueba del placer o desplacer del dios. Fue en este período de prueba que los hebreos abrazaron el culto a Baal.

El espíritu de Elías operó contra este estado de cosas a través de las individualidades de Nabot, y más tarde de Eliseo. Esta confrontación culminó en el levantamiento de Elías-Nabot contra la permanencia de los cuatrocientos cincuenta sacerdotes y profetas de Baal. Así es cómo Rudolf Steiner describe el colmo de la actuación de los sacerdotes de Baal: "Los extasiados ejercicios son efectuados tan a fondo que las manos y otras partes del cuerpo son cortadas con cuchillo hasta que la sangre fluya, de manera de aumentar todavía más el imponente carácter del espectáculo evocado por estos seguidores de Baal, bajo el estímulo de la frenética danza y música." [27] El poder que emana del ser de Elías-Nabot superó al sacerdocio de Baal, acabando con su control sobre la nación hebrea. La dimensión del desafío a la nación de Israel se aclara en 1 Reyes 16:31-33: "Y como si hubiera sido poco darse a los pecados de Jeroboam, hijo de Nebat, tomó por esposa a Jezabel, hija de Et-baal, rey de Sidón, y fue y sirvió a Baal, le rindió culto. Y Ahab hizo a Asherah. Ahab hizo más para provocar al Señor, el dios de Israel, enojarlo más que cuantos reyes le precedieron." Ahab llevó a su pueblo por el camino de la magia negra. Elías permitió que los hebreos superaran esta amenaza.

Un tipo similar de magia negra que acompañaba el culto de Baal y Astarté parece haber surgido en el Nuevo Mundo cinco o más siglos después. Las prácticas espirituales asumen el control de diferentes civilizaciones sin necesidad de un instrumento físico para llevarlas de un lugar a otro. Después de todo, lo que se necesita para una similitud de cultos son las mismas o similares influencias espirituales. Sin embargo, cuando la evidencia de la presencia de poblaciones del Medio Este es acompañada de objetos y prácticas rituales, es legítimo pensar en algún nivel de influencia directa. Una práctica que acompañaba los decadentes misterios babilónico-fenicios era la práctica de la deformación craneal, también abundantemente encontrada en Mesoamérica, empezando con los Olmecas. [28] La automutilación, el infanticidio, la deformación craneal, y la adivinación son prácticas que al pueblo de Israel se le exhortó evitar en la lucha espiritual que opone el culto a Yahvé contra el culto de Baal-Astarté. Aparecen numerosas referencias de este asunto sobre todo en el Libro Levitico, en el Segundo Libro de los Reyes y Jueces. Allí se exhorta al pueblo de Israel a no practicar la deformación de la cabeza, el sangrado, el sacrificio de niños, etc. [29] Todas estas prácticas también estaban presentes en el Nuevo Mundo.

Lo que alcanzó una culminación en el Viejo Mundo encontró las condiciones más extremas en las Américas y se desarrolló a un exacerbado nivel aún no posible en el Medio Este. En América, las poderosas fuerzas magnéticas de la tierra actúan con mayor fuerza en el Ahrimánico doble geográfico. Esto ayuda a explicar la añadida fuerza de los Misterios Mexicanos cuando son comparados con su contraparte babilónica. En nuestro continente los decadentes misterios evolucionaron más hacia el específico sacrificio humano con remoción de órganos y al conocimiento demoniaco que ellos confirieron al Sumo Sacerdote. Aquí también surgieron las fuerzas de oposición a estos decadentes misterios, y el centro de Izapa del que se difundieron.

La individualidad del Iniciado: Una Hipótesis

Lo que sigue se mueve en el reino de la hipótesis: todo lo que tenemos es evidencia de apoyo. La presente investigación nos muestra que en algún momento tendrá que reconocerse la presencia de los fenicios y los hebreos en este continente. El peso de las pruebas es abundante y sustancial. Lo que también sorprende es cómo, aunque extendida, la presencia de los hebreos y fenicios se centró principalmente en dos áreas diferentes: el Atlántico y el Pacífico. La presencia hebrea fue mayor en la costa del Pacífico y finalmente apunta hacia el centro de Izapa. ¿Fue entonces posible, como muchas leyendas cuentan, que el profeta fuera barbado? ¿Podríamos investigar su llegada desde el oeste? Debemos dar crédito a las leyendas de muchos nativos que testifican, como Alexander Von Humboldt registró en tres casos, que la transformación de su civilización se debió a "personas que diferían de ellos en apariencia y descendencia." [30] Las tradiciones andinas atestiguan que Wiracocha era blanco y tenía barba, y así fue descrito en las estatuas encontradas en el momento de la conquista. Ésta probablemente fue la razón para que los nativos se dirigieran a los conquistadores como Wiracocha, el nombre que les dieron a su dios y a su héroe cultural. [31]

Según el registro arqueológico, los misterios de Izapa fueron preparados durante unos siglos. Como denotan los descubrimientos con respecto al Calendario Sagrado, hubo diferentes fases de evolución de los Misterios. El Calendario Sagrado se desarrolló primero en relación al cultivo del maíz. La Cuenta Larga se agregó después. Algunas culturas ya conocían el Calendario Sagrado cuando se separaron de la civilización Maya original, como subraya la Parte III y IV del Popol Vuh. Sólo la civilización Maya cosechó todos los beneficios de la preparación de los Misterios de Izapa que condujeron a la elaboración de la Cuenta Larga.

195

El análisis del Popol Vuh nos ha acercado al Misterio del ser de los Gemelos. Se dice que son hijos de una virgen. No debemos olvidar que el Popol Vuh trasmite cuadros imaginativos, no necesariamente realidades literales. Steiner de hecho no llega a confirmar el alumbramiento de una virgen. El Popol Vuh habla de dos seres que trabajan como uno: Hunahpu e Ixbalamqué. Ya hemos identificado a Hunahpu como el ser solar. Ixbalamqué, como lo denota el sufijo 'Ix', es su contraparte terrenal-lunar. El que él sea la contraparte humana, y más probablemente el iniciado, es indirectamente confirmado por el hecho que en los objetos artísticos Maya, Ixbalamqué es a menudo representado como un personaje barbado. Tal es el caso en varios objetos del Clásico Tardío, como por ejemplo, el muy conocido "jarrón de la resurrección" que muestra la resurrección del Dios del Maíz del caparazón de una tortuga y los Gemelos a ambos lados de él (figura 1). Por consiguiente la iconografía pone juntos al iniciado y al ser solar. Y podemos preguntarnos sobre la identidad de este iniciado.

Lo que sigue puede ser sólo una hipótesis. El iniciado de las Américas es probablemente ese ser que estaba más cerca al Cristo Sol durante el tiempo Atlante, desde que la conciencia Nativa Americana vivía fuertemente en el resplandor de lo que había sido la realidad de Atlántida. Manu, el gran iniciado, es una opción válida y obvia, desde que fue ese ser él que lideró el oráculo del Sol en Atlántida. Preparó el camino para la supervivencia de aquéllos que no compartieron los oráculos decadentes que cultivaban prácticas de magia negra. Fue la magia negra la que llevó a la desaparición del continente Atlante a través del famoso Diluvio descrito en el Antiguo Testamento y en las tradiciones que sobreviven en las Américas y en otras partes. El Manu divino también es el más alto iniciado, el único a quien podríamos imaginar al lado de Cristo en el momento del Gólgota. ¿Es este a quien

Figura 1: Jarrón de la Resurrección

Steiner se refiere como un ser "suprasensible en una forma humana?" Si fuera él, Manu sería visto más representando el papel que había cumplido en Atlántida. En ese tiempo él había conservado la pureza del Oráculo del Sol cuyas enseñanzas estaban contra las decadentes prácticas de otros Misterios. En el tiempo del Gólgota los Misterios decadentes se habían intensificado, y al volver, Manu habrían continuado dirigiendo a aquéllos que conservaron su memoria del tiempo Atlante más allá de un nuevo punto muerto cultural, poniendo en contraposición los poderes del Dios Sol y los decadentes Misterios del Dios del Fuego.

Hay otra notoria similitud entre el hecho de Manu al final de Atlántida y aquéllos que aparecen en los Misterios de Izapa. En el episodio de Noé y la construcción del arca, después de llevar a su pueblo a través del Diluvio, aquéllos que sobrevivieron a la civilización Atlante dieron testimonio de las condiciones del nuevo mundo con el Sol en los cielos y el arco iris. El arco iris no era conocido en Atlántida por las allí prevalecientes condiciones de la atmósfera más líquida/brumosa. Los tiempos post-Atlantes estaban acompañados de nuevas condiciones de existencia y nuevas percepciones sensorias de parte de aquéllos que sobrevivieron Atlántida, por tanto experimentaron el arco iris. No sorprende que el Maya, sin mencionar el arco iris, mencione explícitamente el fenómeno del Amanecer, asociado con la aparición del Sol y la Luna en el firmamento de los cielos, una nueva manera de percibir el ambiente físico. Este fenómeno está estrechamente asociado con los primeros rastros de una conciencia histórica.

Finalmente, todo lo anterior puede explicar un elemento que sigue siendo extraño sin importar cómo pueda considerársele: el hecho que el iniciado sea barbado, o que en los Andes se llame Wiracocha, un nombre que también denota sus características raciales. Esto seguirá siendo un misterio, pero otro hecho adquiere una luz diferente bajo la lente de nuestras exploraciones. Los antiguos hebreos difícilmente tenían ambiciones coloniales, y sus resoluciones apenas apuntan a algo de esa naturaleza. Su presencia en América puede atribuirse a razones espirituales. Puede apuntar a la preparación del importante evento que resonó desde el Medio Este hasta las Américas y que cambia para siempre el destino de la evolución de la Tierra. La documentada conexión física entre el Viejo y el Nuevo mundo podría relacionarse con la preparación y coordinación de eventos conocidas por los iniciados varios siglos antes de la encarnación de Cristo.

En el momento de la crucifixión en el Gólgota hubo lo que Steiner describe como un oscurecimiento de la Tierra, posiblemente un eclipse de Sol. En ese momento disminuyó la vitalidad de todo ser viviente. Steiner no podía afirmar si fue un eclipse o la oscuridad causada por la formación de poderosas nubes. [32] Él comenta: "Mientras ocurrió este cambio en la Tierra, también en sentido físico, el espíritu de Cristo entró en la viviente aura de la Tierra. A través de la muerte de Cristo Jesús, la Tierra recibió el impulso de Cristo." [33] En el momento en que el cuerpo fue puesto en la tierra hubo un terremoto en la región. El cuerpo de Cristo fue asumido por la tierra y a la mañana siguiente la tumba estaba vacía. Steiner indica que éste fue el momento en que el Ser de Cristo y su "todo prevaleciente amor cósmico" penetraron completamente la tierra; renacieron dentro de la Tierra.

Mientras después de su muerte el Cristo descendía al inframundo, el iniciado americano estaba luchando a través del poder de Cristo contra ese reino del inframundo que gobernaba en el Nuevo Mundo. El Cristo vino a conquistar la muerte y ofreció una nueva vida a través de su resurrección. A través del hecho de descender al inframundo, anunció la futura dirección de la lucha de la humanidad para redimir el mal. Es este segundo aspecto el que imagina Ixbalamqué, como iniciado, para el futuro de la humanidad. En el primer nivel de la confrontación el mal no puede ser redimido sino inhibido hasta una era posterior. En este contexto la vida de Ixbalamqué se vuelve un misterio de la iniciación humana en el escenario del mundo. Su hecho anuncia el nacimiento de una nueva conciencia que es reflejada exteriormente por el Amanecer.

Como se nos cuenta en la leyenda de Popocatépetl y similares mencionadas en el primer capítulo respecto a Mesoamérica, el Profeta primero tiene que realizar un hecho para percibir la evolución futura de la tierra. En la cúspide del Popocatépetl, antes de confiarse al Gran Espíritu y ser capaz de prever la esperada evolución que le aguardaba a la tierra, el Profeta había visto el futuro resurgimiento del sacrificio humano. Volveremos después a esta materia, allí ofreceremos evidencia de la evolución de los Misterios Mexicanos o, podríamos decir, Misterios Americanos en el tiempo del Alma Consciente.

Hemos intentado retirarle el velo a un evento americano equivalente en importancia y coincidencia en el tiempo con la vida, muerte, y resurrección de Jesucristo. Éste es un síntoma en el sentido mencionado por Rudolf Steiner, es decir, un evento cuyas raíces están profundamente ocultas bajo la superficie de la historia, un evento donde el mundo espiritual se manifiesta en el mundo físico. En proporción a su importancia, los dos eventos simultáneos no sólo son síntomas, sino que pueden calificarse como "eventos centrales." Los eventos centrales requieren mucho tiempo de preparación histórica y traen consecuencias de largo alcance durante los siguientes siglos y milenios.

Claramente el hecho de Ixbalamqué sólo fue posible porque al otro lado de la tierra había encarnado el Cristo como ser humano. Para la historia los dos eventos son igualmente extraños. Se ha vertido un interminable flujo de tinta, se han escritos volúmenes y volúmenes sobre la realidad y autenticidad de todos los eventos conectados con la vida de Cristo. Un hecho como Su muerte y resurrección es un hecho que los mundos espirituales dieron a la humanidad para su propio progreso. En armonía con el don de la libertad humana, el Cristo no realizó milagros para obligar a la humanidad a creer y asumir un nuevo camino. Por consiguiente, el reconocimiento del evento es un paso que los seres humanos tienen que dar en sus propias almas. La historia puede mostrar los cambios que ha seguido la vida de Cristo, pero no puede demostrar la vida de Cristo, menos Su resurrección. Apenas puede señalar la dimensión histórica, no la dimensión espiritual de Su vida. Una vez recreemos interiormente una interpretación de esa dimensión, podemos iluminar la historia con una nueva comprensión.

Como con Cristo, lo mismo se cumple para el hecho de Ixbalamqué. El Popol Vuh cambia nuestra mirada a un importante evento que ocurrió en una parte muy precisa de México-Guatemala. También apunta a la muy estrecha ventana del tiempo que va del siglo 1 AC., al siglo 1 DC. El sitio ceremonial de Izapa reúne todas las condiciones para haber sido el centro iniciatorio de los Misterios Mexicanos progresistas. Allí encontramos entretejidos todos los elementos del esoterismo mesoamericano: el hecho de los Gemelos como está descrito en el Popol Vuh y pintado en la estela ceremonial, la coincidencia del Tzolkin con el clima local, y finalmente el origen de la Cuenta Larga y de la nueva astronomía. Adicionalmente Izapa está situado en una ubicación importante que conecta la Costa Atlántica con la Costa del Pacífico a través del istmo de Tehuantepec.

Izapa, o mejor dicho, todo Guatemala y el sur de México, juegan un importante papel para todas las Américas, como señala P. Dixon. [34] Aquí el Pacífico Oriental se extiende demasiado hasta casi tocar el Atlántico Occidental. Esto forma una suerte de cruz planetaria de los elementos terreo y acuoso, estrechamente asociados a una fuerte presencia de fenómenos volcánicos. Dixon lo llama "el corazón continental localizado sobre el Ecuador." Izapa se coloca así en un lugar central de la geografía etérica de América. Mirándolo más de cerca también está el único ambiente del Soconusco. Ambos elementos contribuyeron a que cumpliera su rol en los Misterios que modificaron la evolución e historia de América.

No importa cuántos de todos los elementos de la vida de los Gemelos apuntan a un lugar y tiempo precisos, sus hechos e identidad no permiten una investigación directa. Los últimos tres años de la confrontación del súper-mago con Ixbalamqué permanece, como hecho suprasensible, solamente accesible a la investigación espiritual. El Popol Vuh menciona la muerte de Hun Camé. La crucifixión no es explícitamente mencionada; no obstante Hun Camé muere después de pedirle a los Gemelos realicen en él el misterio de la muerte y resurrección. Así, incluso aquí, encontramos una fuerte confirmación en la dirección de la investigación de Rudolf Steiner. La excelente Estela 67 de Izapa retrata una figura barbada que sostiene una cruz en cada mano, podría ser una alusión a este misterio (vea la figura 4, capítulo 6, pág., 175).

La vida terrenal de Cristo influyó en la civilización occidental en los siglos siguientes. Animadas por fines progresistas y constructivos o decadentes y destructivos, todas las iglesias, herejías, y movimientos culturales constantemente se refieren al punto en el tiempo de la encarnación de Cristo. Lo hacen incluso animadas por intenciones contrarias a la esencia y ser del Cristo. Ninguna otra visión del mundo que hubiera sustituido a ésta podría haber sido aceptada. Veremos que lo mismo se cumple para los siglos siguientes en América. Quince siglos después, los Aztecas sólo podrían difundir una religión del sacrificio humano so pretexto de seguir y renovar el mensaje del Profeta. El Iroqués, sin seguir este conocimiento en plena conciencia, todavía estaba actuando bajo su resonancia.

No es posible presentar pruebas concluyentes de la identidad de Ixbalamqué, sin embargo es posible poner la nueva hipótesis en el contexto del desarrollo de la biografía kármica del iniciado. El discípulo de Sais que reapareció como el hijo de la viuda de Nain acompaña la misión de Cristo de una manera notable, sin acompañar Su vida en la tierra. En la primera encarnación aquí considerada, cuando es iniciado en la voluntad, él realiza hechos críticos para la evolución de la tierra y lleva un renovado mensaje para las Américas — donde gobierna una civilización de la voluntad, de vuelta a los

Misterios del futuro. En una encarnación siguiente, tres siglos después, trae la esencia del impulso de Cristo como el elemento central de una renovación de las viejas tradiciones espirituales, extendidas desde Persia hasta China a través de la ruta de la seda. Aquí él cristianiza la vieja sabiduría del Este. En esencia, el iniciado difunde el mensaje de Cristo hacia el Oeste y hacia el Este, más lejos de lo que podría haber alcanzado a través del conocimiento histórico directo y difusión. Haciéndolo así renovó la esencia de las dos culturas Atlantes — la Americana que había adquirido un colorido principalmente Ahrimánico, y la China que había conservado una orientación Luciférica.

Ahora podemos volver a un segundo ramal de nuestro estudio: la caracterización de los Misterios Mexicanos. Antes de hacerlo volveremos a otros Misterios más tempranos que conservaron la unidad del conocimiento Atlante en que el camino exterior hacia el macrocosmos estaba presente al mismo tiempo que el descenso del alma en el microcosmos.

El Último Misterio Atlante

Antes de movernos al nuevo territorio de los Misterios Mexicanos progresistas, queremos agregar algo, por así decirlo, de tierra bajo nuestros pies. Primero consideraremos la naturaleza de una más temprana iniciación del Nativo americano a través de lo que nos cuenta Grace Cooke — los recuerdos conscientes de una iniciación anterior en el continente americano que tuvo lugar en el hemisferio sur unos milenios antes de nuestro tiempo. Luego examinaremos la naturaleza de los Misterios de Hibernia.

El Proceso de Iniciación en la América Temprana

Se sabe ahora que la civilización de América del Sur procedió de Mesoamérica. Los primeros centros ceremoniales organizados ya estaban presentes a lo largo de la costa peruana en el tercer milenio A.C. Éstos son probablemente los únicos a quienes se refiere Grace Cooke. El líder de estos Misterios se llamó Menes, un término recordativo de Melenas y Manu, el alto iniciado que sacó a la humanidad de Atlántida. El proceso de iniciación estaba dividido en tres fases. Primero, el pupilo tenía que sufrir siete años de entrenamiento del cuerpo físico, enfrentaría severas pruebas de fuerza y paciencia. Era una preparación que probaba el valor del neófito.

En la segunda fase venía la instrucción basada en la observación de los fenómenos naturales, el estudio y meditación sobre la naturaleza. El neófito aprendería a observar el clima durante días y noches enteras. También se le enseñaron las artes de la agricultura y de la crianza animal. En este tiempo del desarrollo humano, la humanidad tenía un poder más directo sobre la naturaleza a través de su cuerpo etérico y podía influir en ella desde dentro. Así el segundo período fue en todos los grados un tipo de curso en ciencias naturales aplicado a la puesta en orden de la existencia humana.

En la fase final, el pupilo era llevado a una cueva en lo alto de una montaña y dejado allí para un largo tiempo de silencio y meditación. Grace Cooke, refiriéndose a su propia encarnación anterior, evoca:

Ésta fue la experiencia más fuerte... Tenía que enfrentar legiones de elementales y luchar con ellos, vencer o ser vencido. Una y otra vez estas criaturas del inframundo me tentaron con toda clase de sobornos para ponerme en sus manos, renunciar a mi fe y confianza en Dios o eterno bien: a cambio me darían el poder de trabajar la extraña magia de los grandes poderes Luciféricos sobre la tierra misma y su pueblo, incluso sobre el pueblo del mundo interior. [35]

La tercera parte de la iniciación duraba dos años y terminaba con pruebas experimentadas en dos templos diferentes. Aquí el discípulo se expondría alternativamente al gran calor y al intenso frío. Los entrenamientos protegieron la carne de estos extremos y le enseñaron al discípulo a cómo usar el poder del pensamiento para sanar lesiones y enfermedades. En la mujer, esta iniciación provocó el logro de la visión profética.

Por lo anterior, queda clara la naturaleza Atlante de este proceso de iniciación. Además continúan los persistentes elementos de Lemuria, particularmente la diferenciación del rol de la mujer. Los aspectos internos y externos de la iniciación se entrelazan en diferentes tiempos. Como en los Misterios de Hibernia analizados más abajo (pero aquí más literalmente), las pruebas de calor y de frío tienen un papel importante, y el desarrollo de la visión profética también marca el último paso del proceso.

Conservación del Conocimiento Atlante en Hibernia

Por Rudolf Steiner sabemos que los Misterios de Hibernia tuvieron un papel importante durante mucho tiempo antes de nuestra era. Los Misterios de Hibernia existieron en un lugar aproximadamente equivalente a la Irlanda moderna. Estos Misterios fueron conservados en una forma diferente por la cultura de los Druidas y Bardos. A través de ellos todavía estaban, como un pálido reflejo, presentes en el tiempo de la fundación de la Cristiandad.

Los Misterios de Hibernia conservaron muy fielmente la antigua sabiduría-enseñanza de los pueblos Atlantes. [36] Estos Misterios eran algunos de los más profundos de la antigüedad. Rudolf Steiner expresa la dificultad de percibirlos incluso clarividentemente. También enfatiza que no tenían acceso a ellos a través de la investigación histórica ordinaria, ni con la clarividencia histórica. Los califica como Grandes Misterios, los últimos Grandes Misterios que expresaron el secreto humano y cósmico. [37]

En el contexto de este estudio, con respecto a estos Misterios podemos decir, que la preparación del pupilo lo llevó a un estado de completa desesperación en su búsqueda de la verdad. Al mismo tiempo no podía encontrar ninguna realidad detrás de los fenómenos de la percepción de los sentidos. Las subsecuentes fases de la iniciación lo llevaron ante dos estatuas de tamaño gigantesco: una masculina, la otra femenina. Delante de la estatua masculina el aspirante a iniciado sentía como si estuviera siendo consumido por el calor. Experimentó lo que sería si solo el Sol trabajara en el cosmos. Delante de la estatua femenina él se colmó de imaginaciones de la Tierra en invierno y adquirió el sentimiento de lo que sería si la Luna sola trabajara en el cosmos. Esta primera fase del ritual llevó al pupilo a percibir que la estatua masculina le estaba trasmitiendo la idea de la ciencia, considerando que la estatua femenina le estaba indicando el rol del arte. Este encuentro con la ciencia y el arte llevaba al pupilo a percibir la forma de Cristo. El sacerdote que lo dirigía a la imagen de Cristo le decía: "Recibe tu corazón la Palabra y el Poder de este Ser." Otro sacerdote decía: "Y recibe de Él lo que las dos imágenes han deseado darte — Ciencia y Arte." Después, en su iniciación, el pupilo podía juntar las dos experiencias. Lo que el pupilo había logrado era un doble proceso. Por un lado podía alcanzar exteriormente los espacios cósmicos más lejanos. Por el otro podía zambullirse profundamente en su alma. Cuando dominaba estos procesos y los reconocía, un doble conjunto de experiencias se abría al candidato a la iniciación. Cuando aprendía a controlar su movimiento afuera en los espacios cósmicos, era conducido a pasadas fases evolutivas de la Tierra. Cuando aprendía a controlar su soñar interior, el calor físico exterior era sentido igual que el calor del alma. En su conciencia se transportaba a futuras fases evolutivas de la existencia de la tierra. Este entrever el futuro estaba acompañado con la penosa experiencia de saber que tenía que superar su ego inferior, que por otra parte podía ser la fuente del mal.

¿Qué llegó a ser de la conservación del viejo conocimiento Atlante después del tiempo de Cristo? Sabemos que por un lado los Misterios de Hibernia continuaron en parte en la Corriente Arturiana fundada por el iniciado conocido como Merlín en el año 1100 A.C., que continuaron aproximadamente hasta el noveno siglo DC. Sin embargo, se oscureció la vieja clarividencia atávica.

De los Misterios de Hibernia y su ramificación Rudolf Steiner va más allá y dice que mientras ocurría el Misterio del Gólgota en la tierra, en la isla de Hibernia era espiritualmente experimentado en el aura de la tierra. El evento del Gólgota era experimentado en imágenes en el mismo momento en que ocurría históricamente. Lo mismo parece haber sido en América, aunque con una experiencia cualitativamente diferente. Es por consiguiente menos sorprendente que el Popol Vuh y el esoterismo Inca (a través del cronista Molina) asocie la presencia del ser humano-sol con el evento del Amanecer.

Con el beneficio de haber explorado otros Misterios que conservaron el conocimiento Atlante podemos volver ahora a los Misterios de Izapa.

Izapa y un Posible Camino de Iniciación

Ahora seguiremos un posible camino de iniciación en los misterios de Izapa. Mucha de esta exploración se ha hecho posible a través del trabajo de investigación de J. M. Jenkins. [38]

Como hemos visto antes, durante el solsticio invernal la Vía Láctea cruza el camino del sol sobre la eclíptica en Sagitario. Éste es el tiempo de la celebración del renacimiento del ser solar y héroe, Hunahpú. Es en Sagitario que la Vía Láctea forma una oscura hendedura, casi completamente rodeada por la blanca luz de las estrellas. A este lugar, apuntando al centro de la galaxia, el Maya lo vio como un útero de creación. Éste es un tema central de la nueva astronomía láctea que veremos abundantemente usada en Izapa. Esta nueva astronomía, basada en la observación de la Vía Láctea y la eclíptica, reemplaza los dos enfoques de la astronomía polar y del cenit en Izapa. Permítanos ver cómo.

Izapa tiene una geografía particular. Al norte se sitúan dos volcanes, el Tacana y el Tajumulco, al sur el océano. En la polaridad de cielo e inframundo, el océano representa el inframundo. El sitio ceremonial es el simbólico terreno intermedio entre las alturas y las profundidades. El eje norte-sur ofrece un primer estrato de importancia para el diseño de la ciudad.

Izapa está localizada a 14°15' de latitud. El polo celestial se sitúa a 14° sobre el horizonte. En la dirección norte, ligeramente al este de él, se sitúa el volcán Tacana. Una estrecha hendidura situada al este de la cúspide sirvió como punto de referencia para la subida de la Osa Mayor, desde alrededor del año 300 A.C., hasta el principio de nuestra era. En el solsticio de diciembre, la Osa Mayor era visible durante toda la noche, cuando el sol estaba más bajo. En el momento opuesto del año, durante el solsticio de verano, la Osa Mayor no era visible por la noche y el sol estaba en su posición más alta. El solsticio invernal era el momento del renacimiento del sol y de su representante, Hunahpú. El volcán Tacana, situado al norte, simboliza la región polar. Por consiguiente, la astronomía polar pertenece a la región y dirección del norte.

Permítanos ahora mirar más de cerca la astronomía del cenit. A primera vista la astrología del cenit no tendría la cualidad direccional, desde que apunta lejos de la tierra por encima del cielo. Sin embargo, en la visión Mesoamericana del mundo había una correspondencia entre el eje norte-sur y el eje del cenit-nadir. El sur es equivalente al inframundo, el norte a los cielos. El norte arriba, el sur abajo. Por consiguiente, la astrología del cenit también estaba referida al norte.

Finalmente, la astronomía láctea vio simbólicamente la salida del sol del solsticio de diciembre, hacia el sudeste, perpendicularmente en la dirección norte: el volcán de Tacana se sitúa a 23° al noreste, el horizonte de salida del sol de diciembre a 23° sureste. La mayoría de los monumentos en Izapa están orientados en estas direcciones. En diciembre del año 100 A.C., la Vía Láctea se elevó paralela sobre el horizonte, dos horas antes del solsticio del sol de diciembre. Lo que J. M. Jenkins ha descubierto a través de la simulación utilizando una computadora es el hecho que en Izapa, mirando al sudeste, en el año 2012 el sol se elevará dentro de la hendedura de la Vía Láctea, un acontecimiento único. En el solsticio de diciembre, el sol aparecerá como si renaciera desde el centro de la galaxia. El año 2012 es particularmente importante en el calendario Maya como fecha final del presente Gran Ciclo. Aquí está una confirmación más de que Izapa tiene un lugar central en el origen de la Cuenta Larga. La hendedura oscura de la Vía Láctea todavía tiene otras asociaciones simbólicas. Es el lugar donde la cabeza de Hun Hunahpú estuvo encima del árbol cósmico, y también es el lugar del renacimiento de los Gemelos. El Gran Ciclo que empezó en el año 3114 A.C., y termina en el año 2012 D.C. Como ya se mencionó, este ciclo está en íntima correspondencia con el ciclo del Kali Yuga de la tradición esotérica india que se extiende desde el año 3101 A.C. al 1899 D.C. Aquí hay una posible indicación que el Maya consideraba el final del ciclo como el fin de un tiempo de oscuridad.

El moderno Quiché Maya a la oscura hendedura todavía la llama Xibalbá, o el "camino al inframundo." Así que la fecha final Maya del presente Gran Ciclo tiene muchos significados adicionales. La coincidencia del sol en la oscura hendedura de la Vía Láctea en el año 2012 indica un futuro renacimiento de la deidad solar. También es lo que el Maya define como la reunión cósmica del Primer Padre y la Primera Madre — la unión de cielo y tierra — que apunta a un movimiento de redención del inframundo.

Dos conceptos se enfrentan en la iconografía de Izapa: el renacimiento de la deidad del maíz/sol durante el ciclo agrícola, y el renacimiento del dios del sol durante el ciclo anual y el ciclo cósmico. Uno se refiere al aspecto terrenal de la deidad del sol, el otro al aspecto cósmico. Estos conceptos gemelos se representan de maneras que a veces pueden causar confusión. En Izapa, la Vía Láctea es representada de varias maneras. Una recurrente es el caimán, con la boca que apunta hacia Sagitario y la cola hacia la parte más delgada de la Vía Láctea en Tauro/Géminis. La Estela 25 de Izapa retrata los cielos en el día del solsticio de diciembre (vea figura 2, capítulo 6, pág., 173). En ese momento, la cabeza del caimán (la parte más grande de la Vía Láctea, la hendedura oscura) mira al nadir, y se sitúa bajo el horizonte. La cola del caimán (la parte más delgada de la Vía Láctea en Tauro/Géminis) está arriba. [39]

El diálogo entre el norte y el sur resume el hecho de los Gemelos, su doble confrontación con Vucub Caquix y el Señor de Xibalbá. Este tema del Popol Vuh está tejido dentro del contenido iconográfico de la estela. El Popol Vuh proporcionó contacto simultáneo con las realidades míticas y su contraparte astronómica. Permítanos ahora "recorrer" las ruinas de Izapa en orden cronológico, en lo que para los Misterios Mexicanos podría ser la iniciación astronómica/cosmológica.

El mensaje de la transición de una forma de astronomía a otra está esculpido en grupos de piedras en orden sucesivo:

- Grupo A, construido desde el año 300 al 50 A.C, y así el más viejo, es el que revela la caída de Siete Guacamayo, el Dios Polar. Por el año 300 A.C., en efecto, la Osa Mayor ya se había separado considerablemente del polo norte celestial.

- Grupo B, usado simultánea y brevemente después del Grupo A, claramente trata el tema de la astronomía del cenit.

- Grupo E, es un grupo intermedio de la misma era que A y B

cuyo tema principal es la polaridad Padre/Madre.

- Grupo F, data del año 50 AC—100 DC., es el más reciente y conmemora la astronomía galáctica. Es el único con una cancha de pelota. También note aquí la coincidencia en el tiempo entre la fecha del edificio y el momento del Amanecer como transición a nuestra era.

Las imaginaciones del Popol Vuh y la orientación de las estelas y monumentos nos permitirán descifrar el significado esencial de los grupos. Aunque la mayoría de los monumentos en un grupo apuntan en una dirección, uno importante puede apuntar a otra, y completa el mensaje de cada grupo particular. La colocación de una estela dentro de un grupo ofrece otras valiosas indicaciones: la estela central a menudo es la más importante. La última serie de interpretaciones está en los jeroglíficos Mayas y en las representaciones simbólicas. Hemos visto algunas de ellas con la cruz en movimiento o esvástica, la serpiente de dos cabezas, el caimán cósmico, etc.

Contemplaremos un camino de iniciación que va del Grupo A al Grupo B, al Grupo E y finalmente al Grupo F. Tenga presente que sólo hay evidencias circunstanciales para esta progresión. No obstante el camino a través de la iconografía de estos grupos revelará la importancia de Izapa, y el lugar central del mensaje del Popol Vuh en el rol del sagrado lugar.

Grupo A: La Caída de Siete Guacamayo

El Grupo A es un grupo constituido de cuatro plataformas, tres de las cuales tienen orientación norte-sur, la más septentrional hacia la salida del sol del Solsticio de diciembre. Todos los monumentos tallados están al norte o al sur de las plataformas, salvo la Estela 27, orientada hacia el horizonte del Solsticio de diciembre. La Estela 5 es el documento más tallado de todas las estelas de Izapa. V. Garth la llama "súper-narrativa." Se entiende que describe eventos de diferentes Eras del mundo que hemos visto en la Parte I del Popol Vuh. Describe un tablero del cielo en la cima, el sagrado árbol en el medio y agua que corre en el fondo. En la base del árbol hay siete figuras humanas, y más arriba deidades o seres espirituales. La iconografía en el fondo es la misma usada en otros lugares para indicar el diluvio. Ésta es otra razón para reconocer la estela como un retrato Maya de la creación. Es una adecuada introducción al contenido esotérico del Popol Vuh que involucra las tres eras anteriores. La Estela 7 pinta a Siete Guacamayo en vuelo ascendente, y la Estela 2 una primera fase de la caída de Siete Guacamayo. Aquí él es descrito como estando arriba del sagrado árbol, pero en posición invertida, con la cabeza hacia abajo. Los Gemelos como Héroes aparecen en cada lado en un movimiento que con sus brazos indica un movimiento descendente del dios. El mismo tema reaparece en la Estela 4, esta vez como un simple ser en el acto de golpear con un garrote a un invertido y abatido Siete Guacamayo (figura 2). Las Estelas 2 y 4 están en la posición central de sus respectivas plataformas norte y sur.

Al este de la Estela 4, la Estela 25, ya mencionada, muestra la Vía Láctea como el caimán cósmico y a Hunahpú sin el brazo que le fuera arrancado por Siete Guacamayo. Él sostiene un bastón, con el dios polar como un guacamayo sentado encima de éste. La importante Estela 27 es una representación del galáctico centro cósmico de la hendedura oscura de la Vía Láctea. Apuntando, como lo hace, al solsticio de diciembre, trabaja como un último recordatorio de que Siete Guacamayo está abatido, pero hay una nueva astronomía y un nuevo dios. La estela 27 está como una respuesta a todas las otras estelas. Apunta hacia el Grupo B.

De interés adicional para nuestro análisis es la correspondencia en el tiempo del Grupo A con la realidad del declive Olmeca. En el tiempo en que el Grupo A era construido — alrededor del año 300 DC — la visión Olmeca del mundo estaba menguando y probablemente fue así con la astronomía polar debido a la "caída" de la Osa Mayor causada por la precesión de los equinoccios.

Figura 2; Estela 4, Izapa

Grupo B: la Transición a la Astronomía del Cenit

El grupo B incluye el Montículo 30A que está frente al norte. Las estelas talladas están presentes en las plataformas norte y oeste. Lo que llama la atención del visitante es la situación central de tres pilares y tres estelas. Los tres pilares están coronados por una pelota. En ellos tenemos una simple representación de la esfera del sol en el eje del cenit cósmico — en otras palabras un gnomon ceremonial, refiriéndose a la astronomía del cenit. El 'trono I' está en alineación con el gnomon central. El trono simboliza el centro cósmico en que el sacerdote entra en relación con el mundo espiritual. Los glifos tallados en éste trono están colocados en las cuatro direcciones cósmicas (solsticio de verano e invierno salida del sol y ocaso). Adicionalmente, las posiciones de salida y puesta del cenit del sol (esperada al este y esperada al oeste) están claramente marcadas al medio de cada lado, así como el propio cenit del sol, en la intersección de la banda en cruz tallada en medio del trono.

Las Estelas 8, 9 y 10 están frente a los tres gnómones. La Estela 9, la central, representa una deidad solar que lleva a un ser humano al cenit que recuerda el episodio de la resurrección de Hunahpú (figura 3). Las Estelas 8 y 10, ambas, denotan una polaridad vertical. En la Estela 8 vemos la figura de un gobernante o sacerdote sentado en un trono localizado en el inframundo. La Estela 10 describe el árbol cósmico (vea figura 3, capítulo 6, pág., 174). En su base está Ixquic dando a luz a los Gemelos. Sobre el árbol están complicados pergaminos y entre ellos Hun Hunahpú, padre de los Gemelos. Ésta es la mejor representación posible de la naturaleza dual de Hunahpú e Ixbalamqué.

Figura 3: Estela 9, Izapa   **Figura 4: Estela 11, Izapa**

La Estela 11 completa el mensaje de las tres estelas anteriores, está situada en la plataforma occidental y orientada en dirección al Solsticio de diciembre, (figura 4). Allí vemos a la deidad solar renacer de la boca de una rana, otro posible símbolo del inframundo y la oscura hendedura. Refuerza el mensaje las manos extendidas del dios, indicando la realización completa de un ciclo. La Estela 11 indica entonces una transición hacia la astronomía láctea del Grupo F.

Grupo E: Unión Padre Cósmico / Madre Cósmica

El grupo E podría formar un principio o preparación para el Grupo F. Las características prominentes del grupo son la Estela 19 y la 20, orientadas hacia la salida del sol del solsticio de diciembre. La Estela 19 es una representación figurativa del principio femenino. (Figura 5) Una forma de 'V' porta en su centro un círculo con una muesca rectangular en el fondo, representando un útero. La Estela 20 es lo que J. M. Jenkins llama una "cubierta fálica" que posiblemente representa el principio masculino (figura 6). La Estela 88, sólo se conserva en parte, puede describir la fertilización del principio femenino por el masculino a un nivel cósmico (figura 7). Es simbolizado por el círculo solar que está sobre la 'V' partida, una imagen que podría estar apuntando al evento del solsticio de diciembre de 2012. Por las razones anteriores el Grupo E podría ser un preludio a la re-promulgación cósmica realizada durante el juego de pelota que veremos en el próximo grupo.

Figura 5: Estela 19, Izapa   **Figura 6: Estela 20, Izapa**

Figura 7: Estela 88, Izapa

Grupo F: La Nueva Astronomía Galáctica

El grupo F está orientado hacia la salida del sol del solsticio de diciembre, y su rasgo más prominente es la cancha de pelota. El grupo F fue construido un tiempo después y cerca al punto de inflexión de nuestra Era. Es significante que fuera usado continuamente en la Era Clásica Maya e incluso en la post-Clásica, hasta mil años después de su edificación. La cancha de pelota nos presenta la dimensión cósmica de la deidad solar.

La Estela 60, colocada de forma prominente al este de la cancha de pelota, enfrentando el oeste, describe a un victorioso jugador de pelota que domina a un vencido Vucub Caquix. Nos reconecta con la astronomía polar, pero esta vez establece claramente que ha acabado la era de Vucub Caquix. El Monumento 4 es un gnomon del cenit, el único monumento que nos recuerda la astronomía del cenit. Todos los otros monumentos tallados simplemente retratan la nueva astronomía y la resurrección del Dios del Sol. En la cancha de pelota los candidatos para la iniciación probablemente dieron testimonio de la re-promulgación del drama cósmico de la resurrección del sol. Al final del juego, cuando la pelota, representando la cabeza de Hunahpú, entraba en el anillo del gol, indicaba la muerte y renacimiento del dios del sol.

Hay muchos otros elementos que completan el significado de la cosmología de la cancha de pelota. Es la Estela 67, en el centro de la pared norte de la cancha, la que atrae nuestro interés y añade más alimento para el pensamiento (vea figura 4, capítulo 6, pág., 175). Es única entre todas las otras tallas y merece una mirada más cercana. Lo que vemos es un héroe solar que está en una canoa. Que sea humano es más remarcado por la presencia inequívoca de una barba. La canoa repite la forma de la cancha de pelota, y apunta hacia la hendedura de la Vía Láctea el 21 de diciembre de 2012 a la salida del sol. Esto podría corresponder a la visión que la Oscura Hendedura de la Vía Láctea se mueve en los cielos en relación a la precesión del equinoccio — una situación que se refleja en el horizonte, donde la Vía Láctea tiende progresivamente hacia la salida del sol del año 2012 (según simulación por computadora promulgada por J. M. Jenkins). V. G. Norman llama nuestra atención a las dos cruces que la figura sostiene en ambas manos, que raramente son retratadas en cualquier otra parte en la iconografía mesoamericana. La compara con el cetro egipcio *anj* (Cruz Ansada), un símbolo de la vida. [40] Ellas realmente son más parecidas a la llamada Cruz Latina con un brazo inferior más largo. Esta estela puede dar una pista del héroe solar, Ixbalamqué, y la realidad de las dos crucifixiones: una en el Gólgota y la otra en Mesoamérica. Esto es confirmado en las leyendas mesoamericanas donde a veces aparece el profeta con el signo de la cruz en cualquier mano. En el simbolismo Maya, las manos extendidas indican el final de un ciclo.

Ahora podemos comparar lo que hemos cosechado de la estatuaria e historia de Izapan con las visiones de la investigación espiritual que Rudolf Steiner nos ha ofrecido.

La Naturaleza de la Iniciación de Izapa

Hemos dado dos ejemplos de supervivencia de los misterios Atlantes en la era post-Atlante. El primero se refería a los misterios de Hibernia. En América, más o menos al mismo tiempo, había los Misterios de Menes, el primero descrito a partir de los recuerdos de la vida anterior de Grace Cooke, una médium. Muchos elementos son comunes a las tres corrientes de misterio que hemos descrito. En todos ellos, el camino interior al microcosmo es acompañado por el camino exterior al macrocosmo. El conocimiento del pasado es acompañado con el profético conocimiento del futuro. En sus profundas implicaciones el conocimiento del Misterio afectaba la organización de las formas sociales, la agricultura, la astronomía, y la práctica religiosa.

El camino de iniciación de Izapa y el texto del Popol Vuh nos ofrecen varias visiones de la naturaleza de los Misterios. El Popol Vuh da indicaciones sobre las pruebas que precedieron al último hecho de los Gemelos — pruebas que sufrió el iniciado más alto. Éstas son las pruebas de las seis Cuevas, en algún grado similar a la que Grace Cooke describe de su iniciación. Éstas pueden haber sido parte del camino de los discípulos de los Misterios de Izapa, el camino al microcosmo. La otra parte es la que permanece grabada en las estelas: un grandioso estudio del camino al macrocosmo, una historia cósmica en piedra que le proporcionó al discípulo su instrucción en el pasado remoto y el futuro distante de la cosmología Americana, que mira hacia adelante hasta el año 2012 D.C.

¿Qué es entonces lo que hace única la aparición de los Misterios Mayas? Una pista la ofrece la cancha de pelota en la civilización de Izapan. Los hechos de Vitzliputzli se han realizado en el mundo. El Popol Vuh ofrece al adepto, dentro del recinto de los Misterios, una visión de su tarea en el mundo. Ixbalamqué y el ser solar representado por los Gemelos tienen que superar los peligros de Vucub Caquix y del Señor de Xibalbá. El Popol Vuh antes habla de todas las eras anteriores de la humanidad y las tentaciones sufridas por ella desde la Primera, Segunda, y Tercera Era. A todas éstas les corresponde una prueba y un examen. La humanidad falla cada vez, sólo para empezar de nuevo con nuevas fuerzas. El ser humano tiene que aprender a trabajar con los dioses en co-creación. El maíz con el que se identifican los Gemelos en el ciclo agrícola del año, para su crecimiento depende del esfuerzo humano. Única entre otras semillas de cereal es su incapacidad para reproducirse sola. A través de esta imaginería y muchos de sus aspectos, los Misterios Mexicanos parecen apuntar a la presente humanidad y al futuro rol co-creativo en concierto con los dioses.

La fecha del fin que define el Gran Ciclo actual de 13 baktun es el año 2012. Los Misterios Mayas son misterios del futuro. Un elemento de esta visión del futuro apareció en la Leyenda del Popocatépetl. Allí vimos al Profeta observando en una visión la destrucción de Tulán, la Ciudad Dorada. Ésta era su prueba. Su fe, sosteniéndolo, le permitió recobrar el don de la profecía y percibir en el futuro lejano la llegada de la nueva era y el renacimiento de la ciudad dorada de Tulán.

Con estos elementos en mente, se hace más fácil identificar el significado de la fecha del final y del renacimiento del Dios Solar. Esto sólo podemos hacerlo contando con la ayuda de la ciencia espiritual. El tiempo presente al que el Popol Vuh señala es el tiempo que Rudolf Steiner define como de la reaparición del Cristo etérico, el evento también llamado la *Segunda Venida*. Definido por Rudolf Steiner, es un evento que se despliega progresivamente y que los seres humanos empezaron a experimentar desde el año 1933. Este punto en el tiempo representa un aspecto inicial de la moderna co-creación espiritual. Precisamente así como la humanidad puede traer los horrores más oscuros del mal sin precedentes, así puede continuar el trabajo de Cristo en activa co-creación. Volveremos a este aspecto cuando alcancemos las conclusiones de estos estudios.

Acompañando la habilidad de co-crear con los dioses está el riesgo de ser llevado por el camino incorrecto a causa de tentadores motivos. La apelación de Vucub Caquix y el Señor de Xibalbá es sutil y real. El Popol Vuh menciona casi como una sorpresa que los Señores de Xibalbá no eran verdaderos dioses. Antes, nos había llevado a creer que lo eran. Si lo fueron o no, no causó gran diferencia en el alma Nativa Americana. En efecto, fueron instrumentos de seres espirituales que sus almas podían percibir tan claramente como la realidad física. Estos seres retrasados, actuando a través de seres humanos, eran una verdadera amenaza para las fuerzas progresistas representadas por el iniciado y los Misterios de Izapa.

Las respuestas a las amenazas de Vucub Caquix y Xibalbá sobreviven hasta el momento en el año ritual Maya y su división entre la estación de lluvias y la estación seca, el Calendario Sagrado y el año civil. El mensaje iconográfico muestra que los Gemelos han superado al dios de la noche que representa la conciencia de Vucub Caquix. La vida de los Gemelos acompaña la muerte y resurrección del maíz, su ciclo de vida. Es una nueva conciencia nocturna la que representa el sacerdote del dios de la Agricultura; podríamos llamarla conciencia nocturna Cristo-imbuida. El sacerdote de la Agricultura trabaja con la noche exclusivamente en el reino del ciclo natural y lo hace para conmemorar el hecho de los Gemelos. La amenaza de Vucub Caquix, el dios de la noche, ha sido superada. El dios de la agricultura, dando oídos a los días de Atlántida, gobierna exclusivamente sobre la naturaleza en íntima cooperación con los Gemelos que con su vida acompañan el ciclo del maíz. La naturaleza, penetrada por los Cristo-imbuidos hechos del iniciado, ofrece nuevos recursos al ser humano y a la civilización. Por otro lado el dios solar marca el comienzo de la nueva era de la histórica conciencia y cultura, sembrando la semilla de la individualidad claramente visible en la conducta del sacerdote solar.

Después de Izapa, la siguiente historia de Mesoamérica es seguida por las luchas internas y dudas para discernir entre las diferentes llamadas que tienen toda la apariencia de legitimidad. La visión del mundo de Teotihuacán y de los Aztecas está basada en una clara continuación de la tradición del Popol Vuh. ¿Qué es lo que hace diferente a Teotihuacán de los Toltecas de Tulán, de la Liga de Mayapán, o de los Aztecas? Ahora consideraremos la historia siguiendo los hilos del Popol Vuh, la cosmología y la astronomía que ya nos han permitido encontrar nuestro camino en los Misterios de Izapa. El conocimiento de estos Misterios centrales nos dará una orientación en la posterior historia Americana.

Parte II
Del Tiempo de Cristo
a la Conquista

CAPÍTULO 1

INFLUENCIA TEOTIHUCANA Y TOLTECA

I La Civilización de Teotihuacan

El Popol Vuh nos ha permitido tener una apreciación global de las Eras de desarrollo de América desde un privilegiado punto de vista. Su mito central incluye la vida y tiempos de Ixbalamqué en el punto de inflexión de la historia Americana. La Parte III del Popol Vuh recapitula la transición de la Tercera a la Cuarta Era desde la perspectiva humana. Nosotros no nos preocupamos más de los hechos de los dioses sino del punto de vista de los Quiché Mayas y sus antepasados. Por un desvío del destino, el Popol Vuh nos permite ver los vínculos entre las civilizaciones Maya y Teotihuacán, la Tolteca de Tulán, y la Liga Mayapán (el Nuevo Imperio Maya) antes del surgimiento de los Aztecas. Esto es debido al particular grupo étnico — el Maya Quiché — cuya historia forma un puente con todos los grupos antedichos, excepto los Aztecas y cuya historia estamos siguiendo.

Una vez más aparecerá que el Popol Vuh vierte luz sobre los fenómenos y los modos espirituales de percepción poco accesibles al hombre occidental moderno, pero completamente real para la conciencia Nativa americana, por lo tanto no podemos descartar su contenido sin perder la oportunidad de ver lo que es verdaderamente único en su historia.

El período de tiempo que lleva a la confrontación entre Vitzliputzli y el "súper-mago" está precedido por la introducción del Tzolkin y los Misterios de Izapa. Es un tiempo de tremenda expectativa, pero también un tiempo de oscuridad espiritual y probación. Prácticamente toda la Parte III del sagrado libro está dedicada a este punto de inflexión tal como es percibido y experimentado desde la perspectiva de una tribu particular. La Parte IV repasa toda la era moderna. Así vemos que la Parte III trata a fondo como máximo unos pocos siglos y la Parte IV nos da una apreciación global de diez siglos o más. Ésta es ciertamente una manera diferente de ver la historia, diferente a la del científico occidental. La razón es simple de explicar una vez que penetremos la profundidad de la manera de pensar Nativa Americana. La Parte III trata de los eventos más "espiritualmente cargados" de la historia Quiché. La Parte IV muestra desarrollos menos drásticos, aunque cubre partes de la historia que los arqueólogos e historiadores han investigado en gran detalle, y que llena la mayoría de libros de historia mesoamericana. El Popol Vuh se preocupa menos de las guerras, la construcción de ciudades, o el exterior desarrollo de la cultura que de las pruebas espirituales del pueblo en su seguir al dios Tohil. Los hechos y exigencias del dios afectan la vida del Quiché. Esto se hace claro en la Parte IV donde el libro pone particular hincapié en el resurgimiento del sacrificio humano y la respuesta de las tribus a este fenómeno.

Seguiremos los eventos de la historia Mesoamericana a través de los ojos del sagrado libro y completaremos el cuadro con toda la evidencia recogida del registro histórico. Estamos intentando hacer visible el proceso del que Girard fue precursor. Sólo a través de un complemento del idioma imaginativo Nativo americano y de la metodología científica occidental podemos completar el cuadro de la historia Americana. Volveremos a los eventos espirituales en primer lugar a través del Popol Vuh. Encontraremos entonces cómo se manifestaron en la historia.

El Quiché Maya y el Surgimiento del Dios Tohil

El Popol Vuh toma su tiempo para relatar el origen del Quiché. La manera en que comparten el nacimiento de la Cuarta Era — al menos cronológicamente — comprende prácticamente toda la Parte III. Y aquí al principio es difícil abrirse paso entre los elementos del drama. En efecto, la Parte III regresa al evento central del Amanecer, pero ahora ya no desde la perspectiva del mundo espiritual — más desde la particular perspectiva histórica de un grupo indígena, el Maya Quiché.

Habiendo pasado de la parte mitológica a la parte histórica del Popol Vuh, seguiremos la narrativa y ofreceremos un comentario conforme avancemos.

Estamos diciendo que los progenitores del Quiché se formaron del maíz. Esto ocurrió en Paxil y Cayala. Se hace mención del cacao, la miel, el zapote, la guanábana, el nance, y otras frutas tropicales. (Parte III, Capítulo 1) Todo esto apunta al "paraíso original" del Soconusco. Los antepasados de la raza todavía son hombres especiales; engendrados por los dioses: "Se dice que ellos sólo fueron hechos y formados, no tuvieron madre, no tuvieron padre. Solamente se les llamaba *varones*. No nacieron de mujer, ni fueron engendrados por el Creador y el Formador, por los progenitores." (Parte III, Capítulo 2) Después, en el Capítulo 3, se dice lo mismo de las primeras cuatro mujeres. Éste es exactamente el proceso que describe la formación del hombre y la mujer de la Tercera Era. Los cuatro antepasados todavía poseían la clarividencia atávica, pero la pierden inmediatamente. Los dioses los privan de este don: "¡Que su vista sólo alcance a lo que está cerca, que sólo vean un poco de la faz de la tierra!" (Parte III, Capítulo 2).

Las indicaciones se hicieron más precisas cuando se nos dice que el Amanecer todavía no había ocurrido. "Una misma era la lengua de todos. No invocaban la madera ni la piedra, y se acordaban de la palabra del Creador y Formador, del *Corazón del Cielo*, del *Corazón de la Tierra*." (Parte III, Capítulo 3) Curiosamente, dos cosas están aquí vinculadas: todas las tribus todavía hablan el mismo idioma, y no se rinde culto a ídolos.

La anticipación del Amanecer es un período de prueba, y el Capítulo 3 describe la impaciencia de las tribus. También se agrega un extraño comentario. Aunque el texto ha referido que las tribus hablan el mismo idioma, también menciona que hay hombres negros y blancos, personas que hablan idiomas diferentes. Lo que parece una contradicción a la parte anterior es lo que la arqueología confirma. Los pueblos semitas o del Medio Oriente (el famoso "Tío Sam") así como el tipo africano son descritos de muchas y diferentes maneras artísticas. Al respecto hemos visto en el capítulo 7 el trabajo de von

Wuthenau.

El capítulo 4 forma un punto decisivo. Se expresan muchas ideas en pocas páginas. Aquí de nuevo se especifica inicialmente que el Quiché todavía no adoraba a ídolos. Sólo una página después se nos dicen que Tohil se acerca al Quiché: "Y el primero que salió fue Tohil, que así se llamaba este dios, y lo sacó a cuestas en su arca Balam-Quitzé." (Parte III, Capítulo 4) Esto parece referirse a un ídolo (lo sacó a cuestas en su arca). Nos dice que tres de los señores de Quiché adoptan los nuevos dioses. Al principio son llamados por tres nombres diferentes, Tohil, Avilix, Hacavitz, y luego se les llamó igual a todos: Tohil. Aparece luego una frase sintomática que clarifica todo lo que sigue. "Uno solo era el nombre del dios, y por eso no se dividieron las tres (familias) quichés." (Parte III, Capítulo 4) En este punto aparecen dos fenómenos simultáneamente: la migración y diferenciación del idioma. Los Quiché emigran mientras otras tribus permanecen en el oriente — el lugar de origen — y sucede la diferenciación de los idiomas. Las tribus siguen el mandato de los dioses. El idioma común cambia según los diferentes seres espirituales que cada grupo sigue, un recordatorio de la Biblia en su episodio de la Torre de Babel. Lo mismo se reitera en el Capítulo 9: "Ahora bien, la lengua de los cakchiqueles es diferente, porque era diferente el nombre de su dios cuando vinieron de allá de Tulán-Zuiva." Las tribus continúan la migración, siguiendo a Venus ("la luminaria del amanecer").

Al llegar a su destino, el drama alcanza un nuevo nivel. Los Quiché experimentan algo nuevo. Se exponen al frío y al granizo. El dios Tohil viene en su ayuda con el regalo del fuego. Es un regalo que el texto resalta, subraya: "no se sabía cómo se hacía, porque ya ardía cuando Balam Quitze y Balam Acah lo vieron." (Parte III, Capítulo 5) Se establece un ciclo de dependencia de las tribus hacia su nuevo dios. Grandes tormentas tapan el fuego y el dios renueva su regalo. El texto nos da la imagen del Simulacro de Fuego — el dios que enciende su único pie para encender el fuego, una representación popular de este ser divino (Parte III, Capítulo 5). En el momento en que la duda entra en las mentes de los tres líderes, un mensajero viene a hablar por Tohil. Es un mensajero de Xibalbá — el texto lo especifica claramente — aunque habla en nombre del Creador y Progenitor. Las tribus vecinas que han emigrado al mismo lugar le piden fuego al Quiché. Tohil responde: "¡Bueno! ¿Querrán dar su pecho y su sobaco? ¿Quieren sus corazones que yo, Tohil, los estreche entre mis brazos?" (Parte III, Capítulo 5) Ésta es una referencia directa al sacrificio humano y a la remoción del corazón. [1] Entendida aún más claramente en el siguiente comentario: "No pidieron el fuego los cakchiqueles porque no quisieron entregarse como vencidos, de la manera como fueron vencidas las demás tribus cuando ofrecieron su pecho y su sobaco para que se los abrieran. Y ésta era la abertura que había dicho Tohil: que sacrificaran a todas las tribus ante él, que se les arrancara el corazón del pecho y del sobaco." (Parte III, Capítulo 6) Los Cakchiquel continuaron leales a su propio dios. Note aquí un refuerzo de las nociones anteriores. Los Cakchiquel permanecían fieles a su orientación espiritual anterior, y desarrollaron un idioma diferente o mantuvieron el anterior. Por no seguir al dios Tohil, podrían oponerse también al regalo del fuego que estaba acompañado por la exigencia de practicar el sacrificio humano.

El Amanecer todavía no había ocurrido. Los sacerdotes ayunan mientras esperan. En Tulánn las tribus alcanzan gran poder pero todavía tienen que emigrar más allá. Continúan su camino siguiendo a Venus. Se acerca el clímax del Amanecer con los sacerdotes dudando y echando de menos los tiempos antes de su migración, cuando todas las tribus hablaban el mismo idioma y estaban unidas.

Los tres dioses piden ser ocultados. Dos de ellos están ocultos en la cima de la montaña, un tercero en un cañón. Sin embargo, son grandes la duda y la aflicción de los sacerdotes y realmente alcanzan su clímax en este punto. "No dormían, permanecían de pie y grande era la ansiedad de sus corazones y su vientre por la aurora y el amanecer. Allí también sintieron vergüenza, les sobrevino una gran aflicción, una gran angustia y estaban abrumados por el dolor." (Parte III, Capítulo 8) El Amanecer finalmente llega pero trae resultados mixtos. "Enseguida se secó la superficie de la tierra a causa del sol. Semejante a un hombre era el sol cuando se manifestó, y su faz ardía cuando secó la superficie de la tierra." (Parte III, Capítulo 9) La imagen del Amanecer es inequívoca. Es "como un hombre," una imagen del Hunahpú resucitado. Sin embargo, realmente estamos dando testimonio de un anti-clímax. El sol trae insufrible calor, como es subrayado por las palabras "No era ciertamente el mismo sol que vemos, dicen sus viejos cuentos." (Parte III, Capítulo 9) El Amanecer ha llegado pero ha traído excesivo calor. Contrariamente a lo que hemos visto en la Parte II del Popol Vuh, ninguna alegría sigue al evento. Las tribus todavía dudan y sufren. Aquí el texto agrega una revelación. El llamado Tohil es el mismo dios de los yaquis, cuyo nombre es Yolcuat-Quitzalcuat — el nombre que también es equivalente a Quetzalcóatl (Parte III, Capítulo 9). Esto fue antes indicado en el texto con la mención de las tribus que seguían a Venus, la luminaria de Quetzalcóatl.

Al Amanecer le sigue la duda de las tribus y la transformación de los dioses. Los dioses les piden a los sacerdotes que no los muestren a las tribus con las que ellos están disgustados. Piden sacrificios de plantas y sangre de animales. También piden la sangre de los sacerdotes, clara referencia a la práctica del sangrado. Luego empieza lo que el Popol Vuh llama la persecución de los pájaros y los ciervos. Los dioses pueden hablar a través del poder de la sangre. "Y cuando la sangre había sido bebida por los dioses, al punto hablaba la piedra, cuando llegaban los sacerdotes y sacrificadores, cuando iban a llevarles sus ofrendas." (Parte III, Capítulo 10) La Parte III termina con la mención que los sacerdotes los esconden y el pueblo no sabe dónde están ellos. Entretanto, Tohil les ha prometido futura gloria y dominio sobre las tribus.

La Parte IV del Popol Vuh continúa después del Amanecer y avanza hacia la emergencia y victoria del sacerdocio de Tohil. Pronto, como antes del Amanecer, los sacerdotes reintegran el sacrificio humano. Esta vez lo realizan sin conocimiento de la población. Los sacerdotes actúan de tal manera que llevan al pueblo a creer que el individuo desaparecido ha sido atacado por las salvajes bestias de la montaña. No obstante sus hechos son descubiertos.

Poco después, las tribus escogen una manera de derrotar al sacerdocio. Les envían a dos bonitas doncellas que tienten al representante del dios que se baña en el río todos los días. Tohil no cae en la trampa y envía de regreso a las doncellas con tres capotillos para los señores. Uno tiene una pintura de un jaguar, otra de un águila, y el tercero una pintura de avispas. Los primeros dos señores llevan los primeros dos capotillos y nada pasa. Al tercero lo pica un enjambre de avispas mientras llevaba el tercer capotillo.

Finalmente, las tribus deciden atacar a los Quiché y sus señores. Aquí se hace mención de tribus que atacan con arcos y flechas, un detalle importante. Los Quiché superan a los asaltantes a través de trabajos de magia. Construyen paredes fortificadas y ponen maniquíes en lo alto de ellas, decorados con plata del tributo pagado por las tribus sometidas. También llenan de avispas y parásitos cuatro grandes calabazas, y las ponen en el perímetro de la ciudad. Cuando las tribus atacan al Quiché son vencidas a través de la artimaña y la magia. Los maniquíes les dan la falsa impresión de haber sólo unos pocos defensores. Las abejas y las avispas son una referencia obvia a la magia, como en el episodio anterior. Son ellas quienes superan a los asaltantes. Las tribus son así sometidas.

Los señores del Quiché, habiendo logrado su misión, desaparecen. Vuelven al Este, de donde vinieron. Así termina la larga historia de la primera generación de Señores de Quiché. Ellos abandonan el *Pizom-Gagal*, el "Envoltorio de Grandeza" que envuelve al ídolo de su dios. Las tribus nunca lo desenvuelven.

Aparte de los señores, tres de los hijos también vuelven a su tierra ancestral. Son llevados por el Señor Naxcit, a quien la historia también conoce como Topiltzin Quetzalcóatl, el famoso rey Tolteca. Aquí primero encuentran la ciudad de Chi-Quix, y más tarde Chi-Izmachi (Chichen Itza), formando una alianza de tres Casas: Cavec, Nihaib, y Ahau-Quiché. Ésta es por consiguiente una alianza del Quiché con otras tribus. En Chi-Izmachi ocurre una revuelta general y muchos son tomados como esclavos. El sacrificio humano está de nuevo en vigor y alcanza nuevas alturas. Así que hacen orgías asociadas con el matrimonio de las hijas de los señores. (Parte IV, Capítulo 7) El Quiché, viviendo en Chi-Izmachi, tiene que abandonarla y después encuentra Gumarcaah. En este nuevo lugar el poderío del Quiché alcanza su culminación con la llegada al poder del Señor Gucumatz. Esta famosa figura infunde terror en las otras tribus. Se dice que puede ir al cielo por siete días y descender al inframundo durante siete días. En un momento puede tomar forma de serpiente, jaguar, o águila durante siete días. (Parte IV, Capítulo 9) La historia acaba con el éxito de Tohil y sus representantes Gucumatz y el Maya Quiché. El último capítulo nos da una lista de la generación de gobernantes del Quiché.

Aspectos espirituales de la Historia Quiché

La Parte III del sagrado texto está llena de indicios de eventos espirituales. Los Quiché comparten el nuevo e intensivo uso del maíz, como la innovación que precede el principio de la Cuarta Era. Reconocen el Calendario Sagrado. Los cuatro progenitores de la raza, inicialmente clarividentes, pierden sus dones atávicos. De aquí viene su comprobación; ellos ya no pueden percibir la realidad espiritual detrás de la realidad física, y ahora tienen que confiar en su fe, en lugar de confiar en la manifestación del favor de los dioses. Todo apunta a un proceso que ha empezado con la adopción del Tzolkin, pero no completado. En efecto, el Amanecer todavía no ha ocurrido.

A través de la referencia a la vegetación local se hace claro que el drama es originalmente fijado en el "paraíso original" de Soconusco. En esta fase está ocurriendo una importante batalla espiritual. Las tribus gozan resistiéndose a la idolatría. Éste es un punto en el tiempo que corresponde al principio del tiempo post-Atlante que en otras partes del mundo se produjo antes. En ese tiempo fue Manu quien dijo: "Hasta ahora ustedes han visto a aquéllos que los han conducido; pero hay un líder superior a quien ustedes no ven. Es a este líder a quien ustedes están sujetos. Ustedes oirán las órdenes del dios a quien ustedes no ven; y obedecerán, es aquel de quienes ustedes no pueden hacerse ninguna imagen." [2] El advenimiento de la Cuarta Era acompaña la transición a una nueva conciencia. La conciencia como de Atlante presente en América da un paso más a la plena realidad de la nueva tierra post-Atlante. No es fácil medir la magnitud del desafío propuesto por la orden de seguir al "dios a quien ustedes no ven" y abandonar los ídolos.

Otros eventos acompañan la necesidad de este cambio de conciencia. Las tribus se diferencian unas de otras. Su idioma refleja la realidad espiritual del ser o seres que ellos siguen. El texto está bastante claro sobre el hecho que diferentes tribus hablan idiomas diferentes según sus dioses. Curiosamente no se menciona alguna generación de líderes durante su estancia en Tulánn-Zuyva.

La inminente llegada del Amanecer provoca una confrontación espiritual resaltada por el dramático frío y el granizo que precede la introducción del fuego, y la diferente experiencia del Amanecer que trae el insoportable calor. Ésta es la aterradora realidad que acompaña la prueba de tener que esperar un dios invisible. El fuego es más que el fuego físico. Es el regalo de los dioses que reemplaza la pérdida progresiva de la capacidad de hacer uso de la energía etérica disponible en Atlántida. El Nativo americano había retenido esa facultad, junto con su conciencia Atlante, mucho tiempo después de la destrucción de Atlántida. Hemos visto que los señores de Quiché se han convertido en ordinarios seres humanos, sólo capaces de "ver cerca." La prematura y exclusiva confianza en el Dios del Fuego, que reemplazan la pérdida de la clarividencia, acomoda este tipo de "anti-Amanecer" — una experiencia diferente del mismo evento testimoniado por las otras tribus Mayas en el Oriente.

Permítanos considerar los fenómenos que acompañan el regalo del fuego. El texto menciona que nadie supo de dónde vino. Las tribus no pueden mantenerlo y se extingue durante las tormentas. Es la intervención divina la que lo renueva. En esta imagen del Popol Vuh aparece primero el origen mitológico del vínculo entre el fuego y la renovación del tiempo, como fuera después consagrado en el ritual de la Nueva ceremonia del Fuego. Las tribus dependen ahora de su dios Tohil y tienen que aceptar sus exigencias. El Dios del Fuego fue representado como la deidad del nadir, pensada para ocupar el cenit. Los Aztecas lo identificaron como Tezcatlipoca, el siniestro gemelo de Quetzalcóatl. [3] El dios es representado girando sobre su único pie, una elocuente imagen de un simulacro de incendio. Su símbolo era el cetro de gobernador en forma de serpiente de cuatro patas. Su sonaja (tzab) contiene símbolos combinados del sol y las Pléyades, y señala al cenit. Curiosamente, la palabra *tzab* en Maya indica sonaja y Pléyades. Aquí

229

el texto menciona a Tezcatlipoca: el dios que guía la Tercera Era, el que introdujo el culto como al Yahweh de los Olmecas. Sin embargo, ha ido combinado y reemplazado por el Dios del Fuego.

En la imagen de la renovación del fuego vemos el arquetipo de la dependencia de la humanidad Americana de los dioses retrasados. El movimiento es introducido para la renovación cíclica del tiempo, el mismo que existía en el tiempo de los Aztecas quienes practicaron la Nueva Ceremonia del Fuego cada cincuenta y dos años. Una vez más, el Popol Vuh nos permite ver la raíz de la causa de los extendidos fenómenos históricos. El elemento cultural-espiritual del tiempo finito es un recordatorio de la Tercera Era, y otro indicio de que los antepasados Quiché habían empezado pero no completado el proceso de transición a la Cuarta Era. El miedo a la mortalidad, universal para la Tercera Era, ahora se intensifica y provoca pavor. Esto se refleja por un Amanecer diferente al conocido en la región de lzapa.

El regalo del fuego es acompañado por la demanda del sacrificio humano. Como en la parte mítica del Popol Vuh, (Parte II) el sacrificio humano y su superación se centran en el evento del Amanecer. ¿Entonces por qué nos cuentan dos veces el mismo evento? La razón es bastante simple. La Parte II del Popol Vuh relaciona el evento en el Este — el lugar de origen de los nuevos misterios — en relación a los hechos de Ixbalamqué. Allí ha tenido lugar un completo Amanecer, acompañado por la nueva conciencia de la Cuarta Era y la adopción de la Cuenta Larga, venciendo el miedo a la mortalidad y al final de los tiempos. La Parte III narra el mismo evento desde la perspectiva de las tribus que han emigrado antes de la realización de los hechos del iniciado. No sólo han emigrado, sino que también han adoptado todas las prácticas que el Popol Vuh condena, particularmente la idolatría y el sacrificio humano. El Amanecer, no obstante, tiene lugar, porque es un evento espiritual que afecta a todas las Américas. Aquí vemos sus resultados en una población que se ha resistido a la conciencia de la Cuarta Era. Esto se manifiesta en primer lugar con inusuales síntomas físicos como el excesivo calor. Sin embargo, así como en el oriente, el Amanecer provoca la derrota del sacrificio humano. La duda, la profunda ansiedad, y el remordimiento saturan el humor de los sacerdotes. Ellos no pueden realizar abiertamente sus rituales. Los poderes del adversario están inmovilizados, pero están preparando su resurgimiento a largo plazo. Por el momento, eso significa aceptar la sangre de animales y la sangre voluntariamente dada por los sacerdotes que tienen que esconder los ídolos.

La aserción del Popol Vuh de la presencia del Dios del Fuego y su equivalencia con Quetzalcóatl es una cuestión que será explorada en el próximo capítulo. Exploraremos la materia respecto a los viejos Misterios Atlantes. El Dios del Fuego o Viejo Dios es reconocido por los arqueólogos como uno de los dioses, si no el más viejo, venerado en Mesoamérica, normalmente es representado como un hombre viejísimo en posición de cuclillas, llevando un gran vaso cilíndrico sobre su cabeza. En Teotihuacán las estatuas del dios son abundantes y adquieren la forma clásica. [4]

La parte II y III forman dos imaginaciones completamente yuxtapuestas. En la Parte II el sagrado texto ha dado grandes pasos para construir la imagen de la humanidad co-creando con los dioses. Los Gemelos en su ser comparten de humano y divino. El Amanecer, en el nuevo calendario y astronomía, provoca la resurrección y con ella la idea de la inmortalidad del alma y la eternidad del tiempo. La Parte III muestra el surgimiento de un nuevo dios, Tohil. El texto nos ofrece muchas pistas acerca de su ser. A nivel astronómico es a la estrella de Venus a la que las tribus siguen. A nivel cultural es el dios de esas tribus que todavía viven totalmente en la conciencia de la Tercera Era. El Popol Vuh especifica finalmente que es el ser a quien hemos encontrado con el nombre de Quetzalcóatl a quien Rudolf Steiner definió como mefistofélico, principalmente dotado de atributos Ahrimánicos. Él les frustra el desarrollo de la Cuarta Era a los antepasados Mayas Quiché. Quetzalcóatl, o Tohil, se alimenta de sangre, es decir de la vitalidad etérica de las tribus. En un momento cuando la nueva tierra condiciona el límite del poder de acceso a la energía etérica del mundo natural, el dios retrasado se alimenta de las fuerzas vitales humanas. Para abreviar, toda la imagen de la progresivamente más profunda dependencia se desarrolla totalmente en la Parte III. En lugar del nuevo don de la co-creación, la humanidad Americana tiene la opción de entrar en cada vez mayor dependencia de los dioses. Esto evita la posibilidad de experimentar la inmortalidad del alma, y a nivel exterior es acompañada con el cíclico miedo a la extinción de la civilización o del tiempo. Estos fenómenos alcanzan plena realización en el tiempo del Alma Consciente, aproximadamente equivalente al tiempo del descubrimiento de América por Colón.

Como lo hacen muchos otros documentos esotéricos, el Popol Vuh construye con genio todos los elementos de este contraste central. Nada es gratuito o redundante. La Cuarta Era se anuncia en la Parte I. La Parte II, con el evento del Amanecer, trae una profundización del evento central de la Cuarta Era. La Parte III parece retroceder en el tiempo, pero esto es lo que nos permite profundizar en la naturaleza del evento central de modo que abarca arquetípicamente cualquier evento intermedio que pueda haber ocurrido en América. Ilustrando el totalmente realizado Amanecer y lo que podemos llamar un "anti-amanecer," el Popol Vuh nos da una idea de la gama de fenómenos que afectaron el continente entero en el momento de la transición a la Cuarta Era. Sería imposible conocer específicamente todos estos eventos por el limitado registro que la arqueología ha conservado. El Amanecer es un punto decisivo. O es el punto de acceso a una nueva Era llena de ideas de la eternidad y la co-creación humana con los dioses, o un paso atrás al pasado, acompañado con aumentada duda, angustia, y miedo al fin de los tiempos.

La Parte IV del Popol Vuh es simplemente la lógica conclusión de la Parte III. Las tribus reaccionan a la práctica del sacrificio humano. Desde que no han encontrado completo acceso a los impulsos de la Cuarta Era, con el tiempo ocurrirá la progresiva difusión de la práctica del sacrificio humano, aunque en un tiempo bastante largo. Todo lo que el Popol Vuh ha ofrecido en una rápida sinopsis es confirmado por la evidencia histórica; ésta es la que seguiremos.

El Registro Histórico del Quiché

Tomar el Popol Vuh con toda seriedad le ha permitido a Girard resaltar aspectos de la historia Mesoamericana que normalmente son temas de muchas hipótesis pero poca concreta certeza. Al registro del Popol Vuh Girard le adiciona datos proporcionados por otros históricos documentos indígenas, y finalmente el registro de la iconografía, del ritual, y la astronomía.

Girard rastrea la migración del Quiché desde la zona de la frontera entre Guatemala y México al lugar que vio el surgimiento de la civilización de Teotihuacán, y después del histórico Tolteca de Tulán y Chichen Itza. De hecho esto es lo que también le permite definir como Tolteca a la civilización de Teotihuacán (después del tiempo de Cristo) y la posterior Tulán, como los viejos historiadores acostumbraban hacer y como el resto de este trabajo demostrará. [5] El movimiento de retorno a la patria ancestral es el que esa historia conoce como la migración Tolteca a Yucatán y la formación de la Liga de Mayapán (también llamada Nuevo Imperio [Maya]) con las tres ciudades de Chichen Itza, Uxmal, y Mayapán. Permítanos encontrar nuestro camino a través de tan asombrosas revelaciones y apreciar su base histórica.

El Quiché se separó de la civilización pre-Maya y Maya en formación, en un tiempo en que el Maya había desarrollado el Tzolkin pero no la Cuenta Larga. Hemos visto cómo el Popol Vuh señaló estos eventos. Históricamente nos sitúa en el tiempo de la Tercera Era, el tiempo del americano crepúsculo de los dioses. La civilización de Teotihuacán se originó uno o dos siglos antes de nuestra era en la alta meseta de México Central, cerca de la actual capital.

Teotihuacán nos ha dejado algunas de las más impresionantes pirámides y trabajo monumental en el continente. Los famosos murales del sitio describen un ambiente tropical, y el uso del caucho (en el juego de pelota), el cacao, y la cáscara de estróbilos, los cuales no se encuentran en la alta meseta. El Rabinal Achi — un documento Quiché — señala al Quiché como que es de la "raza Tolteca." Otros documentos y crónicas indígenas atestiguan que los Toltecas se originan del Maya Quiché, y las tradiciones Nahua confirman que los Toltecas no eran originalmente de México. [6]

El Tolteca de Teotihuacán dominó a las tribus nómadas que entraron en la alta meseta del norte — conocida como Chichimeca o viejo Nahua — en contraste con el último Nahua que formó la población de Mexica, después llamados Aztecas. Entre éstos reconocemos las

233

corrientes de inmigración post-Atlante que procedió de Asia, por el Estrecho de Bering. En el año 583 DC, Chalcatzin y Tlacamihtzin de los Chichimecas condujeron una rebelión contra los gobernantes de Teotihuacán. La guerra duró ocho años y llevó a la derrota de los Chichimecas. La derrota causó la histórica transición del gobierno teocrático al militar. El episodio ocupa unos pocos capítulos del Popol Vuh, la Parte III. En esta parte del tiempo los Chichimecas emigraron al sur donde fueron reconocidos como Pipil (Chiapas, Guatemala, y más al sur). Las tradiciones de Pipil, grabadas en el siglo XVI, recuerdan la subyugación sufrida en su tierra original por más de cinco siglos por parte de los Toltecas. Después de rebelarse contra ellos y derrotarlos, mencionan haber emigrado hacia el sur. [7]

Teotihuacán ya era una metrópoli dos siglos antes de nuestra era. El Quiché ya la había encontrado habitada. La primera fase de la ciudad va del año 200 A.C., y sigue hasta el cambio de nuestra era. Según la arqueología actual, es la más impresionante etapa de construcción. Durante este tiempo se construyó la Pirámide del Sol y la Pirámide de la Luna. Si los dos templos originalmente fueron dedicados al sol y a la luna es una pregunta que no ha sido respondida positivamente, ellos pueden haber sido dedicados a otras deidades. [8] Lo que es de interés para nosotros es el hecho que diferentes templos han sido enterrados bajo otros más nuevos, indicando la desgracia de un dios y el surgimiento de otro — un elemento que posiblemente ha confundido a arqueólogos e historiadores. El Templo de Quetzalcóatl, dentro de la famosa "Ciudadela," se cree que data del año 200 DC. Fue enterrado bajo posteriores estructuras. Alrededor del Templo de Quetzalcóatl se encontraron los restos de 96 víctimas sacrificiales de una probable cantidad estimada en más de doscientas.

Teotihuacán desarrolló como una gran metrópoli, y en organización social y tecnológica superó a la Maya. Su extensión cubrió más de siete millas cuadradas. El intercambio y el comercio desarrollaron a un grado desconocido para el Maya, sin embargo, en el nivel cultural poco se agregó al horizonte y cultura de la Tercera Era. La ciudad alcanzó su última fase del año 650 al 750 DC. En ese tiempo la alfarería y los murales evidenciaron un creciente militarismo. Ellos también señalan la existencia de órdenes militares cuyos símbolos eran el jaguar y el águila, un motivo después adoptado por los Aztecas. [9] La ciudad fue saqueada en el octavo siglo y luego abandonada. La carencia de barrera topográficas hizo de Teotihuacán una ciudad difícil de defender.

Los Toltecas pasaron a Tulán, no lejos de Teotihuacán, al noroeste. La ciudad había sido fundada poco antes, en el siglo séptimo. Tulán literalmente significa "Lugar de Movimiento"; simbólicamente también representa la metrópoli. La palabra Tulán de hecho representaba a ambas ciudades. En la historia ellas son llamadas Tullan-Teotihuacán y Tullan-Xicoctitlan. [10] La inmigración nómada post-Atlante continuó fluyendo del norte y adquirió cada vez más importancia en la nueva ciudad.

Tulán abrazó decididamente un régimen militarista. Se reintrodujo el culto de Quetzalcóatl/Tohil que había ocupado una o más fases de Teotihuacán. La historia de Cuautitlán, confirmando el registro del Popol Vuh, nos dice: "Todas las Artes Toltecas, su conocimiento, todo vino de Quetzalcóatl". [11] El dios se volvió la deidad patrona de la ciudad. En esta fase los roles de rey y sacerdote parecen haber estado muy estrechamente vinculados apuntando a un retorno a la ideología de la Tercera Era. Topiltzin Quetzalcóatl es descrito en ambas funciones. De hecho, el rey/sacerdote fue a menudo identificado con el nombre de la deidad patrona.

Tulán fue abandonada después del siglo X u XI. El Popol Vuh indica que la rebelión contra la práctica del sacrificio humano jugó un papel importante en la decisión de abandonar la ciudad y volver al oriente. *La historia de Cuautitlán* describe la lucha interna del último gobernante, Topiltzin Quetzalcóatl, contra los demonios y/o magos negros que lo tientan a practicar el sacrificio humano contra el que luchó. [12] Entre tres magos negros que se acercan al gobernante, nos enteramos de la primera mención de Huitchilopochtli, el héroe cultural Azteca que Rudolf Steiner llamó Vitzliputzli.

El arte de Tulán alcanzó una calidad muy inferior que la que tenía en Teotihuacán. Aquí vemos la reintroducción de las canchas de pelota. Que el juego asumió un totalmente nuevo significado lo testifica la presencia asociada de las "estacas para cráneos." Los cautivos eran sacrificados durante las actuaciones. La adopción del sacrificio humano ha sido señalada por el Popol Vuh con la mención del sacrificio ordinario y el desollado. Las fuentes coloniales agregan un tercer tipo de sacrificio, ser atravesados por flechas. La reintroducción del sacrificio humano ocurrió todavía a una escala escasamente comparable a los excesos posteriores de los Aztecas. Todavía no se practicaba el sacrificio del corazón. Netzahualcótl, un rey Chichimeca, incluso suprimió temporalmente el sacrificio humano.

El Tolteca volvió al mítico oriente, su lugar de origen, el área ocupada por el Maya. Las tradiciones locales, escritas por Bartolomé de Las Casas, indican que su líder Quetzalcóatl se afincó en la costa de Xicalango en el actual Campeche. El mismo gobernante es llamado Naxcit por el Quiché y Kukulkán por el otro Maya. El libro de Telchac fecha su llegada en el año 980 DC. [13] Quetzalcóatl fundó la Liga de Mayapán que comprende Uxmal, Chichen Itza, y Mayapán del que derivó la denominación Maya. Las tres ciudades dieron testimonio de diferentes influencias culturales. Uxmal estaba más cerca en estilo a las primeras ciudades Mayas. Chichen Itza ha sido calificada como ciudad hermana de Tulán; fue allí que la huella Tolteca se imprimió más profundamente. El sacrificio humano pronto fue reintroducido en gran escala, sobre todo en Chichen Itza. El que la cultura Maya y la Tolteca pudieran mezclarse tan fácilmente y de buena gana, puede entenderse mejor con el reconocimiento de una más temprana herencia común.

Aparte de la reintroducción del sacrificio humano, los Toltecas trajeron otros elementos culturales extraños para el Maya. El uso del arco y la flecha así como las nuevas clases sociales de productores y comerciantes todavía desconocidas para el Maya. En el campo religioso introdujeron el culto del perro y el ciervo, adoptado del Nahua. Finalmente trajeron el ritual del Palo Volador, aún practicado por el Quiché, pero desconocido para otro Maya. El Palo Volador es una ceremonia espectacular que describe la transformación de Hun Batz y Hun Chouen en monos. Es una réplica funcional de la Nueva Ceremonia del Fuego, desde que retrata el episodio situado al final de la Tercera Era.

La Cosmología de Teotihuacán

El riguroso diseño de Teotihuacán fue eternamente repetido en toda la ciudad y sus barrios. Persistió a lo largo de la existencia de la ciudad. Se dio énfasis al eje norte-sur por sobre el este-oeste. Sin embargo, la famosa 'Ciudadela' no estaba dentro de esta alineación principal. De norte a sur corrió la llamada "Avenida del Muerto." Más lejos al norte está la Pirámide de la Luna (140 pies de alto), seguida al sur por la Pirámide del Sol (210 pies de alto). Una cueva situada bajo la Pirámide del Sol aparece en la base del extremo occidental, llevando a un túnel de 338 pies de largo cuyo centro está bajo la cúspide.

La dirección norte-sur fue un reflejo del eje del cielo (norte) al inframundo (sur), como hemos visto en Izapa. Se canalizaron los ríos San Juan y San Lorenzo del este al oeste para acentuar la división entre la parte superior de la ciudad al norte y la parte más baja con su Ciudadela. Las montañas de Cerro Gordo al norte y Patlachique al sur formaban, junto con los ríos, los mayores rasgos topográficos de la ciudad.

La Ciudadela, más baja que el resto de la ciudad, muy probablemente representó el inframundo, estaba rodeada por las aguas del río. Constaba de 12 plataformas que rodeaban la pirámide del templo central de Quetzalcóatl. La plaza principal podía albergar a 100,000 personas sin llenarla. El templo de la Serpiente Emplumada fue un edificio único para su tiempo y para Mesoamérica en general. Exhibía una única alternancia de formas rectilíneas en seis fases con esculturas tridimensionales del Tlaloc cabeza cuadrada y la famosa prominente escultura de la efigie de la serpiente emplumada. Esta puede ser la primerísima manifestación del templo dual, representando al dios de la agricultura y al tribal. Un estimado de doscientos cautivos sacrificados están enterrados bajo su superficie en lo que parece haber sido una ofrenda dedicatoria. Más de esto hablaremos después.

El eje principal norte-sur de Teotihuacán — mejor ejemplificado por la Avenida del Muerto — está orientado a 15°30' noreste. El otro eje perpendicular pero menos prominente está orientado a 16°30' sureste.

La Pirámide del Sol es precisamente perpendicular al eje este-oeste de la Avenida del Muerto. Desde la fachada occidental de la pirámide una línea de visión al horizonte occidental está exactamente a 285°30' (270 + 15°30') del acimut. La fachada occidental se alinea a la salida del sol del solsticio invernal sobre la cresta de Orizaba, la montaña más alta de la región. Sin embargo, la montaña no es visible desde Teotihuacán. V. H. Malmström supone el uso de una estación de relevo, y encontró en este sitio evidencia que sugiere que el lugar se usó como santuario. [14] La orientación de la Avenida del Muerto y de la pirámide no corresponden a alineaciones solsticiales o del cenit en Teotihuacán, sino más a los 15°30' de alineación y para el 13 de agosto, fecha que ya hemos encontrado en tiempos Olmecas. Los observadores desde la pirámide podían ver la puesta del sol en el horizonte occidental el 29 de abril (ó 30) y el 12 de agosto (ó 13). Estas fechas, aparte de los 105 días, dividen el año en 105/260 porciones. El 13 de agosto es la famosa fecha Maya del principio — correspondiendo al nacimiento mitológico de Venus. Ésta es la fecha del cenit para Izapa a 15°30' de latitud. [15] Los pasajes por el cenit en Teotihuacán ocurrieron el 18 de mayo y el 26 de julio. Es obvio pensar que esta orientación había sido importante para Teotihuacán. Una vez más, hubo un esfuerzo deliberado para construir una ciudad sagrada, no tanto en un lugar estratégico sino en una situación topográfica que estuviera alineada con las más importantes fechas del calendario de la cosmología Mesoamericana. Este es el porqué Teotihuacán demostró después ser indefendible como ciudad.

La elevación heliacal de las Pléyades ocurrió en el año 150 DC., a 15°30' de alineación el 18 de mayo (verdadero cenit del sol) después de 40 días de invisibilidad. Sin embargo, esto cambió con el tiempo y ocurrió 20 días después bajo los Aztecas. La Pirámide del Sol se alinea perfectamente con la Pirámide de la Luna en el eje norte-sur. Esta alineación con el meridiano puede haber facilitado la observación del pasaje del cenit de estrellas, como las Pléyades que tuvieron una participación central en la civilización Tolteca y Azteca.

El Sacrificio humano

El Templo de Quetzalcóatl oculta la más clara evidencia de sacrificio humano. Por mucho tiempo se ha especulado sobre si la práctica era común en la metrópoli del Anáhuac. Sólo recientemente Saburo Sugiyama ha reunido evidencia concluyente. El sacrificio humano aparece bastante claramente en la ideología Azteca, en la iconografía, y en los artefactos arqueológicos, considerando que aparece mucho más velado en el arte y arqueología de Teotihuacán. Clara e inequívocamente, toda la evidencia apunta a esta pero no única cosa.

Por lo menos se han puesto en evidencia tres tipos de sacrificio:

- Desmembramiento: se encontraron cuatro personas desmembradas en asociación con un altar al norte del Barrio de Oaxaca. Otras ocho, colocadas en un pozo, fueron encontradas en un complejo adyacente a éste.
- Decapitación: evidencia señalando fuertemente a la decapitación es visible en cuatro cráneos encontrados al norte de la Ciudadela.
- Infanticidio: se encontraron fetos e infantes bajo los altares en el Tlajinga recinto 33 y también el recinto de Tlamilolpa. Un gran número de entierros infantiles se encontraron en La Ventilla dentro de un conglomerado residencial. [16]

Los datos indican que el sacrificio humano no era exclusivo de los estratos más altos de la población sino practicado por varios estratos sociales. Se encuentran representaciones iconográficas de sangrientos rituales en pinturas distribuidas en zonas habitadas. Éstos indican una fuerte preocupación de los residentes por el sacrificio y/o auto-sacrificio a través del sangrado.

Además de la pirámide de Quetzalcóatl, los candidatos más fuertes para la recuperación de evidencia del sacrificio humano son las Pirámides del Sol y de la Luna. En la Pirámide del Sol, se enterraba un niño en cada una de las cuatro esquinas de las tres plataformas piramidales inferiores que se extendían desde el cuerpo principal del edificio. De hecho se sospecha que bajo la pirámide haya más entierros no detectados. Dentro de la Pirámide de la Luna se han encontrado siete plataformas superpuestas y tres entierros dedicatorios. Los entierros dentro de la Pirámide de la Luna se parecen a aquéllos de la pirámide de Quetzalcóatl, evidencia que apunta al sacrificio humano, pero en mucho menor escala.

Ningún otro sacrificio en Teotihuacán después de los entierros del Templo de Quetzalcóatl alcanzó la misma cuantía. Parece que hubieran más de 200 individuos enterrados bajo la estructura. Sugiyama entiende que los entierros en la pirámide son la prueba de masivos rituales sacrificiales con el propósito de la inauguración del templo. La ceremonia realmente debe de haber sido impresionante.

Entre los individuos enterrados encontramos cuatro categorías:

- Varones más probablemente de un alto estatus social
- Varones que probablemente estaban muy cercanamente relacionados con el primer grupo
- Individuos que vestían collar con mandíbula colgante, la mayoría claramente del grupo militar
- Féminas vistiendo tapones de conchas para el oído. [17]

Sin embargo, todos los grupos anteriores parecen haber sido tratados en forma anónima, con poca diferenciación de estatus. La individualidad fue mínimamente expresada. Sólo las personas de la primera categoría se diferencian de las otras por la forma de las tumbas, la posición de los cuerpos, y la variedad, calidad, y cantidad de ofrendas. En la aparentemente más importante tumba central se acomodaron veinte individuos de un modo muy simbólico, pero una vez más, sin clara diferenciación de estatus. Todos ellos vestían ornamentos y fueron enterrados con ofrendas. Muchos de los individuos tienen sus brazos atados detrás de sus espaldas, una posición que se ha usado ampliamente en Mesoamérica para representar a personas dominadas.

La disposición de los entierros en la base del Templo de Quetzalcóatl muy probablemente indica que ellos eran parte de un programa de entierro celebratorio recubierto con simbolismo cosmológico y calendárico. Las ofrendas estaban cuidadosamente distribuidas entre las tumbas según un plan maestro global. La misma planificación aparece en la producción de ofrendas, para su colocación dentro de entierros particulares. La calidad de las ofrendas, muchas de las cuales vinieron de lugares lejanos, indica que los entierros requirieron algunas de las más caras inversiones del estado. Entre ellos están grandes cuchillos de obsidiana, probablemente usados para el sacrificio. Muchas figuras de obsidiana representaban a Quetzalcóatl. Hay también herramientas penetrantes que indican su uso para el sangrado. Esta última recuperación vierte luz sobre el uso práctico. En efecto, sólo una representación artística muestra a sacerdotes de alto rango practicando el sangrado. La rara concentración de proyectiles apunta, principalmente entre las mujeres, al complejo entierro que en las ofrendas manifiesta su rol marcial. Noventa y cinco por ciento de los hombres en cinco tumbas llevaban discos de pizarra, un elemento que sirve para reconocer a los soldados. Lo mismo se aplica a las antes mencionadas mandíbulas colgantes, más probablemente usadas como trofeos por los soldados. Estas mandíbulas pueden haber sido extraídas a través del sacrificio. [18]

Sugiyama concluye que los entierros en el templo de Quetzalcóatl pueden haber sido los primeros ejemplos de asociación de la serpiente emplumada con la guerra celebrada en gran escala. La Ciudadela reflejó un nuevo, aunque efímero orden político. Diferentes indicios parecen confirmarlo. El primero es el hecho que la Ciudadela no estaba de acuerdo con el diseño general de la ciudad, dejando espacio para la hipótesis que ésta representaba una nueva cosmología. Agregado a eso estaba el hecho que el templo fue pasajero y que los entierros se hicieron bajo una estructura posterior; igualmente, los entierros conmemorativos no se repitieron de la misma manera en otra parte. Un primer esfuerzo para reintroducir el sacrificio humano fue pasajero.

Los anteriores resultados históricos confirman las afirmaciones del Popol Vuh. Lo que muestra la historia se refleja en sus imágenes, donde se nos dice que después del 'Amanecer' los sacerdotes por el momento se habían limitado al sangrado y a la sangre de animales. Después, volvieron a practicar el sacrificio humano clandestinamente. Esto explicaría el porqué el registro artístico tiene tan pocas referencias explícitas al sacrificio humano.

Permítanos ahora volver a la evidencia asociada con el culto de Quetzalcóatl para descubrir su ser.

Quetzalcóatl, Venus y la Astronomía del Cenit

No hay ninguna duda que Teotihuacán es la ciudad más impresionante y centro ceremonial de toda América del Norte. Originalmente yo la había considerado como posible centro de los Misterios Mexicanos dada su dimensión monumental. La Pirámide de la Luna y el Templo de Quetzalcóatl se encuentran separadas a una distancia de cuatro millas. Desde las cúspides de las Pirámides del Sol y de la Luna se ofrece una vista ilimitada sobre la meseta y el anillo de montañas que la rodea. En tal contexto es fácil sentirse como una criatura fuera de lugar y fuera del tiempo. Estaba claro que las personas que habían vivido en Teotihuacán vieron el mundo desde otra perspectiva. Adquieren un peso especial las palabras del Popol Vuh, "En verdad eran hombres admirables," (Parte III, Capítulo 2).

La ciudad sigue la dirección norte-sur de la Avenida del Muerto que en el extremo sur une ambas pirámides con la Ciudadela. La Ciudadela marca un paso de retorno a una escala más humana. En el Templo de la Serpiente Emplumada destacan, entre todo el arte de Teotihuacán, las esculturas de dos dioses de una verdaderamente única manera. Izapa palidece frente a la dimensión vertical de las construcciones de Teotihuacán. Como en Izapa, nada hay que represente a los gobernantes. La ciudad fue sagrada, aunque albergó una población grande, de hecho una metrópoli, bastante diferente a la Olmeca La Venta o a la Izapa Maya.

La ciudad de Teotihuacán forma el siguiente eslabón en el tiempo entre el tiempo de Cristo que hemos visto en Izapa, y el tiempo de la conquista, cuando los Aztecas todavía estaban en el poder. Es el segundo de los tres más significantes centros de iniciación de Mesoamérica. El tercero, del que nos ocuparemos después, es Tenochtitlan, la capital del Imperio Azteca.

En la siguiente tradición de Izapan vemos claramente descrito el dúo del dios de la agricultura y el dios tribal. Tlaloc es el nuevo nombre de la deidad que aparecía en Izapa como Dios 7, o el Apu de la Tercera Era. Conforme progresaba la evolución, así progresaba el dios de la agricultura. Exploraremos esa progresión, pero primero centraremos nuestra atención en el nuevo dios. Quetzalcóatl es ahora un dios tribal pero no un dios solar, como eran los Gemelos o más específicamente Hunahpú. Sin anticipar lo que veremos en el próximo capítulo, los Aztecas también mantenían el vínculo con la tradición de la deidad dual e incluso inauguraban templos de doble plataforma. Veremos la evolución desde Izapa a los Toltecas llegando a una culminación con los Aztecas.

Es de poco interés que el Templo de Quetzalcóatl fuera reemplazado después de la fase Teotihuacán II (terminada en el año 350 DC). Parece que la ascensión de Quetzalcóatl al estado de dios tribal estuvo cargada de altibajos. Ahora consideraremos a Quetzalcóatl en los sucesivos desarrollos de su culto. Rudolf Steiner, refiriéndose al tiempo de Cristo, explica que Quetzalcóatl no encarnó. Sólo alcanzó el nivel etérico, lo que se confirma por el registro arqueológico. Hasta la fase clásica de Teotihuacán la serpiente emplumada es solamente un dios.

Lo que tiene un acuerdo unánime es la asociación entre el simbolismo de Quetzalcóatl y el simbolismo del planeta Venus. Ésta también es la afirmación del Popol Vuh. Venus se usó para propósitos astronómicos asociados con el curso del año y con las prácticas agrícolas. La tradición de Teotihuacán continuó así la tradición que vinculó el Calendario Sagrado con Venus. Esto ante todo está consagrado en la importante relación entre el ciclo del Sol y Venus del que aparece la proporción 2.6 y el calendario de los 260 días. El mismo Maya reconoció esta relación cosmológica indicando que la fecha inicial de su Gran Ciclo — el año 3114 — corresponde al nacimiento de Venus.

¿Cómo podría Venus, un planeta, y por definición errático, usarse como punto de referencia? La respuesta la han dado varios investigadores. Venus se presenta como estrella de la mañana y estrella de la tarde. Desde que es uno de los planetas llamados interiores, gravita en esa porción del cielo más cerca al sol, y es visible temprano antes de la salida del sol o poco después del ocaso. El ciclo de Venus alrededor del sol — el llamado ciclo sinódico — toma 584 días. Cinco de estos ciclos corresponden casi exactamente a ocho años. Por consiguiente, hay un ciclo de ocho años después del que el fenómeno del ciclo de Venus se repite en casi las mismas fechas. (Por ejemplo, la conjunción inferior o superior, primero visible como estrella de la mañana o de la tarde, etc.) Hay todavía otro útil fenómeno raramente considerado en la astronomía actual: la elongación. Conforme Venus se mueve en el cielo oriental u occidental alcanza distancias máximas del sol hacia el norte o el sur. A la máxima elongación se le llama extremo. Venus como estrella de la mañana tiene un extremo norte y un extremo sur y así lo hace Venus como estrella de la tarde. El ciclo de extremos tiene una correspondencia regular con los fenómenos estacionales del año, particularmente en el caso de la estrella de la tarde. Su extremo norte marca el principio de la estación lluviosa, el extremo sur el final de esa estación.

Hay todavía una amplia caracterización astronómica de la serpiente emplumada en relación a las estrellas y a Venus. Se ha reconocido ampliamente la importancia de las Pléyades en la cosmología Mesoamericana o incluso de Norte y Sudamérica. Para los Mayas ellas son conocidas como *tzab*, que significa el cascabeleo del crótalo. El sol entra en las Pléyades justo al principio de la estación lluviosa. Normalmente las Pléyades se consideran en relación a Tauro. Sin embargo, ignorando la eclíptica y el zodíaco, ellas están en más íntima relación con la constelación de Perseo. Éste no es un precedente, desde que los babilonios también habían visto a las Pléyades de esta manera. La serpiente de agua, asociada con la llegada de la estación de lluvias, tiene la correspondiente forma de la constelación de Perseo. [19] Esta observación también es confirmada por los murales de Tepantitla (Teotihuacán) donde la serpiente emplumada es retratada vertiendo agua de su boca. [20] Por consiguiente, la conexión entre la serpiente de agua y Venus marca el principio de la estación lluviosa.

El Sol y Venus rivalizaron por la atención de todavía otras maneras. Venus también compitió simbólicamente para cumplir la condición del ciclo del Tzolkin, el Calendario Sagrado. La visibilidad de Venus por la mañana y por la tarde dura en promedio 263 días, la longitud aproximada de un Tzolkin (260 días). Su período de invisibilidad inferior — Venus entre la tierra y el sol — dura por término medio ocho días, aunque hay amplias variaciones. Ocho días fue el espacio de tiempo antes de la aparición de los primeros brotes del maíz en la latitud y altitud de Teotihuacán. Así se formó un vínculo entre Venus y el maíz, de la misma manera como lo habían hecho respecto al sol y los Gemelos por el contenido del Popol Vuh y la imaginería de la Cuarta Era en Izapa. Venus era ahora el ser que se zambuía en el inframundo durante el tiempo que le tomaba al maíz madurar debajo de la tierra. Murió y resucitó como los Gemelos lo hicieron en Izapa. La estrella de la mañana y la estrella de la tarde se volvieron el equivalente a los Gemelos. Los registros de Teotihuacán muestran silenciosamente que después los Aztecas desarrollaron en un mayor grado. Su testimonio ha quedado grabado en muchas fuentes y nos permitirá completar el proceso que tuvo su principio en Teotihuacán.

Solo Venus no proporcionaría un factor de corrección entre el ciclo anual del Sol y el año sideral, una manera de tener en cuenta la precesión de los equinoccios. Las cámaras astronómicas del cenit de Teotihuacán proporcionan el resto de la respuesta. En la sagrada ciudad se han descubierto tres cuevas que eran observatorios subterráneos. La Cueva 1 de Teotihuacán, situada 300 yardas al sudeste de la Pirámide del Sol, permitió la observación del pasaje por el cenit, los solsticios y equinoccios y las fechas del 9 de febrero y el 1 de noviembre. Cuando los primeros rayos del sol entran en la cueva iluminan el borde de una estela áspera. La Cueva 2 marca todo como en la Cueva 1, con una estela dentro que sirve para el mismo propósito como en la Cueva 1, y también marca períodos de 20 días alrededor del 12 de febrero y el 30 de octubre. [21]

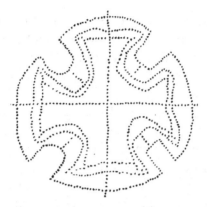

Figura 1: Cruz Picada

Otro prominente dispositivo calendárico apropiado a Teotihuacán y su influencia es el uso de las llamadas cruces picadas. Han sido estudiadas por el arqueoastrónomo Anthony Aveni. Estas cruces forman un modelo doble-circular centrado en un par de ejes perpendiculares. Son talladas en piedra, o en el piso de los edificios ceremoniales. Van desde simples círculos concéntricos a la concéntrica cruz de Malta. Un ejemplo de ésta última se muestra en la figura 1. Las cruces picadas tienden a incorporar a lo largo de sus ejes y cuadrantes sagrados números como 20, 13, y 9. Muy a menudo las extremidades de la cruz están dirigidas a cada uno de los puntos cardinales. [22]

Las cruces picadas podrían usarse para cualquiera de las siguientes tres funciones:

- Para contar el tiempo
- Como dispositivos de orientación
- Como juegos de mesa

Aveni sólo estudia el primero. Su visión vino de comparar las cruces picadas con las cuadripartitas ruedas del calendario, también llamado quincunce, del Códice Fejervari-Mayer (figura 2). Esta tiene la forma de una yuxtapuesta gran cruz de Malta interceptada por una cruz menor, la de San Andrés. El margen exterior del diseño está marcado con un total de 260 círculos. Cada segmento de la cruz consta de 13 círculos para un total de 20 segmentos. La suma de 260 representa los

20 meses de 13 días del Calendario Sagrado (el *Tonalpohualli* de los Aztecas) que se siguen unos a otros en sucesión en el sentido contrario de las agujas del reloj. El cosmograma unifica las dos unidades del calendario: el Año Impreciso de 360 días y el Calendario Sagrado de 260 días que dan nacimiento al Calendario Circular. Esta forma también fue usada para cálculos que involucra el ciclo de 52 años, central para la cosmología Azteca. Así, la cosmología Azteca parece encontrar un precedente en Teotihuacán. La cruz TEO 2 claramente se parece al quincunce del Códice Fejervari-Mayer. Es un juego de tres cruces de Malta concéntricas interceptadas por ejes perpendiculares. Hay 260 elementos en el perímetro exterior. La cruz más a menudo repite los números 5, 13, 18, y 20.

Más de una cruz recientemente encontradas al lado sudeste de la Pirámide de la Luna parecen tener el diseño de la cruz de Malta. Aveni concluye que está bastante claro que Teotihuacán es el lugar de origen del motivo. No sorprende que ellas estén presentes en Kaminaljuyu en las tierras altas de Guatemala, uno de los lugares que muestra la más temprano influencia del Teotihuacán. En base a estudios adicionales J. Broda concluye que las cruces conocidas como TEO 1 y TEO 2 señalan a cuatro fechas anuales: 5 de febrero, 29 de abril, 13 de agosto, y 1 de noviembre. [23]

Quetzalcóatl como Dios de la Guerra

¿Dónde fueron celebrados los cultos de Teotihuacán? Las pirámides y el Templo de Quetzalcóatl fueron obvios centros de referencia. Puede haber habido otros centros ocultos a la vista. Ciertamente uno central fue la cueva y el túnel situado bajo la Pirámide del Sol. El túnel, techado y enyesado, estaba dividido en treinta secciones que acaban en una cámara ceremonial en forma de trébol de cuatro hojas conteniendo una fuente. A mitad del camino a través del túnel había dos cámaras, una opuesta a la otra. El total de 4 + 2 + 1 (túnel) reproduce el simbolismo de Chicomóstoc cuyo significado es "siete cuevas," el afamado lugar de origen de las tribus en la alta meseta mexicana. [24] La importancia de la cueva es subrayada por el símbolo del glifo de Teotihuacán que muestra las dos pirámides encima de una cueva. En la última cámara del túnel se han encontrado piezas de alfarería con figuras antropomórficas, una con el ornamento de un jaguar y la otra de un pájaro. [25] Estas, junto con otra alfarería y murales, sugieren que el posterior orden militar Azteca del Jaguar y el Águila puede haber tenido su origen en Teotihuacán. Note que la importancia dada a la cueva marca un retorno a las prácticas de los Misterios antiguos donde el sacerdote se sentía uno con toda la tierra a través de su cuerpo físico.

Permítanos ahora mirar la evolución de la imaginería de Quetzalcóatl. Aunque las formas prototípicas de la serpiente emplumada aparecen ya en el Preclásico, probablemente es en la segunda fase de la ciudad (del año 0 al 600 DC.) que las representaciones se hacen más completas y él aparece como el crótalo cubierto de plumas — más dramáticamente en el centro de la Ciudadela. En conjunto, las representaciones de Quetzalcóatl son sumamente raras en Teotihuacán hasta el Postclásico Tardío (después del año 600 DC.) cuando empiezan a proliferar. Las imágenes posteriores a menudo retratan en sus representaciones las partes inferiores del monstruo de la tierra, Tlaltecuhtli, el Señor de la Tierra. [26]

Un cambio ocurre entre los siglos 7 y 8, después de la destrucción de la ciudad. Para esto podemos volver a la ciudad de Xochicalco, al sur de México, D.F., donde encontramos las primeras representaciones humanas de Quetzalcóatl. [27] Aquí, contrariamente a Teotihuacán, el dios es representado como un hombre. En el palacio de Cacaxtla (Valle de Puebla) aparece la nueva imaginería de la guerra muy claramente asociada con Quetzalcóatl. Dos esculturas en bajo relieve — un hombre y una mujer — retratan víctimas sacrificiales que llevan delantales de Venus de cinco lóbulos (figura 3). El varón sostiene en su mano el delantal de cinco lóbulos — un símbolo de Venus — y tiene cola de escorpión, imaginería asociada con la estrella de la tarde y también un símbolo probable del sacrificio. Las figuras están así asociadas con el simbolismo del agua y de la fertilidad por un lado, y por el otro con la guerra y el sacrificio. Además, el simbolismo de Venus también reemplaza a la llamada cruz solar Maya del Kan con la correspondiente cruz de Venus. [28] La leyenda sugiere que el hombre que guió a su pueblo a la fundación de Tulán también llevaba el nombre de Quetzalcóatl. Igualmente, hemos visto a otro gobernante con el nombre de Topiltzin Quetzalcóatl que condujo a los Toltecas a Yucatán. En Chichen Itza alcanzó su cúspide el simbolismo relacionado a la guerra. Aquí también aparece el famoso Caracol, un observatorio de Venus construido alrededor de los siglos IX y X DC. (29)

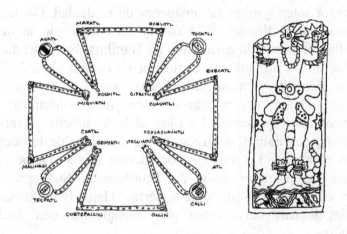

Figura 2 (izquierda): Códice Feyervary- Cosmograma de Mayer

Figura 3 (derecha): víctima sacrificial, Cacaxtla

Ivan Sprajc concluye que el culto de Quetzalcóatl sufrió una gradual pero drástica transformación, de una fase anterior donde el dios solamente estaba asociado con el tema agrícola y de la fertilidad, a una segunda fase donde también estaba asociado con la guerra y el sacrificio humano. (30) Aparece claramente que el segundo tema, injertado al primero, refleja preocupaciones completamente ideológicas: la imaginería de Quetzalcóatl sirvió como una justificación para la guerra y el sacrificio. Esta fase de transformación de Quetzalcóatl también fue acompañada en muchos lugares con un reavivamiento del juego de pelota. Por ejemplo, la ciudad de *El Tajin* muestra un culto completo del dios de la muerte, abundantemente retratado. Tiene numerosas canchas de pelota y todo el simbolismo muestra que era un juego exclusivamente sacrificial que incluía la decapitación. Lo mismo ocurre con Tulán que tenía seis canchas de pelota. En Chichen Itza las canchas de pelota son muy similares a las de Tulán, mostrando una vez más un similar origen cultural. Aquí están asociadas con una profusión de emblemas de muerte y postes para colgar cráneos.

Es de mayor interés mirar las imágenes de la deidad Tlaloc y cómo evolucionan en el tiempo. E. Pasztory ha examinado al detalle la iconografía del dios de la agricultura en Teotihuacán. [31] El dios sufrió una evolución del simbolismo estrictamente natural al simbolismo de la guerra. Permítanos mirar la primera fase. Las representaciones típicas de Tlaloc tienen varios elementos constantes: anillos concéntricos que representan los ojos, el labio superior levantado en las esquinas, dos colmillos largos en los extremos de la boca y tres cortos en el medio. Lo que Pasztory define como 'Tlaloc A' es la deidad de las primeras fases de Teotihuacán. Su representación simbólica es un reptil, símbolo de la tierra. 'Tlaloc B' reintroduces los rasgos del jaguar, volviéndose por consiguiente una deidad del inframundo.

Llegamos a la conclusión que bajo la ideología Tolteca Hunahpú fue reemplazado por Quetzalcóatl y la connotación solar de la ideología Maya fue completamente eclipsada. Igualmente el Dios de la Agricultura sufrió una completa transformación. Sin embargo, este trabajo sólo ha estado enfocado sobre los protagonistas más grandes de los Misterios Mesoamericanos. Muchos otros actores contribuyeron a atenuar la polaridad Maya y Tolteca. Cuando uno vuelve la mirada más cerca de la tierra, aparece más claramente que otras fuerzas se opusieron a la ideología Tolteca, incluso en la alta meseta mexicana. Un ejemplo es la ciudad de Cholula.

Las fuerzas de Oposición: Cholula

Cholula se sitúa en el valle de Puebla/Tlaxcala, al este de México, D.F. y justo al sur de Cacaxtla en una llanura muy fértil, una considerada entre las más productivas de México. Está a 62 millas al sudeste de Teotihuacán. Como Teotihuacán, la ciudad estuvo situada en el cruce de muchas rutas de comercio.

Aunque un importante centro de la alta meseta mexicana — y muy cerca de la capital Tolteca — en Cholula, el militarismo difícilmente formó parte de la historia, iconografía, y simbolismo de la ciudad, incluso en el tiempo Postclásico. Cholula ha sido considerada un centro secundario dentro del imperio de Teotihuacán, o una separada unidad políticamente organizada. Algunos autores le han asignado el papel de un puerto de comercio entre reinos en guerra [32] Hay razón para creer que Cholula actuó independientemente y en contraste con Teotihuacán.

Diferente a la capital Tolteca, Cholula fue enteramente construida en las coordenadas 24°-26° noreste. La pirámide principal daba frente a la puesta del Sol en el solsticio de verano, haciéndola así una verdadera pirámide del Sol. Es muy significante que una ciudad entera gravitara alrededor de una cosmología diferente que la de Teotihuacán y que sobreviviera al derrumbamiento de la metrópoli y de otros centros afiliados.

Las leyendas (Motolinia*, Durán) indican que la pirámide se construyó como una Torre de Babel. Dios los detuvo enviando una tormenta que tiró abajo una gran piedra en forma de rana. Esta versión todavía se mantiene en San Andrés Cholula. Éste fue el santuario más viejo, y el más usado en el mundo precolombino. Hubo muchos centros como éste a lo largo del valle de Puebla/Tlaxcala, pero Cholula fue el único que sobrevivió mientras los otros fueron abandonados. Alrededor del año 200 A.C., Cholula era el centro predominante en el valle y en ese tiempo empezó la construcción de la pirámide.

La pirámide es llamada *Tlachihualtepetl* o "montaña artificial" y es la construcción más grande de Mesoamérica precolombina. Mide más de 1300 pies por un lado y cubre aproximadamente 40 acres en su base; el

---

* N. del T.: El franciscano fray Toribio de Benavente, por su vida sencilla y pobre, también conocido como «**Motolinía**» nació en Benavente (Zamora, España) a finales del siglo XV, y murió en México, después de haber desarrollado una inmensa labor evangelizadora. Fue uno de «los doce apóstoles de México».

montón de tierra original midió por lo menos 210 pies de alto, pero la cima está actualmente truncada.

La estructura anterior bajo la gran pirámide es del Formativo Tardío (solo antes del cambio de nuestra era) y fue colocada a la orilla de un lago alimentado por manantiales. Fue construida en la parte superior de una fuente, y un profundo pozo conduce a ella. Por las razones anteriores fue representada en la historia Tolteca-Chichimeca con una deidad de la lluvia como de ranas en la cima. Una cabeza colosal en el Patio llamado de los Altares de hecho puede corresponder a un altar de rana de piedra. Los dibujos de la pirámide en el códice retratan un gran sapo — símbolo de la fertilidad y de la regeneración — en la cima de la pirámide. En la Historia Tolteca-Chichimeca, además del sapo, están presentes siete flores, símbolo de la deidad Mixteca del Sol y la deidad Nahua 'Xochiquetzal', particularmente vinculada al Sol. [33] Esto es mencionado por el fraile Durán de acuerdo a quien la deidad del Sol, Tonacatecuhtli, fue adorada en la pirámide, e incluso éste fue el caso en tiempos Postclásicos.

Es interesante seguir las fases de la construcción de la pirámide y su destino alterno. Aunque la cronología de Cholula todavía es, en parte, problemática, aquí está lo que los arqueólogos creen en la actualidad. [34] La construcción y los cambios que sufrió la pirámide pueden distribuirse en aproximadamente cuatro etapas:

Etapa 1: Esta etapa parece haber sido la afiliación política/ideológica a Teotihuacán. El templo inicial medía 390 pies por lado y 55 pies de alto.

Etapa 2: En esta etapa los constructores optaron por ignorar los modelos de construcción Teotihuacán. La pirámide midió 590 pies por lado y 110 pies de elevación en nueve niveles. Cada lado fue hecho de pasos de manera para que se pudiera llegar a la cima caminando desde toda dirección. Por el lado norte había una escalera más grande que tenía 52 pasos, que habían sido estructuralmente modificados indicando que podría haber sido usada como eje principal de la actividad ceremonial.

Etapa 3: Probablemente éste fue el tiempo en que Teotihuacán estuvo en decadencia. El edificio se amplió a 1150 pies por lado para alcanzar una altura total de 210 pies. Mc Cafferty supone que Cholula puede haber remarcado su elevación por el estatus del sucesor de Teotihuacán y su construcción puede haber mostrado una pirámide sin precedentes por su tamaño. Un monolito tosco con un agujero rectangular en su mitad inferior estaba delante de la escalera, se puede haber usado como herramienta de observación del solsticio a la puesta del Sol.

Etapa 4: Tiempo Postclásico: Con la llegada del *Tolteca Chichimeca* (después conductores del progreso Azteca), la pirámide perdió su primacía. Fue asociada con el culto de la montaña y también como lugar sagrado de culto a la deidad de la lluvia. Hay evidencia que la reutilización de la pirámide no ocurrió pacíficamente. Fueron derribadas las esculturas de la Etapa final del Patio de los Altares. De hecho, no ha sido posible encontrar una fachada acabada de la etapa final de la gran pirámide. El destino de la pirámide corresponde a lo que puede llamarse una profanación ritual. Se construyó un nuevo centro ceremonial con una pirámide construida a Quetzalcóatl. En el Postclásico Tardío, Cholula se volvió centro de culto de la nueva deidad. Sin embargo, ésta puede haber sido simplemente una etapa corta y pasajera.

Cholula siguió jugando un papel de oposición para la ideología Tolteca y más tarde para la ideología Azteca. Cortés, yendo tierra adentro desde el mar, repetidamente se encontró en batalla con las fuerzas de Tlaxcala, en ese tiempo una confederación de cuatro pequeños reinos que habían mantenido una incierta independencia de los Aztecas. Tlaxcala se estaba desangrando por la lucha contra los invasores, pero los españoles también fueron considerablemente debilitados. Ésta es la razón del porqué Tlaxcala formó una alianza con los españoles contra sus enconados rivales, los Aztecas. Esta alianza se selló con el matrimonio de la hija del comandante de Tlaxcala con Pedro de Alvarado, segundo comandante de Cortés.

Respecto a su historia, es interesante notar que la pirámide del Sol se volvió el segundo lugar más importante para las peregrinaciones cristianas después de la Conquista. Los peregrinos llegarían a la cima de la pirámide a rendir culto a la *Virgen de los Remedios* a quien pedían por su salud, por las lluvias, y por la fertilidad agrícola. Los personajes del período colonial muestran a la Virgen emergiendo de un *maguey*, la planta del *pulque*. La leyenda de la que se originó el culto de alguna manera es similar a la más famosa leyenda de la Virgen de Guadalupe. [35]

II INFLUENCIA TEOTIHUACANA ENTRE LOS MAYAS

Los Mayas y Teotihuacanos habían estado en contacto por lo menos desde el primer siglo A.C., pero según Friedel y Schele, algo bastante diferente había ocurrido en el siglo IV, durante el Período Clásico, en ocasión de la guerra Tikal-Uaxactun. En ese tiempo el Maya adoptó la ideología de Teotihuacán. [36]

David Stuart discute los méritos de dos hipótesis en competencia sobre la influencia de Teotihuacán en el área Maya en el período Clásico:

- Externalista: la abierta y disociadora influencia con directas campañas militares, o dominación política, a la que principalmente se adhiere Stuart.
- Internalista: la apropiación local de la ideología Tolteca, como la supuesta, entre otros, por Schele y Freidel.

Stuart admite que la realidad es que la alianza política e interacción podían cambiar muy rápidamente, y así es posible que ambas teorías puedan ser correctas respecto a diferentes tiempos. [37] Parece que esta fase del imperio estaba principalmente basada en convertir al enemigo al mismo dios e ideología, en lugar de la dominación física desde una situación central.

David Stuart ha demostrado el escenario externalista en la interpretación de los jeroglíficos en Copan y Tikal y ciudades vecinas. Él cree, sin embargo, que el escenario externalista puede haberse representado después de la caída de Teotihuacán. Permítanos considerar Tikal, una ciudad muy importante donde aflora entre los Mayas la primera evidencia de ideología Teotihuacana.

La fecha de los primeros registros del sitio — año 292 DC. — ha sido tomada por muchos como el punto de partida del período Clásico. Después de Tikal, la civilización Maya se extendió prácticamente por todas partes en el Peten, la región al norte de Guatemala. Frans Blom calificó al Viejo Imperio como el "Período de Peten." Llamó al Nuevo Imperio el "Período de Yucatán," por eso la tesis donde la presencia Maya continuó en los siglos X a XI.

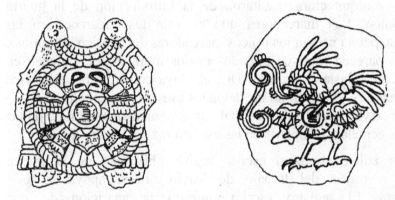

Figura 4: Emblemas "Lechuza y armas" Teotihuacán

Las ciudades-estados del Maya político compitieron entre sí, similar a como lo hicieron las ciudades griegas en su tiempo. Sin embargo, no existía la tradición de mantener un ejército permanente. La batalla era más cuestión de orgullo cívico. La rivalidad entre Uaxactun y Tikal fue resuelta en el año 378 DC., por medio de un nuevo tipo de conflicto, uno lo llamó la guerra de Tlaloc-Venus, o a veces sólo "Guerras de las Estrellas." La imaginería y el método lo tomaron de la civilización de Teotihuacán; con esto llegó la nueva idea de la conquista y la sumisión de otra ciudad-estado. La conmemoración de la victoria de Tikal aparece en la estela 5 de Uaxactun. Allí encontramos representado el primer traje de Tlaloc-Venus. El tocado tiene forma de globo y un tirador de jabalina, un traje Maya realmente diferente de cualquier otro anterior. El traje llegó a ser de norma para el rey conquistador. Este nuevo simbolismo se tomó de Teotihuacán cuyos emisarios en este tiempo alcanzaron estas áreas. Además, otros elementos artísticos parecen influenciados directamente por Teotihuacán. Tal es el caso de la famosa *lechuza y armas,* símbolo que

255

es muy común en la iconografía de Teotihuacán (figura 4). Aparece por ejemplo en los medallones circulares colocados en el cuello de las estatuillas de guerreros. Puede haber sido el símbolo de un guerrero de orden similar al posterior Caballero Águila y Jaguar de los Aztecas. [38] Ha aparecido evidencia de una presencia de Teotihuacán en un escondite en Tikal que incluye lo que parecen ser los restos de residentes de Teotihuacán de muy alto rango. [39] Otros cambios en la escultura y arquitectura resultaron de la introducción de la guerra Venus-Tlaloc. Los marcadores que en esta fase aparecen en las canchas de pelota no son los típicos marcadores del Clásico Temprano. Más bien parecen motivos pintados en los murales del Tlalocan en Teotihuacán. Hasta el siglo IV DC, el Maya construía observatorios especializados — tales como las llamadas estructuras del 'Grupo E' — para la observación del sol. En Tikal hay evidencia que el grupo de las pirámides gemelas reemplazaron las estructuras del 'Grupo E'. [40]

Evidencia adicional en el escrito registro histórico de la estela, obtenida a través del trabajo de David Stuart, apoya la tesis externalista. El registro escrito muestra la aparición de una interrupción dinástica. El nuevo gobernante que llega al poder en el año 378 DC., aparece como Teotihuacano, y su padre parece ser distinto al rey anterior — que a todos les es extraño. [41] Un monumento de piedra — recordatorio de los marcadores adornados con plumas de las canchas de pelota de México Central (que no existieron en Teotihuacán) — conmemora la llegada de 'Nace el Fuego' en el año 378 DC. Este individuo es mencionado como el enviado de un misterioso gobernante, el 'Búho Lanzadardos'. El medallón en la cima del marcador describe un búho con el *atlatl* (lanzadardos). El motivo corresponde una vez más a la *lechuza y armas,* motivo de origen Teotihuacán. Fueron destruidos los monumentos que datan de antes del rey en cuestión. En resumen, Stuart concluye, la interrupción de la sucesión monárquica fue ocasionada de manera violenta por la llegada de guerreros de Teotihuacán en el año 378 DC.

En Waka - El Perú (Guatemala) - el gobernante local Jaguar que mira al Sol consolidó una alianza con 'Nace el Fuego' que produjo la erección de un lugar sagrado que albergaba la llama que venía de

Teotihuacán. Esto se sumó al reconocimiento del Dios del Fuego, la última meta de la ocupación de Teotihuacán.

Después de adoptar esta nueva cosmología, el Maya empezó a escoger el momento adecuado para sus batallas con el ciclo de Venus y los puntos estacionarios de Saturno y Júpiter. El nuevo tipo de guerra no sólo despojaba al pueblo de su rey sino también de su "portal," del contacto con sus antepasados. La sociedad Maya fue completamente transformada. Hasta ese tiempo coexistieron ciudades-estado independientes. Empezando en el siglo quinto, Tikal se transformó gradualmente en una superpotencia Maya formando alianzas con las ciudades abajo del Valle del río La Pasión hasta Copan (actualmente Honduras). En las tierras bajas de Campeche, la ciudad de Calakmul se hizo prominente en el siglo VI y gradualmente se volvió enconada rival de Tikal reclutando aliados a lo largo de la región de Peten, Yucatán, y al este en lo que ahora es Belice. En el año 562 el nuevo poder derrotó a Tikal, aunque sin subyugarla. Tikal se recuperó, y, menos de veinte años después, finalmente se vengó de su archirrival que como consecuencia decayó. Sin embargo, no surgió un claro ganador y Tikal padeció un estado de guerra continuo. La rivalidad entre las dos facciones del mundo Maya ha sido comparada a la Guerra Fría del siglo XX.

Con el tiempo la guerra entre las dos ciudades derrumbó todas las fortunas. La población bajó drásticamente. El trabajo artístico disminuyó y también la escritura jeroglífica y el registro público de fechas en la Cuenta Larga. En Tikal el último monumento grabado lleva la fecha de 869 DC.

El que no fuera una guerra de influencia estrictamente Maya/Tolteca — y no una guerra cultural Solar/Venusiana — es resaltado por otros factores. La iconografía Maya de Venus regresó al Anáhuac. En Cacaxtla y Xochicalco, en la alta meseta mexicana, se puede ver la versión Maya del complejo Venus-Tlaloc. [42] En algunos lugares el Maya se esforzó por recobrar su hegemonía cultural anterior. Permítanos ver cómo se expresó en Palenque, en un posterior intento por ofrecer un reavivamiento cultural a una cultura ya agonizante.

Dinastía Palenque [43]

Particularmente en la monarquía son visibles los esfuerzos de Palenque por reavivar los tradicionales valores Mayas; sin embargo, éstos también se enlazan indisolublemente con el simbolismo Venus-Tlaloc. En la ciudad el *Señor Chan-Bahlum* (Serpiente-jaguar) fue coronado el 10 de enero del año 962 DC. Lo precedió su Padre 'Pacal' (Escudo). Estos dos reyes del Clásico Tardío trajeron un impulso de tardía renovación de la dinastía. Añadieron a la arquitectura Maya monumentos con atrevidos e innovadores elementos, por ejemplo el famoso Templo de las Inscripciones, el Templo de la Cruz, el Templo de la Cruz Foliada, y el Templo del Sol. Éstos son los testimonios más expresivos de la cosmovisión Maya. Sin embargo, son parte de un tardío esfuerzo para justificar el carisma y poder de los reyes en un momento de declive. En Palenque vemos el esfuerzo por justificar el gobierno del rey a través de la línea femenina en lugar de la descendencia por la línea masculina. Fue un exitoso esfuerzo a corto plazo hacia la "mitología creativa," en un momento en que la ideología Maya estaba irrecuperablemente corrompida con la Tolteca.

Pacal empezó este esfuerzo con la construcción del Templo de las Inscripciones. Él había heredado el trono por el lado materno en violación de la norma patrilineal. La señora Kanal-Ikal (la abuela) y la Señora Zac-Kuk fueron las únicas mujeres que se sabe han gobernado como "reyes," creando una seria controversia ideológica para sus descendientes que Pacal se propuso justificar. Pacal intentaba establecer una base indiscutible para la aceptación de su gobierno y el de sus sucesores. Lo hizo uniendo términos astrológicos y fechas, la vida de sus antepasados, y la vida de los dioses — en particular de la Primera Madre y del Primer Padre. En esta nueva mitología la madre, Zac-Kuk, fue comparada con la Primera Madre. Pacal fue entonces el descendiente de los dioses. Chan Bahlum, su sucesor, trabajó en el Templo de la Cruz, el Templo de la Cruz Foliada, y el Templo del Sol, que todo salió de la cumbre de la pirámide. El Maya pensaba que sus pirámides y templos eran como montañas vivientes. Circulando por el espacio interior del templo, el rey entraba por la sagrada montaña al inframundo donde estaría en comunión con el reino de Xibalbá y con sus antepasados, allí se arriesgaría a los peligros del infierno como lo había hecho su antepasado, el Héroe, representado por los Gemelos. Esta jornada de transformación se muestra en los Templos. Chan Bahlum está representado en el Templo de la Cruz Foliada y en el Templo del Sol como una figura grande que en el inframundo se encuentra con un personaje pequeño. En la costumbre Maya, la figura más grande era la del rey gobernante que en Xibalbá estaba en comunión con su padre, una garantía del hecho que el poder había pasado de padre a hijo.

La imaginería relacionada a la guerra — guerreros, cautivos, lanzas, cabezas sangrantes de jaguares y dragones — continúa en el Templo del Sol, donde el sol es representado como un escudo 'Sol Jaguar' con lanzas cruzadas y un trono con un jaguar con cabeza sangrante y dragones sangrantes. El rey sostiene el escudo cuadrado del guerrero de Tlaloc/Venus: así él es el único que ofrece al dios su propia sangre y la sangre del cautivo.

El Templo de la Cruz registra el nacimiento de la Primera Madre y del Primer Padre, uniendo la dinastía con los principios primordiales. Esto se hizo uniendo el mismo día y fecha de un ciclo cósmico. Las cualidades de uno fueron continuadas en el otro. Uniendo el nacimiento, la adquisición de poder, y otras fechas de importancia biográfica de la vida de un rey con las fechas de los eventos cósmicos, el poder de estos eventos fue re-actualizado y revivido por el mismo rey. El rey no era vivificado por este poder; él realmente incorporaba y retenía estas cualidades más allá de ese momento, por consiguiente, renacía como un dios. Así la vinculación con Zac-Kuk y la Primera Madre sirvió para justificar el inicio de la línea de descendencia patrilineal escuchando al pasado tiempo de la Creación. Fue una reconstrucción, una nueva Creación. Chan-Bahlum fue más allá para unirse con un supuesto antepasado distante, con el fundador de la dinastía: Bahlum-Kuk, nacido en el año 993 A.C. y coronado el 28 de marzo de 967 A.C.

Así, él no se unió con el tiempo del Amanecer sino con los Olmecas. A través de dos reyes, un revivido Maya apareció en una curiosa mezcla de individualismo Maya y Venus con connotación militar. Fue Maya en la medida en que glorificó a un rey personal, pero en su simbolismo

259

fue de orientación Venus/Teotihuacán. Cuando lo comparamos con el anonimato del posterior impulso Chichen Itza, Palenque está como un digno arquetipo del fomento Maya del sobre-individualismo. No obstante, tal estrategia difícilmente podría calar en el destino de la civilización Maya

La Decadencia Maya

La caída de los Mayas del Peten ha sido considerada por mucho tiempo una cuestión incierta. En la actualidad podemos rellenar partes del enigma. Pocas dinastías duraron en el siglo IX. Todavía algunos estados soportaron y crecieron en el extremo norte del Yucatán.

La investigación moderna ha encontrado modelos de cambios durante el Clásico Terminal o Postclásico, investigación que abarca desde el sudoeste al noreste, desde fines del siglo VIII al X. [44] Los modelos de fragmentación política, la pérdida de autoridad política, y la disminución de población (o flujo de inmigrantes) pasó del oeste al este y del sur al norte. Los rápidos cambios en los modelos culturales fueron más pronunciados en el Peten occidental. Lo que de repente colapsó fue el tipo de monarquía que había sido el sello de la civilización Maya. Fueron conscientes de la emergencia de nuevas formas de poder.

Los cambios en el Peten occidental no pueden atribuirse a la presión demográfica o al trastorno ecológico; más se debieron a la tensión de la ciudad, al antagonismo que se intensificó después del año 600 DC., y alcanzó su culminación en el año 760 DC., que los condujo a un tiempo de incesante guerra, a la emigración de la población, y a la cesación del arte monumental. Entre el año 760 y 830 DC., vemos el abandono de los centros principales y de los edificios de los pueblos fortificados en las cumbres. Centros como Palenque y Piedras Negras perdieron su prestigio y reventaron después de que sus señores fueron derrotados o capturados por su señor rival. La pérdida de autoridad de los señores minó la creencia que el gobernante estaba en contacto con los antepasados y los dioses. Las ciudades fueron rápidamente abandonadas y nunca se restauró el sistema político.

En la parte central del Peten y más al norte, se hizo más gradual la finalización del Período Clásico. Aquí la pérdida de autoridad política fue de la mano con un declive en la actividad monumental y disminución de la población, ocurrió por el año 830–850 DC. Campeche del sur y Calaxmul habían estado declinando desde principios del siglo VIII. Calaxmul sufrió una gran pérdida de población, disminuyó vertiginosamente por debajo del 10% de sus niveles originales (al finalizar el siglo VII) allá por el año 850 DC. Esta área también parece haber sido afectada por el cambio de clima y la sequía.

Contrariamente a las áreas anteriores, el período entre el año 750 y 1100 DC., es un período de gran crecimiento en el norte de Yucatán. Los centros *Puuc** surgieron a mediados del siglo VIII. Ellos probablemente incorporaron el culto de Quetzalcóatl en su arte y rituales e introdujeron nuevas estructuras políticas — como consejos de nobles (multepal) — que se hicieron característicos de los estados Postclásicos. Esto se hizo aún más prominente bajo el siguiente reino de Chichen Itza. Los centros Puuc mayormente decayeron en relación al florecimiento de Chichen Itza que se volvió el centro de nuevos cultos y peregrinación, así sobrevivió a sus rivales. Estas batallas por la supremacía se ganaron con "rituales de terminación," a través de los que la ciudad fue ceremoniosamente profanada.

Este modelo de profanación ritual se inició antes entre los Mayas y puede haber sido uno de los golpes finales recibidos por la ciudad-estado. En el verano de 2005, A. Demarest encontró evidencia de un entierro de nobles Mayas en la antigua ciudad de Cancuen. [45] Cincuenta hombres, mujeres, y niños de la nobleza fueron decapitados tirandoles hacia atrás la cabeza y atravesándoles el pecho con una lanza grande hasta la espina. Muchos de estos cuerpos se conservaron notablemente bien en las aguas de una piscina alimentada por una fuente, y fueron reconocidos por su joyería. Otros, como el rey y la

---

* N. del T.: La palabra *puuc* en maya significa "colina" o "conjunto de colinas". La zona así designada se extiende desde Maxcanú hasta el sur de Peto, llegando hacia el sudoeste hasta Campeche. Como bien describe su nombre, es una zona de pequeñas colinas, sin ríos y con pocos cenotes, con una buena proporción de tierra fértil.

reina, fueron enterrados en tumbas poco profundas al lado de la piscina. La pareja real fue enterrada con sus túnicas y adornos, su joyería de jade, collares de colmillos de jaguar, y raras conchas. Al rey, Kan Maax, se le reconoció por el collar que lleva su nombre y título, haciendo posible identificar los eventos en una fecha de alrededor del año 800 DC. Asesinando la élite, poniendo sus desmembrados cuerpos en aguas ceremoniales y la metódica destrucción de palacios y monumentos, el Dr. Demarest especuló que los conquistadores fueron "matando la ciudad ritualmente." Esto se confirma más por el desfigurado de todas las imágenes de los invasores talladas en los monumentos de Cancuén. Las estatuas fueron derribadas, boca abajo.

Demarest supone que esta matanza podría haber sido perpetrada por una tribu vecina de la región montañosa. El exterminio de una familia real vencida y de la nobleza fue un único precedente en la guerra Maya en el período Clásico. La muerte del rey y la nobleza significó el fin de la vida de la ciudad comercial y tuvo repercusiones económicas a lo largo de la región. Dentro de los diez años que duró la caída y abandono de Cancuén, otras ciudades en el Río la Pasión siguieron el mismo destino, con excepción de Ceibal.

Éste es otro ejemplo de cómo el declive Maya fue provocado en un caso particular. Sin embargo, la particular modalidad no altera la premisa fundamental del declive de la institución de la monarquía y la desaparición de los frutos culturales de la Cuarta Era Maya que en forma inevitable condujo a la forma particular de los eventos. El declive cultural precedió al declive físico.

Figura 5: El Dios Viejo

Retornaron viejos temas como el del cautivo atado a los pies del rey. Finalmente los temas evolucionaron hacia lo más horripilante. El llamado Dios Decapitador aparece en íntima asociación con el simbolismo de la guerra Tlaloc/Venus. Él tiene una hoja trifurcada sobre su ojo y está sentado sobre un taburete de huesos de pierna humana. En sus manos sostiene la cabeza de un decapitado. A él también se le llama Dios Viejo (figura 5). [46]

El fin del período Clásico fue a menudo abrupto. Llegó a través de una humillante derrota del rey o cuando el pueblo le dió la espalda. Fue abandonado el complejo sistema agrícola por inundación y nada podía hacerse en ellos en tiempo de guerra. Para eso era necesario un gobierno central estable. En un sentido mayor ésta fue una crisis de fe. Por ese tiempo el Maya dejó de construir pirámides y estelas. La alfabetización y el arte continuaron degradándose. En efecto, sin monarquía no podía sobrevivir la escritura.

El movimiento de declive cultural, generalizado a lo largo de los reinos Mayas, es, probablemente, la causa de la desaparición de toda la civilización. Como veremos, su supervivencia en el Yucatán requirió una completamente nueva dimensión cultural.

Chichen Itza

Yucatán vio el surgimiento del primer imperio a gran escala, un nuevo desarrollo entre los Mayas. A fines del siglo VIII, un grupo de un pueblo de marineros mantuvo una serie de fortalezas estratégicas a lo largo de la costa de Yucatán. Éstos eran del pueblo llamado *Itzá*, al que se refiere el Chilam Balam. Con el tiempo estos guerreros y mercaderes establecieron un puerto permanente en la Isla Cerritos, al norte de la boca del Río Lagartos. Finalmente después de la lucha entre los reinos de Cobá y Puuc, fundaron su capital en Chichen Itza, directamente al sur pero a alguna distancia de la Isla Cerritos. Durante unos siglos gobernaron el norte sin rivales.

Chichen Itza fue el heraldo de una revolución cultural. Desde el principio usaron formas de expresión Mayas y Mexicanas. De hecho al principio también usaron textos jeroglíficos Mayas. Sin embargo, después usaron apenas la palabra escrita y las estelas. La historia escrita de la ciudad cubre un período muy corto. La fecha más temprana es el año 867 DC. [47] Los textos de Chichen Itzá también tienen un alcance limitado; no se refieren a la vida del gobernante. Algunos de los textos se refieren a generaciones de hermanos de descendencia matrilineal sin clara referencia de rango entre ellos. Su atención principal se centra en los rituales de entrega llevados por grupos de señores. Una de las imágenes prominentes es la del pájaro que trincha el pecho de la víctima para extraer su corazón, y la serpiente que se sobrepone al sacrificio.

Las crónicas nativas del Itzá indican que fueron gobernados por grupos de hermanos, una hermandad de príncipes. Igualmente, el arte del bajorrelieve en Chichen Itza retrata principalmente grandes grupos de personas sin líderes claramente individualizados. Remarcables ejemplos de estos trabajos son la Columnata Noroeste y el Templo de los Guerreros, que para la mayor parte retratan a guerreros que usan armas de la guerra de Tlaloc. Además de los guerreros, se describen hechiceros o sacerdotes. Hay también una intimidante Vieja Matriarca, probablemente representante de la Diosa de la Luna. Los prisioneros no son despojados y humillados como en los Reinos del sur. Ellos estaban vestidos de manera que difería poco de la de sus captores. Los ganadores son tan claramente Mayas como los perdedores.

El Maya de Chichen Itza no intentó retratar individualmente al gobernante sentado en el trono. Todos los nobles se sentaban en tronos con forma de jaguar. En la Gran Cancha de Pelota vemos muchas figuras de caracteres conocidos como *Capitán Disco Solar* y *Capitán Serpiente* (figura 6). Parece que la insignia de estos capitanes perteneció a grupos de personas, no a cualquier individuo dado. Hay incluso capitanes cautivos, lo que indica que no era exclusivo de Chichen Itza. Enigmáticamente, el Itza construyó un imperio sin reyes. Sin embargo, ellos continuaron la más temprana tradición de Teotihuacán. La monarquía fue reemplazada en objetos y símbolos con la fugura del rey muerto sentado en el disco del sol. Friedel y Schele concluyen que *Capitán Disco Solar* sirvió como imagen del ancestral rey presidiendo como espíritu. [48] Hay referencias claras a sacrificios del corazón realizados por guerreros vestidos como pájaros, posibles miembros de la orden del Águila que de nuevo encontráramos en tiempos Aztecas. Otros describen el sacrificio por decapitación y por flechas. La cancha de pelota fue usada para el sacrificio por decapitación y las cabezas eran colgadas en postes.

En este punto Quetzalcóatl, más que un instrumento de comunicación con el otro mundo, parece convertirse en símbolo de la divinidad del estado. Hasta la Conquista seguía siendo objeto de culto de la nobleza Maya-Tolteca. Chichen Itza fue así la capital de un reino sin historia. Le había dado la espalda a toda la tradición Maya de siglos y vuelve al matriarcado de la Tercera Era con el agregado elemento del anonimato.

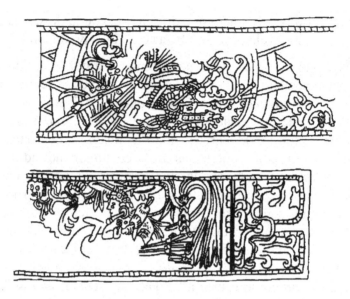

Figura 6: Capitán Disco del Sol (arriba),

Capitán Serpiente (abajo)

Otra confirmación del retorno a la tradición de Teotihuacán es la Tumba del Alto Sacerdote, una pirámide maciza de cuatro lados con balaustradas de serpientes emplumadas. Curiosamente, se construyó sobre una cueva, como la Pirámide del Sol en Teotihuacán, reincorporando el tema de la cueva Tolteca como lugar de origen.

Lo que hemos visto principalmente a través de la evolución de Quetzalcóatl es el hecho que una deidad puede evolucionar con el tiempo. La ciencia espiritual nos enseña que cuando la evolución da un paso adelante, los primeros seres espirituales adquieren una calidad regresiva o son desplazados por otros seres opositores. Ésta también es la naturaleza de los cambios sufridos por Tlaloc, de deidad de la Agricultura a deidad de la guerra. Es aún más claro en el reemplazo de la deidad solar: Hunahpú, con la deidad de Venus: Quetzalcóatl.

Chichen Itza se hizo muy dependiente del tributo o depredación de sus vecinos. Con el declive de sus vecinos, su propia economía fue pesadamente restringida y entró en su fase terminal entre el año 1050 y 1100 DC. [49]

Conclusiones

El registro arqueológico confirma por lo menos las tendencias que el Popol Vuh ha subrayado. El sacrificio humano no era practicado en los primeros días de la civilización de Teotihuacán. Reapareció por fases y en forma secreta. Aunque por lealtad al Templo de la Serpiente Emplumada se sacrificaron cerca de doscientas víctimas, éste fue un episodio único. El templo anterior fue suprimido y enterrado bajo otra estructura. También encuentra confirmación la aseveración del Popol Vuh que los sacerdotes tenían que ocultar sus prácticas y raptar a sus víctimas. En fases, la ideología del sacrificio fue cada vez más aceptada, y Teotihuacán se volvió un régimen militarista. Sin embargo, sólo ocasionalmente aparecen en el arte de Teotihuacán claras referencias al sacrificio humano. La ideología oficial no glorificó sus prácticas como más tarde lo hicieron los Chichen Itza y los Aztecas. Incluso en el tiempo de Tulán, el sacrificio humano encontró mucha resistencia; lo que testimonia la oposición histórica de Topiltzin Quetzalcóatl.

Los eventos toman un giro decisivo con la fundación de la Liga de Mayapán y el surgimiento de Chichen Itza. Aquí parece que el sacrificio humano regresa con fuerza, pero esta vez se le añade el sacrificio del corazón. El ascenso de esta ideología culminará en el tiempo Azteca.

Mientras emergía la ideología Tolteca, la Maya seguía una curva descendente. La influencia de Teotihuacán perdía efectividad en los reinos Mayas con alternada suerte. El Maya absorbió la ideología Tolteca de Venus y a menudo la mezcló con su propio patrimonio dando lugar a formas híbridas de ideología. El contraste entre Palenque y Chichen Itza ilustra mejor dos tendencias extremas. La dinastía de Palenque adoptó en parte el simbolismo de Venus, el de la guerra, pero lo hizo con una elaborada mitología legitimando y exaltando al monarca como la encarnación de los dioses y vinculando la dinastía con toda la historia Maya. Lo hizo recurriendo a toda la riqueza del conocimiento astronómico Maya. Éste obviamente fue un esfuerzo efímero, porque la monarquía Maya sólo podía sobrevivir como una civilización en conjunto, que une las ciudades-estados.

Ninguna ciudad podría sobrevivir sola. Ni los frutos de la civilización — tal como está escrito — sobreviven aislados. Alrededor del siglo IX y X la declinación había alcanzado a la mayor parte de la civilización Maya.

La estrategia de supervivencia de Chichen Itza fue más duradera. En ella vemos el opuesto polar de Palenque. Los monarcas volvieron a ser los hermanos de la misma familia matrilineal. No hay gobernante individual, así como no lo hubo en la larga historia de Teotihuacán. Hasta cierto punto es un retorno a la colectividad y a la anónima organización social de la Segunda Era.

Los dioses parecen tener una influencia mucho más directa en la ideología de Chichen Itza que cualquier simple individuo. En la ciudad el rol representado por el Dios del Fuego alcanza nuevas alturas. Parece que aquí se introdujeron muchos nuevos elementos, como el sacrificio humano con remoción del corazón. Si consideramos Chichen Itza desde un punto de vista evolutivo vemos un movimiento de retorno a la conciencia de los primeros tiempos Atlantes, a los anteriores a su cuarta época. Éste fue el tiempo que precedió al presentimiento de la ego-conciencia en la que el individuo sentía que su verdadero ser estaba sostenido en la realidad del mundo espiritual y que esa realidad del mundo espiritual era más real que el mundo de los sentidos. Ahora, de manera regresiva el individuo se perdió en los dictados de un Dios del Fuego que lo privó de la libertad, le negó el acceso a la idea de la inmortalidad, y elogió el alto precio del sacrificio del corazón. No sorprende que el esfuerzo del Chichen Itza por conservar la escritura Maya fuera tan efímero. En Chichen Itza no estaba presente la conciencia histórica.

Así como vimos que la civilización Maya introdujo la instalación de los Misterios Semi-Nuevos, Chichen Itza marcó el retorno a los Misterios Semi-Viejos. Sin embargo, la conciencia atávica ya no podía alcanzarse de otra manera que a través de métodos regresivos, como el sangrado y el sacrificio humano. Sólo fue en la sangre que los Toltecas pudieron lograr la unión con la esfera de la revelación, y sólo de una manera regresiva. Así pues fue montado el escenario para la intensificación y nueva fase alcanzada por los Aztecas.

Consideraremos la cosmología Azteca en contraste con la visión del mundo Iroquesa que surgió al norte.

El Dios Tribal Azteca es Huitzilopochtli; el iniciado Iroqués que trae la completa renovación de su sociedad es Daganawida. Cada uno de ellos es el fruto del milagroso parto de una virgen. Ambos son héroes pacificadores. El paralelo entre Aztecas e Iroqueses va más allá. En el siglo XV, ambos hombres-dioses armaron el escenario para la consolidación del poder político y la formación de grandes entidades políticas.

Los Aztecas a su primera federación la llamaron Triple Alianza; el Iroqués formó la famosa Liga de Cinco Naciones (después, Seis Naciones). Sin embargo, aquí se detienen las similitudes y se abre un abismo entre la visión del mundo de ambos: Aztecas e Iroqueses. Permítanos familiarizarnos con la historia Azteca e Iroquesa y sumergirnos en su respectiva visión del mundo. Los Aztecas e Iroqueses son representantes de completamente nuevos impulsos espirituales que afectaron la totalidad de Norte y Centroamérica. En el tiempo de los Iroqueses y Aztecas — el tiempo en que Europa se dirigía al desarrollo del Alma Consciente — Sudamérica testificaba el importante surgimiento de la nueva civilización e imperio de los Incas. [49]

CAPÍTULO 2

LOS AZTECAS

La narración del Popol Vuh alcanza el tiempo de la Conquista, pero discrepa de la parte de la historia que ahora queremos seguir. El Popol Vuh puso la base para nuestra comprensión de la civilización Maya y Tolteca. En este capítulo analizaremos cómo el impulso que los Toltecas habían puesto en movimiento desarrolló y sufrió cambios cualitativos bajo los Aztecas. Mientras lo hacían, los Aztecas tuvieron cuidado de mantener intactos los vínculos con las tradiciones Soconusco/Izapan. Éstas aparecen en la mitología, en las celebraciones del curso del año, en el culto dual del dios de la agricultura y el dios tribal, y en el reconocimiento del iniciado al que dio nacimiento una virgen. Y así el significado del Popol Vuh, Parte I y II, cambia completamente en el proceso de adopción por parte de la cultura Azteca. En América del Norte, el Iroqués llevó más allá el impulso del tiempo de Cristo de una manera que no parece evidentemente unida a la odisea de los Gemelos. Se requiere mayor análisis para distinguir aquellos elementos.

El análisis de la historia Mesoamericana a menudo ha sido determinado por comparaciones entre el contenido de las mitologías de sucesivas civilizaciones. El significado de un símbolo o la relevancia de un dios es establecida poniendo lado a lado el material Olmeca con el Maya, Tolteca, y la equivalente Azteca. Implicando o suponiendo el razonamiento que el mismo dios significaba la misma cosa para los diferentes pueblos en el espacio de quince o más siglos. Por lo que se refiere a la historia europea correspondería intentar entender, a partir de los documentos históricos de los primeros cristianos, quién era el Cristo, las ideas de la Reforma, el origen de todas las sectas y herejías, y los archivos de la Inquisición. En este segundo caso es fácil llegar a la conclusión que sería un absurdo, especialmente porque en esos tiempos diferentes grupos lucharon hasta la muerte unos contra otros en nombre del Cristo: basta pensar en la Tercera Cruzada que la Iglesia Católica emprendió contra los Cátaros.

La situación es análoga en América. Sólo la misma civilización o dos civilizaciones cercanas en el tiempo y cultura pueden suministrarnos conclusiones inequívocas sobre las interpretaciones espirituales de la misma deidad. Hemos visto que incluso debemos tener mucha cautela para hacerlo; presenciaremos la radical transformación espiritual que ocurrió entre Olmecas y Mayas en el espacio de un siglo.

Fue la innovación de Girard la que añadió al análisis histórico el elemento moral de comparación. Pocos investigadores han tomado este camino, y ninguno careciendo de pautas claras podía ver claramente a través de tan polémica materia. En ausencia de tales pautas puede ser más fácil y más objetivo para el científico adherirse a la "neutralidad moral." Girard podía llevarnos a un análisis de la cuestión moral porque vio que aunque las diferentes sociedades escogían diferentes opciones morales, tuvieron cuidado de proporcionar una justificación a los precedentes doctrinales y culturales. Los Aztecas no fueron una excepción.

No obstante, el orgullo Maya de Girard lo llevó a minimizar las limitaciones o defectos Mayas, aun así su enfoque es válido. Seguiremos un camino similar al suyo y señalaremos los cambios que se introdujeron a través del tiempo en las prácticas que derivan del mismo trasfondo espiritual. Describiremos históricamente cómo ocurrió este fenómeno, cómo estuvo acompañado con el nuevo material imaginativo de mitos y leyendas, y qué condiciones culturales hicieron posible los cambios.

Guerra, Conquista, y Sacrificio Humano

Los Aztecas primero fueron conocidos como Mexica. Como muchas otras poblaciones nómadas Nahua, llegaron a la alta meseta del Anáhuac del norte del actual México, D.F. Ellos fueron el fruto de la continua inmigración hacia América del Norte a través del Estrecho de Bering, y que hemos calificado como post-Atlante. Llegaron a Tulán en el año 1165 y después se trasladaron a Culhuacán donde el gobernante, Achitometl, les permitió establecerse en las tierras de Tizapan, con tal de que le pagaran tributo en canoas, trabajo, y mercenarios. Achitometl también le dio en matrimonio a su hija, quien reclamaría descendencia Tolteca. Por razones que la historia ignora los Aztecas sacrificaron a la hija y los Culhuacanos les obligaron a tomar refugio en la isla del lago Texcoco. Allí, en 1325, se fundó Tenochtitlan.

En Tenochtitlan los Aztecas fueron dominados por los Tepanecas que igualmente les exigieron tributo. Un posterior gobernante, Tezozomoc, dobló la cantidad del tributo. Ya las tensas relaciones alcanzaban un límite de su resistencia cuando los Aztecas le pidieron a Maxtla, el hijo de Tezozomoc, permiso para construir un acueducto de piedra. Su negativa provocó una insurrección y los Aztecas, conducidos por Izcoatl, derrotaron a los Tepanecas en 1428. Para hacerlo se aliaron con Texcoco y Tlacopan. En venganza los Tepanecas debían pagar a los Aztecas un tributo de trabajo, tierra, y productos y no se les permitió escoger a su propio líder. El año 1428 es el punto de inflexión del dominio Azteca.

1428 es una fecha central para la historia Mesoamericana y de hecho para la Americana. Marca el principio del Imperio Azteca. Podemos ahora mirar más de cerca este único evento de la formación de la Triple Alianza y sus consecuencias. El importante paso de 1428 probablemente se preparó muchos años antes. El gobernante de la Alianza — Tlaotani — fue escogido por un consejo de guerreros y sacerdotes, el llamado "Consejo de Cuatro." Lo que mayormente contaba eran sus habilidades militares y otro criterio religioso, no sólo la herencia. Detrás de la figura de Izcoatl, el primer gobernante, estaba alta la figura de Tlaclael, el sumo sacerdote.

La sociedad Azteca logró una forma particular de estado en que las funciones religiosas, militares, políticas, y económicas estaban íntimamente conectadas entre sí. La educación del sacerdocio y del plebeyo estaba firmemente sostenida por el estado. Sin embargo, la clave de la arquitectura social imperial estaba un paso adelante de la simple concentración de todas las funciones de la sociedad en manos del estado. Muchas ciudades-estado ya habían intentado dar estos pasos preliminares pero ninguna había considerado la posibilidad del imperio, aparte de Chichen Itza.

Lo que hizo único al estado Azteca fueron las aplastantes reformas introducidas en 1428. En ese año, Izcoatl — bajo lo que muchos ven como la instigación de Tlaclael — quemó todos los códices anteriores, documentos religiosos e históricos. La justificación para este acto se ofrece originalmente en el mito de la migración Azteca publicado en la *Historia General de las Cosas de Nueva España*, Libro 10, con las siguientes palabras: "La historia de éste [el libro] fue salvada, pero fue quemado cuando Izcoatl gobernó en México. Tuvo lugar un consejo de gobernantes de México que dijeron: 'no es necesario que toda la gente vulgar conozca las escrituras; el gobierno se desacreditará, y la hechicería se extenderá sobre la tierra; porque contiene mucha falsedad.' " [1] Según el nativo Tezozomoc y el español Durán, Tlaclael era el hombre en quien descansó el poder, más que en el emperador. [2] Él sobrevivió a tres gobernantes sucesivos que eran hermanos o primos.

Ya se había adoptado la anterior costumbre de reescribir la historia a través de lo que algunos autores llaman "mitografía creativa." Lo vimos en la dinastía de Palenque. La legitimización de la autoridad política a través de la sangre Tolteca fue el ejemplo más simple de tal mitografía. Esto permitió la justificación de un continuo legado espiritual a través de la ascendencia física. El reescribir la historia también se logra en los mitos y leyendas. Los Aztecas lo hicieron dando énfasis a su continuidad con Teotihuacán que imaginaron construida por los dioses (la palabra Azteca Teotihuacán significa la Ciudad de los Dioses) o por una raza de gigantes. Como veremos después, la ciudad legitimó su continuidad con los prístinos tiempos a través de la leyenda del Quinto Sol.

La sociedad Azteca estaba muy estratificada. La cima de la pirámide estaba ocupada por la nobleza, principalmente compuesta de los mejores guerreros, el sacerdocio, y el *pochteca*, el equivalente a la condición de comerciantes que llevaban a cabo el comercio extranjero. De particular interés en el presente contexto es el entrenamiento de guerreros. Empezando en su adolescencia eran instruidos para tomar cautivos y no matar a sus enemigos. Una de los primeros requerimientos exigidos al joven luchador era no ayudar a un compañero en dificultades. Habiendo demostrado su valor, al guerrero se le aumentaban responsabilidades civiles y funciones de naturaleza más cultural, como la administración de escuelas. También se hacía merecedor a privilegios, como la exoneración de impuestos y el derecho a mantener concubinas. El plebeyo que ofrecía muchos cautivos para el sacrificio humano podía subir de nivel social.

La economía Ateca era muy dependiente del tributo recaudado en las poblaciones subyugadas. El tributo apoyó una creciente sección de profesiones administrativas: burócratas, soldados, nobles, y sacerdotes. En el tiempo Azteca la sociedad creció hasta la cima, llevando a un ciclo interminable de guerras y conquistas. Es así como se caracterizó la guerra según los Aztecas en el diálogo entre Tlaclael y Moctezuma I: "Nuestro dios se alimentará con ellos [prisioneros] como si estuviera comiendo tortillas calientes, suaves y sabrosas, recién salidas del horno…. Y esta guerra debe ser de tal naturaleza que no nos esforzaremos en destruir a los otros totalmente. La guerra siempre debe continuar, para que cada vez y siempre que deseemos y nuestro dios desee comer y festejar, podamos ir allá como quien va al mercado para comprar algo para comer… organizados para obtener víctimas para ofrecer a Huitzilopochtli…" [3] La necesidad de sacrificar cautivos y del tributo para la nobleza creó el impulso para cada vez más campañas de guerra. Esto obligó a los ejércitos a ir cada vez más lejos de la capital. La expansión se encontró con límites logísticos en áreas deprimidas que no podían proporcionar un tributo regular y en regiones demasiado alejadas de la capital. El estado demasiado centralizado se había vuelto un obstáculo para la deseada expansión imperialista.

El Sacrificio humano

El propósito principal de la guerra era la captura de víctimas sacrificiales. El sacrificio humano había regresado y se había intensificado en la cultura Azteca. Esto no contradice la aseveración de Rudolf Steiner que el poder de los decadentes Misterios Mexicanos fue interrumpido antes de la cuarta era post-Atlante. Debemos recordar que Steiner se refirió a una forma particular de sacrificio humano, una que incluía la remoción de un órgano de una víctima viva con el debido conocimiento empleado por el sacerdote. La apropiación de este conocimiento probablemente fue logrado por el sacerdocio de Chichen Itza. Los Aztecas tomaron el poder en 1428, unos años después de la fecha del simbólico principio de la Quinta Era post-Atlante del Alma Consciente que Rudolf Steiner coloca en 1413. Como en la esfera política, Tlaclael había introducido radicales cambios en la esfera religioso/espiritual.

El Tolteca había reintroducido la práctica del sacrificio humano, incluso el nuevo sacrificio que incluía la remoción del corazón. El año 1428 es, una vez más, una fecha que marca un punto crítico. Lo que había sido una práctica limitada al orden de los centenares, alcanzó bajo los Aztecas alturas históricas de un estimado de quince mil víctimas sacrificiales por año. La devoción al Templo de Tenochtitlan solo requirió, aparentemente, la muerte de más de diez mil víctimas en cuatro días. [4] Lo más importante fue la generalización del sacrificio humano a través de la remoción del corazón de una víctima viva. Esta innovación también encuentra justificación en la nueva mitología introducida por Tlaclael. Existió una específica estructura política apoyada en una particular visión del mundo. Consideraremos ahora el contenido imaginativo del mito y la leyenda Azteca y los caracterizaremos en relación al Popol Vuh, con el que la tradición Azteca enfáticamente demanda continuidad.

El Mito Azteca y el Surgimiento de Huitzilopochtli

Huitzilopochtli es el hombre hecho dios que acompaña a los Aztecas en la mítica migración de Aztlan a Tenochtitlan. Permítanos ahora examinar el mito de su nacimiento de una virgen. La versión entera está incluida en el apéndice 2.

El dios nace en la colina de Coatepec, "Colina de Serpientes." Una mujer de nombre Coatlicue es la madre de los Cuatrocientos Muchachos del Sur, conocidos como *Centzon Huitznahuac** , y de su

---

* N. del T.: Los **Centzon Huitznáhuac** (en nahua: *Cuatrocientos o Incontables Surianos*) eran en la mitología azteca, los dioses de las estrellas del Sur, hijos de Coatlicue y hermanos de la diosa lunar Coyolxauhqui que los regía.

hermana Coyolxauhqui. Mientras ella está haciendo penitencia en Coatepec, una pelota de finas plumas cae en Coatlicue que recoge y coloca sobre su pecho. Por consiguiente, ella es fecundada por un ser divino. Los Muchachos del Sur creen que ha sido deshonrada y han decidido matarla. Uno de los dioses cuyo nombre es Cuauhuitlicac, revela la conspiración a Huitzilopochtli que estando en el útero ya se comunica con su madre. Poco después del nacimiento, Huitzilopochtli se pone armadura y vestido y lucha con sus antagonistas. Su primera víctima es Coyolxauhqui cuyo cabeza él cercena con una "serpiente de fuego." Su cuerpo cae por la colina y se desmiembra. Poco después, Huitzilopochtli persigue a los Centzon Huiznahuac y los aniquila. Sólo unos pocos escapan de la matanza y encuentran su camino al sur. La ferocidad inicial de los Cuatrocientos Muchachos no rivaliza con la del hombre-dios. Esto es lo que el texto dice sobre la matanza de los Cuatrocientos Muchachos: "El gran guerrero hizo más que derrotarlos... eliminó su destino... él los introdujo en su destino, los hizo su propia insignia." Huitzilopochtli quiere borrar todo su ser, no sólo sus cuerpos.

En el mito de Huitzilopochtli podemos reconocer algunos de los elementos del Popol Vuh, así como también algunas diferencias importantes. La doncella no es fecundada por Tau-gota de agua sino por la pluma, un cambio hacia el elemento aéreo. El héroe Azteca nace totalmente desarrollado. Es interesante comparar el hecho de Hunahpú con el de Huitzilopochtli. El dios solar Maya anula el sacrificio humano. El sacrificio humano, acertadamente descrito por la desmembración de Coyolxauhqui, es el primer acto de vida de Huitzilopochtli. De hecho, Huitzilopochtli es una réplica práctica del gigante Zipacna del Popol Vuh en el episodio correspondiente a los

Cuando la viuda Coatlicue fue fecundada por una pluma; su hija, Coyolxauhqui, y sus hijos, los Centzon Huitznahuay, lo consideraron deshonroso y despreciable. La diosa lunar entonces guió a sus hermanos los Centzon Huitznáhuac al cerro de Coatépec, donde se encontraba la preñada, para matarla.
Pero uno de ellos Quauitlícac se alió con el hijo nonato de Coatlicue, Huitzilopochtli, y le avisó de cuando estos maléficos dioses-estrella y su hermana estaban llegando para cometer el matricidio. El plan fue frustrado cuando justo al llegar a Coatépec nació Huitzilopochtli, ya adulto, armado y preparado para la batalla (como Atenea) y desmembró a su hermana y exterminó a casi todos los Centzon Huitznáhuac.

Cuatrocientos Muchachos. El mito tiene dos elementos diferentes del Popol Vuh, reordenados y engranados. El nacimiento es igual al nacimiento de los Gemelos; el hecho es igual al consumado por Zipacna, el héroe de la Primera Era, cuando entierra bajo su casa a los Cuatrocientos Muchachos.

El mito de la migración Azteca completa la justificación para el sacrificio del corazón. El ceremonial desollado y el sacrificio del corazón aparecen en él como precedentes históricos. El sacrificio del corazón es realizado primero por Copil, un gran hechicero e hijo de la hermana de la deidad patrona, Malinalxoch. El texto especifica: "Ellos lo persiguieron con astucia y capturaron a Copil en Tepetzinco. Cuando fue muerto, Huitzilopochtli cortó su cabeza, de un tajo abrió su pecho y le sacó su corazón." Más allá, en el texto, viene el desollado de la hija de Achitometl a quien el rey Chichimeca de Culhuacán anteriormente había dado en matrimonio al Mexica. El texto pone el precedente para las posteriores ceremonias. Dice, "Entonces Huitzilopochtli habló... les dijo, 'O mis padres, yo les ordeno matar a la hija de Achitometl y desollarla. Cuando la hayan desollado, ustedes vestirán a un sacerdote en su piel. ' " [5]

Completaremos esta revisión de referencias mitológicas con el mito de la creación del sol y la luna; lo que los Aztecas llaman el "Nacimiento del Quinto Sol." La continuidad con la tradición del Popol Vuh se manifiesta desde el comienzo: "se dice que cuando todavía todos estaban en la oscuridad, cuando todavía ningún sol había brillado y no había amanecer [Amanecer] — es decir — cuando los dioses se reunieron en consulta en Teotihuacán." Los dioses están esperando el Amanecer que sólo ocurrirá si se sacrifican algunos de ellos. Dos de ellos — Tecuciztecatl y Nanauatzin — se ofrecen lanzándose al fuego. El águila y el ocelote los siguen. Ellos no mueren pero son ennegrecidos por las llamas. Los dos dioses suben de nuevo a los cielos, Nanauatzin como el sol, Tecuciztecatl como la luna. Éste también es un tema familiar del Popol Vuh, un paralelo a la apoteosis de los Gemelos. Poco después, el sol y la luna se detienen en su camino — en el tiempo del solsticio invernal — y todos los dioses deciden sacrificarse. Es el dios del viento, Ecatl, quien los mata y sopla con fuerza para poner el sol en movimiento.

En Teotihuacán nace el Quinto Sol. El mito Azteca, por consiguiente, demanda continuidad con la tradición Tolteca. Está ahora claro que los Aztecas continuaron la visión del mundo Tolteca y con su esfuerzo llegaron a consecuencias mayores. El Quinto Sol Azteca ocurre inmediatamente después del Cuarto Sol del Amanecer. Nanauatzin es la versión Nahua del nombre Nanauac, dado a Hunahpú por el Maya. [6] En este mito también, como en el mito de Huitzilopochtli y en el mito de la migración, hay una escalada del sacrificio hasta que "todos los dioses mueren cuando nace el sol."

Finalmente la mención del ocelote y el águila indica la futura importancia del Jaguar y de los *Caballeros Águilas*. El texto lo muestra así: "A partir de este evento, [zambullirse en el fuego] se dice, tomaron — desde aquí se tomó — la costumbre por la que fue llamado y nombrado el que era valiente, un guerrero. La palabra 'quauhtli' vino primero, se dice, porque el águila entró primero en el fuego. Y a partir de entonces el ocelote la siguió: así la palabra — *cuauhtli-océlotl* (águila-jaguar) porque el ocelote entró en el fuego después del águila."

La mitología Azteca muestra un vínculo con las tradiciones del Popol Vuh. El registro escrito también ayuda a verter alguna luz sobre el elemento de continuidad y aumento entre las prácticas Tolteca y Azteca. Consideraremos el lugar de ritual en la vida Azteca con miras a encontrar similitudes y diferencias con las tradiciones del Popol Vuh.

Dioses Aztecas y Ritual

El primer ritual Maya, como el obtenido del Popol Vuh, instituyó las dos partes del año: el tiempo del Calendario Sagrado, y el tiempo del año civil, con los correspondientes cultos al dios de la agricultura y al dios solar. Según el monje español, Sahagún, los Aztecas mantuvieron esta división del año y del sacerdocio. El culto a la Agricultura se llamó Telpochcalli, el culto tribal Calmenac. En el Telpochcalli los sacerdotes trabajaron, comieron, y durmieron juntos. Los pupilos del Calmecac siguieron el camino solos y solos durmieron. [7] Esto es confirmado por otras fuentes. Los ritos de Tlaloc fueron realizados por la noche y los sacrificios ocurrieron a medianoche o antes del amanecer. Huitzilopochtli gobernó en la estación seca, Tlaloc en la estación lluviosa. [8] Todo esto refleja fielmente la primera tradición Maya.

El ritual Azteca modificó las viejas prácticas del Calendario Sagrado según la nueva visión del mundo. La odisea del maíz recibió una nueva interpretación. Los que siguen son ejemplos de sacrificios y su relación al ciclo del maíz y los hechos de los dioses. La gestación del joven maíz dentro de la madre tierra se realizó en el ritual Azteca con el desollar de una víctima femenina cuya piel envuelve a un hombre joven. Esto representa la piel de la diosa de la tierra Teteoinan o Toci que envuelve a Xipe, el joven dios del maíz. Girard ve un paralelo en las estelas Maya donde el joven dios es envuelto por una piel de jaguar o surge de las mandíbulas de un jaguar. En otra fiesta de Toci, llamada "Corazón de la Tierra," el terrenal acto sexual fue representado por las víctimas atravesadas. La "Fiesta de los Elotes" (la Fiesta del Nuevo Maíz) fue celebrada sacrificando a una mujer que representaba a Xilonen (el maíz en la fase de la mazorca joven). La víctima era decapitada sobre una pirámide y su corazón arrancado. [9] Otras víctimas sacrificiales fueron echadas al fuego, tiradas al remolino de la laguna de Pantitlan y ahogadas, encerradas en cuevas, lanzadas desde las alturas, estranguladas, enterradas en tumbas y sin alimento, o entregadas a desigual combate como con un gladiador. Finalmente a muchos sacrificios le siguió el canibalismo ritual. Los sacrificios eran simplemente parte de las ofrendas de sangre de los Aztecas. Toda la población tenía que participar en alguna forma de auto-sacrificio o sangradura prevista como acto penitencial. Se usaron las espinas de una suculenta planta, el maguey, para sacar sangre de los lóbulos. De otra manera, la sangre era sacada de la lengua, las orejas, los órganos genitales, y otras partes del cuerpo.

Un total misterio rodeó al sacrificio humano que analizaremos aquí, desde que nos permite penetrar la esencia más profunda de la práctica. David Carrasco indica: "La sangre sacrificial fue llamada *chalchiuh-atl* (agua preciosa). Los corazones humanos se asemejaron a turquesas finamente labradas, y la guerra era *tlachinolli teoatl* (líquido divino y cosas quemadas). La guerra era el lugar "donde el jaguar ruge, donde los emplumados gorros de guerra suben y bajan como espuma en las olas. La muerte en el campo de batalla fue llamada *xochimiquitzli* (muerte florida)." [10] "¡No tema mi corazón! En medio de la llanura mi corazón ansía morir bajo el filo de la obsidiana. Este mi corazón sólo pide: morir en la guerra..." escribió un poeta Nahua. [11] Una visión total del mundo surge de estas definiciones. La relación entre los dioses y los seres humanos está en el extremo opuesto de la idea de la co-creación que hemos desarrollado entre el Maya, más particularmente la que surge de las páginas del Popol Vuh. Así, no sorprende que las ofrendas de sangres se llamaran *nextlasoalioia* (pago de deuda) o *nextlanlli* (deuda pagada).

En muchos sacrificios a la propia víctima se le dio el papel de *ixiptla* o suplantador de la deidad. Permítanos mirar el ejemplo del ritual realizado al final del mes de Toxcatl (del 4 al 23 de mayo). Las ceremonias se realizaron durante la espera de la estación lluviosa. El requerido suplantador de la deidad Tezcatlipoca, escogido mucho tiempo antes, era un hombre joven, físicamente tan perfecto como era posible. Su entrenamiento exigía tocar la flauta, hablar, y llevar flores. Durante el último mes, al ixiptla le fueron dadas cuatro esposas jóvenes que simbolizaban a la diosa de la fertilidad. El matrimonio representaba el siguiente período de fertilidad de la tierra, que seguía al período largo de sequía. [12] Los suplantadores llevaban una vida especial antes de su muerte. Un total misterio rodeaba también la relación entre la víctima y el ejecutor. Aunque refiriéndose a formas más tempranas de sacrificio, D. Gillette señala que los reyes o nobles enemigos sacrificados fueron considerados como hermanos de los señores victoriosos. Se decía que las víctimas eran protectores divinos de aquéllos que los enviaban a su muerte. [13] El sacrificio humano podía hacerse apelando a las víctimas e induciéndolas a la ilusión del exaltado rol que cumplían, o halagándolas con privilegios que engendraron tendencias hacia el escapismo. En efecto, lo que se instiló en ellos fue el prematuro deseo de dejar la tierra.

Los ejemplos de sacrificio humano dados antes demuestran que los rituales se reconectaron con el pasado. Aunque las formas eran totalmente nuevas, la vida ceremonial daba oídos a una fuente común pasada, la del Tzolkin y el Popol Vuh. El Calendario Sagrado de 260 días ahora se llamaba Tonalpohualli. Sólo se usaba como calendario dinámico junto con el año de 365 días. Sin embargo, algunos aspectos del Tzolkin estático parecen haber sobrevivido al tiempo. Una confirmación de esto viene también de la astronomía Azteca. No lejos de México, D.F., al sudoeste, están las ruinas de Malinalco. El sitio parece haber tenido propósitos principalmente astronómicos. Allí, tallado dentro de la piedra, está un único templo monolítico. En la urna superior semi-redonda hay dos estatuas de un águila simétricamente dispuestas alrededor de la estatua de un ocelote. Los tres están colocados en un banco semi-redondo. Equidistante de los tres, en el centro del círculo, hay otra águila tallada en el suelo. Atravesando la puerta del templo, el sol brilla en ángulo recto sobre la cabeza del águila central en el día del solsticio invernal, la fiesta de la deidad patrona Huitzilopochtli. Aquí también hay concordancia con la tradición Maya que rinde culto a Hunahpú en la estación seca. Otro templo monolítico encontrado cerca es la Estructura IV, consiste de una gran plataforma rectangular. Enfrenta el Este donde se localiza una escalera. La orientación del templo solar es tal que el sol está en alineación con el eje de simetría cuando sale el 13 de febrero y el 29 de octubre. J. Galindo Trejo cree que otros marcadores del horizonte indican las fechas del 29 de abril y 13 de agosto. [14] Un modelo consecuente surge de todas estas observaciones. Ambos pares de fechas dividen el año en una relación 260/105, el intervalo del Calendario Sagrado. Nosotros estamos familiarizados con las fechas 29 de abril y 13 de agosto, fechas del pasaje del sol por el cenit — no en la latitud de Malinalco sino de Izapa. Finalmente el 21 de diciembre es la fecha que cae exactamente en el medio del intervalo de ambas fechas. Aunque los Aztecas le asignaron totalmente nuevos significados a la vieja mitología, todavía tuvieron el buen cuidado de justificar las salidas con estricta adhesión al ancestral simbolismo y cosmología del Soconusco.

La revisión de las fiestas Aztecas y rituales no estaría completa sin mencionar el juego de pelota y la Nueva Ceremonia del Fuego. El juego de pelota se consagró originalmente al culto del dios solar y se realizó en la estación correspondiente, durante el solsticio invernal. El juego de pelota estaba en declive en toda la civilización de Teotihuacán y reapareció con los posteriores Toltecas de Tulán, cargado de nuevos significados relacionados a la guerra. En una imagen del Códice Magliabechiano vemos cuatro cráneos humanos en las esquinas de la cancha, y al centro tres cabezas de muertes asociadas con el dios Mictlantecuhtli. Con los Aztecas y antes que ellos los Toltecas, el juego había perdido la connotación solar. Simplemente era un juego sacrificial. El juego de pelota adquirió un extenso uso como una forma de adivinación. Se llamaría el juego para predecir el resultado de eventos futuros. Finalmente, se usó sólo por jugar. Las personas perderían toda su fortuna en el juego e incluso apostarían su libertad. [15]

De todas las ceremonias Aztecas, ninguna tuvo la solemnidad y los múltiples significados de la Nueva Ceremonia del Fuego. El encendido del Fuego Nuevo, también llamado "Conclusión del Año," indicaba el renacimiento del sol y el fuego, la renovación del calendario y del tiempo. En esa fecha todos los fuegos eran extinguidos. Una víctima era sacrificada y su corazón retirado. El fuego encendido en la cavidad del pecho servía para volver a encender el fuego a lo largo del territorio. La Nueva Ceremonia del Fuego representaba la preservación del orden en medio del amenazante caos. Aquí está la contraparte del significado galáctico del juego de pelota de Izapan en el ritual Azteca. La necesidad de la Nueva Ceremonia del Fuego, un ritual asociado con la noción del ciclo del tiempo, de lleno contradice la noción de eternidad asociada a la astronomía galáctica del juego de pelota.

Sahagún[*] ha conservado información sobre la última Nueva Ceremonia del Fuego que ocurrió en el año 1507 DC., al sur de Tenochtitlan y deja constancia que fue determinada por la aparición estacional de las Pléyades. Su tránsito a la media noche ocurrió ese año el 14 de noviembre. [16] Sin embargo, no serviría para la calibración del calendario porque, debido a la precesión de los equinoccios, después de todos los ciclos de 52 años, su tránsito cambiaría por trece días. Se hicieron las correcciones al calendario

---

[*] N. del T.: **Bernardino de Sahagún** es el nombre adoptado por **Bernardino de Rivera**, **Ribera** o **Ribeira** (Sahagún, León, España *ca.* 1499 - Ciudad de México, 5 de febrero de 1590) al hacerse fraile franciscano. Es el autor de un número de obras en náhuatl y español, consideradas hoy entre los documentos más valiosos para la reconstrucción de la historia de México antiguo antes de la llegada de los conquistadores españoles.

probablemente sobre una base más regular. No obstante, la Nueva Ceremonia del Fuego tuvo un importante significado religioso, y jugó un rol central en la cosmología Azteca.

Tenochtitlan y el Quinto Sol

El Templo Mayor de Tenochtitlan fue descubierto en 1968. Se sitúa en el mismo corazón de México, D.F., cerca del Zócalo — la plaza principal y la más grande de la ciudad — y al lado de la catedral. De hecho está mayormente oculta a la vista. Las excavaciones la han dejado en medio de las estructuras circundantes, en parte hundida bajo el nivel del asfalto. La construcción, de piedra de lava oscura, tiene un extraño y ondulante gesto, resultado de años de movimientos tectónicos en este lugar afectado por los terremotos. Las ruinas le ofrecen al visitante un sentimiento completamente diferente al de Izapa y Teotihuacán. Lo que les llama la atención mayormente es la doble plataforma de la pirámide más grande dedicada a Huitzilopochtli y Tlaloc, ahora cubierta por un tejado de aluminio corrugado. Directamente bajo la pirámide, al norte, está la casa del jaguar. Allí, uno puede reconstruir en la imaginación lo que se conoce de los rituales que celebraron los Aztecas. Fue una mezcla de interés histórico y de emociones contradictorias la que me llevó a visitar el lugar donde miles de guerreros cautivos marcharon en procesión para alcanzar la cima de las plataformas y ser sacrificados por los sacerdotes. La piedra sacrificial todavía está en el lugar así como la reproducción de un *chac mool* — una figura humana reclinada cuya exacta función se desconoce — reproducción que adornó el santuario de Tlaloc. Izapa, Teotihuacán, y Tenochtitlan: los tres recintos sagrados que mejor retratan toda la evolución de los Misterios Mexicanos, en la más breve sucesión.

Tenochtitlan, lo que es ahora el centro de una gran metrópoli fue una vez una isla en el lago Texcoco. Tenoch, líder de la migración Azteca, murió en 1363, casi cuarenta años después de la fundación de la ciudad. El mito Azteca de la migración nos dice que llegando a la isla a la que habían sido desterrados, los Aztecas encontraron signos del favor de su dios Huitzilopochtli: un árbol junípero blanco con dos

284

grandes piedras al pie. De las rocas fluyó un riachuelo de dos colores, uno rojo, el otro azul. Esa noche el dios les prometió que verían una señal. Ésta fue el famoso cactus del nopal donde el águila había hecho un nido que ellos encontraron al día siguiente. El cactus — dijo Huitzilopochtli — ha crecido en el lugar donde había caído el corazón de Copil a quien el hombre-dios había matado. La primera parte del mito, indica Eduardo M., Moctezuma, es casi una exacta repetición de las señales recibidas por los Toltecas al alcanzar lo que llegaría a ser la futura ciudad de Cholula. En el mito Azteca, un día separa simbólicamente la historia Tolteca de la Azteca. [17]

Tenochtitlan se convirtió en el centro de la cosmogonía Azteca. Un poema de ellos dice, "¿Quién pudiera conquistar Tenochtitlan, quien pudiera sacudir los fundamentos del cielo?" [18] Según la Crónica Mexicayotl, la ciudad se construyó sobre dos cuevas llenas de agua, una frente al este, la otra al norte. Según Sahagún, en esas aguas residía "el padre y la madre de dios". [19] Ésta es una referencia a los precedentes históricos, como la cueva bajo la Pirámide del Sol en la ciudad de Teotihuacán. El Gran Templo que codifica todo el simbolismo y la cosmología Azteca es el corazón de la ciudad sagrada. Las dos cuevas míticas residen en el inframundo. La plataforma que soporta el templo, con sus representaciones de serpientes, identifica el nivel terrestre. Las cuatro gradas de la pirámide ascienden al cielo, hacia el doble santuario de *Omeyocan*[*], Lugar de la Dualidad. La mitad sur, representa al dios patrón Huitchilopochtli, simboliza la colina de Coatepec donde el dios derrotó a sus opositores. Fiel a la leyenda, en la base de la pirámide está la famosa gran piedra redonda en la que en bajo relieve se representa el cuerpo del desmembrado Coyolxauhqui. Asociados con la piedra estaban los cráneos de muchas féminas decapitadas. Las serpientes en este lado de la pirámide son serpientes emplumadas. El lado norte del templo representa la "Colina de Sustento," o *Tonancatepetl* donde Tlaloc era la deidad. Las serpientes, asombradas como Tlaloc, completan la escena alegórica. El

---

[*] N. del T.: **Omeyocan** es el **Ombligo Cósmico del Universo**. Los Nahuas dicen que en él sólo hay viento y tinieblas. Aquí se arremolina la quietud infinita antes de la manifestación del Logos Solar. También se le llama Yoalli Ehecatl. Matriz Cósmica. Es el Iliaster, la Semilla para mundos.

sol subió detrás de Tlaloc durante la estación húmeda y detrás de Huitzilopochtli durante la estación seca, reforzando más un simbolismo que había permanecido inalterado por siglos.

La Conciencia Azteca

Tenemos bastante material arqueológico para arriesgarnos a determinar la naturaleza del culto realizado por los Aztecas en Tenochtitlan. La evolución que sufrieron los misterios en Teotihuacán, Tulán, y Chichen Itza alcanzó un clímax en la civilización Azteca. Teotihuacán, por lo menos inicialmente, podría definirse como un punto de equilibrio entre Izapa y Tenochtitlan. Teotihuacán batalla entre el dios del sol del Amanecer y el dios del fuego. Con el advenimiento de los Aztecas, llegó a su fin un movimiento de evolución. El sacrificio humano no sufrió el destino alterno de las civilizaciones Tolteca y Maya. Ésta fue la piedra angular de la nueva religión. Cada antiguo ritual que involucraba el sacrificio humano fue reemplazado con uno nuevo. Y aun así, la ideología Azteca exigió la continuidad de la cosmología Tolteca e Izapan. ¿Cómo puede ser esto? Permítanos considerar algunas de las afirmaciones de los Aztecas.

Los Aztecas se llamaron la civilización del Quinto Sol. Chichimecas y Aztecas tenían muy poco qué decir sobre las precedentes cuatro eras, según archivos coleccionados por Motolinia y Gomara. Los Aztecas empezaron su cronología por el año 649 DC; antes de esa fecha carecían de historia. La cronología Maya empezó en el año 3114 A.C. Sin embargo, la mejor evidencia de que los Aztecas serían en realidad parte de la conciencia de la Tercera Era es ese aferrarse a la ceremonia del Nuevo Fuego. La Cuarta Era introdujo en el calendario la noción de eternidad. El miedo a morir y a la extinción del tiempo es una señal que marca la Nueva Ceremonia del Fuego y de las poblaciones pertenecientes a la conciencia de la Tercera Era tal como sobrevivió en la Cuarta y Quinta Era.

En las civilizaciones Nahua y Azteca el miedo a morir está acompañado con las dudas y el miedo al más allá. Poetas y guías Nahuas y Aztecas dudaron cada vez más del más allá. El guía

Ayocuan, que vivió en la segunda mitad del siglo decimoquinto escribió:

"¿Que podrá hacer mi corazón?
En vano hemos llegado,
Hemos brotado en la Tierra.
¿Solo así he de irme
como las flores que perecen?

¿Nada quedará de mi nombre?
¿Nada de mi fama aquí en la Tierra?

¡Al menos flores, al menos cantos!
¿Que podrá hacer mi Corazón?
En vano hemos llegado,
Hemos brotado en la Tierra. "[20]

Otra colección de pensamientos de los guías reitera el tema de muchas y diferentes maneras:

"Donde vamos, oh!
¿Dónde vamos?
¿Habrá existencia de nuevo?
La alegría del Dador de Vida estará allí de nuevo?...
Porque sólo en la tierra las fragantes flores continuarán y las canciones que son nuestra felicidad.
Disfrútelos ahora!...
Lloro, me siento abandonado: recuerdo que debemos dejar flores y canciones.
¡Permítanos alegrarnos ahora, permítanos cantar ahora!
Porque nos vamos, desaparecemos. "[21]

Pueden encontrarse muchos otros ejemplos en la literatura. Según Sahagún, esta desesperación interna también se declaró en el ritual Azteca. Allí el sacerdote pronuncia las palabras siguientes:

"Oh hijo, usted ya ha soportado las pruebas de esta vida; porque nosotros no tenemos una morada permanente en esta tierra...y, el dios

287

cuyo nombre es Mictlantecuhtli, lo ha tomado a usted... y la diosa llamada Mictacacihuatl le ha dado su lugar, porque todos nosotros iremos por allá... y que habrá recuerdo salido de usted... usted ya ha ido al lugar más oscuro que no tiene luz ni ventanas, ni regresará o saldrá de allí, ni tiene que prestar atención y solicitar su retorno. " [22]

Hemos citado estos pasajes en detalle porque es fácil desestimar los pensamientos del fin del mundo asociados con la Nueva Ceremonia del Fuego como alegorías o figuras retóricas. Nada hay de alegórico en los poemas y rituales citados. Son un testimonio de la profunda angustia de la conciencia representativa de la Tercera Era, una angustia que alcanza nuevas alturas con el advenimiento del Quinto Sol.

Ya hemos encontrado referencias a Mictlantecuhtli, primero en relación al simbolismo del juego de pelota, y ahora respecto al inframundo donde representa un papel importante. Hay un pasaje muy indicativo tomado de los *Anales de Cuautitlán* donde Quetzalcóatl desciende al inframundo en busca de los preciosos huesos en posesión de Mictlantecuhtli para formar con ellos la nueva humanidad del Quinto Sol. Al obtener los huesos él extrae sangre de su pene y dice: "Ahora la humanidad nace y verterá su sangre sobre ustedes los dioses." Decididamente, Quetzalcóatl lleva los huesos a Tamoanchan, el "lugar de nuestro origen." Los Aztecas tienen cuidado de reconectarse no sólo con los Toltecas sino también con el más temprano origen de Izapan, así como hemos visto en el caso del nacimiento del Quinto Sol. [23] La imagen del último mito proporciona una perspectiva diferente sobre la naturaleza del Quinto Sol. También concuerda con mucho de la vida ceremonial de los Aztecas recientemente desenterrado.

En el ritual Azteca parece haber dos sistemas de referencia: uno exterior y uno sobrenatural; los dos no ofrecen la misma imagen. Los templos gemelos están dedicados a Huitzilopochtli y Tlaloc. Y aún las dos deidades no representan un papel evidente al nivel más profundo del esoterismo Azteca. No se ha encontrado ninguna representación de la deidad Huitzilopochtli. E. M. Moctezuma supone que el dios fue representado por el símbolo del arco encontrado sobre el brasero. Las crónicas nos dicen que su imagen fue hecha de masa de amaranto y

288

semillas. [24] Esto explicaría en parte a nivel externo el porqué nada ha sobrevivido de las representaciones del dios, pero dejaría al observador confundido acerca del poco reconocimiento dado a tan importante ser.

Al norte del Templo Mayor al lado de la deidad Tlaloc está la Casa del Caballero Águila a quien el mito del Quinto Sol atribuye valor superior que al caballero jaguar. El águila fue quemada por el fuego; el jaguar sólo chamuscado, por eso su piel manchada. En la Casa del Caballero Águila se han encontrado dos estatuas de tamaño natural del dios Mictlantecuhtli. Ellas han sido colocadas en un cuarto oscuro del museo del Templo Mayor, con una cinta grabada que explica la función y posición de la estatua en su contexto. La espeluznante apariencia del dios y la recreación del entorno corresponden a lo que se cuenta sobre sus rituales. La escultura de terracota muestra al dios sonriendo con la boca abierta y una cabeza calva perforada en la parte de atrás de la línea del pelo, costillas expuestas con el hígado colgando desde abajo del esternón. Los códices Tudela y Magliabecchiano muestran a los sirvientes del dios que vierten sangre sobre la misma escultura de la deidad en el área que corresponde a la parte perforada de la cabeza. [25] En otra parte de la Casa de los Caballeros Águila hay frisos que describen escenas de sangrado y penitencia, casi idénticos a los de Tulán. Se muestran huesos y espinas como símbolos de auto-sacrificio.

Entre las ofrendas más a menudo encontradas alrededor del templo están representaciones de la efigie que E. M. Moctezuma identifica como el dios del viejo fuego. Él es comúnmente llamado Huehueteotl y es retratado sentado llevando un taparrabo. Del tocado surgen dos proyecciones cuadradas, y de su boca se destacan dos dientes. [26] Una vez más éste es el dios del viejo fuego que el Popol Vuh llama Tohil y también se asocia con Quetzalcóatl.

Hemos visto la evolución de Quetzalcóatl después de la era de Teotihuacán. Quetzalcóatl, de quien Rudolf Steiner dijo no asumió forma humana durante el tiempo de Cristo, llegó a ser para los Toltecas un dios guerrero. Sus gobernantes se identificaron con el dios. Quetzalcóatl, o más precisamente el dios del fuego toma su lugar, junto con Mictlantecuhtli — dios del inframundo — forma una nueva alianza, oportunamente descrita por el mito de la inauguración del Quinto Sol en los *Anales de Cuautitlán*, citado anteriormente.

La investigación de Rudolf Steiner nos ayudará a completar este cuadro. La transición al tiempo del Alma Consciente que condujo al advenimiento de la era científica en Europa estuvo acompañada por el retiro de Micaél, el Espíritu de la Era, a los reinos espirituales donde los seres humanos podrían seguirlo ahora en libertad. Rudolf Steiner agrega lo siguiente al contexto dado arriba: "Mientras arriba Micaél enseñaba a sus huestes, se fundó en el reino inmediatamente abajo de la superficie de la Tierra, un tipo de escuela Ahrimánica sub-terrenal ... allí abajo están los poderes Ahrimánicos enviando sus impulsos con la mayor fuerza." [27] Los Aztecas inauguraron el resurgimiento de los Misterios Mexicanos decadentes. Tenochtitlan fue sin ninguna duda un importante centro en la preparación para la escuela de Ahriman en la tierra.

Quetzalcóatl— Dios del Fuego

El dios del fuego Tohil/Quetzalcóatl ha sufrido una evolución gradual durante quince siglos. Ha llegado a ser representado, por ejemplo, por la mariposa. En ese símbolo el sol y el fuego están estrechamente unidos. Están igualmente vinculados en el símbolo del águila que los Aztecas asocian con el fuego sacrificial que puso al sol en movimiento. El Popol Vuh identificó al dios del fuego con el Quetzalcóatl original. Progresivamente Quetzalcóatl, después de Teotihuacán, adquirió connotaciones militaristas.

En un siguiente paso llegamos a Tenochtitlan donde Quetzalcóatl es mencionado alternativamente con el dios Huitzilopochtli. Ninguno de ellos aparece frecuentemente en el arte. Cuando Quetzalcóatl es representado parece serlo en homenaje al pasado histórico y a la tradición de Teotihuacán. La jerarquía del dios Quetzalcóatl/fuego es continuada por Huehueteotl, el Viejo Dios del Fuego o Dios Viejo, y sus representaciones muestran claramente una metamorfosis: ya no un ser emplumado sino un ser humano. La palabra *Teotl* fue usada por los Aztecas prácticamente con el mismo significado que la palabra Tau.

Así representaba a todo en la naturaleza que fuera impresionante o estuviera imbuido de poder, como el trueno y el relámpago. Representaba igualmente todo lo que simbolizaba la fuerza de vida en los animales, las plantas, y los seres humanos. Los dos cuernos en la cabeza del dios indicaban la iniciación y la visión clarividente de las viejas facultades atávicas.

En la historia Tolteca-Chichimeca encontramos el pasaje siguiente:

"Madre de los Dioses, Padre de los Dioses, el Dios Viejo, tendido en el ombligo de la tierra, retenido en un recinto de turquesa. El que mora en las aguas color del pájaro azul, el que mora en las nubes, el Dios Viejo, *el que habita las sombras de la región de los muertos, el Señor del fuego y del año.*" (Énfasis añadido) [28] Aquí notamos dos elementos que califican al dios. El primero es la denominación de Dios Viejo, el segundo es la mención del dios del año que aquí funciona de una manera similar al dios del año en los Misterios Antiguos y Semi-antiguos. Éste es otro indicio de que la tradición Azteca marca un retorno a las viejas tradiciones, a inspiraciones que guiaron a las pasadas civilizaciones. Sin embargo, ahora corresponden a un reavivamiento de las viejas facultades fuera de tiempo. Trabajando junto con esto está el retorno de procedimientos de iniciación dentro de las cavernas — como en las cuevas situadas bajo las pirámides Toltecas — o en los recintos del Jaguar y del Caballero Águila, en el subsuelo de la base de las pirámides en los rituales realizados en honor de Mictlantecuhtli. Esto también marca un retorno a los Misterios Antiguos y Semi-antiguos. La confirmación final del gesto regresivo de toda la espiritualidad Azteca es el retorno a la celebración del tiempo de Atlántida a través del mito de Aztlan que encuentra su personificación en la cosmología de Tenochtitlan, la ciudad rodeada por las aguas. La civilización Azteca estaba intentando recuperar las facultades Atlantes pero sólo a través de la clarividencia atávica, en ese momento sólo posible a través de la sangre y del sacrificio humano.

En su imaginería original, que se trasmite hasta la actualidad, Quetzalcóatl representaba al Señor del Viento y el Agua. Esto representaba la habilidad original del hombre Atlante, y más tarde la del hombre mesoamericano para manipular las fuerzas etéricas del viento y el agua. Rudolf Steiner al respecto dice: "En tiempos Atlantes las fuerzas seminales en la planta y el animal estaban todavía bajo el control del hombre y podían manejarse así como hoy pueden extraerse del mineral las fuerzas del vapor para propulsar las máquinas. Les he dicho que cuando estas fuerzas son manejadas se conectan de una manera misteriosa con las fuerzas de la naturaleza en el viento, el clima, y cosas así." [29] Esto todavía ocurría en el tiempo de la civilización pre-Maya — unos milenios antes del tiempo de Cristo — cuyo proceso de iniciación describió Grace Cooke en el capítulo 7. Cooke describe a los candidatos a la iniciación en los misterios de los elementos — particularmente del clima — y su uso para propósitos agrícolas. En ese tiempo los iniciados tenían más poder sobre los elementos de la naturaleza y podían influir en ellos desde dentro. Grace Cooke de hecho menciona al ser de Quetzalcóatl. Como conocemos por Rudolf Steiner, después, antes del tiempo de Cristo, esta deidad adquirió las características de un ser retrasado. Con el advenimiento del dios del fuego ocurrió un gran cambio antes del tiempo del Amanecer. (Parte III del Popol Vuh)

El uso del elemento del fuego, y el poder para usarlo junto con las particulares fuerzas de la tierra, había sido una facultad de la humanidad durante tiempos de Lemuria. Este poder podía recuperarse después en el tiempo a través del uso de la magia negra. En la misma conferencia citada antes, Rudolf Steiner, se refiere al tiempo de la civilización Persa de tiempos post-Atlantes. Algo equivalente ocurrió en América. Huehueteotl, el Dios Viejo, ahora operaba en el reino del elemento del fuego. Rudolf Steiner caracteriza este cambio como la transición del uso de poderes Luciféricos al uso de poderes Ahrimánicos: "Lucifer había conducido al hombre bajo la influencia de los poderes conectados sólo con el aire y el agua; considerando que fue Ahriman-Mefistófeles quien lo sometió a la influencia de poderes más terribles, y las civilizaciones verán directamente la aparición de muchas cosas conectadas con la influencia de Ahriman." [30] El uso de fuerzas Ahrimánicas con el propósito de la magia negra está asociado con el mal uso de las fuerzas del cuerpo físico para la adquisición del conocimiento oculto. Las fuerzas del cuerpo físico se vuelven el punto de partida de la iniciación oculta.

El dios del fuego ya era conocido en el poema épico de Gilgamesh, a quien el rey y Eabani se opusieron vehementemente. El poema épico dice: "El llanto de Humbaba es un huracán, su boca fuego, su respiración muerte." Humbaba, como deidad del fuego y de los volcanes, era conocida por los babilonios. En su completa investigación sobre el arte de Mesoamérica y Sudamérica, von Wuthenau demuestra que numerosas máscaras del dios del fuego en México, Colombia, y Ecuador se parecen en todos los detalles a los ejemplos de Babilonia, Esparta, y Cartago. [31] Ésta puede ser una mayor indicación de posibles vínculos entre los viejos impulsos babilonios y el Nuevo Mundo, vía los fenicios, que exploramos en el capítulo 7. Sin embargo un vínculo directo no es la única explicación posible.

La similitud entre Humbaba y el dios del fuego de hecho tiene profundas raíces. Viene de los viejos Misterios Atlantes. Las primeras poblaciones Atlantes del sur fueron iniciados en los Misterios de Saturno. Después agregaron sus efectos los Misterios de Mercurio y de Venus. La influencia de los Misterios de Saturno es claramente visible en Mesoamérica y las civilizaciones babilonias.

Si Ahriman, o seres Ahrimánicos, son los reales seres espirituales detrás del dios viejo del fuego y Mictlantecuhtli, las particulares características de la mitología Azteca se hacen mucho más entendibles. Ahriman no puede producir imaginaciones por sí; sólo puede tomarlas. Por consiguiente, los Aztecas tenían que basar la legitimidad de su poder en el precedente histórico y mitológico. Los mitos Aztecas son completamente literales y prácticamente no necesitan de una segunda lectura. No es necesario pasar a un nivel imaginativo para entender la justificación del sacrificio humano. Los mitos explican que los dioses se sacrificaron e igualmente debían hacerlo los seres humanos. Los dioses expresamente piden la "más preciosa substancia" de la sangre humana. A todo nivel, la mitología Azteca es un retorno a la oscuridad de la Tercera Era o antes. Incluso los Aztecas afirmaban ser la raza escogida que reuniría a todas las otras tribus dispersas — una mayor justificación para el imperio — está basada en el retorno al pasado, al mito de Atlántida-Aztlan. La capital Tenochtitlan — una importante isla en las aguas del lago Texcoco — representa un símbolo de esta continuidad con la civilización Atlante, se podría argumentar que el dominio Azteca también fue un retorno a la forma más vieja de teocracia de la Tercera Era; testificando el papel predominante del alto sacerdote, eclipsando al emperador. Sin embargo, en otras tierras, tiene alguna innegable realidad la aseveración de los Aztecas de ser un Quinto Sol en el umbral de la quinta época post-Atlante.

La respuesta de los Aztecas a este cambio de conciencia fue el esfuerzo por reavivar la vieja conciencia atávica de comunión con los dioses a través de la práctica del sacrificio humano. Otro grupo Nativo americano le dio a América la posibilidad de una respuesta completamente diferente al desafío de los tiempos. Allí podemos encontrar el equivalente a una Quinta Era en armonía con las cambiadas condiciones de los tiempos. Todavía otra respuesta surgió de los Incas en Perú.

CAPÍTULO 3

EL IROQUÉS

Los Iroqueses, como primero fueron llamados por los franceses, ocuparon la parte norte del actual Estado de Nueva York en un territorio que se extiende aproximadamente entre los Ríos Genesee y Hudson. Estaban conformados por cinco tribus: Seneca, Cayuga, Onondaga, Oneida, y Mohawk.

Los vínculos Iroqueses con la cultura Maya se remontan a la fase pre-Maya de la civilización. En América del Norte encontramos estos vínculos con las primeras sociedades agrícolas — la Adena y la Hopewell. La Adena, o Temprana Hopewell, se extendió por los valles de los ríos Ohio y Mississippi y sus afluentes. A ellos les siguió la cultura Hopewell alrededor del año 500 A.C. En esta fase los cazadores/recolectores circundantes asimilaron completamente la cultura y espiritualidad de las comunidades agrícolas. Esto es revelado por el registro de la antropología física; los esqueletos y cráneos encontrados muestran dos marcadas diferencias étnicas. Los cultivadores Adena y Hopewell del maíz, frijoles, y calabazas, vienen del área Maya — indicándonos que éste sería su probable origen. El Hopewell también tenía construcciones piramidales de tierra muy similares a las del Maya Preclásico, como por ejemplo aquéllas encontradas alrededor del área de Kaminaljuyu en las tierras altas de Guatemala. [1] Los sitios ceremoniales de Ohio e Illinois fueron abruptamente abandonados en el año 100-200 DC., tiempo en el que hemos visto se estaban produciendo en América importantes batallas y transiciones espirituales.

Los Iroqueses comparten muchos elementos con la arcaica cultura Hopewell. Son el único grupo en el Este que continuó la tradición alfarera del Hopewell, y como son excelentes escultores, a menudo representaban el mismo tipo de figuras de maternidad y preservación de sus tradiciones funerarias. Finalmente, construyeron el mismo tipo de pueblos rodeados por cercos pentagonales. El Iroqués, o más bien sus antepasados, invadieron desde el sur, tomaron el control del territorio algonquino y fueron tan lejos al norte como se los permitió el cultivo del maíz.

La división Iroquesa entre la autoridad civil y religiosa es común para las naciones agrícolas del continente. En el campo astronómico ellos basan sus observaciones en las Pléyades, Venus, y la Vía Láctea, como lo hicieron muchas sociedades al nivel de la conciencia de la Tercera Era, así como la cultura pre-clásica Maya. Su Nuevo Año se inicia en febrero como lo hace para el comienzo del Tzolkin, y empieza con la extinción del viejo fuego en el Longhouse . Su fiesta de los muertos también es celebrada en noviembre. [2] Todo lo anterior muestra que la parte Iroquesa se vincula con la Maya pero sólo en el pasado distante. A las fuerzas espirituales que vienen del pasado el Iroqués añade una completamente original fuerza de renovación.

La Leyenda de las Raíces Blancas de la Paz: Daganawida y Hiawatha

La Liga Iroquesa de las Cinco Naciones (después seis, con la adición de los Tuscarora) representa una salida radical de todos los modelos anteriores de gobierno en América del Norte. Es la primera confederación de naciones iguales que no dependen de la idea de un monarca. Las Cinco Naciones de la Confederación encuentra su origen en la leyenda histórica de las Raíces Blancas de la Paz. El símbolo de su leyenda, el árbol de las raíces blancas, representa la paz en el sentido más amplio de la palabra, una paz que en su idioma concuerda con la sagrada ley.

Antes, se pensaba que el principio de la Liga Iroquesa había ocurrido en el siglo decimoquinto. [3] Los más recientes estudios argumentan a favor de un más temprano principio de la Liga, tan atrás como en el siglo XI o XII. Los historiadores de Seneca basaron sus cálculos en los cuentos de generaciones trasmitidos oralmente, que llevan a la fecha de 1090. Mann y Fields, regresando al registro del llamado "Bastón de Condolencia, han determinado la fecha de 1150." [4]

Hay muchas versiones de la leyenda histórica de la fundación de la Liga. Pueden atribuirse variaciones por el grado de minuciosidad de las fuentes que relatan los eventos, del testigo que conserva el registro de ellos, y del tiempo de esos registros. Algunas versiones son evidentemente interpretaciones más cortas, recorte de cualquier connotación legendaria y adecuada al moderno y racional oído. De todas las versiones conocidas nos referiremos principalmente al relato de Paul Wallace, tomado al final del siglo XIX de tres fuentes diferentes. Wallace es un minucioso intérprete de la cultura iroquesa, y completamente inmerso en su manera de pensar. Su leyenda también es la más detallada. De vez en cuando usaremos otras fuentes para amplificar la versión de Wallace. [5] La siguiente es su versión resumida.

Deganawida nació en Huron, un pueblo en la orilla norte del Lago Ontario. Antes de su nacimiento, su abuela recibió su nombre en una visión en un sueño. El Gran Espíritu le dijo, "es la voluntad del Dueño de los Cielos que su hija, una virgen, lleve un niño. Él se llamará Deganawida, Dueño de las Cosas, porque trae con él Buenas Noticias de Paz y Poder. Quiéralo bien, porque tiene una gran tarea por realizar en el mundo: para traer paz y vida a los pueblos en la tierra."

Cuando Deganawida se hizo hombre, un día le dijo a su madre y abuela, "Ahora construiré mi canoa, porque es tiempo de que parta en mi misión para detener el derramamiento de sangre entre los seres humanos. Iré hacia el amanecer, buscando el humo del consejo de naciones más allá de este lago."

Deganawida cruzó el Lago Ontario en su canoa de blanca piedra, y se acercó a la tierra del Iroqués. En ese tiempo todos los poblados estaban entre las colinas cuyas empinadas cumbres ofrecían protección a los pueblos contra sus enemigos. Aquellos eran días malos, porque los cinco pueblos Iroqueses estaban en guerra unos contra otros, y se hicieron presa fácil del feroz algonquino Adicircularcks que se echó sobre ellos desde el nordeste, y los mohicanos los asaltaron desde el este.

Cuando Deganawida se acercó a tierra, vio a hombres corriendo a lo largo de la orilla. Daganawida encalló la canoa rápidamente y se subió al banco para estar de pie ante ellos. Cuando los hombres le contaron de los conflictos en su pueblo, él les dijo, "yo soy Daganawida. Díganle a su jefe que han venido Buenas Noticias de la

Paz y el Poder, y que ya no habrá guerras en los pueblos, las aldeas tendrán paz... Si pregunta de dónde viene esta paz, díganle, 'vendrá.' " Los hombres estaban asombrados cuando vieron que la canoa de Daganawida estaba hecha de piedra blanca. Los cazadores fueron rápidamente a su jefe, y le contaron de las Buenas Noticias de la Paz y el Poder. Cuando el jefe les preguntó quién les había dicho eso, contestaron, "Él, en el mundo, es llamado Daganawida. Vino del oeste y va hacia el amanecer. Su canoa está hecha de piedra blanca y se mueve rápidamente." Y le contaron de su mensaje de paz. Entonces el jefe replicó, "Verdaderamente esto es maravilloso. Todos se alegrarán y en paz en sus mentes para saber lo que esta cosa vendrá a ser una vez que los hombres crean en ella."

Después de dejar a los cazadores Daganawida fue a la casa de una mujer que vivía por el camino de los guerreros que pasaba entre el este y el oeste. La mujer le sirvió comida y, después de haber comido, le pidió su mensaje. "Yo llevo la Mente del Dueño de la Vida," contestó él, "y mi mensaje traerá fin a las guerras entre el este y el oeste. Todos los pueblos se amarán y vivirán juntos en paz. Este mensaje tiene tres partes — Rectitud, Salud, y Poder (Gáiwoh, Skénon, Gashasdénshaa) — y cada parte tiene dos ramas: la Rectitud significa justicia entre los hombres y las naciones, y un deseo de ver prevalecer la justicia. La salud significa entereza de mente y cuerpo, y paz que viene cuando las mentes son sanas y los cuerpos cuidados. Poder significa la autoridad de la ley y la costumbre, respaldado por tal fuerza como necesario sea hacer que la justicia prevalezca, y también el deseo del Dueño de los Cielos y tiene su sanción."

"Su mensaje es bueno," dijo la mujer, "pero una palabra es nada hasta que se le dé forma y se ponga a trabajar en el mundo. ¿Qué forma tomará este mensaje?" "Tomará la forma de Longhouse," contestó Daganawida, "donde hay muchos fuegos, uno para cada familia y todos juntos son como una sola familia, así también: una unión de naciones, cada nación con la fogata de su consejo y todas juntas serán una gran Kanonsionni (El Longhouse). Ellos tendrán una mente y vivirán bajo una ley. Y en vez de matar, pensarán, y habrá una comunidad de naciones." Daganawida dijo a la mujer, "En El Longhouse las mujeres poseerán el poder para nombrar a los jefes.

298

Eso es porque usted, mi madre, fue la primera en aceptar las Buenas Noticias de la Paz y el Poder. De aquí en adelante usted se llamará Jigónhsasee, Nueva Cara, porque su semblante revela la Nueva Mente, y usted será conocida como la Madre de las Naciones. Ahora llevaré mi mensaje hacia el amanecer." La mujer le dijo que en esa dirección vivía un hombre que come a los humanos. "Ésa es mi tarea," dijo Daganawida, "llevar a su fin tales males, para que todos los hombres puedan ir de un lugar a otro sin miedo."

Cuando Daganawida llegó a la casa del "hombre que comía humanos," se subió al tejado y se tendió sobre su pecho al lado de la chimenea. Allí esperó hasta que el hombre llegó a casa llevando un cuerpo humano que puso en su olla en el fuego. Daganawida se acercó y miró por el agujero de humo. En ese momento el hombre se inclinó sobre la olla y se sorprendió al ver una cara que lo buscaba. Era la cara de Daganawida la que él vio reflejada en el agua, pero el hombre pensó que era la suya. La cara tenía tal sabiduría y fuerza como nunca había visto ni soñado poseer. El hombre pensó: "Esto es lo más maravilloso que nunca antes me ha pasado. Un gran hombre me miraba desde la olla. No sabía que yo era así. Miraré de nuevo y me aseguraré que lo que he visto es verdad."

Cuando el hombre miró una vez más la olla, vio de nuevo la cara de un gran hombre que lo miraba. Entonces creyó que era cierto que él tenía sabiduría y rectitud y fuerza. "Ahora ya no mataré a los humanos ni comeré su carne," dijo el hombre. "Pero eso no es suficiente. La mente es más difícil de cambiar. No puedo olvidarme del sufrimiento que he causado, y que soy miserable. Quizás alguien pueda decirme lo que debo hacer para compensar a todos los seres humanos que he hecho sufrir."

Daganawida bajó del tejado y encontró al hombre. Ellos entraron y se sentaron cada uno a un lado del fuego. El hombre le contó a Daganawida lo que le había pasado ese día. Daganawida contestó, "De verdad, algo maravilloso ha pasado hoy. La Nueva Mente ha venido a usted, trayendo Rectitud y Salud y Poder. Y usted es miserable porque la Nueva Mente no vive cómoda con los viejos recuerdos. Usted puede sanar sus recuerdos trabajando para hacer que prevalezca la justicia, y llevar la paz a los lugares donde usted llevó dolor. Usted trabajará conmigo adelantando las Buenas Noticias de la Paz y el Poder."

Ahora cerca vivía un jefe Onondaga llamado Atotarho que era un gran mago, pero malo. Tenía cuerpo y mente torcida, y su pelo era una enredada masa de serpientes. Los hombres temían verlo, y el sonido de su voz trasmitía terror a través de la tierra; pero la paz no podría completarse sin él.

"Usted visitará Atotarho," dijo Daganawida, "porque él es de su pueblo, de los Onondaga. Es feo, pero lo necesitamos. Cuando él le pregunte por su mensaje, diga: 'Es Rectitud y Salud, y cuando los hombres lo controlen dejarán de matarse entre sí y vivirán en paz.' Él no lo escuchará, pero lo ahuyentará. Usted regresará adonde él y al final se impondrá. Usted se llamará Hiawatha, El Que Peina, porque usted peinará las serpientes del pelo de Atotarho."

Daganawida visitó Atotarho para prepararlo para el mensaje de Hiawatha. "He venido a preparar su mente," dijo Daganawida, "para las Buenas Noticias de la Paz y el Poder. Cuando los hombres lo acepten, detendrán la matanza, y el derramamiento de sangre cesará en la tierra."

Atotarho dijo a Daganawida, "¿Cuándo será esto?" y luego lloró: "¡Hwe-do-né-e-e-e-eh!" Era el burlón lamento del incrédulo que mató a los hombres destruyendo su fe.

"Será," contestó Daganawida. "Vendré de nuevo, con Hiawatha que peinará las serpientes de su pelo."

Entonces Daganawida siguió su curso hacia el amanecer, hacia la tierra de los Mohawk. Daganawida acampó por la catarata del Río Mohawk, y en la tarde se sentó bajo un árbol muy alto y fumó su pipa. Un hombre Mohawk que pasaba lo vio y le preguntó a Daganawida quién era. "Yo soy Daganawida," contestó él. "El Gran Creador me envió a establecer la Gran Paz entre ustedes." "No hay paz aquí," dijo el hombre. "Pero lo llevaré a mi aldea para que usted pueda explicar este mensaje al pueblo."

Así que Daganawida presentó al Mohawk, en ese lugar las Buenas Noticias de la Paz y el Poder, de la Razón y la Ley, y las personas se alegraron, porque encontraron un mensaje bueno.

Pero sus jefes eran cautos y se abstuvieron. El Jefe Guerrero no creyó fueran verdad las palabras de Daganawida sin una señal. Él decretó que Daganawida debía subir a la cima de un alto árbol sobre las cataratas, y luego el árbol sería cortado y Daganawida caería a los rápidos al fondo del precipicio. Si por la mañana Daganawida todavía estuviera con vida el Jefe aceptaría su mensaje.

Daganawida subió a la rama más alta del árbol. Luego el Mohawk cortó el árbol para que cayera por el precipicio a los rápidos. El pueblo vigilaba esperando que Daganawida apareciera, pero no hubo señal de él.

A la mañana siguiente, antes del amanecer, un hombre de los Mohawk fue al lugar de la cascada donde el árbol había caído, y a poca distancia, por los maizales, vio ascender una columna de humo. Yendo hacia ella vio a un hombre sentado cerca al fuego. Era Daganawida.

El pueblo llevó a Daganawida al lugar del consejo, y el Jefe Guerrero dijo: "Ahora ya no dudo. Éste es un gran hombre que nos revela la Mente del Dueño de la Vida. Permítanos aceptar su mensaje. Permítanos tomar posesión de las Buenas Noticias de la Paz y el Poder." Así los Mohawk fueron la primera nación que se adueñó de la Gran Paz. Ellos fueron los fundadores de la Liga.

Entretanto, Hiawatha no podía avanzar contra Atotarho. Tres veces Hiawatha se preparó para la acción con los Onondagas para enderezar la torcida mente de Atotarho. Pero cada vez los frustró el poder del mago malo. Algunos Onondagas se ahogaron en sus canoas tapados por las olas. Otros desaparecieron peleando entre ellos. El cuerpo de Hiawatha no sufrió daño, pero en su mente estaba herido por los obstáculos puestos en su camino.

Un día oyó la voz de Atotarho que gritaba, "¡Hiawatha- a-a-a-a-a!" y se preocupó, porque sabía que estaba tramando una travesura. De *pronto enfermaron las tres hijas de Hiawatha, y todas murieron. La pena de Hiawatha lo postró. Viéndolo deprimido, el pueblo, para confortarlo, organizó un juego de lacrosse, o vilorta. Pero cuando un misterioso pájaro abandonó el cielo, la muchedumbre, en su persecución, pisoteó a la esposa de Hiawatha hasta la muerte, y su pesar lo venció. Dejó la tierra de los Onondagas y viajó al sur.*

Hiawatha pronto llegó a los Lagos Tully. Cuando cruzó uno de ellos, a su requerimiento, los patos dejaron el agua para pasar con los mocasines secos. Recogiendo conchas del fondo del lago las enhebró en tres cordones como señal de su tristeza.

Todas las noches cuando encendía el fuego, Hiawatha preparaba dos ramitas bifurcadas con una tercera cruzada, y en esta colgaban los tres cordones de conchas. Luego se sentó y dijo, "Cuando alguien esté triste como yo estoy ahora lo consolaré con estas sartas de conchas. Las filas de conchas serán palabras y estas palabras que están en mis manos serán verdaderas."

Durante muchos días Hiawatha vagó por el bosque sin dirección. Cuando llegó cerca al poblado, por la tarde, las personas vieron el humo de su fuego, pero nadie vino a consolarlo. Las personas sabían que era Hiawatha porque habían oído hablar de su partida de la tierra del Onondaga.

En su soledad, Hiawatha construyó una canoa y remó río abajo por el Mohawk hasta que llegó al pueblo por la catarata, y encendió su fogata.

Esa noche Daganawida fue al fuego de Hiawatha. Conforme se acercaba, oyó a Hiawatha diciendo, "Si encontrara a cualquiera cargado de pesar como yo estoy, tomaré éstas conchas atadas en mi mano y lo consolaré. Las cuerdas se volverán palabras y alejarán la oscuridad que los cubre. Estas palabras que están en mis manos serán verdaderas." Entonces Daganawida fue a Hiawatha y tomando los cordones, pronunció las palabras del Discurso de Reanimación usado por todas las generaciones desde la Ceremonia de Condolencia Iroquesa: "yo limpio las lágrimas de su cara usando la blanca piel del

302

cervato, de la piedad... Lo hago a la luz del día para usted. Embellezco el cielo. Ahora sus pensamientos se sosegarán cuando sus ojos descansen en el cielo que el Perfeccionador de nuestras Facultades, el Dueño de Todas las Cosas, pensó ser como fuente de felicidad para el hombre." Así la mente de Hiawatha se distanció de su pesar.

"Ahora," dijo Daganawida, "La razón y el juicio han vuelto a usted. Usted está listo para proponer la Nueva Mente. Hagamos juntos las leyes de la Gran Paz que abolirán la guerra." De manera que cuando la Gran Ley fue completada, un cordón o cinturón de wampum para cada artículo les fueron proporcionados para permitirles recordarla más fácilmente, Hiawatha y Daganawida llevaron las palabras de la Gran Paz a las naciones del oeste: al Oneida, Onondaga, Cayuga, y Seneca.

Acompañado por el jefe Mohawk, Daganawida e Hiawatha se acercaron a los Oneida y a los Cayuga que rápidamente aceptaron la Gran Paz. Ahora, con tres naciones a sus espaldas, Daganawida e Hiawatha volvieron a los políticamente dispuestos Onondaga, y pudo convencer a sus jefes (a todos menos a Atotarho) que sería bueno unirse. Luego, acompañado por los jefes de cuatro naciones — Mohawk, Oneida, Onondaga, y Cayuga — llevaron el Himno de la Paz al Lago Canandaigua donde persuadieron a los Seneca para terminar con sus rivalidades y entrar en El Longhouse .

"Ahora," dijo Daganawida, "debemos ir por Atotarho. Él solo se está cruzando en nuestro camino. Deben enderezar lo torcido en su mente y las siete curvas en su cuerpo si la Liga ha de perdurar." "Venga," dijo Daganawida a Hiawatha, "primero, solos usted y yo iremos al Gran Mago. Yo cantaré la Canción de la Paz y usted explicará las Palabras de la Ley, sosteniendo el wampum en su mano. Si podemos enderezar su mente, El Longhouse se completará y nuestro trabajo estará cumplido."

Conforme se acercaban al medio del lago, oyeron la voz de Atotarho: "¿Asonke-ne-e-e-e-eh? ¿No es todavía?" ¡El viento sopló y las olas rabiosas golpearon contra la canoa, y de nuevo oyeron que el lamento de Atotarho iba a su encuentro: "Asonke-ne-e-e-e-eh! No es

303

todavía!" Pero Daganawida puso fuerza en su remo, y en unos momentos encallaron su canoa en la orilla oriental del lago, y estaban ante el mago.

Sosteniendo en su mano los cordones del wampum, Hiawatha dijo a Atotarho, "Éstas son las palabras de la Gran Ley sobre las que construiremos la Casa de la Paz, El Longhouse con cinco fuegos que son todavía una casa. Éstas son palabras de Rectitud y Salud y Poder."

"¿Qué es esta tontería sobre casas y rectitud y salud?" dijo Atotarho.

Entonces Daganawida le trasmitió su mensaje: "Las Palabras que traemos constituyen la Nueva Mente que es la voluntad del Dueño de los Cielos. Habrá Rectitud cuando los hombres deseen justicia, Salud cuando los hombres obedezcan a la razón, Poder cuando los hombres acepten la Gran Ley. Estas cosas tomarán forma en El Longhouse donde cinco naciones vivirán en quietud como una familia. En ese mismo lugar, Atotarho, donde los jefes de cinco naciones se congregarán, plantaré el Gran Árbol de la Paz, y su raíz se extenderá hasta lejanos lugares de la tierra para que toda la humanidad pueda tener la protección de la Gran Ley."

"Usted," dijo Daganawida, "cuidará el fuego del concilio de las Cinco Naciones, el Fuego Que Nunca Muere. Y los humos de ese fuego alcanzarán el cielo y será visto por todos los hombres. Si usted lo desea, usted será el Jefe Cabeza de las Cinco Naciones."

"Por supuesto que lo deseo," dijo Atotarho, "si hay algo en él. Pero usted es un soñador — ¿Dónde está el poder para que ocurra? A eso Hiawatha y Daganawida volvieron por el lago para traer a los jefes a Atotarho. Ellos oyeron la voz de Atotarho que venía a su encuentro, gritando, "¡Asonke-ne-e-e-e-eh! ¡No es todavía!" El viento lanzó las olas contra las canoas, pero ellos pusieron fuerza en sus remos y, antes de que la voz se hubiera extinguido, estaban ante Atotarho.

"¡Mire!" dijo Daganawida. "Aquí está el poder de las Cinco Naciones. Su fuerza es mayor que la suya. Pero su voz será su voz cuando usted hable en el consejo, y todos los hombres la oirán. Ésta será su fuerza en el futuro: la voluntad de un pueblo unido." Entonces

la mente de Atotarho se enderezó, y Hiawatha peinó las serpientes de su pelo. Daganawida puso su mano en el cuerpo de Atotarho y dijo, "El trabajo está acabado. Usted ahora presidirá el Consejo, y se esforzará de todas las maneras posibles en hacer que prevalezca la razón y la sosegada mente." Entonces Daganawida puso cornamentas en la cabeza de los jefes como una señal de su autoridad, y les dio las Palabras de la Ley.

Permítanos considerar las implicaciones de esta leyenda y los hechos históricos que sucedieron. En el idioma de la leyenda, la "Nueva Mente" tiene que provocar una "Nueva Forma"; las nuevas ideas forman una nueva realidad en el mundo social.

Los Actores del Drama

En la mayoría de las versiones de la leyenda, Hiawatha y Daganawida forman una dualidad. De vez en cuando se unen en la individualidad de Hiawatha. La dinámica de la leyenda gira alrededor de los dos y de Atotarho.

La biografía de Daganawida es la más extraordinaria de las tres. Él es concebido por una virgen, repitiendo así la forma en que nace Ixbalamqué en los antiguos Misterios Mexicanos en el tiempo de Cristo. Como hemos ilustrado abundantemente, el nacer de una virgen forma un vínculo con el precedente y tradición del Nativo americano más que un privilegio de la Cristiandad como algunos autores han defendido. La misión de Daganawida está claramente definida por el mensajero del Gran Espíritu. En algunas versiones de la leyenda, el mensajero también profetiza que Daganawida indirectamente provocaría la ruina de su pueblo, el Hurón. La Abuela intenta matarlo tirándolo a las heladas aguas y dos veces más de maneras no especificadas.

En Daganawida vemos a un iniciado que intenta introducir nuevos principios espirituales. Que sea un iniciado o individuo excepcional también lo indica el hecho que se monta en una canoa blanca hecha de piedra, símbolo que en otro contexto está asociado con Chebiabos, el guía que lleva las almas a la tierra de los muertos. Esta canoa blanca también es usada por Glooskap, el equivalente del iniciado en el Nordeste Algonquiano. Glooskap también es el Guardián del Umbral que espera las almas a su muerte. [6] En una versión de la leyenda, una vez completada su misión, Daganawida lleva su canoa remando hacia la puesta del sol, para nunca ser visto de nuevo. La versión dada por Horacio Hale también dice que el nombre Daganawida es el único que no puede usarse bajo la línea de la herencia, contrariamente a todos los otros nombres de los jefes presentes en la fundación de la Liga. Esto es porque ninguno puede hacer lo que él ha hecho. [7] La confusión entre Manabozho y Hiawatha que Longfellow perpetuó, se hace ahora más entendible a la luz del hecho que en algunas versiones el carácter de Hiawatha es de hecho una mezcla de Hiawatha y Daganawida, y por consiguiente aparece como el iniciado.

Como Daganawida, Atotarho (a veces alternativamente escrito Thadodaho) comparte una mezcla de atributos humanos y sobrehumanos. Su lamento es "el lamento burlón del incrédulo que mató a los hombres destruyendo su fe." La traducción del lamento significa: "¿Cuándo será esto?" Esta actitud impaciente es típica de un ser que quiere que los eventos se produzcan antes de su tiempo. La apariencia física de Atotarho — su cuerpo torcido, su cabeza adornada con serpientes — denota una penetración ilegal de los poderes terrenales. Puede decirse que en él trabajan los poderes de Ahriman que le permiten usar la magia y herir a sus enemigos a distancia.

Entre estos dos extremos está Hiawatha. Su defecto, el canibalismo, es el mayor pecado espiritual que ha adoptado como hábito cultural de la sociedad que lo rodea. El canibalismo está al centro del encuentro entre Hiawatha y Daganawida. Es usado como sacrificio humano entre los Aztecas, aunque en una escala menor, como un medio para reavivar antiguas inspiraciones atávicas. Porque Hiawatha está en contacto con su verdadera humanidad, él puede reconocer su ego inferior. Su encuentro con Daganawida es un bonito retrato del encuentro con el Guardián Menor, mostrando las limitaciones del ego inferior y su sometimiento a la guía del ego superior. El encuentro provoca el reconocimiento del dolor causado a otros y el deseo de redimir al ego inferior, hecho posible por el mensaje de Daganawida.

Poco después, Hiawatha asume la tarea de ayudar a su pueblo. Esto hace que recaiga sobre él el karma de su comunidad, un dolor que kármicamente no ha merecido pero que abraza de buena gana. La duración del proceso de pesar es enfatizado por el establecimiento del Ritual de Condolencia, el pesado viaje a la nación Mohawk, y el serio deseo de llevar consuelo a otros. Sólo Daganawida sabe la profundidad del dolor de Hiawatha; él puede alcanzar la fuente espiritual que le ofrece paz y permite la percepción de la verdad que el sufrimiento ha obscurecido.

La dinámica del desarrollo jugado por los dos fundadores muestra importantes matices inmediatamente perceptibles. Hiawatha es tanto pupilo de Daganawida como colaborador. Mientras el profeta lleva la visión, él se ve afectado por el tartamudeo, necesita a alguien con habilidades oratorias; ése es el papel de Hiawatha. Aunque Daganawida guía e inspira, es Hiawatha el que lleva a cabo la carga de la confrontación central con Atotarho. Él no puede hacer uso de poderes sobrenaturales como lo hace Daganawida en el caso de la prueba del árbol caído. Sin embargo, es Hiawatha el que establece el Ritual de Condolencia y quién peina el pelo de Atotarho. El iniciado tiene que encontrar a un compañero de gran voluntad antes de que pueda comprender su misión. Hiawatha representa en la voluntad lo que Daganawida lleva en el reino de las ideas. La suya es una voluntad imbuida con las fuerzas del corazón. Atotarho encarna una voluntad cruel, desprovista de moralidad. Con el logro de la Liga, termina la tarea del espíritu de Daganawida; Hiawatha todavía tiene una tarea política que llevar a cabo.

El Nuevo Camino a los Misterios Sociales

Podemos ahora revisar los principales eventos en el drama. Dos puntos pivotantes subrayarán el carácter del misterio inaugurado por Daganawida con ayuda de su pupilo Hiawatha. Nosotros ya hemos señalado el primer evento: la reunión inicial de Hiawatha con Daganawida. Después de ver el reflejo de la cara del iniciado en la olla de agua, Hiawatha dice: "es mi propia cara en la que veo sabiduría y rectitud y fuerza. Pero no es la cara de un hombre que come seres humanos. Veo que no es como yo lo hago." Así la primera fase de lo que hemos definido como la reunión con el Guardián Menor del Umbral está marcada por la percepción de nuestras limitaciones.

Después de vaciar la olla Hiawatha continúa: "Ahora he cambiado mis hábitos. Ya no mato a los seres humanos ni como su carne. Pero eso no es suficiente. La mente es más difícil de cambiar. No puedo olvidar el sufrimiento que he causado, y me siento miserable." En esta fase Hiawatha de verdad encuentra al Guardián con el deseo de asumir una diferente dirección en la vida. Desea que alguien le diga qué hacer luego. Es cuando se le aparece Daganawida trayéndole el mensaje de las Raíces Blancas de la Paz. El iniciado sólo habla cuando el pupilo se ha preparado en alma y espíritu. Daganawida primero confirma a Hiawatha lo que él ya ha entendido, luego le muestra la manera de redimirse: "La Nueva Mente ha venido a usted, a saber, Rectitud y Salud y Poder. Y usted es miserable porque la Nueva Mente no vive a gusto con los viejos recuerdos. Sane sus recuerdos trabajando para hacer que la justicia prevalezca. Traiga paz a los lugares donde usted ha hecho daño al hombre." Éstas son las palabras que Hiawatha puso en su nuevo rumbo. Él trabaja para extender la palabra de la Nueva Mente. Los eventos resultantes le traen pesar por las muertes de su esposa e hijas.

La última parte de la narrativa nos ofrece muchas pistas sobre la transformación de Hiawatha. La tragedia que ocurre en su vida tiene dos consecuencias. El pesar lo supera en tal grado que es incapaz de recobrar su lugar en la sociedad; vaga sin propósito fijo. Implícito en su vagar está una renuncia de venganza. Aunque busca consuelo y todos saben quién es él, nadie puede ofrecerle consuelo al jefe Onondaga. En ese momento ocurre una enigmática imaginación. Hiawatha en su pena llega a uno de los lagos Tully. Para facilitarle el camino los patos dejan el agua y le permiten pasar. Desde el fondo del lago recoge conchas que amarra en tres cordones. Con éstas, que pone en un palo horizontal, instala el Ritual de Condolencia. Un extenso cambio ha ocurrido en esta fase. Hiawatha no sólo ha renunciado a toda clase de pensamientos de venganza, sino que ahora puede ofrecer consuelo a quien está afligido, así como él lo desea para sí. Las narrativas subrayan que éste es un paso importante. Hiawatha no sólo reconoce su pesar personal sino también el pesar colectivo que las prácticas de canibalismo, la guerra, y la magia negra han traído a su pueblo. La primera experiencia del mal al que se había entregado a través del canibalismo fue una experiencia en el reino del pensamiento. En esta fase Hiawatha recibe su pleno impacto en el reino de sus sentimientos y voluntad. Es el tipo de experiencia que agobia la vida de los sentimientos y que normalmente se evita en todos los sentidos — exteriormente a través de la venganza, interiormente con las drogas o algo que puede proporcionar olvido o inconsciencia. Hiawatha está como inmovilizado por la experiencia. Toda su actividad se ha encaminado al interior, hacia la experiencia del pesar. Él está como ausente para el mundo externo, pero nuevos poderes están naciendo en su alma.

Daganawida llega al lugar donde Hiawatha permanece en territorio Mohawk. Aproximándose, sin conocimiento del jefe Onondaga, le oye pronunciar las palabras del "Discurso de Condolencia" usado para el Ritual de Pésame. Luego, y sólo entonces, el iniciado ofrece consuelo a Hiawatha. Una vez más el iniciado espera indicación de buena disposición por parte de su pupilo. Hiawatha, libre de su pesar, puede trabajar para el bien de todo el pueblo Iroqués. Este punto crucial en la narrativa corresponde, en efecto, al encuentro con el Cristo, el Guardián Superior del Umbral. Daganawida tiene un papel recordativo del hierofante, pero ahora fuera del recinto de los misterios.

Al Guardián Menor, Hiawatha le ha expresado su deseo de superar su naturaleza inferior, se ha impuesto una tarea positiva, un ideal que pondría freno a su hábito canibalísta, ha asumido la tarea de transformar su doble, que es su propia creación. Una vez completada esta transformación Hiawatha se reúne con el Guardián Mayor del Umbral. Es tal como Rudolf Steiner describe en términos imaginativos la diferencia entre los encuentros con el Guardia Menor y el Guardián Mayor. "Hasta aquí usted sólo ha buscado su propio descargo, pero ahora, habiéndose liberado, puede seguir como libertador de sus compañeros. Hasta hoy usted se ha esforzado como individuo, pero ahora busca coordinar con la totalidad, de manera que pueda atraer al mundo suprasensible no a usted solo, sino a todo el resto de las cosas que existen en el mundo de los sentidos. Algún día usted podrá unirse conmigo [Guardian Mayor]" [8] De aquí en adelante Hiawatha, en efecto, puede trabajar para mejorar la condición de su pueblo y de las Cinco Naciones.

El rol del iniciado y su pupilo no deben esconder el hecho que toda la sociedad participa en el despliegue de los eventos. Primero, de una manera pasiva, las tribus del oeste aceptan el mensaje de Daganawida. Todavía es una aceptación muy superficial como muestran las narrativas: "Daganawida pasó de poblado en poblado, encontrado que los hombres deseaban la paz y la practicarían si con certeza supieran que otros la practicarían también." Cuando Hiawatha empieza difundiendo el nuevo mensaje entre los Onondaga, el mago negro reacciona ahogando a algunos de sus seguidores, o poniendo a unos contra otros. Cuando Daganawida emprende su camino hacia el Este localiza al Mohawk que se dedica activamente a su mensaje. Después Daganawida e Hiawatha prosiguen para encontrarse con el mago negro sólo porque tienen el pleno apoyo de las cinco tribus.

Nos acercamos ahora a la comprensión de los Misterios inaugurados por Daganawida e Hiawatha. Éstos son misterios que se revelan en el propio mundo social, ya no en aislados centros de Misterio. Estos Misterios que conducen al tiempo del Alma Consciente abordan el tema de llegar a aceptar el mal y a sus representantes. A Hiawatha el iniciado le dice: "Usted visitará a este hombre, Atotarho, porque él es de su pueblo, Onondaga. Él es horrible pero lo necesitamos." Así desde el comienzo es inevitable el encuentro con Atotarho. Atotarho es un protagonista esencial en el desarrollo de la historia.

La importancia de Atotarho aparece en el resultado de la leyenda. Él tiene un lugar como importante obstáculo en el camino y realmente no se le puede descartar. La última reunión entre Daganawida y Atotarho tiene la apariencia de ser parte de una negociación. Atotarho quiere saber por qué debe ceder al deseo de las cinco tribus. Cuando le dicen que él tendrá un importante papel político, acepta de buena gana. El mal no puede ser transformado sin la gran fuerza de la confianza. Daganawida tiene que confiar en Atotarho asumiendo un riesgo calculado. Esto puede hacerse porque cuando el iniciado dice: "Su fuerza [Cinco Naciones] es mayor que la suya [la fuerza de Atotarho]." Sin el mago negro las cinco tribus no habrían encontrado su mayor fuerza. Sin el nuevo poder de las tribus Atotarho no podría haber sanado.

Los Misterios Iroqueses pueden también definirse como "Misterios Sociales," tomando un término acuñado por Harry Salman. [9] La iniciación de Hiawatha ocurre dentro del mundo, y a cada una de las transformaciones de su alma le corresponden eventos exteriores. Lo interno y lo externo están continuamente interactuando. La primera reunión del caníbal con Daganawida marca el principio del trabajo social de Hiawatha. Pone en movimiento el primer desafío a la autoridad de Atotarho. La segunda reunión con el Guardián Superior pone en movimiento la meta de unir las tribus. Podríamos decir que la transformación del alma de Hiawatha guía a una época nueva. La Nueva Mente ha penetrado completamente a un individuo, además de al iniciado, a través de los niveles del pensar, sentir, y de la voluntad. Esto es todo lo que se necesita para que otros puedan seguir. Finalmente, la curación de la mente y cuerpo de Atotarho es simultánea a la creación de la Liga. La transformación exterior de una forma social decadente está íntimamente conectada con la curación de su individuo más representativo, el mago negro.

De todo lo anterior vemos que un tipo particular de encuentro es el que Hiawatha tiene con las fuerzas del Cristo. El camino por el que Hiawatha transita es similar al que siguió Johannes Thomasius en los Dramas de Misterio de Rudolf Steiner. Thomasius experimenta el dolor que ha causado a una joven que lo amó y a quien abandonó; siente el dolor de ella como si fuera suyo. Rudolf Steiner indica de hecho que el dolor que Thomasius le ha causado a la joven está como un recurso teatral para todo el encuentro de Thomasius con el Guardián Menor, una experiencia que normalmente ocurre después de la muerte en el estado de kamaloca. Es suplementado en Thomasius por el doloroso reconocimiento de la realidad de su naturaleza inferior. Se expresa en las siguientes palabras en la Escena Dos del *Portal de Iniciación*: "Aún, cómo hago para mirarme. Mi forma humana está perdida; como rabioso dragón me veo, engendro de lujuria y codicia.

Me doy cuenta claramente cómo la nube de la ilusión escondió hasta ahora mi propia espantosa forma." Encontramos esta experiencia interior de Thomasius prolongada en su incapacidad para continuar ejerciendo su tarea de vida de pintar, una clase de entumecimiento del alma comparable a la afición de Hiawatha. Aunque es a través de esta prueba que nuevas fuerzas emergen del alma de Thomasius, eEs de hecho el punto de partida de sus posteriores experiencias en el mundo espiritual y el reconocimiento de la realidad de su ego superior. [10]

Los Misterios Iroqueses representan la contraparte de los Misterios que los Cátaros y los Templarios desarrollaron en Europa, ambos influenciados, por lo menos en parte, por la doctrina de Mani. Los Misterios tienen en común el énfasis en el cultivo de un estilo de vida dentro de las nuevas estructuras sociales. Cátaros y Templarios se esforzaron por crear un orden social que hizo manifiesta la esencia del impulso de Cristo y los prefigurados impulsos sociales del futuro. Especialmente los Cátaros y Albigenses mantuvieron una verdadera actitud maniquea hacia el mal basados en la creencia que sólo podían oponérsele a través de la apacibilidad y transformarlo en bien. Los Templarios intentaron establecer un verdadero orden social imbuido de Cristo en que el individuo se puede emancipar de la autoridad religiosa y mundana, como lo expresaron en el lema: "Puede cada hombre ser su propio Papa y Rey."

Los Misterios Iroqueses son misterios de educación de la voluntad a través del pensar, equivalente a lo que Prokofieff llama el "camino del perdón." [11] La educación de Hiawatha empieza con el remordimiento, que lo lleva a su encuentro con el Guardián Menor. Una revisión consciente, retrospectiva, de nuestra vida, equivalente a la experiencia del kamaloca después de la muerte, permite el desarrollo y cultivo de la tolerancia. Entender nuestras limitaciones nos permite desarrollar la tolerancia para con nosotros y para con otros. Una palabra más precisa para la tolerancia puede ser la empatía, que denota un dominio sobre el cuerpo astral al vencer la simpatía y la antipatía. En la empatía evitamos el extremo de separación que provoca la antipatía, y en la simpatía evitamos una inconsciente identificación con la experiencia en el alma de la otra persona.

Hiawatha lleva el proceso de empatía aún más lejos con la habilidad de ofrecer el perdón. El acto del perdón es la elevación y potenciación de la empatía desde que requiere más que la simple comprensión. Es una fase en que el alma experimenta una impotencia interior. Ésta es una experiencia de muerte del ego inferior, permitiendo al ego superior afirmar su presencia e influencia. En efecto sólo podemos perdonar a través de nuestro Yo Espiritual. El proceso de olvidar el mal perpetrado contra uno mismo sustentado en el perdón sólo puede lograrse a través del repetido esfuerzo que se hace para evitar las trampas de la venganza o la renuncia, las tentaciones Ahrimánicas y Luciféricas. En el caso de Hiawatha, perdón significa atravesar un largo período de "parálisis del alma" antes de que el Yo Superior pueda empezar a mandarle sus rayos.

Finalmente, el despertar de su Yo Espiritual remite a Hiawatha a la llamada superior de su individualidad, a la resolución del pre-nacimiento que lo condujo a la encarnación. Ésta es la intención al asumir el karma de su pueblo, trabajar por la redención de un mal que tiene sus raíces más allá de su karma personal. La determinación de Hiawatha lleva a la formación de la Liga y la transformación del impulso Ahrimánico en la persona de Atotarho, acompañándolo en su curación. Aquí, podemos suponer, es la influencia del iniciado Daganawida la que juega un papel central en tan exaltada tarea.

El Mensaje y la Forma

El árbol de las Raíces Blancas de la Paz, con raíces que se extienden en las cuatro direcciones, es una referencia al Árbol de la Vida en otros mitos Iroqueses. El águila es la encarnación del Dios Hinum, el Dios de la Tormenta (7 Elohim/Gran Espíritu) representado por el Pájaro del Trueno que trae la gracia de la lluvia a la tierra. El árbol cósmico a menudo es representado en la parte de atrás de una tortuga. Este animal — símbolo de la tierra rodeada por el agua — retrata de manera apropiada la rezagada conciencia atlante del Nativo americano. Todos los elementos del símbolo de las Raíces Blancas de la Paz apuntan a una ley que trae armonía entre el cielo y la tierra.

313

La leyenda tiene todavía otras implicancias a nivel social. El Ritual de Condolencia tiene un lugar central en la sociedad Iroquesa, no inmediatamente evidente en la leyenda. Antes del advenimiento de la Liga, la disputa entre las tribus fue perpetuada por ciclos de guerra y venganza, canibalismo, y magia negra. La superación del pesar ocupa un lugar central en la ceremonia y visión Iroquesa del mundo. La piedra angular de la sociedad Iroquesa es el reconocimiento de la necesidad de que el proceso de pesar y consuelo reemplace al ciclo de violencia. El Iroqués creía que el pesar es lo que hace a un ser humano irracional, anti-social, y peligroso. "Ese pueblo cree que la tristeza, la cólera, y todas las pasiones violentas expelen del cuerpo el alma racional que mientras tanto sólo está animado con el alma sensible que tenemos en común con los animales," escribió el Jesuita francés Jean de Quen, en el siglo XVII. El mismo principio saturó su sistema de justicia. En caso de asesinato, la Ley de Reparación preveía un sistema de compensación simbólica y material para ayudar a restaura la armonía. El ofensor tenía que humillarse para expurgar su deuda con la comunidad y con su propia vergüenza. Tenía que compensar a la parte ofendida dándole simbólicamente veinte cordones de wampum, diez de los cuales eran por la vida de la víctima y los otros diez para su propia vida, simbólicamente perdida en el crimen. Finalmente, un principio equivalente estaba activo en la idea de mitigar la pérdida a través de la adopción. La persona adoptada tomaba el lugar de la persona desaparecida. La práctica estaba tan extendida que los misioneros Jesuitas informan que en algunos pueblos eran más aceptados los extraños que los mismos Iroqueses. [12]

El nacimiento de este nuevo "ritualismo social" encierra en un lugar sagrado el reconocimiento del rol del destino individual en el tejido social. El Ritual de Condolencia hace posible la armonización de los objetivos de la comunidad permitiéndoles a los individuos superar su pesar y encuadrar su destino con el esfuerzo de la comunidad. El pesar es visto como un velo que se apodera de los sentidos y el corazón. El Ritual de Condolencia retira este velo y hace explícito el segundo principio expresado por Daganawida: la salud como armonía entre el espíritu y el cuerpo.

Un resultado igualmente importante de la leyenda es la forma de

314

gobierno que aparece con la Liga Iroquesa — el Haudenosaunee o Pueblo de la Casa Grande. La Nueva Palabra es el mensaje de justicia, salud, y poder. El Iroqués sabe que una palabra es nada sin una forma. Ellos han incluido la palabra en la forma de Longhouse — la unión de muchos fuegos — representando la idea de confederación. Por primera vez las naciones están como iguales, ya no como vasallos. La Autoridad es compartida por una compleja jerarquía de poder construida para asegurar que ningún individuo o nación puedan imponer su voluntad sobre la comunidad. Es de hecho un sistema de controles y equilibrios, que obliga a los representantes del poder a buscar el más amplio consenso en todas sus decisiones. Se confirieron títulos hereditarios dentro del linaje familiar a través de las decisiones de las mujeres principales; por otra parte, sobre todo en el tiempo de las colonias, los "jefes árbol del pino" se eligieron basados en sus méritos y lejos de consideraciones hereditarias. Cualquier jefe podía ser revocado si hubiera ido en contra de la disposición de la ley. Adicionalmente, cada nación nombraba a un jefe que seleccionaba a los combatientes en tiempo de guerra. El sistema de clanes se construyó de tal manera como para superponer los límites de las naciones y construir una cohesión social dentro de la Liga. Más detalle sobre la forma de gobierno Iroquesa puede encontrarse en el excelente análisis de Bruce Johansen. [13]

La espiritualidad Iroquesa no puede ser propiamente entendida si no percibimos cuán íntimamente la nueva forma de gobierno está vinculada con lo que podríamos llamar los nuevos Misterios Sociales. Una estructura gubernamental por sí sola no define y sostiene una nueva visión social; la sociedad requiere una nueva espiritualidad. El Iroqués tiene una verdadera "espiritualidad social," naturalmente añadida a toda anterior práctica sagrada que continúa manteniéndose a través de siglos de tradición.

El Ritual de Condolencia es la piedra angular espiritual de la forma de gobierno Iroquésa, como es la Ley de la Expiación, la práctica de la Adopción, y otras prácticas sociales. A través de éstas relativamente recientes tradiciones los individuos pueden alcanzar en etapas una percepción de su propio doble kármico, el encuentro con el Guardián Menor del Umbral, y eventualmente en el futuro distante, con el

315

Guardián Mayor del Umbral. Los nuevos rituales dan una dimensión de santidad al cultivo y restauración de saludables relaciones dentro del cuerpo social. En cierto sentido son el aspecto esotérico del gobierno, el aspecto interno del problema de gobernación. Abandonadas a su suerte, las formas Iroquesas de gobierno son nada más que beneficiosas pero vacías cáscaras. Los rituales sociales contienen la vida que sostiene estas formas.

En la leyenda Iroquesa se puede percibir una continuación de la lucha contra los decadentes Misterios Mexicanos tal como renacieron, aunque en forma más benigna en América del Norte, a través de las prácticas del canibalismo y la magia negra. Por primera vez en América del Norte la estructura gubernamental respeta la individualidad personal. El poder sólo tiene una naturaleza temporal y limitada y puede transferirse según el mérito personal, no exclusivamente por herencia. La Liga Iroquesa también marca un notable abandono de la idea de los viejos lazos de sangre. Cualquiera que pueda aceptar las ideas de la leyenda de las Raíces Blancas de la Paz puede pertenecer a la sociedad Iroquesa. De hecho, la adopción se vuelve un principio común, una práctica extendida a numerosos colonos europeos en posteriores siglos. Otro adelanto importante es que ahora el mal puede redimirse por lo menos en parte, como se hace claro en la figura de Atotarho. Éste es el siguiente importante paso que los Misterios Iroqueses agregan a los Misterios Mexicanos.

CONCLUSIONES

Hemos visto que la leyenda Iroquesa y la Azteca hacen eco de los Misterios Mexicanos en el momento de Cristo. ¿Cuál es la relación de estos nuevos misterios con los Misterios Mexicanos? Después de derrotados los Misterios de Taotl, en el tiempo de Cristo, Rudolf Steiner indica que:

> Nada sobrevivió de estas regiones de lo que podría haber sobrevivido si los misterios de Taotl hubieran dado sus frutos. Las fuerzas que quedaron de los impulsos que vivieron en estos misterios sobrevivieron sólo en el mundo etérico. Ellas todavía existen subsensiblemente, perteneciendo a lo que se vería si en la esfera del espíritu, se pudiera encender un papel sobre una solfatara. [1]

Después, en el mismo ciclo de conferencias se completa el pensamiento:

> No obstante, quedó tanta fuerza que podría haberse realizado un ataque más en la quinta época, teniendo como objetivo mecanizar la tierra de manera que la cultura resultante no sólo culminara en un montón de invenciones completamente mecánicas, sino que habría hecho de los seres humanos tan puro homúnculo que habrían perdido sus egos. [2]

Quince siglos más tarde América llegó a otra crucial encrucijada: la transición a la quinta Era post-Atlante. Es pura coincidencia que la quinta Era post-Atlante se corresponda en el tiempo con la quinta Era Mesoamericana o Sol. Esta transición toma una dimensión diferente en América que en Europa donde trae a la existencia el Alma Consciente cuyo signo importante es el desarrollo de la ciencia moderna y la perspectiva materialista de la vida, anterior al desarrollo de la ciencia espiritual y a una nueva aprehensión de la realidad espiritual. En América los cambios no se manifestaron tan claramente en el reino de la conciencia, sino en el desarrollo de nuevos modelos socio-políticos, mejor ejemplificado por el Imperio Azteca y la Liga Iroquesa. Éstos son dos desarrollos en los extremos opuestos de un continuo: un estado centralizado y unificado por un extremo, y un sistema federal por el otro. En el idioma del Popol Vuh, ellos son respectivamente formas del Dios del Fuego y Hunahpú. Para la Antroposofía, las formas sociales Aztecas son la manifestación de una sociedad Ahrimánica; la Liga Iroquesas ofrece la encarnación de una nueva sociedad centrada en Cristo.

Aztecas e Iroqueses: Dos Visiones del Corazón Humano

En los mitos y leyendas de las dos civilizaciones, un conjunto de imágenes centrales contrastan unas con otras: el sacrificio del corazón y el Ritual de Condolencia. El sacrificio humano por remoción del corazón es un segundo esfuerzo para disuadir al alma humana de alcanzar los objetivos más lejanos de la evolución de la Tierra. La mitología Azteca está saturada por un pensamiento simple y dualista en que el bien y el mal tienen roles muy estáticos. El sacrificio humano es el medio para luchar contra el mal que quiere detener el curso regular del sol. El mito Azteca en su literalismo prohíbe la imaginación del corazón humano, y su dualismo simplista obliga al ser humano a reacciones automáticas. La venganza sigue al ataque, la guerra sigue a la guerra. La última visión del mundo Azteca hace al ser humano un autómata que abandona toda verdadera humanidad.

Contra la imagen dualista Aztecas está la naturaleza triformada del mensaje Iroqués. Tres son sus personajes centrales: Daganawida, Atotarho, e Hiawatha, y la triformación es el mensaje central de rectitud, salud y ley. Su acercamiento hacia el mal no es una proposición. El mal simplemente es un elemento de la vida del alma humana que está fuera de balance. La "persona mala" necesita ser entendida para ser sanada. El Iroqués reconoce que el mal vive en dos niveles: al nivel exterior corresponden las prácticas del canibalismo, la guerra, y la magia negra, y al nivel interior corresponden el pesar irresoluto del corazón y el resultante deseo de venganza. El Ritual de Condolencia ofrece un "reavivamiento" del corazón y de los sentidos aflijidos con el peso del dolor. La sociedad entera vuelve su atención al destino del individuo, sabiendo que los destinos de todos los demás están afectados por él. El Iroqués sabe que la guerra y la venganza tienen sus raíces en el corazón y en el alma humana. La sanación de Atotarho por Hiawatha y Daganawida es el caso más espectacular de sanación — un Ritual de Condolencia practicado en el corazón del mago negro.

La diferencia de visión del mundo se refleja claramente en las estructuras de poder Azteca e Iroquésa. Los Aztecas empezaron como una Triple Alianza, pero no había nada de federativo en ella o en su posterior imperio. De hecho fue la forma más extrema de gobierno centralizado. El Tlaotani sostuvo las riendas de la educación y la cultura, de las funciones políticas y administrativas, del ejército y de la economía. Detrás de él, e invisible, estaba el verdadero poder del sumo sacerdote. Todo el tributo fluyó hacia Tenochtitlan desde las partes más lejanas del imperio. Con él siguieron los guerreros cautivos que justificaron la existencia del sanguinario sacerdocio. Un estado unitario, centralizado y la opresión sobre los seres humanos, yendo de la mano, caracterizaron la más profunda esencia de la dominación Azteca.

En oposición surge la imagen de la Liga Iroquesa. Es una verdadera confederación donde cada una de las naciones depende de una relación de verdadera igualdad. El 'Longhouse' es una compleja y diversificada forma de gobierno cuya preocupación principal es conceder poder al nivel donde es funcional. Cada nación tiene autonomía sobre los asuntos internos, y en las materias comunes ninguna nación o grupo de naciones puede prevalecer sobre las otras. La búsqueda del consenso es el resultado obligatorio del delicado equilibrio de poderes concebido por los fundadores de la Liga. El poder religioso está separado del poder político.

Las dos visiones del mundo apelan a formas sociales completamente diferentes. El Iroqués logra las primeras fases de realización de un verdadero federalismo basado en la descentralización y la autonomía local. Por cuanto en el Imperio Azteca el individuo es una simple herramienta para los objetivos del estado, la forma social Iroquesa favorece la libertad del individuo y le permite ofrecer su mejor contribución para beneficio del todo.

El último logro Azteca es la subversión de los códigos morales. Después de quince siglos de preparación, Ahriman, el Dios del Fuego, ha conseguido traer un completamente nuevo código moral. El dualismo absoluto es central para la visión Azteca del mundo, revelado como una falacia ante una observación más profunda de la realidad. Es sólo a través de tan rudimentario dualismo que los complejos problemas pueden volverse soluciones triviales y simplistas ofrecidas en nombre del bien. El resultado del dominio Azteca es el entorpecimiento de las fuerzas del corazón. Para esto se cambió el esfuerzo que algunos historiadores han llamado "mitografía creativa." El mito Azteca glorifica el peor mal — deliberado ritual de asesinato — para elevarlo al nivel del bien más alto. El asesinato ritual es equiparado con un acto de co-creación, una sagrada ofrenda a los dioses.

A los cambios que surgieron en la quinta Era post-Atlante el Iroqués no respondió con el sacrificio externo o autosacrificio (sangradura), sino con otra facultad del corazón: el sacrificio interior. A través del sacrificio de su alma Hiawatha puede contribuir a la curación de Atotarho y a la formación de la Liga. Una cuidadosa lectura de la leyenda muestra que los dos se logran simultáneamente. Hiawatha incluye el ideal del verdadero autosacrificio interior hecho para bien de todos. Es éste el corazón que se da cuenta que en el dolor del alma y su reconocimiento interno consciente está la habilidad de afectar no sólo lo personal sino también el destino social.

El corazón y la sangre forman vínculos con la herencia cuando se consideran desde la perspectiva del pasado, y con el avance de la evolución social cuando se consideran desde la perspectiva del futuro. El Iroqués fortalece al individuo soltando las ataduras de la herencia. Su frecuente uso de la adopción refleja la idea que ser Iroqués significa aceptar la idea de las Raíces Blancas de la Paz, más que un asunto de consanguinidad y herencia. Los Aztecas exaltan el peso de la herencia. Sus demandas de descenso de los Toltecas y el mítico Aztlan son obvias falsedades ante la historia, pero necesario para reescribirla. El retorno al pasado del Aztlan está en claro contraste con las posibilidades evolutivas de la "Nueva Mente."

El corazón juega un rol vital en la visión del mundo del Azteca y del Iroqués. Los Aztecas eliminaron el corazón — finalmente, sólo de una manera física. Su código de ética negó la realidad del valor de las relaciones humanas. El Iroqués hizo de la comprensión del dolor la piedra angular de su visión del mundo. Sólo un corazón que puede entender su propio dolor puede aceptar, perdonar, y volver a integrarse positivamente en la sociedad, contribuyendo a su funcionamiento.

Hemos seguido algunos de los eventos principales de la historia Americana desde el tiempo antes de nuestra era hasta el tiempo de la colonización europea. Hemos nombrado aquellas fuerzas espirituales que animaron los cambios ocurridos en el tiempo de los Misterios Mexicanos, según el término acuñado por Rudolf Steiner. Puede confundirse este término porque, para aquéllos que lo han leído en este contexto, puede evocar sólo la imagen del sacrificio humano. Por consiguiente hemos especificado que hubo Misterios Mexicanos progresistas y decadentes. En el tiempo del alma Consciente — el equivalente aproximado al tiempo de la Conquista — deberíamos hablar más propiamente de Misterios Americanos, ya que su centro no está asociado exclusivamente con México o Centroamérica.

Para develar el significado más profundo de los Misterios Americanos y su relevancia durante los tiempos modernos, primero tenemos que profundizar nuestra comprensión del propósito del sacrificio humano que involucra la remoción de órganos. Aquí, sólo la investigación científica espiritual nos permitirá entender lo que la ciencia e historia no pueden penetrar — particularmente la aserción de Rudolf Steiner que fue el estómago el órgano extirpado en el tiempo de Cristo, considerando que en el tiempo de los Aztecas fue el corazón.

El Estómago y el Corazón: De la Cuarta a la Quinta Era Post-Atlante

La sabiduría a ser enseñada por el iniciado de los misterios decadentes sólo podía develarse a través de la realización de particulares sacrificios humanos. Lo que sigue es lo que Rudolf Steiner tiene que decir concerniente a estos misterios en el tiempo de Cristo y antes:

> *Cuando los candidatos a la iniciación habían madurado en ese camino y llegado a experimentar su significado interior, habían conocido la naturaleza de la mutua interacción entre el que había sido asesinado y el que había sido iniciado. A través del asesinato,*

321

la víctima sería preparada en su alma para elevarse al reino Luciférico, considerando que el candidato a la iniciación obtendría la sabiduría para moldear su mundo terrenal de tal manera que las almas fueran conducidas lejos de él. A través de haberse formado una conexión entre el asesinado y el iniciado — no se puede decir "asesino" sino "iniciado" — para el iniciado se hizo posible ser llevado por la otra alma; es decir, el iniciado podría abandonar la tierra en el momento correcto. [3]

Cuál era el propósito de estos misterios, es de nuevo insondable para la historia moderna. Una vez más volvemos a la investigación de Rudolf Steiner:

Si sus impulsos y trabajo hubieran tenido éxito, se hubieran alzado con el triunfo, estos misterios habrían alejado a las almas de la tierra. Con esto se entiende que el servicio realizado por Ahriman se habría hecho efectivo. La tierra gradualmente habría quedado deshabitada, desolada, teniendo en ella sólo las fuerzas de la muerte, considerando que cualquier alma viviente habría partido para fundar otro planeta bajo el liderazgo de Lucifer y Ahriman.

Para ejecutar la parte Ahrimánica de esta tarea, era necesario que los sacerdotes de estos misterios Ahrimánicos Atlantes adquirieran facultades para tener el más alto grado de control y dominio sobre todas las fuerzas de la muerte en su actividad terrenal. Estas fuerzas habrían convertido a la tierra junto con el hombre físico — para que las almas partieran — en un reino completamente mecánico, un gran reino muerto en el que ningún ego pudiera tener cabida. Estas facultades también tendrían que estar conectadas con el dominio del elemento mecánico en todo lo viviente, del elemento mecánico en toda la vida. [4]

Rudolf Steiner sigue para reiterar la manera en que fue realizada la práctica del sacrificio humano.

Por esta razón estos misterios tuvieron que ser instituidos en una forma verdaderamente diabólica, porque fuerzas tales como las que se habría necesitado para los poderosos objetivos de Ahriman sólo pueden surgir cuando se logran iniciaciones de un tipo especial. Tales eran estas iniciaciones Ahrimánicas de la era post-Atlante en América. A todo el que lograba cierto grado de conocimiento se le hacía comprender que este conocimiento era adquirido a través de ciertas facultades de percepción que sólo engendran a través de un asesinato. Así que nadie que no se comprometiera a asesinar era admitido en cierto grado de esta iniciación. El asesinato se realizaba bajo circunstancias especiales. Los pasos llevaban a un tipo de catafalco, una estructura como de andamios. El que iba a ser asesinado era atado a esta estructura y su cuerpo doblado de tal manera que su estómago pudiera ser extirpado con un solo corte. Esta operación, la extirpación del estómago, tenía que ser realizada con gran destreza. Ciertas experiencias surgieron del acto de cortar el organismo vivo con tan consumada habilidad, y bajo condiciones especiales. Estas experiencias tuvieron que ser adquiridas y a través de ellas lograrse cierto grado de conocimiento acerca de la mecanización de la tierra. Cada vez que se alcanzaran fases superiores de iniciación, tenían que cometerse más asesinatos. [5]

Las declaraciones anteriores de Rudolf Steiner nos permiten entender lo que estaba en juego en la batalla entre Vitzliputzli/Ixbalamqué y el súper-mago para el futuro de América. El mito de AmueSha'rep, citado en el Capítulo 1 (dado en su versión completa en el Apéndice 1), indica una consecuencia de las iniciaciones Ahrimánicas con el fenómeno de la esterilidad de las mujeres y la resultante amenaza sobre la continuidad de la encarnación. El Popol Vuh también lo conocía. El sagrado libro no se preocupa de los problemas de naturaleza moral simplista. Toda la atención del texto Quiché Maya se aparta del destino de reyes y gobernantes, y en cambio pone su atención en los hechos de los dioses y las respuestas de los seres humanos a sus llamados. Hunahpú y Tohil/Dios del Fuego/Ahriman forman el punto sobre el que gira el sagrado drama. El Dios Solar y el Dios del Fuego ofrecen al ser humano dos propuestas diferentes, y el Popol Vuh ilustra cada una de ellas.

Es imposible demostrar históricamente la aserción de Rudolf Steiner de que antes del tiempo de Cristo hubiera sido el estómago el órgano extirpado, en vez del corazón. Debe encontrarse a un nivel mucho más profundo, y este trabajo puede proporcionar sólo respuestas parciales sobre el asunto. No hay duda de que los sacerdotes Aztecas extirparon el corazón, pero debemos recordar que durante un milenio cesaron estas prácticas en lo que al sacrificio humano con extracción del órgano se refiere. Se confirma históricamente en muy alto grado la aserción de Rudolf Steiner sobre que se había terminado el conocimiento del sacrificio sacerdotal durante todo el cuarto período post-Atlante. El sacrificio humano continuó en alternadas etapas durante los siglos siguientes. En Teotihuacán desde el segundo siglo, y el Maya desde fines del cuarto siglo, practicaron la "forma exotérica" del sacrificio humano (por ejemplo, decapitación o disparo de flechas). El sacrificio con remoción del corazón fue practicado primero por la civilización de Chichen Itza en el undécimo siglo. Sin embargo, fueron los Aztecas quienes llevaron a una nueva altura la práctica del sacrificio humano con remoción del corazón. Ellos no sólo lo restablecieron sino también acompañaron su práctica con la primera ideología totalmente coherente. Además, el sacrificio humano alcanzó una escala de dimensiones inauditas.

¿Cuál ha sido el proceso de evolución de los Misterios Mexicanos? ¿Por qué el sacrificio humano involucraría primero al estómago y luego al corazón? Éstas son preguntas difíciles de hacer, y finalmente la respuesta sólo puede provenir de la directa percepción espiritual. Nuestra exploración sólo puede ser tentativa. Invito al lector a que intente formular la dirección de una respuesta entrando a las representaciones imaginativas centrales desde los dos puntos de inflexión que este libro ha explorado: el tiempo de Cristo en Izapa y México Central, y la quinta época Post-Atlante entre los Aztecas e Iroqueses. Éstos fueron dos períodos que estuvieron acompañados por los mayores cambios de conciencia en el continente americano. Intentaremos vivir en las cualidades de las polaridades que se presentan en estos dos históricos puntos de inflexión.

El primer contraste nos lo ofrece el Popol Vuh en la Parte II y III. Se da en la imagen central del Amanecer y el fenómeno equivalente al que nosotros le hemos puesto la etiqueta de "anti-amanecer." Tenga presente que éste último simplemente es una manifestación particular del primero. El Popol Vuh indica que éste es el momento exacto de la transición entre la Tercera y la Cuarta Era. La cuestión central de la Tercera Era fue el problema de la muerte. La humanidad Americana de la Tercera Era se sintió abandonada por los dioses. El Apus dejó su morada en los cielos para penetrar la realidad de la tierra y de la muerte.

Permítanos primero considerar el "anti-amanecer", la condición enfrentada por los Toltecas. El Camé reemplazó el culto del Apus con los de Taotl y Quetzalcóatl. Estuvo amenazado todo el deseo de morar en la tierra, y el Popol Vuh entrega bastante de su narración a esta condición del alma. Una vez salió el sol, el texto dice: "El sol subió y se vio como un hombre. Y su calor era insoportable. Ciertamente no era el mismo sol que nosotros vemos..." No obstante, fue superado el sacrificio humano con la remoción de órganos y el sacerdocio tenía que ocultarse para realizarlo. Sin embargo, no se sofocaron pesares, ansiedad y dudas. El regalo del fuego no podía compensar el vacío que el alma sentía, sobre todo después del Amanecer. El "anti-amanecer" experimentado por los Toltecas estuvo acompañado durante muchos siglos por un progresivo estado de dependencia de Tohil/Ahriman.

Por otro lado, en Izapa, mientras la cabeza de Hun Hunahpú colgaba del Árbol del Mundo y las tribus esperaban el hecho de los Gemelos, surge otra imagen. Necesitamos imaginarnos vivamente el alma del Nativo americano para quien el mundo exterior y la realidad interior formaban una unidad indivisible. Los sacerdotes en Izapa prepararon el alma Americana a través del ritual del cultivo del maíz. De una manera alegórica mostraron la inmortalidad del alma, comparada con el grano de maíz que sufre la muerte y la resurrección debajo de la tierra. Ésta es una imagen verdaderamente universal que acompaña a la humanidad Americana de norte a sur, dondequiera que el maíz era cultivado.

El Amanecer, acompañando el último hecho del iniciado Ixbalamqué/Vitzliputzli, fue la realización de la profecía de la inmortalidad del Calendario Sagrado. Fue una verdadera resurrección para la naturaleza y para el hombre. Esto es porque se equipara a una nueva creación. Exteriormente el sol, la luna, y las estrellas aparecían en su plena gloria para el Nativo americano poseedor de una conciencia como de Atlante. Los cuerpos celestiales eran totalmente experimentados en una nueva dimensión física. El evento se reflejó más en el nacimiento de la nueva astronomía galáctica y la Cuenta Larga. La eternidad fue entendida como la verdadera esencia del tiempo y del hombre. Desapareció el miedo del fin de los tiempos. Si el mundo tuviera un futuro más allá de la realidad de la muerte por no haber sucumbido a los intentos del súper-mago, entonces las almas podrían continuar manteniéndose en la tierra colmadas del renovado deseo de continuar su evolución. La vida pasa por la muerte y la resurrección; ésta era la respuesta más profunda que trajeron los hechos de Ixbalamqué. Rudolf Steiner indica que Vitzliputzli/Ixbalamqué mató al mago negro porque sólo a través de su muerte pudo ser detenido el mal y prohibido hasta la quinta época post-Atlante. El Popol Vuh se refiere a la muerte del septumembrado Hun Camé/Vucub Camé, y menciona que ahora el mal sólo operaría dentro de restringidos límites.

El segundo contraste es el que hemos establecido en el capítulo anterior. En Tenochtitlan la conquista es acompañada literalmente con ríos de sangre. La visión de la sangre, las calaveras, y el hedor que acompaña la descomposición de los cuerpos, son una escena cotidiana en la vida Azteca, uno que la imaginación difícilmente ha alcanzado. La sociedad es construida sobre la fundamental regla del sufrimiento impuesto sobre otros, o voluntario a través del sangrado. La suprema autoridad religiosa ve al ser humano en un estado continuo de deuda hacia los dioses. El sol que vierte su luz por el bien de los seres humanos es el mismo sol que requiere de sus vidas para existir. Finalmente esta proposición es un rompecabezas sin solución y puede negar incluso el simple dualismo Azteca. Los Aztecas hicieron del mal lo supremo ideando una visión dualista del mundo y describiendo al mal como el bien a ser logrado. Para este propósito volvieron a escribir la historia y los mitos.

El Iroqués en el mejor de los casos ofrecía una imagen diametralmente opuesta a la de los Aztecas. El dolor de uno es potencialmente el dolor de todos, porque el dolor es la fuente del malestar social. Es deber de cada una y de todas las personas ofrecer alivio al sufrimiento de otros. Este deber no va acompañado por imprecisos mandatos morales sino por la poderosa institución del Ritual de Condolencia y de otros rituales sociales, como el Ritual de la Adopción o la Ley de Expiación.

326

Los dioses quieren que la humanidad se esfuerce por lograr su felicidad y realización. Esta felicidad que el ser humano pueda dar por sentado, sino algo de lo que toma una parte para crear. El orden social que los Iroquesas idearon hace al ser humano un co-creador con los dioses. Por la buena voluntad individual de realizar el Ritual de Condolencia puede ocurrir una y otra vez el milagro del verdadero encuentro humano, ya sea entre dos personas o entre dos grupos. Los rituales le permiten al ser humano trabajar para transformar a su doble kármico. El dolor es una fase en el encuentro con el Guardián Menor. Sólo facilitando ese encuentro y transformación puede ocurrir el verdadero encuentro humano y la sanación social en la sociedad.

El verdadero encuentro permite que las fuerzas espirituales agreguen su fortaleza a la cohesión de la sociedad. En cada verdadero encuentro se restaura cierta cantidad de orden kármico permitiendo al mundo espiritual estar presente y activo. El resultado puede ser entonces más grande que la suma de las partes traídas por los dos individuos o grupos. Por consiguiente, en la sanación del dolor intervienen tanto lo individual como lo colectivo.

El Iroqués tiene una recíproca relación con el creador. Observando su ley triformada puede recibir las bendiciones del Poseedor de los Cielos. Ellos no necesitan ser enemigos del mal. En su visión del mundo, el mal es un paso necesario hacia el logro de un bien superior, y sólo puede vencerse con la bondad. Sólo de esta manera puede florecer la verdadera individualidad. Desde que el mal no es el demonio exterior que los Aztecas describen sino un constituyente interior del alma humana, simplemente no puede erradicarse sin al mismo tiempo atenuar las fuerzas del corazón y el alma. El aspecto interno es acompañado y reflejado exteriormente por las formas sociales que hacen posible el verdadero encuentro. Las formas sociales tienen un papel complementario. Son creadas de manera que puedan sostener la imagen del ego superior delante del ser humano. La ley de la trimembración lo expresa por un lado en el deseo de justicia y la búsqueda de armonía entre el cuerpo y el espíritu. Por otro lado, para conservar la sociedad, el ego inferior necesita mantenerse bajo control de posibles excesos; éste es específicamente el papel de la tercera parte del mensaje, uno es llamado la "ley apoyada en la fuerza." Las estructuras sociales Iroquesas son eficaces porque están acompañadas de rituales que la sostienen y forman su columna vertebral interior. Sería imposible imaginar una eficaz estructura política Iroquesa sin la espiritualidad que acompaña los rituales. Si una se divorciara de la otra, las formas se vaciarían.

La individualidad y los acuerdos sociales son dos lados de un incierto equilibrio. La sociedad puede fomentar o impedir el desarrollo del 'Yo Espiritual' en el individuo. Cada forma social intermedia evoluciona por necesidad a largo plazo hacia el polo Iroqués o al Azteca. Formas sociales que hacen necesario y promueven el verdadero encuentro tienen que reflejar y estar basadas en la naturaleza trimembrada del ser humano. No habría mejor ejemplo que el extremo del Estado Azteca completamente rigidizado y centralizado y el flexible conjunto de formas de verdadero federalismo creadas por el Iroqués.

Mirando entonces los dos conjuntos de contrastantes imágenes podemos intentar imaginar la naturaleza de los cambios que han sufrido los Misterios Mexicanos en más de quince siglos. Rudolf Steiner caracteriza sucintamente la nueva condición que enfrenta la humanidad en la quinta época post-Atlante, de la siguiente manera:

¡Hoy cuando Cristo está destinado a aparecer de nuevo en cuerpo etérico, cuando nuevamente será experimentado un tipo de Misterio del Gólgota, el mal tendrá una importancia semejante a la del nacimiento y muerte para la cuarta época post-Atlante! En la cuarta época el impulso de Cristo nació de las fuerzas de la muerte para salvación de la humanidad. Podemos decir que el nuevo impulso que penetró la humanidad se lo debemos al evento en el Gólgota. Así, por una extraña paradoja, en la quinta época la humanidad es conducida a una renovada experiencia del Misterio del Gólgota a través de las fuerzas del mal. A través de la experiencia del mal Le será posible al Cristo aparecer de nuevo, así como Él apareció en la cuarta época post-Atlante a través de la experiencia de la muerte. [6]

Nos hemos movido en el tiempo desde los misterios de la vida y la muerte a los misterios del bien y el mal en el albor de la quinta época post-Atlante. Esta evolución vive detrás de la transformación del

328

sacrificio humano de la remoción del estómago a la remoción del corazón. En el momento de Cristo los misterios decadentes estaban erradicando todo deseo del alma a vivir en un mundo que se encaminaba hacia la muerte, a nivel microcósmico y macrocósmico. El estómago representa este nivel de pura voluntad de todas las maneras imaginables que conocemos, en nuestro propio idioma y en muchos otros. En el decimoquinto siglo los Aztecas amenazaban todo verdadero entendimiento del bien y el mal y todo el deseo humano de intentar comprender la diferencia. Éste es el reino del "conocimiento del corazón," como es reconocido una vez más por el idioma común.

Los Misterios Mexicanos y Americanos son en un sentido superior "Misterios de la Voluntad." En el tiempo de Cristo esto se hace visible en la figura del iniciado, Ixbalamqué. Su iniciación es una iniciación en el mundo. No existía ningún precedente, ni Escuela de Misterio que hubiera enseñado una manera de lograrlo. Ixbalamqué siempre tenía que enfrentar situaciones completamente diferentes con ayuda de Cristo y el mundo espiritual.

Para los discípulos de los misterios la iniciación tomó la forma parcialmente registrada en Izapa. La cosmología le enseñó al discípulo el camino al macrocosmo. Allí podría aprender de la falacia del Dios Polar y Dios del Fuego en las nuevas condiciones de evolución. También se enseñó todo el conocimiento del Popol Vuh acerca del pasado. El descenso en el microcosmo estuvo acompañado por pruebas del alma en las Cuevas donde podían conocerse los poderes de Xibalbá y superarse. El pupilo tenía que experimentar las tentaciones del Dios del Fuego y tenía que aferrarse al recuerdo de los hechos del iniciado Ixbalamqué y del espíritu solar Hunahpú.

Al principio de la quinta época post-Atlante estos Misterios de la Voluntad lograron una mayor dimensión social. Hiawatha es iniciado en la voluntad por Daganawida. Su camino es el camino del perdón que forma la preparación para el encuentro con el Cristo y la habilidad de llevar el destino de su pueblo. El gesto opuesto se lleva en la espiritualidad Azteca donde la individualidad está erradicada y donde el alto sacerdote iniciado personifica la cruel voluntad Ahrimánica en el cumplimiento del sacrificio humano. Hemos visto que esta dicotomía se refleja en el orden social de la forma de gobierno Iroquesa y Azteca. Los Misterios Americanos están por encima de todos los Misterios Sociales. Lo mismo podría intuirse sobre la revolución llevada a cabo por los Incas en la América andina. Ellos también introdujeron una forma social completamente nueva en el continente del sur, cerca en el tiempo al ascenso al poder de los Aztecas.

El contrastante Dios del Fuego/Hunahpú forma el pivote central del Popol Vuh. A través de él la espiritualidad mesoamericana y norteamericana anticipan los temas de lo que podemos llamar los Misterios Sociales modernos. Éstos se han manifestado en dos direcciones. De una parte está el estado centralizado en sus formas más extremas: comunismo bolchevique desde 1917, y más tarde fascismo y Nazismo. En contraste con este contexto Rudolf Steiner vio que para la humanidad era urgente aprehender las ideas de un orden social trimembrado en el que articuló la separación y autonomía de las esferas de actividad cultural, política, y económica.

Los Misterios Sociales Mexicanos, Americanos, y los Modernos

La siguiente es una pequeña reseña de la relevancia de los Misterios Americanos para el tiempo presente — que no es más que una indicación general que debe desarrollarse más.

El orden social trimembrado de Rudolf Steiner es un esfuerzo por enfocar la cuestión social en direcciones que se alejan de las formulaciones abstractas que vivieron en el siglo XIX y XX (y en la actualidad) que no podían y ya no pueden traer ninguna renovación social. En el trimembrado orden social, por primera vez un iniciado trajo a la humanidad un impulso para la renovación social, descansando en un entendimiento espiritual de las partes del ser humano: espíritu, alma, y cuerpo, y su reflejo en la expresión del cuerpo social en los reinos cultural, político, y económico. Aunque deriva sus fundamentos del conocimiento espiritual, la aplicación trimembrada a cualquier nivel de la realidad social no requiere nada más que un deseo serio de aprehender las aplicaciones prácticas que de ella derivan.

En la actualidad, toda alternativa inherentemente política a la decadencia cultural y social de la que damos testimonio no alcanzara su establecida meta. La humanidad está cruzando el umbral del mundo espiritual y nuevas tentaciones enfrentan a todos los seres humanos. Rudolf Steiner lo pone así: "cierto, diremos, el conocimiento oculto está abriéndose camino en el actual desarrollo de la humanidad. Realmente, este conocimiento espontáneamente está abriéndose camino a la superficie como resultado de la evolución humana, de manera que no es necesario hacer ningún esfuerzo adicional para ponerlo dentro del desarrollo de la humanidad." [7] Ésta es la fuente de conocimiento que actualmente está a disposición para las metas de las hermandades ocultas, particularmente las Logias Occidentales, poniendo la base para los objetivos del imperialismo político, como se hizo históricamente claro en Gran Bretaña y ahora en el imperialismo americano. Ésta es la tentación de la que apenas puede escapar la quinta época post-Atlante: el uso del conocimiento esotérico aplicado para el beneficio egoísta de grupos nacionales o supra-nacionales. "Porque en este quinto período post-Atlante la humanidad ha alcanzado una fase en la evolución en la que le es muy difícil al individuo escapar de sus asuntos personales. El individuo está en peligro de mezclar sus instintos y pasiones personales con lo que es común con la humanidad como un todo." [8]

Rudolf Steiner anticipó el peligro que la tendencia anterior se manifestara en extremo en el imperialismo angloamericano. "Las personas hoy deben mostrar cómo la vida económica, introducida por los hábitos de pensamiento angloamericano, está progresando a lo largo de la tierra, y que sólo podrá escalar en su camino hacia arriba si trabaja en armonía con las cosas que las personas en otras esferas son capaces de hacer y para las que tienen talento. Si esto no ocurre, el dominio mundial que la vida económica ejercerá será una catástrofe." [9]

Entonces sin duda el futuro social dependerá del uso que se haga del conocimiento oculto que alcanza la superficie de la conciencia. ¿Este conocimiento beneficiará a pequeños círculos que lo mantengan en secreto por causa de las metas políticas, económicas, y espirituales de pocos, o se hará accesible a los no iniciados de manera que beneficien

331

indistintamente a toda la sociedad? Éstas son los términos del dilema que Rudolf Steiner percibió con gran claridad.

Visto bajo la luz de las consideraciones anteriores, la polaridad entre la visión Azteca del mundo y la visión Iroquesa de ninguna manera corresponde a opuestas visiones políticas. El modelo social Azteca reaparece en el siglo XX metamorfoseado en las formas políticas extremas del comunismo y el fascismo. Estas tendencias están actualmente latentes en el estado unificado — incluso en forma de democracia, dondequiera que la forma social tienda a consolidarse en el estado unificado, en lugar de expresar con claridad la autonomía de las esferas cultural, política, y económica. La forma de gobierno Iroquesa fue introducida por un iniciado para bien de los pueblos que se habían involucrado por mucho tiempo en guerras fratricidas. Trajo el conocimiento iniciático con el propósito de alcanzar una renovación social e individual.

En términos modernos el contraste Iroqués/Azteca fue expresado y enfatizado por Rudolf Steiner repetidamente: "Una gran batalla está teniendo lugar entre el impulso social trimembrado que puede venir de la ciencia espiritual y el que se lanza contra esta trimembración como la ola del Bolchevismo que le haría un gran daño a la humanidad. Y no hay ningún tercer elemento distinto aparte de estos dos." [10] Para Rudolf Steiner, el término Bolchevismo es pensado como algo más grande que lo que apareció en la tierra con la Revolución Rusa. El ejemplo ruso es una primera y trágica incorporación de una realidad que acompañará a la humanidad durante mucho tiempo por delante. Fue seguida por el Fascismo y el Nazismo, y posiblemente en la actualidad con la forma de un fanatismo religioso mundial.

Rudolf Steiner caracteriza el Bolchevismo así: "[En el Bolchevismo] el animal, furioso con la inteligencia, busca salir a la superficie y hacer que todas las fuerzas Ahrimánicas que tienen el objetivo de excluir específicamente al elemento humano, junto con la inteligencia del reino animal … en fuerzas que ejerzan una influencia formativa en la humanidad." [11] Y él nos recuerda, "Si las cosas fueran a resultar de la manera en que se están desarrollando en la actualidad en Rusia, significaría que la Tierra abandonaría su tarea, renunciaría a su misión,

332

sería expulsada del universo y caería presa de Ahriman." [12] Las consecuencias del Bolchevismo nos recuerdan lo que Rudolf Steiner dijo sobre los Misterios Mexicanos, en el tiempo de Cristo y en el tiempo de los Aztecas.

Rudolf Steiner nos ha ofrecido amplia evidencia de la naturaleza Ahrimánica del estado bolchevique y de la iniciación sufrida por su jerarquía. Lo que apareció en la historia norteamericana se anticipa por cuatro o cinco siglos a los desarrollos modernos. Las futuras formas sociales en sus fases más desarrolladas corresponderán o al estado Ahrimánico y su correspondiente iniciación o al orden social trimembrado con su sólida base en la ciencia espiritual moderna. Este conjunto de alternativas subraya la necesidad en los tiempos por venir de un conocimiento espiritual consciente. Donde esté ausente ese conocimiento o inconsciente, el vacío será llenado por Ahriman, conduciendo al estado unificado y centralizado. Donde las naturales tendencias evolutivas quieren adquirir plena conciencia de ellas mismas, ésta llevará a la emergencia de una esfera cultural nuevamente independiente y al desarrollo de nuevas formas sociales desde el principio de la trimembración, la que finalmente será alimentada con el conocimiento espiritual que fluye a través del manantial de la ciencia espiritual. Cada forma intermedia, descansando solamente sobre bases políticas, es finalmente inestable y evolucionará en cualquier dirección hacia el estado central unificado o hacia la trimembración.

La polaridad Azteca/Iroquesa ilustra cuatro o cinco siglos antes de nuestro tiempo el íntimo vínculo entre las formas sociales y sus correspondientes caminos de iniciación. Esta es una poco conocida y apreciada contribución al mundo de la espiritualidad americana. El Imperio Azteca descansa en la central práctica oculta del sacrificio humano; la Liga Iroquesa es apoyada por el mensaje de poder y paz y el ritualismo social más claramente ejemplificado por el Ritual de Condolencia. La libertad humana y la co-creación con los dioses progresistas o la gradual esclavitud a los poderes del Dios del Fuego: éste es el corazón del mensaje central del Popol Vuh y su importancia para la humanidad moderna.

APÉNDICES

Apéndice 1: Yompor Ror y Yachor Arrorr, el origen del Sol y la Luna

(Mito de AmueSha'rep de: El Poder del Amor: El Uso Moral del Conocimiento entre el AmueSha'rep del Perú Central, Fernando Sagrados-Granero)

En los viejos tiempos, cuando Yompor Rret, la antigua divinidad solar, todavía iluminaba esta tierra, el mundo casi llega a su fin. Las mujeres sólo dieron nacimiento a madera podrida, lagartos, o seres que se parecían a *co'ch*, el mono lanudo. Esto pasó porque las personas no siguieron las palabras de Nuestro Padre.

Un día un sacerdote les dijo a sus seguidores que seleccionaran un par de hermanos — un muchacho y una muchacha — y que construyeran una casa donde pudieran ser criados lejos de otras personas. Así, criados en aislamiento, los hermanos se hicieron adultos. Un día salieron a pescar. En su camino al río la muchacha encontró dos bellas flores que guardó en su pecho. Fue así que quedó embarazada.

Cuando notó que estaba embarazada fueron a ver al sacerdote. El sacerdote les preguntó si habían tenido relaciones sexuales. Ellos lo negaron. Les pidió que se desnudaran, y los encontró inocentes. El sacerdote comprendió entonces que había sido Yato' Yos, Nuestro Abuelo Yos, la divinidad suprema la que había enviado las flores por medio de las que la muchacha se embarazó y ordenó que en adelante su hermano la mantuviera bajo cercana vigilancia. Pero él desobedeció al sacerdote, y un día ella fue muerta por Patonell, la madre de los jaguares. Los gemelos que ella llevaba en su seno saltaron al río donde fueron amamantados por Meshet, el bagre, y jugaron día tras día.

El sacerdote se preguntó cómo podían recuperar a los gemelos perdidos. Les preguntó a sus seguidores si alguno de ellos podía capturarlos. Sha'rep, el lagarto, se ofreció a cogerlos, pero las personas se burlaban de él diciendo que nadie que estuviera cubierto de escalas podría conseguir encontrarlos. Muy ofendido, Sha'rep se despidió y fue río abajo.

Las personas intentaron capturar a los gemelos, sin éxito. El sacerdote entonces los reprendió por no permitirle hablar a Sha'rep. Les envió a buscarlo y traerlo de vuelta, pero Sha'rep no regresaría. Cinco veces fueron a él antes de que estuviera de acuerdo en capturar a los gemelos.

Después de varios infructuosos intentos Sha'rep finalmente capturó a los gemelos. Las personas se regocijaron y decidieron educarlos. Pasaron dos veranos y los gemelos no crecían. Las personas se enfadaron con ellos. Un día vino la madre de los jaguares y preguntó quiénes eran los niños. Ella no los reconoció como hijos de la mujer que había matado. Las personas le dijeron que estaban criándolos, pero que no crecerían. Patonell ofreció criarlos, como ella tenía mucha carne en su casa. Tomó a los niños con ella y les alimentó con toda clase de animales, pero no crecían. Estaban constantemente sucios con su propio excremento. Patonell los bañaba todas las mañanas y, antes de partir para su jardín les dejaba para comer alguna la masa de mandioca fermentada, advirtiéndoles no tocar su cerveza de mandioca con sus manos sucias. Todos los días, a su regreso, los encontraba borrachos. Les preguntaba cómo se habían emborrachado y siempre contestaban que habían bebido de la masa de mandioca fermentada que ella les había dejado. Pero no era verdad; se emborrachaban con la cerveza preparada para ellos por su hermana la abeja a quien visitaban todos los días, se emborrachaban, y cuando Patonell estaba a punto de volver de su jardín regresaban a su casa y de nuevo se hacían pequeños y sucios. Parecían niños, pero ya eran adultos.

Un día los jaguares olvidaron el juego, de manera que le dijeron a su madre que fueron los gemelos los que de nuevo fallaron y que debía cocinarlos. Un día, al salir le dijeron a ella que regresarían en cinco días, y que para ese momento debería tener cocinados a los gemelos. Cuando llegó el día Patonell les dijo a los gemelos que trajeran un poco de agua y la hirvieran porque iba a cocinarlos. Luego les dijo que le quitaran los piojos para recordarlos con afecto. Mientras lo estaban haciendo eructaron, y Patonell les preguntó qué habían estado bebiendo que su eructo era muy fuerte. Ellos le dijeron que habían

338

preparado un poco de cerveza y que no debería temer porque habían lavado sus manos antes de hacerla. Así que Patonell les preguntó si podía probarla. Ella bebió y bebió hasta que se quedó dormida. Luego los gemelos la cortaron en pedazos y la tiraron en la olla de agua hirviente. Enterraron una de sus patas de atrás en su jardín principal, la otra en su jardín de coca, y sus patas delanteras las enterraron donde ella siempre iba a sacar agua.

Para entonces podían escuchar a los jaguares volver de su expedición de caza, de manera que se escondieron bajo el tejado. Los jaguares llegaron a casa y llamaron a su madre. Una de las patas enterradas atrás contestó desde su jardín. Uno de los jaguares fue a decirle a su madre que habían llegado a casa. Fue al jardín y llamó a Patonell. Esta vez ella contestó desde su jardín de coca. Su hijo fue allí y de nuevo la llamó. Esta vez ella contestó desde el arroyo y dijo: 'ya he cocinado a los pequeños, pueden comerlos. No quiero verlos porque por ellos estoy triste.'

Así que empezaron a comer la carne que estaba en la olla. Mientras lo estaban haciendo los gemelos cantaron desde el tejado: 'Piripi, están comiéndose a Patonell con pimienta picante. Manor, el puma de la selva, todavía no había comido y estaba sentando en el suelo con Porren, el tigrillo y Oshcoll, el ocelote. Aquéllos que todavía no habían comido les dijeron a los otros: 'Ustedes está comiendo a gusto y no están prestando atención a esa voz que dice que estamos comiendo a nuestra madre.' Así que revolvieron el contenido de la olla y descubrieron la cabeza de Patonell. Comprendieron que los gemelos los habían engañado, pero como ya habían empezado a comer decidieron terminar.

Cuando terminaron decidieron tomar venganza, de manera que incendiaron la casa. Cada vez que un insecto escapara ellos lo devorarían con la esperanza de que fuera uno de los gemelos. Cuando la casa se derrumbó los gemelos volaron y aterrizaron en un campo cubierto de césped alto. Los jaguares los persiguieron. Los gemelos cruzaron un lago, y con sogas tejidas de sus hondas formaron un puente. Entonces les dijeron a los jaguares que si querían vengar a su madre muerta debían cruzar el puente. Todos ellos empezaron a cruzarlo, pero cuando estaban a mitad de camino los gemelos soltaron sus cuerdas y todos los jaguares cayeron a las agitadas aguas del lago. Sólo escapó un jaguar hembra embarazada. Su descendencia fue varón. Ellos lo criaron, y por eso todavía hoy existen los jaguares.

Los gemelos de nuevo se hicieron adultos. Habían fingido todo el tiempo ser niños para vengarse de los jaguares por la muerte de su madre. Después se fueron directo al cielo. Allí el hombre iluminó los cielos durante el día, mientras la mujer iluminó los cielos durante la noche. Antes de que esta tierra fuera iluminada por Yompor Rret. Él era malo, y cada cinco días tiraba piedras desde arriba y mataba a muchas personas. Fue por esta razón que se aislaron y ritualmente criaron a los dos hermanos. Así es cómo termina la historia de Yompor Ror, Nuestro Padre el Sol, y Yachor Arrorr, Nuestra Madre la Luna.

Apéndice 2: El Nacimiento De Huitzilopochtli," Dios patrón de los Aztecas

(Tomado de: CÓDICE FLORENTINO, LIBRO 3, CAPÍTULO 1, traducido por M. León-Portilla)

"Los Aztecas mayormente veneraron a Huitzilopochtli; conocieron su origen, su principio, fue de esta manera. En Coatepec, camino a Tulán, allí vivía, moraba una mujer que tenía por nombre Coatlicue. Era la madre de los cuatrocientos dioses del sur y su hermana de nombre Coyolxauhqui.

Y esta Coatlicue hizo penitencia allí, barrió, era su tarea barrer, así hizo penitencia en Coatepec, la Montaña de la Serpiente. Y un día, cuando Coatlicue estaba barriendo, cayó sobre ella algún plumaje, una pelota de finas plumas. Inmediatamente Coatlicue las recogió y puso en su pecho. Cuando terminó el barrido, buscaba las plumas que ella había puesto en su pecho, pero nada encontró. En ese momento Coatlicue estaba con el niño.

Los cuatrocientos dioses del sur, viendo que su madre estaba con el niño, muy fastidiados dijeron: "¿Quién le ha hecho esto a usted? ¿Quién le ha hecho un niño? Esto nos insulta, nos deshonra." Y la hermana Coyolxauhqui les dijo: "Mis hermanos, ella nos ha deshonrado, debemos matar a nuestra madre, la mala mujer que ahora está con el niño. ¿Quién le dio lo que ella lleva en su útero?"

Cuando Coatlicue se enteró, estuvo muy asustada y muy triste. Pero su hijo Huitzilopóchtli, en su útero, confortándola, le dijo: "No temas, yo sé lo que tengo que hacer." Coatlicue, oyendo las palabras de su hijo, se consoló, su corazón estaba tranquilo, se sentía en paz.

Pero entretanto los cuatrocientos dioses del sur tomaron una decisión, y juntos decidieron matar a su madre porque los había deshonrado.

Estaban muy enfadados, estaban muy agitados, como si el corazón se les hubiera salido. Coyolxauhqui los incitó, encendió el enojo de sus hermanos para que mataran a su madre. Y los cuatrocientos dioses estaban listos, se vistieron como para la guerra.

Y esos cuatrocientos dioses del sur eran como capitanes; ellos se recogieron el pelo y lo ataron como los guerreros arreglan su largo cabello.

Pero uno de ellos llamado Cuahuitlicac rompió su palabra. Lo que los cuatrocientos dijeron, él inmediatamente fue a contarlo, se lo reveló a Huitzilopochtli. Y Huitzilopochtli le contestó: "Tenga cuidado, esté atento, tío, porque yo sé bien lo que debo hacer."

Y cuando finalmente llegaron a un acuerdo, los cuatrocientos dioses estaban determinados a matar, a anular a su madre; entonces empezaron a prepararse, Coyolxauhqui los dirige. Ellos eran muy robustos, bien equipados, adornados como para la guerra, se distribuyeron entre ellos su vestido de papel, el *anect~yot1* [el cinto], las ortigas, las serpentinas de papel coloreado; ataron pequeñas campanillas atrás de sus piernas, las campanillas llamadas *oyobualli*. Sus flechas tenían puntas puntiagudas.

Luego empezaron a moverse, entraron en orden, en línea, en ordenados escuadrones, Coyolxauhqui los llevó. Pero Cuahuitlicac subió inmediatamente hacia la montaña, para desde allí hablarle a Huitzilopochtli; él le dijo: "Están viniendo." Huitzilopochtli le contestó: "Mire cuidadosamente por cuál camino están viniendo." Cuahuitlicac dijo: "Están pasando por Tzompantitlan." Y de nuevo Huitzilopochtli replicó: "¿Por dónde están viniendo ahora?" Cuahuitlicac contestó: "Ahora están pasando por Coaxalpan." Y una vez más Huitzilopochtli le preguntó a Cuahuitlicac: "Mire cuidadosamente por cuál camino están viniendo." Inmediatamente Cuahuitlicac le contestó: "Ahora están subiendo la montaña." Y todavía de nuevo Huitzilopochtli le dijo: "Mire cuidadosamente por cuál camino están viniendo." Entonces Cuahuitlicac le dijo: "Ahora están en la cima, están aquí, Coyolxauhqui los conduce."

En ese momento nació Huitzilopochtli, se puso su vestido, su escudo de plumas de águila, sus flechas, su cerbatana azul. Pintó su cara con rayas diagonales, en el color llamado "pintura de niño." En su cabeza colocó un fino plumaje, se puso su tapón para oídos. Y en su pie izquierdo que estaba seco se puso una sandalia cubierta con plumas, y sus piernas y brazos fueron pintados de azul.

Y el llamado Tochancalqui puso fuego a la serpiente de madera resinosa, la única llamada Xiuhcoatl que obedeció a Huitzilopochtli. Con la serpiente de fuego golpeó a Coyolxauhqui, le cortó su cabeza, y la dejó echada sobre la cuesta de Coatepetl. El cuerpo de Coyolxauhqui fue rodando hacia abajo de la colina, cayó en pedazos, en diferentes lugares cayeron sus manos, sus piernas, su cuerpo.

Entonces Huitzilopochtli se irguió, persiguió a los cuatrocientos del sur, los fue acosando desde la cumbre de la montaña de Coatepetl, la montaña de la serpiente. Y cuando los había seguido hasta el pie de la montaña, los persiguió, los acosó cual conejos, en torno de la montaña. Cuatro veces les hizo dar vueltas. En vano intentaron hacer algo contra él, en vano se revolvían, sacudiendo sus campanillas y golpeando sus escudos. Nada pudieron hacer, nada podían ganar, con nada podían defenderse. Huitzilopochtli los destruyó, los aniquiló, los anonadó....

Incluso entonces no los dejó, sino que continuó persiguiéndolos, y ellos le rogaron repetidamente, le dijeron: "¡es suficiente!"

Pero Huitzilopochtli no quedó satisfecho, con fuerza arremetió contra ellos, los aniquiñó. Sólo unos pocos pudieron escapar, escapar de su alcance. Fueron hacia el sur, y debido a que fueron hacia el sur son llamados dioses del sur. Y cuando Huitzilopochtli los mató, cuando hubo descargado su ira, los despojó de sus vestidos, sus ornamentos, su *anecuyotl*, se los puso, se apropió de ellos, los introdujo en su destino, los hizo su propia insignia.

Y este Huitzilopochtli, como ellos dicen, era un prodigio, porque sólo del fino plumaje que entró en el útero de su madre Coatlicue, fue concebido, nunca tuvo padre. Los Aztecas lo veneraron, hicieron sacrificios para él, lo honraron y lo sirvieron. Y Huitzilopochtli premió a aquéllos que lo hicieron. Y su culto vino de allí, de Coatepec, la Montaña de la Serpiente, como se practicó desde antiguos tiempos."

Notas y
Referencias

REFERENCIAS Y NOTAS

INTRODUCCIÓN

1) Rudolf Steiner, , *Inner Impulses of Evolution: the Mexican Mysteries and the Knights Templar*, (Spring Valley, N. Y.: Anthroposophic Press, 1916).

PARTE I: PREHISTORIA AMERICANA

CAPÍTULO 1: LEYENDAS PROFÉTICAS A LO LARGO DE LAS AMÉRICAS

1) L. T. Hansen, *He Walked the Americas* (Amherst, WI: Legend Press, 1963).

2) Longfellow escribe: "En esta vieja tradición he entretejido otras leyendas curiosas, sacadas principalmente de los varios y valiosos escritos de Mr. Schoolcraft...." Tomado de H. R. Schoolcraft, *Indian Legends from Algic Researches, The Myth of Hiawatha, Oneota, The Race in America, and Historical and Statistical Information Respecting...the Indian Tribes of the United States*, ed. P. P. Mason, (1956; East Lansing: Michigan State University Press, 1991), 313.

3) Los siguientes son extractos del diario de Longfellow sobre el tema de la composición de "Hiawatha":

   25 de junio de 1854: "no podría ayudar esta tarde haciendo un comienzo de 'Manabozho ', o como se llame el poema."

   28 de junio: "Trabajo de 'Manabozho', o, como pienso que lo llamaré, 'Hiawatha' ese sería otro nombre para el mismo personaje."

   19 de octubre: Hiawatha está activo y me encanta." Schoolcraft, *Schoolcraft's Indian Legends*, 314.

4) Stith Thompson, *Tales of the North American Indians*, (Cambridge, MA: Harvard University Press, 1929), 5-6.

5) Schoolcraft, las Leyendas indias de Schoolcraft, 297.

6)   Hansen, *He Walked the Americas.*

7)   Gerald Mc Dermott, *Arrow to the Sun*, (New York: Viking Press, 1974).

8)   G. M. Mullett, *Spider Woman Stories: Legends of the Hopi Indians*, (Tuscon: The University of Arizona Press, 1979).

9)   Algunos ejemplos son las historias Puukonhoya Wins a Bride," "The Youth Conquers Man-Eagle," y "The Youth and the Eagles." Mullet, *Spider Woman Stories: Legends of the Hopi Indians.*

10) "Suma y narracion de los Incas", Juan de Betanzos, de Cottie Burland, Irene Nicholson, y Harold Osborne, *Mythology of the Americas*, (London: Hamlyn Publishing Group, 1970), 332.

11) "Segunda Parte de la Crónica del Perú", capítulos 4 y 5, Pedro Cieza de León (1532-1550), Hakluyt Society, # 68, London, 1883, de Burland, Nicholson, and Osborne, *Mythology of the Americas*, 330.

12) Hansen, *He Walked the Americas*, 160-163.

13) Harold Osborne, *South American Mythology*, (London: Chancellor Press,1968).

14) "Account of Antiquities of Peru", Juan de Santa Cruz Pachacuti Yamqui Salcamayhua, de Burland, Nicholson, and Osborne, *Mythology of the Americas*, 343.

15) La priemera leyenda ha sido conservada por H. H. Bancroft (*Antiquitie, Native Races, etc....*); la segunda le fue comunicada a L. T. Hansen por el arqueólogo J. C. Tello. Las dos se encuentran en Hansen, *He Walked the Americas*, 156-159, and 22-23.

16) Hansen, *He Walked the Americas*, 24-25.

17) Fernando Santos-Granero, *The Power of Love: the Moral Use of Knowledge amongst the Amuesha of Central Peru*, (London: Athlone Press, 1991) 54-57.

18) Ibid., 71.

19) Alfred Metraux, "Twin Heroes in South American Mythology", *Journal of American Folklore*, (American Folklore Society of Philadelphia) 1946.

20) Hansen, *He Walked the Americas*.

21) Ver: "The Priests of Ek-Balaam" y "The Bow String of Power" en Hansen, *He Walked the Americas*.

22) Ibid.

CAPÍTULO 2: POPOL VUH: LAS ERAS CÓSMICAS

1) Rudolf Steiner, *The Gospel of Saint John and Its Relationship to the Other Gospels*, 14 conferencias dictadas entre el 24 de junio y el 7 de Julio de 1909 , conferencia del 27 de junio de 1909 (New York: Anthroposophic Press, 1948)

2) Guenther Wachsmuth, *The Evolution of Mankind: Cosmic Evolution, Incarnations on the Earth, The Great Migrations, and Spiritual History* (Dornach, Switzerland: Philosophic-Anthroposophic Press, 1961), 19.

3) Vea Rudolf Steiner, *Mitos y Misterios Egipcios*, conferencias del 10 y 11 de setiembre de 1908; Steiner, *Wonders of the World, Ordeals of the Soul, Revelations of the Spirit*, conferencias del 25 y 26 de agosto de 1911 (London: Rudolf Steiner Press).

4) Rudolf Steiner, El Apocalipsis de San Juan, conferencia del 23 de junio de 1908.

5) Rudolf Steiner *Wonders of the World, Trials of the Soul and Revelations of the Spirit*, conferencia del 26 de agosto de 1911 (London: Rudolf Steiner Press, 1963).

6) Rudolf Steiner, *The Gospel of Saint John and Its Relationship to the Other Gospels*, conferencia del 1 de julio de 1909.

7) Rudolf Steiner, *Cosmic Memory; Pre-history of Earth and Man*,

349

1904, capítulo 4: "Transition of the Fourth into the Fifth Root-Race" (New York: Steiner Books, 1959).

8) Wachsmuth, *Evolution of Mankind*, 85-90.

9) Rudolf Steiner, *The Gospel of Saint John and Its Relationship to the Other Gospels*, conferencia del 2 de julio de 1909.

10) Ibid., conferencia 12.

11) Ibid., capítulo 4.

12) Steiner, *The Search for the New Isis, the Divine Sophia*, conferencia del 23 de diciembre de 1920, (Spring Valley, NY: Mercury Press, 1983).

13) *The Mission of Teutonic Folk Souls in Relation to Teutonic Mythology*, Rudolf Steiner, conferencia del 14 de junio de 1910 (London: Rudolf Steiner Press, 1970).

14) Rudolf Steiner, *The Book of Revelation, and the Work of the Priest*, 18 conferencia reconstruida de notas tomadas por los participantes, conferencia del 5 de setiembre de 1924 (London: Rudolf Steiner Press, 1998)

15) Ibid.

16) *The Guardian of the Threshold*, Rudolf Steiner, 1912, in *Four Mystery* Plays (London: Rudolf Steiner Press, 1997) Ver Escena Uno, el discurso del Gran Maestro Hilary.

17) *The Book of Revelation, and the Work of the Priest*, conferencia del 6 de Setiembre de 1924.

18) Steiner, *Man and the World of Stars: The Spiritual Communion of Mankind*, conferencias del 23 y 24 de diciembre de 1922 (New York: Anthroposophic Press).

19) Steiner, *The Archangel Michael: His Mission and Ours*, conferencia del 11 de agosto de 1924 (New York: Anthroposophic Press).

20) Rudolf Steiner, Steiner, *The Spiritual Guidance of the Individual and of Mankind*, 1911, conferencia del 23 de diciembre de 1920,

(Spring Valley, NY: Anthroposophic Press).

21) Steiner, *From the History and Contents of the First Class of the Esoteric School*, 1904-1914, conferencia del 6 de enero de 1907, (New York: Anthroposophic Press, 1998).

22) Rafael Girard, *Los Chortis ante el problema Maya*, vol., 3, (México, D.F.: Antigua Libreria Robledo, 1949), 865-867.

23) Doris Heyden, "From Teotihuacan to Tenochtitlan: City Planning, Caves, and Streams of Red and Blue Waters," en *Mesoamerica's Classic Heritage: from Teotihuacan to the Aztecs*, ed. David Carrasco, Lindsay Jones, y Scott Sessions, (Boulder: University Press of Colorado, 2000), 166-7.

24) Ibid.

25) Adrián Recinos, traducción, *Popol Vuh: Las antiguas historias del Quiché* (Mexico: Fondo de Cultura Económica, 1947); D. Tedlock, *Popol Vuh: The Definitive Edition of the Mayan Book of the Dawn of Life and the Glories of Gods and Kings* (New York: Touchstone Books/Simon and Schuster, 1985); y Recinos, *Popol Vuh: The Sacred Book of the Ancient Quiché Maya*, Goetz and Morley (Norman: University of Oklahoma Press, 1950).

26) A lo largo de las Américas el relámpago no se percibe como un fenómeno homogeneo sino en diferentes formas. Por ejemplo, en Sudamérica el relámpago masculino no alcanza la tierra, considerando que el relámpago femenino es el que impacta a los objetos o a las personas. Ésta también es la fuente de la distinción entre el relámpago grande y el pequeño, o lo que se llama relámpago y llamarada.

27) Rafael Girard, *Esotericism of the Popol Vuh* (Pasadena, CA: Theosophical University Press, 1948).

28) Ibid., 239.

29) Frank Waters, "The Myths: Creation of the Four Worlds," en *The Book of the Hopi* (New York: Penguin Books, 1963).

30) Girard, *Historia de las civilizaciones antiguas de America*, vol. 3,

(Madrid: Editorial Istmo S.A., 1976), 1692-1706.

CAPÍTULO 3: POPOL VUH: LOS HECHOS DEL GRAN ESPÍRITU

1) Nahum Megged, *El universo del Popol Vuh: análisis histórico, psicológico y filosófico del mito quiche* (Mexico: Editorial Diana, 1991).

2) Para una caracterización de Mefistófeles vea: Rudolf Steiner, El Hecho de Cristo y los Poderes Espirituales Opositores, conferencia del 1 de enero de 1909 y *Mephistopheles and Earthquakes,* conferencia del 22 de marzo de 1909. Aquí Rudolf Steiner básicamente equipara a Mefistófeles con Ahriman.

4) Rudolf Steiner, *Inner Impulses of Evolution: The Mexican Mysteries and the Knights Templar,* conferencia 3 (Spring Valley, NY: Anthroposophic Press).

5) Rudolf Steiner, *The Mission of Folk-Souls in Connection with Germanic-Scandinavian Mythology*, conferencia 6 (New York: Spiritual Research Editions/Garber Communications).

CAPÍTULO 4: LA TERCERA ERA

1) Richard A. Diehl y Micaél Coe, "Olmec Archaeology," en *The Olmec World: Ritual and Rulership* (Princeton, NJ: Princeton University Art Museum, distribuido por Harry N. Abrams, 1996), 12.

2) Ibid., 12-13.

3) Vincent H. Malmström, *Cycles of the Sun, Mysteries of the Moon: The Calendar in Mesoamerican Civilization*, 1997, University of Texas, Austin, pp.17-18.

4) Ibíd., vea Tabla 1: Cronología Arqueológica de Soconusco, 27.

5) Ibid., 44.

6) Jennifer Pinkowski, "A Place by the Sea: Early Urban Planning on Mexico's Pacific Coast," en *Archaeology,* enero-febrero 2006: 48.

7) David Cheetham, "The America's First Colony: a Possible Olmec Outpost in Southern Mexico," en *Archaeology,* enero-febrero 2006: 42-46.

8) Pinkowski, "Early Urban Planning,",46-49.

9) Malmström, *Cycles of the Sun,* 31-32.

10) Ibid., capítulo 3: "Strange Attraction: The Mystery of Magnetism."

11) Es interesante notar que el temple correcto es asociado con la percepción de fuerzas etéricas en las experiencias cercanas a la muerte; el ombligo es el vínculo etérico entre la madre y el niño.

12) Diehl y Coe, "Olmec Archaeology," 23-24.

13) Malmström, *Cycles of the Sun,* 66.

14) Ibid., 66-71.

15) Malmström, *Cycles of the Sun,* 88, 91.

16) Carolyn E. Tate,, "Art in Olmec Culture," en *The Olmec World,* 65.

17) De *The Olmec World*: Diehl y Coe, "Olmec Archaeology," 12; F. Kent Reilly, III, "Art, Ritual and Rulership in the Olmec World," 39; y Karl A. Taube, "The Rainmakers: the Olmec and Their Contribution to Mesoamerican Belief and Ritual," 83, 89.

18) Beatriz de la Fuente, "Order and Nature in Olmec Art," en *Ancient Americas: Art from Sacred Landscapes,* ed. Richard Townsend (Munich: Prestel Verlag, for The Art Institute of Chicago, 1992), 132.

19) Neil Baldwin, *Legends of the Plumed Serpent* (New York, Public Affairs, 1992), 16.

20) De *The Olmec World*: Carolyn E. Tate, "Art in Olmec Culture," and Peter T. Furst, "Shamanism, Transformation and Olmec Art," 56, 79-80.

21) Carolyn E. Tate, "Art in Olmec Culture," 47-67.

22) Peter T. Furst, "Shamanism, Transformation and Olmec Art," 79.

23) Beatriz de la Fuente, "Order and Nature in Olmec Art," 121-133.

24) Karl A. Taube, "The Rainmakers," 100.

25) Richard L. Burger, *Chavin and the Origins of Andean Civilization* (New York: Thames and Hudson, 1992).

26) Peter T. Furst, "Shamanism, Transformation and Olmec Art," 71.

27) Carolyn E. Tate, "Art in Olmeca Culture," 62-63.

28) Carolyn E. Tate, "Art in Olmeca Culture," 74.

29) Karl A. Taube, "The Rainmakers," 83-103.

30) Ibid.

31) Rafael Girard, Los Chortis ante el problema Maya, vol., 3 (México, D.F.: Antigua Librería Robledo, 1949), 519.

32) A. G. Gilbert y M. M. Cotterell, *The Mayan Prophecies: Unlocking the Secrets of a Lost Civilization* (Rockport, MA: Element Books, 1995), 39.

33) Malmström, *Cycles of the Sun*, 77, 84-85, 89.

34) Ibid., 88, 91.

35) Marion Popenoe Hatch, "An Hypothesis on Olmec Astronomy, with Special Reference to the La Venta Site," en *Contributions of the University of California Archaeological Research Facility: Papers on Olmec and Maya Archaeology* (Berkeley, University of California, June 1971).

36) Ibid.

37) Milla Villena Carlos, Génesis del la Cultura Andina, (Lima, Perú: Colegio de Arquitectos del Perú, Fondo C. Editorial A. P. Coleccion Bienal, 1983).

38) Roman Piña Chan, *The Olmec, Mother Culture of Mesoamerica*, ed. Laura Laurencich Minelli (New York: Rizzoli, 1989), 132-3.

39) Rudolf Rudolf Steiner, La Guía Espiritual del Hombre y la Humanidad, conferencia 2 y 3, 1911, (Nueva York: Anthroposophic Press).

40) Ibid., conferencia 2.

41) Para una exploración más extensa de esta materia vea Emil Bock, ", *The World of the Canánites*," título 3.4 en *Moses: From the Mysteries of Egypt to the Judges of Israel*, Rochester, VT: Inner Traditions International, publicado en 1986.

42) Karl A. Taube, "The Rainmakers."

43) Carolyn E. Tate, "Art in Olmeca Culture," 61.

44) Ibid., 48.

CAPÍTULO 5: POPOL VUH: EL HECHO DE LOS GEMELOS

1) Vucub Caquix es identificado por el numeral 7 que indica las siete estrellas de la constelación de la Osa Mayor. Para las caracterizaciones de Vucub Caquix, Chimalmat, y Zipacná ver D. Tedlock, traducción, *Popol Vuh: The Definitive Edition of the Mayan Book of the Dawn of Life and the Glories of Gods and Kings* (New York: Touchstone Books/Simon and Schuster, 1985) 330, 360 and 372.

2) Nahum Megged, *El Universo del Popol Vuh: análisis histórico, psicológico y filosófico del mito quiche*, (México: Diana Editorial, 1991), 61.

3) Rafael Girard, *Los Chortis ante el problema Maya*, vol., 4 (México, D.F.: Antigua Librería Robledo, 1949), 1330.

4) A. Mediz Bolio, traducción. *Libro de Chilam Balam de*

Chumayel , (México: Ediciones de la Universidad Nacional Autónoma, 1941), and R. L. Roys, *The Book of Chilam Balam of Chumayel* (Norman: University of Oklahoma Press, 1933).

5) Vea la siguiente traducción del libro Maya de la profecía: Bolio, *Libro de Chilam Balam,* Libro 9: Libro del Mes; y Roys, *Chilam Balam,* XIII: the Creation of the Uinal.

6) Rudolf Rudolf Steiner, *El Quinto Evangelio*, conferencia del 13 de octubre de 1913 (Londres: Rudolf Steiner Press).

7) Ibid., conferencia del 18 de diciembre de 1913.

8) Rudolf Steiner, El Evangelio de San Marcos, conferencia del 18 de septiembre de 1912 (Nueva York: Anthroposophic Press).

9) El mismo uso del singular para el Camé ya había aparecido cuando el Apus descendió al inframundo y llegó a los cuatro caminos: el rojo, el negro, el blanco y el amarillo. El camino negro les dijo: "Yo soy el que deben tomar porque yo soy el camino del Señor." (Popol Vuh, Parte II, Capítulo 2).

CAPÍTULO 6: LA CUARTA ERA

1) Rudolf Rudolf Steiner, *True and False Paths in Spiritual Investigation*, conferencia 2, del 12 de agosto, (London: Rudolf Steiner Press).

2) Cristóbal de Molina, *Relación de las fábulas y ritos de los Ingas*, vol. 5, 120. Citado en Arthur A. Demarest, *Wiracocha: The Nature and Antiquity of the Andean High God* (Cambridge, MA: Harvard University Press, Peabody Museum Press, 1981) number 6, 32.

3) Rudolf Steiner, El Quinto Evangelio, conferencia del 2 de octubre de 1913 (Londres, Rudolf Steiner Press).

4) Rudolf Steiner, *Mystery Centers*, conferencia del 9 de diciembre de 1923 (Blauvelt, NY: Garber Communications, Spiritual Research Editions)

5) Rudolf Steiner, *Man and the World of the Stars, The Spiritual Communion of Mankind*, conferencia del 24 de diciembre de 1922 (Londres: Rudolf Steiner Press).

6) Rudolf Steiner, El Quinto Evangelio, conferencia del 13 de enero de 1914.

7) Rafael Girard, *Los Chortis ante el problema Maya*, vol., 2 (México, D.F.: Antigua Librería Robledo, 1949). Vea capítulo 13: "el culto estival y el calendario civil."

8) Girard, *People of the Chan* (Chino Valley, AZ: Continuum Foundation, 1966), 407-8. El cuadro ha sido modificado con información adicional tomada del propio Girard.

9) Girard, *Los Chortis*, vol., 2, 515.

10) R. L. Roys, "The Ritual of the Four World Quarters," in *The Book of Chilam Balam of Chumayel* (Norman: University of Oklahoma Press, 1933), encabezado 6: "Notes on the Calendar."

11) H. J. Spinden, "The Question of the Zodiac in America," *American Anthropologist* 18, 1916. También vea *Maya Cosmos: Three Thousand Years on the Shaman's Path*, 101-103. (New York: W. Morrow, 1993).

12) Rudolf Steiner, *En el Portal de la Ciencia Espiritual*, conferencia del 4 de septiembre de 1906.

13) Girard, *Los Chortis*, vol., 3, 944-952.

14) Tomado de: Girard, *People of the Chan*, 410-413 y Girard, *Los Chortis*, vol. 2, pág. 512-514. (Ligeramente modificado para incluir el juego de pelota de antiguos tiempos.)

15) Girard, *Los Chortis*, vol., 3, 933-935. Tabla modificada con adiciones del autor.

16) Ibid., vol. 2, vea capítulo 13: El culto estival y el calendario civil.

17) John Major Jenkins, *Maya Cosmogenesis 2012: The True Meaning of the Maya Calendar End-Date* (Santa Fe, NM: Bear & Co., 1998), 308. También vea Maria Teresa Uriarte, *"Practica y*

simbolos del juego de pelota," Arqueologia Mexicana 44, no. 8 (Julio-Agosto 2000).

18) Jenkins, *Maya Cosmogenesis*, 138.

19) Richard A. Diehl y Micaél Coe, "Olmec Archaeology," in *The Olmec World: Ritual and Rulership* (Princeton, NJ: Princeton University Art Museum, distributed by Harry N. Abrams, 1996), 23-24

20) Eric Taladoire, "El juego de pelota Mesoamericano: origen y desarrollo," *Arqueología Mexicana* 44, no. 8 (Julio-Agosto 2000).

21) Linda Schele y David Friedel, *A Forest of Kings: the Untold Story of the Ancient Maya* (NY: William Morrow and Company, 1990), 77 and 126.

22) Rudolf Steiner, Relaciones Kármicas, vol., 3, conferencia del 3 de agosto de 1924.

23) D. Tedlock, *Popol Vuh: The Definitive Edition of the Mayan Book of the Dawn of Life and the Glories of Gods and Kings* (New York: Touchstone Books/Simon and Schuster, 1985), 348.

24) Vincent H. Malmström, *Cycles of the Sun, Mysteries of the Moon: The Calendar in Mesoamerican Civilization*, Vincent H. Malmström (Austin : University of Texas,. 1997), 125-9.

25) Johanna Broda, "Calendrics and Ritual Landscape at Teotihuacan: Themes of Continuity in Mesoamerican Cosmovision," in *Mesoamerica's Classic Heritage: from Teotihuacan to the Aztecs*, ed. David Carrasco, Lindsay Jones, and Scott Sessions (Boulder: University Press of Colorado, 2000), 418-419.

26) Schele y Friedel, *Forest of Kings,* 97.

27) Ibid., 94.

28) Museo de Arqueología y Etnología de Peabody, "The Early Maya Murals at San Bartolo, Guatemala,"

http://www.peabody.harvard.eduwww./SanBartolo.html; también vea Thomas H. Maugh II, "Mural Reveals Pre-Classic Maya as a Civilized Society," *Los Angeles Times*, 14 de diciembre de 2005.

29) Permítanos repasar en rápida sucesión algunos de los resultados más importantes de los recientes años.

<u>Escritos Olmeca: El Bloque de Cascajal:</u>

En el yacimiento arqueológico de Cascajal, Estado de Veracruz, se encontró un bloque redondeado, que bien puede ser el documento escrito más antiguo de las Américas. El bloque tiene 14 pulgadas de largo y 8 pulgadas de ancho. De los 62 glifos tallados en él, algunos están repetidos, de manera que tenemos 28 caracteres diferentes. No es para sorprender que alguno de los glifos, se conjetura, tenga un significado relacionado al maíz. Los otros glifos parecen reproducir insectos, animales, plantas, y objetos. Joël Skidmore concluye que los signos presentan todo el carácter de glifos, desde que cada uno tiene una expresión autónoma y reconocible; ellos aparecen en breves sucesiones separadas dentro de agrupaciones más grandes de longitud variable.

Otros dos objetos — el Tlaltenco Celta y el Humboldt Celta — también pueden desplegar glifos. Este tipo de escritos podría ser lo que los especialistas llaman "escritura Chamánica," un sistema que era estrictamente reservado para el uso de especialistas religiosos.

Se piensa que la escritura Olmeca fue introducida alrededor del año 900 A.C., que está de acuerdo con la fecha del sitio de Cascajal como la cubierta del Formativo Temprano (1200-900 A.C.). Parece que este tipo de escrito murió sin dejar formas derivadas de escritura.

(Referencia: "¿Primera escritura Olmeca? The Cascajal Block," Archaeology.about.com/od/olmecacivilization/a/cascajal_block.htm, and Joël Skidmore, "Mesoweb Reports: The Earliest Precolumbian Writing,"

www.mesoweb.com/reports/Cascajal.pdf.)

<u>Escritos de Isthmian: Estela 1 de La Mojarra</u>

Ésta es una estela que estuvo enterrada bajo el río Acula en el Estado de Veracruz. El monumento tenía la imagen del gobernante y un total de 465 glifos ordenados en 21 columnas. Otros ejemplos de esta escritura aparecen cerca al Istmo de Tehuantepec. Ellos datan de períodos que van del año 32-36 A.C., al 162 D.C., o después. Los estudiosos lo llaman escritura "Epi-Olmeca" o "de Isthmian." Parece que en el área de Oaxaca y en el istmo de Tehuantepec, la escritura fue firmemente establecida por el año 400 A.C., y continuada hasta el primer siglo DC. (* *) Esta escritura tiene similitudes con la Maya tanto como su logofonética. Algunos signos tienen valor fonético; los otros, llamados "logogramas" representan palabras o partes de una palabra, similar en efecto a las sílabas, prefijos, o sufijos. De hecho algunos de estos escritos se han encontrado en los sitios pre-Mayas. Un caso particular es el de San Bartolo, repasado abajo. (Referencias: "Ancient Mask Adds to Corpus of Isthmian Script: 100 BC to 500 AD?" www.ancientscripts.com/epiolmec.html, and Andrew Lawler, "Beyond the Family Feud: After Decades of Debate, Are Younger Scholars Finally Asking the Right Questions About the Olmec?", *Archaeology*, March/April 2007.)

Escritos en San Bartolo (Guatemala)

El sitio de San Bartolo contiene las primeras pinturas en que el Dios del Maíz es retratado en un estilo estrechamente recordativo del posterior Maya. Aquí también se ha encontrado otro caso de escritura Isthmian, antedatando por cuatro a cinco siglos a la después conocida escritura Maya. La datación por radio-carbono sugiere que el texto fue pintado entre el año 300 y 200 A.C. Hay otros ejemplos de este tipo de escritura en El Mirador y en El Portón, Guatemala. (Referencia: William A. Saturno, David Stuart, and Boris Beltrán, "Early Maya Writing at San Bartolo, Guatemala," www.sanbartolo.org/science.pdf.)

30) Museo de Arqueología y Etnología de Peabody, "The Early Maya Murals at San Bartolo, Guatemala," http://www.peabody.harvard.edu

31) Schele y Friedel, *Forest of Kings*, 59.

32) Ibid., 128

33) Vea R. Tom Zuidema, *La Civilisation inca au Cuzco* (Collège de France, essays et conférences Presses Universitaires de France, 1986).

34) Schele y Friedel, *Forest of Kings*, 106.

35) Schele y Friedel, *Forest of Kings*, 52.

36) Linda Schele y Mary Ellen Miller, *The Blood of Kings: Dynasty and Ritual in Maya Art*, (New York: George Braziller, 1986), 177.

37) Girard, *Historia de las civilizaciones antiguas de América*, vol. 3, (Madrid: Editorial Istmo S.A., 1976), 69.

38) Tedlock, *Popol Vuh*, 348.

39) Nahum Megged, *El universo del Popol Vuh: análisis histórico, psicológico y filosófico del mito quiche* (México: Editorial Diana, 1991), 224-225.

40) El Ah Tza y Ah Tukur cree Brasseur de Beaubourg se refieren a las tribus Itzae y tukures (magos) de Tecolotlan, que habitan Verapaz (Soconusco guatemalteco). Citado en Adrián Recinos, *Popol Vuh: las Antiguas Historias del Quiché* (Fondo de Cultura Económica, 1947), 170 and 174.

41) Girard, *Los Chortis*, el vol., 2, 539.

42) Gareth Lowe, Thomas A. Lee Jr., y Eduardo Martínez Espinosa, "Izapa: An Introduction to the Ruins and Monuments," *Papers of the New World Archaeological Foundation* (Provo, UT: Brigham Young University, 1982), 31.

43) Barba de Piña Chan, B., Buscando Raíces de Mitos y Leyendas Mayas, (Campeche, México: Ediciones de la Universidad Autónoma del Sudeste, 1988).

44) *El Maya*, Micaél D., Coe, (Nueva York: Támesis y Hudson, 1994), 52.

45) Girard, *Los Chortis*, vol., 5, 1484-1488.

46) *The Mexican Mysteries and Pre-Columbian Art: The Influence of*

361

the Deed of Vitzliputzli on Mesoamerican and Andean Culture (33- 1492 AD), Williamson, Glen (documento no publicado, July 1999).

47) Girard, *Los Chortis*, vol., 4, 1491-1492.

48) Jenkins, *Maya Cosmogenesis*, 297.

CAPÍTULO 7: EL INICIADO AMERICANO: IXBALAMQUÉ

1) Rudolf Steiner, *The East in the Light of the West*, 1922 (Anthroposophic Press, New York). Vea particularmente los capítulos 5, 8, y 9.

2) Ibid.

3) A menos que sea nombrado en otra parte, la mayor parte de la información sobre los Misterios Mexicano provienen del ciclo de conferencias de Rudolf Steiner: *Inner Impulses of Evolution: the Mexican Mysteries and the Knights Templar*, Dornach, September 1916 (Spring Valley, NY: Anthroposophic Press). Vea particularmente la conferencia 3 del 18 de septiembre y la conferencia 5 del 24 de septiembre.

4) Ellos fueron entonces "Xiquiripat y Cuchumaquic, los Señores de estos nombres. Éstos son los que causan los derrames de sangre de los hombres. Otros se llamaban Ahalpuh y Ahalganá, también señores. Y el oficio de éstos era hinchar a los hombres, hacerle brotar pus de las piernas y teñirles de amarillo la cara, lo que se llama *Chuganal*. Tal era el oficio de Ahalpuh y Ahalganá. Otros eran el Señor Chamiabac y el Señor Chamiaholom... Otros se llamaban el Señor Ahalmez y el Señor Ahaltocob... Venían enseguida otros Señores llamados Xic y Patán." Cita de Adrián Recinos, *Popol Vuh: The Sacred Book of the Ancient Quiché Maya*, traducción de Goetz y Morley (Norman: University of Oklahoma Press, 1950), Part II, Capítulo 1.

5) Rudolf Steiner, *Relaciones Kármicas*, vol., 5, conferencia 7 del 25 de mayo de 1924 (Londres, Rudolf Rudolf Steiner Press).

6) Stephen Clarke, Notas Introductorias a las conferencias de Rudolf Steiner's "Inner Impulses of Evolution's 'Mexican Mystery'" *Southern Cross* 20 (Autumn 2002).

7) Constance Irwin, *Fair Gods and Stone Faces* (New York: St. Martin's Press, 1963), 224.

8) Entre otros tenemos a Herodoto (480 A.C.), Teopompo (378 A.C.), Strabo (~100 A.C.), Seneca (~ DC 30), Mela (~ DC 44), Pausanias (~ DC 150), Proclus (~ DC 440) Vea Salvatore Micaél Trento, *The Search for Lost America* (Chicago: Contemporary Books Inc., 1978), 12-13.

9) Irwin, *Fair Gods*, 219 - 222.

10) El David Allen Deal, *Discovery of Ancient America* (Irvine, CA: Kherem La Yah Press, 1984).

11) Barry Fell, *Saga America* (New York: Times Books, 1980), 75.

12) Irwin, *Fair Gods*, 241.

13) Ibid., 132-134 y 176-178.

14) Se han encontrado sellos cilíndricos por todo Mesoamérica, tan atrás como el período Preclásico Medio. Éstos son similares a los usados en el antiguo Oriente en los milenios 1 y 2 A.C., son redondos, ovalados, o cilíndricos y llevan imágenes de animales, dioses, personas, o simples modelos geométricos. Los fenicios sellaron sus acuerdos con esos sellos cilíndricos. Los jarros cerámicos encontrados fuera de la costa de Nueva Inglaterra son idénticos a las ánforas recobradas en la Península ibérica, en Lagos y Evora, en Portugal. "De Salem del Norte, New Hampshire, vino un pedazo de alfarería rota que reveló, mediante un análisis radiográfico, el contenido de mineral que la composición de arcilla tenía un origen geográfico mediterráneo o del Cercano Este. El ánfora cerámica encontrada en Castine Bay, Maine, tiene la composición y consistencia del jarro de arcilla idéntico a las cerámicas excavadas en Portugal y España." Desde Trento, *Search for Lost America*, 26 y 194.

15) Vea de Fell, *Saga América*. Los cartagineses no tenían moneda

propia; copiaron las monedas de Siracusa pero en la parte de atrás agregaron su propio escudo de armas: la cabeza de un caballo y un árbol de palma. La base de metal acuñada o devaluada de las monedas cartaginesas ha sido descubierta en Connecticut, por eso la hipótesis que dice que fue usada para el comercio con los nativos que no habrían considerado la diferencia en la calidad. Vea la pág. 55-59 y la pág. 62-64. Respecto a la cabeza de caballo de caliza, vea pág. 57 y 61. Un zodíaco de oro con todos los signos fue descubierto en el área de Cuenca. Está rotulado en la escritura de Pafos en Chipre en un idioma cercano al Minoa-Hittite, y descuidadamente ejecutado. Otras dos reproducciones de arte babilónico representan a un ser antropomórfico alado y un caballo antropomórfico que datarían del año 800-600 A.C. (Para más detalle vea la pág. 68-69 y 80-81.)

16) La historia fenicia y algunas otras fechas importantes:

- 1440-1415 A.C.: reino del egipcio Amenofis II, poblado de comerciantes fenicios en Egipto, no colonias. Otras se extendieron hacia las Islas Egeas.

- 1250 A.C.: comercio de Creta controlado por los fenicios.

- 1112 A.C.: fundación de Utica (Túnez).

- 1104 A.C.: colonia de Agadir (Gades) después Cádiz, España.

- 981-947 A.C.: reinado del Rey Hiram. Salomón pidió la ayuda de Hiram para edificar el Templo.

- 950 A.C.: marineros fenicios navegaron en el Mar Rojo.

- 825 A.C.: fundación de Cartago, sólo a 15 millas de Utica.

- 640 A.C.: Asiria debilitada y Fenicia dejó de asir el Imperio.

- 605 A.C.: Fenicia conquistada (¿conquistada?) de nuevo por Babilonia. Un poco después Tiro se sublevó y fue aplastada después de un sitio de 13 años.

- 609-593 A.C.: el reino del faraón Neco, Egipto; los fenicios circunnavegaron África; Herodoto no cree en el hecho de que ellos pueden haber tenido el sol en el Norte (Hemisferio Sur), desde que nunca antes se había informado.

- 587-574 A.C.: el dominio del mediterráneo pasó de Tiro a Cartago. En 587, Nabucodonosor empezó los 13 años del sitio de Tiro. Los cartagineses impidieron a todo buque navegar en el Océano Atlántico. El motivo del monopolio fue un fuerte incentivo para el secreto.

- ~360 A.C.: Aristóteles confirma el conocimiento de la isla en el Atlántico y nos informa que Cartago había intentado desalentar la emigración amenazando con la pena capital.

- 264-242 A.C.: Primera Guerra Púnica.

- 218-201 A.C.: Segunda Guerra Púnica. En el año 150 A.C., después de las dos guerras Púnicas, Cartago tenía 70,000 habitantes. La superpoblación estimuló la colonización.

- 149-146 A.C.: Tercera Guerra Púnica. Completa aniquilación de Cartago y otro incentivo para la emigración.

17) Fell, Saga América, 74-87.

18) Los fenicios estaban íntimamente familiarizados con el Decán y la Península de la India Oriental e islas. Ellos dirigieron este negocio como en muchos otros lugares a través de intermediarios. Por ejemplo, en Inglaterra y el Báltico su negocio fue conducido a través de los Celtas. Sus intermediarios en el Decán fueron los Dedanitas que habitaron las islas en la Bahía de Gerrha y controlaban la navegación del Golfo Pérsico y el Océano Indico. Esto parece estar confirmado por 2 Crónicas 9:21. Allí se usaron barcos de considerable tonelaje según 2 Crónicas 8:18. Este desarrollo hacia el Este fue equivalente a lo que había pasado hacia el Oeste con Gades y Tarshish, como bases de operación.

Las cosas cambiaron a principios del siglo 11 A.C., cuando David se volvió rey de Israel. Fenicia era dependiente de Israel por sus suministros de comestibles: trigo, cebada, aceite, y vino. Israel dependía de Fenicia en lo que se refiere a artículos manufacturados. El rey David pronto se asoció estrechamente con el Rey Hiram de Tiro según 1 Reyes 5:1; de hecho Hiram construyó un palacio para el Rey David en Líbano. La campaña Siria de David redujo a Damasco a una dependencia hebrea, y dio a los fenicios seguridad para el comercio. En otra campaña contra los Edomitas, David levantó el embargo que los Edomitas habían impuesto a la navegación por el Mar Rojo hacia los puertos hebreos. David recuperó los puertos de Eloth y Eziongeber en el Golfo de Aelana. Allí los fenicios podían construir barcos para el comercio con el Golfo Pérsico. Allí también se decidió la construcción de una doble flota de siete naves del tipo más grande, planeada después de las grandes naves armadas de Tarshish. David fue instruído por Dios para confiar la edificación del Templo a su hijo Salomón. Un inmenso tesoro había sido dejado de lado por el Rey David: 100,000 talentos de oro y 1, 000,000 de talentos de plata, según 1 Crónicas 22:14. Inmediatamente después del advenimiento al trono de Salomón, Hiram envió sus sirvientes al nuevo rey, según 1 Reyes 5:1. Posiblemente los dos encontraron muchas veces en el palacio de verano en Líbano construido para David por el rey de Tiro. (2 Sam. 5:11)

¿Siete años demoró la construcción del Gran Templo (1 Reyes 6:38) y trece años el palacio de verano en Líbano? (1 Reyes, 7:1) Vea a Thomas Crawford Johnson, *Did the Phoenicians Discover America* (Londres: James el Nisbet & Co., 1913), 108-126.

19) Casi cinco letras son reconocibles como formas comunes de Paleo-hebreo. Otras tres cartas fueron comunes en Iberia. Una es una variante de una letra usada en Iberia y también encontrada en la cultura del montículo o túmulo funerario de las Américas. Parece ser que alguna evidencia apunta a los judíos que vivían en España en el tiempo del retorno de los judíos de Babilonia a Judea; éstos fueron los judíos llamados sefarditas. El tipo de escritura citado antes se hizo popular después del período de la gran conquista babilónica de Judea (que empezó en el 608 A.C.,

y continuó más allá de la destrucción de Jerusalén en el año 586 A.C.). En el año 586 A.C. Nabucodonosor aplastó la Casa de Judá (las tribus de Judá, Benjamín, y Levi). Esta forma de alfabeto probablemente se habría usado entre los años 500 y 100 A.C. Vea Deal, *Discovery of Ancient America*, 2, 12-13, 26-29. Para evidencia que apoya el reconocimiento del eclipse solar, vea: Deal, *Discovery of Ancient America*, 18-24.

20) Vea: Deal, *Discovery of Ancient America*, capítulo 1: "The Hidden Mountain Inscriptions," bajo el título "Ancient Americas Visited," 33-45. La Piedra de Grave Creek de Moundsville es llamada 'Lápida de Tasach', fue excavada en 1838. Vea Barry Fell, *America B.C.: Ancient Settlers in the New World* (New York: Pocket Books, 1976), 158. La Lápida de Braxton parece ser un marcador poético de una tumba que acaba en una invocación a Baal. Vea Deal, *Discovery of Ancient America*, 39.

21) Alexander von Wuthenau, *Unexpected Faces in Ancient America, 1500 BC-AD 1500: The Historical Testimony of Pre-Columbian Artists* (New York: Crown Publishers, 1975), 43, 46, 54.

22) Nigel Davies, *The Ancient Kingdoms of Mexico: A Magnificent Re-creation of Their Art and Life* (London: Penguin Books, 1982), 26

23) *Unexpected Faces in Ancient America*, 130, 134.

24) Von Wuthenau, *Unexpected Faces,* 34-37.

25) Fell, *Saga America*, 58, 79.

26) Johnson, *Did the Phoenicians Discover America?* 116-117.

27) Rudolf Steiner, *Turning Points of Spiritual History*, 1911-1912. Vea: "Elijah," conferencia del 14 de diciembre de 1911, Berlín, (Londres: Rudolf Steiner Publishing Co., 1929).

28) Vea la evidencia de la deformación craneal en el La Venta, en Irwin, *Fair Gods*, 168.

29) Aquí están algunas referencias Bíblicas, de la Versión Estándar

Revisada:

Levítico 18:3: "No haréis lo que se hace en la tierra de Canán a donde yo os llevo No seguiréis sus costumbres.

Levítico 19:26-28: "No practicareis la adivinación ni la magia No os raparéis en redondo la cabeza ni raeréis los lados de vuestra barba. No os haréis incisiones en vuestra carne a causa del muerto ni imprimiréis en ella figura alguna: Yo Yahvé."

Levítico 19:31: "No acudáis a los que evocan a los muertos ni a los adivinos, ni los consultéis para no mancharos con su trato: Yo Yahvé ...."

Levítico 20:1-2: "El Señor dijo a Moisés, 'Di a los hijos de Israel, cualquiera de entre los hijos de Israel, o de los extranjeros que están en Israel, ofrezca a Moloc un hijo suyo, será castigado con la muerte.... '"

Levítico 21:5: "Ellos (sacerdotes) no se harán tonsuras en sus cabezas, ni afeitarán los bordes de sus barbas, ni se harán cualquier corte en su carne."

Levítico 21:10-11: "El sumo sacerdote, superior entre sus hermanos... ni se acercará a ningún muerto...."

Otras citas Bíblicas:

2 Reyes 16:1-4: "En el decimoséptimo año de Pecaj, hijo de Romelia, empezó a reinar Ajaz hijo de Jotam, rey de Judá,.... Y hasta hizo pasar a su hijo por el fuego como ofrenda, según las abominables prácticas de las gentes a quienes el Señor había expulsado ante los hijos de Israel."

2 Reyes 17:1: "En el duodécimo año de Ajaz, rey de Judá, empezó a reinar en Israel, en Samaria, Oseas, hijo de Ela, y reinó nueve años, hizo lo malo a los ojos del Señor..."

2 Reyes 17: 16-17: "Traspasaron todos los mandamientos del Señor su Dios, y se hicieron imágenes fundidas, dos becerros,

aseras, y se postraron ante todo el ejército de los cielos, y sirvieron a Baal. Hicieron pasar por el fuego a sus hijos e hijas como ofrendas, y usaron la adivinación y la hechicería."

Jueces 2:2: El Ángel del Señor manda "Si vosotros no con los habitantes de esta tierra; habéis de destruir sus altares."

Jueces 2:11-12: "Los hijos de Israel hicieron el mal a la vista del Señor y sirvieron a los baales; se apartaron del Señor, el Dios de sus padres...."

Jueces 2:13: "Apartándose del Señor, sirvieron a los baales y Astarté."

30) Cita de Irwin, *Fair Gods*, 261.

31) Ibid., 262. También Vea J. M. Arguedas y Pierre Duviols, *Dioses y Hombres de Huarochiri. narración quechua recogida por Francisco de Avila* (1573-1647), (Lima, Perú: y el Instituto de Estudios Peruanos, 1966). En este documento Quechua Nativo los españoles son llamados Huiracochas, fonéticamente una más correcta traducción de Wiracocha.

32) Rudolf Steiner, El Quinto Evangelio, conferencia del 2 de octubre de 1913.

33) Ibid., conferencia del 18 de diciembre de 1913.

34) Patrick Dixon, "America: the Central Motif," *Shoreline* 4 (1991).

35) Grace Cooke, *The Illumined Ones*, (New Lands, U. K.: The White Eagle Publishing Trust, 1966), 51-53.

36) Steiner, *World History and the Mysteries in the Light of Anthroposophy*, conferencia 4 (Londres: Rudolf Steiner Press).

37) Steiner, *Mystery Centers*, conferencia 7 a 9 (Blauvelt, NY: Garber Communications, Spiritual Research Editions).

38) John Major Jenkins, *Maya Cosmogenesis 2012: The True Meaning of the Maya Calendar End-Date* (Santa Fe, NM: Bear & Co., 1998), capítulos 21, 22, and 23.

39)   Ibid., pp. 277-279.

40)   V. G. Norman, "Izapa Sculpture, Part II: Text," in *Papers of the New World Archaeological Foundation* (Provo, Utah: Brigham Young University, 1976), 154-158.

PARTE II: DEL TIEMPO DE CRISTO A LA CONQUISTA

CAPÍTULO 1: INFLUENCIA TEOTIHUACANA Y TOLTECA

1)   Aunque el texto se refiere al corazón, hemos argumentado que éste puede ser un conocimiento derivado de los después Misterios Mexicanos. Rudolf Steiner se refiere a los sacrificios humanos con escisión del estómago. Vea capítulo 7: *Spiritual Scientific Background to the Mexican Mysteries*. Más sobre esto se dirá en la conclusión.

2)   Rudolf Steiner, *Cosmic Memory; Pre-history of Earth and Man*, 1904, capítulo 4: "Transition of the Fourth into the Fifth Root-Race" (New York: Steiner Books, 1959).

3)   John Major Jenkins, *Maya Cosmogenesis 2012: The True Meaning of the Maya Calendar End-Date* (Santa Fe, NM: Bear & Co., 1998), p. 92.

4)   Eduardo Matos Moctezuma y Leonardo López Lujan, "Teotihuacan and Its Mexican Legacy," en *Teotihuacan: Art from the City of the Gods*, Kathleen Berrin and Esther Pasztory, eds., (London: Thames and Hudson, 1993).

5)   Vea por ejemplo J. Antonio Villacorta C. y Flavio Rodas N., *Manuscrito de Chichicastenango (Popol Buj) (Guatemala: Sanchez y De la Guisa, 1927)*. Vea capítulo 4: Los Toltecas.

6)   Rafael Girard, *Los Chortis ante el problema Maya*, vols. 4 y 5 (México, D.F.: Antigua Librería Robledo, 1949), 1369-1371 y 1791.

7) Ibid., 1391.

8) Moctezuma y Luján, "Teotihuacan and Its Mexican Legacy," 159.

9) Nigel Davies, *The Ancient Kingdoms of Mexico: A Magnificent Re-creation of Their Art and Life* (London: Penguin Books, 1982), 109-110.

10) Girard, *Historia de las civilizaciones antiguas de America*, vol. 3, (Madrid: Editorial Istmo S.A., 1976), 2269.

11) *Anales de Cuautitlán*, citado en Miguel León Portilla, *Pre-Columbian Literatures of Mexico* (Norman: University of Oklahoma Press, 1969), 41.

12) "Ellos dicen que cuando Quetzalcóatl vivió allí, a menudo los magos intentaron engañarlo para ofrecer sacrificios humanos, sacrificar hombres. Pero él nunca lo hizo, porque él amaba a su pueblo que eran los Toltecas", de *Anales de Cuautitlán*, 41.

13) Girard, *Los Chortis*, el vol., 5, 1786.

14) Vincent H. Malmström, *Cycles of the Sun, Mysteries of the Moon: The Calendar in Mesoamerican Civilization* (Austin: University of Texas, 1997), 105.

15) A la orientación 15° 30 le corresponden los acimutes: 74°30', 105°30 ', 254°30 ' y 285°30 '. Esto da las siguientes fechas

- 105°30': salida del sol el 12 de feb. y el 30 de octubre

- 74°30': salida del sol el 30 de abril y el 13de agosto

- 285°30': ocaso del 30 de abril y el 13 de agosto

- 254°30': ocaso el 12 de feb. y el 30 de octubre

Estas cuatro fechas marcan algunos de los más importantes eventos calendricos en Izapa y divide el año en secciones de 260 y 105 días.

16) Saburo Sugiyama, *Human Sacrifice, Militarism and Rulership* (Cambridge: Cambridge University Press, 2005), 201-202.

17) Ibid., 224- 226.

18) Ibid., 229- 232.

19) S. Milbrath, Astronomical Imagery in the Serpent Sequence of the Madrid Codex," en *Archaeoastronomy of the Americas*, R. A. Williamson, ed., (Los Altos, CA: Ballena Press/College Park, MD: University of Maryland Center for Archaeoastronomy, 1981).

20) Esther Pasztory, "The Iconography of the Teotihuacan Tlaloc," *Studies in Pre-Columbian Art and Archaeology* 15, (1974), Dumbarton Oaks, Washington D.C.

21) Johanna Broda, "Calendrics and Ritual Landscape at Teotihuacan: Themes of Continuity in Mesoamerican Cosmovision," in *Mesoamerica's Classic Heritage: From Teotihuacan to the Aztecs*, David Carrasco, Lindsay Jones, and Scott Sessions, eds., (Boulder: University Press of Colorado, 2000), 414-415.

22) Anthony F. Aveny, "Out of Teotihuacan: Origins of the Celestial Canon in Mesoamerica," en Carrasco, Jones, and Sessions, *Mesoamerica's Classic Heritage*, 257.

23) Vea estudios de S. Iwaniszewski (1991) citado en Broda, "Calendrics and Ritual Landscape at Teotihuacan: Themes of Continuity in Mesoamerican Cosmovision," 420. Broda ofrece fechas exactas, coincidiendo con las fechas del Calendario Sagrado, apoyado en la admisión de Iwaniszewski que da como posible un error de más de seis días en las fechas, dada la pobre condición de las cruces picadas.

24) Chicomostoc es uno de los sitios más lejanos al norte de Mesoamérica, localizado cerca de las cabeceras del Río Juchilpa en el estado de Zacatecas. Aparece fechado desde los primeros siglos de la era cristiana y muy probablemente era un puesto de defensa contra los guerreros nómadas del norte. En la base norte y oeste de la colina en la que queda la ciudad hay una serie de cuevas, por eso el nombre indígena de Chicomostoc (siete cuevas).

25) Doris Heiden, "Una interpretacion en torno a Ia cueva que se encuentra debaio de Ia piramide del sol en Teotihuacan," 1975, *American Antiquity* 40, no. 2, 131-147.

26) H. B. Nicholson, "The Iconography of the Feathered Serpent in Late Postclassic Central Mexico, " en Carrasco, Jones, and Sessions, *Mesoamerica's Classic Heritage*, 146, 147.

27) Davies, *Ancient Kingdoms*, 138-139.

28) Ivan Sprajc, *Venus, lluvia y maíz: simbolismo y astronomía en la cosmovisión mesoamericana*, (México: Instituto Nacional de Antropología e Historia, Serie Antropológica, 1996), 94-97.

29) Ivan Sprajc, "The Venus-Rain-Maize Complex in the Mesoamerican World View: Part II," *Archaeoastronomy* 18 (1993), 34-37.

30) Sprajc, *Venus*.

31) Esther Pasztory, "The Iconography of the Teotihuacan Tlaloc," 1974, *Studies in Pre-Columbian Art and Archaeology* (Dumbarton Oaks, Washington DC), no. 15.

32) Geoffrey G. Mc Cafferty, "Tollan Cholollan and the Legacy of Legitimacy During the Classic-Postclassic Transition," p. 358 in *Mesoamerica's Classic Heritage: From Teotihuacan to the Aztecs*, edited by David Carrasco, Lindsay Jones, and Scott Sessions, (Boulder: University Press of Colorado, 2000).

33) Julia Guernesey Kappelman, "Sacred Geography at Izapa and the Performance of Rulership," p 302 in *Landscape and Power in Ancient Mesoamerica*, Rex Koontz, Kathryn Reese-Taylor, and Annabeth Headrick, (New York: Westview Press, 2001).

34) *Mountain of Heaven, Mountain of Earth: The Great Pyramid of Cholula as Sacred* Landscape, Geoffrey G. Mc Cafferty en *Mesoamerica's Classic Heritage: From Teotihuacan to the Aztecs*, editado por David Carrasco, Lindsay Jones, and Scott Sessions (Boulder, CO: University Press of Colorado, 2000), 289-291.

373

35) La leyenda de la Virgen de los Remedios habla de un hombre nativo en el territorio de Tlacopan. Un cacique cristiano de nombre Juan. Cada vez que pasaba delante de su casa él tendría visiones de la Virgen y la reconocería. Una vez fue a cazar, y agotado se puso a descansar en la cúspide de la pirámide. Allí vio una imagen mitad cubierta por piedras, y la reconoció como la Virgen que había visto antes tantas veces. La tomó y la escondió en su casa. Cuando dejó su casa la imagen volvía a la cúspide de la colina [donde probablemente él la vería]. Intentó siempre encerrarla bajo llave pero la imagen volvió a la cumbre. Un día decidió confiarle la historia al *mastrescuela* de la catedral, Alvaro Tremiño, quien ayudó a que se le construyera un altar en la casa de Juan. Sin embargo la imagen continuó apareciendo en la cima de la montaña. Por consiguiente se decidió mudarla a una iglesia cercana, pero aún así la imagen continuó apareciendo encima de la vieja pirámide. Finalmente se decidió construir una capilla en el mismo punto en que Juan la había encontrado. Se le acreditan muchos milagros a la imagen. Los devotos observadores vieron que los ángeles aparecían construyendo la futura iglesia antes de la construcción de la capilla. Esto ocurrió en el muy importante día del 13 de agosto — el día del cenit del Sol. (De: *Dos cultos fundantes: los Remedios y Guadalupe* (1521–1649): *Historia documental*, Francisco Miranda Gómez, (Zamora, México: El Colegio de Michoacan, 2001).

36) Linda Schele y David Friedel, *A Forest of Kings: the Untold Story of the Ancient Maya* (New York: William Morrow and Company Inc., 1990) 130, 159.

37) David Stuart, "The Arrival of Strangers: Teotihuacan and Tollan in Classic Maya History," en Carrasco, Jones, and Sessions, *Mesoamerica's Classic Heritage.*

38) Ibid. pág. 485.

39) Schele y Friedel, *A Forest of Kings,* 161.

40) Aveny, Out of Teotihuacan," 254-5.

41) Schele y Friedel, *A Forest of Kings,* 130-131.

42) Ibid., 163.

43) Schele y Friedel, *A Forest of Kings*, capítulo 6: "The Children of the First Mother: Family and Dynasty at Palenque."

44) "The Terminal Classic in the Maya Lowlands: Assessing Collapses. Terminations and Transformations," Arthur A. Demarest, Prudence M. Rice, and Don S. Rice en *The Terminal Classic in Maya Lowlands: Collapse, Transition, and Transformation*, editado por Arthur A. Demarest, Prudence M. Rice, and Don S. Rice (Boulder. CO: University Press of Colorado, 2004).

45) Neil Arun, "Mass grave yields Mayan secrets," BBC News, November 21, 2005.

http://news.bbc.co.uk/2/hi/americas/4450528.stm, and John Noble Wilford, "A 1,200-year-old Murder Mystery of Maya King in Guatemala Begins End of Maya Civilization," New York Times, November 17, 2005. http://lamnews.com/1,200-year-old_murder_mystery_of_maya_king_in_guatemala_begins_end_of_maya_civilization.htm.

46) Schele y Fridel, *A Forest of Kings*, 149.

47) Ibid., 356-357.

48) Ibid., 393.

49) El Imperio Inca estableció sus nuevas formas bajo los reinos del octavo y noveno rey, Wiracocha y Pachakutik. Por consiguiente, la transición entre los dos gobernantes marca un importante hito en la historia Inca. El año 1438 normalmente es la fecha atribuida a la inauguración del reino de Pachakutik. Vea por ejemplo: Víctor Von Hagen, *Realm of the Incas* (New York: The New American Library, 1957). Ésta puede no ser la fecha precisa; no obstante nos da una idea de la estructura del tiempo en que el Imperio Inca sufrió su más fundamental transformación.

CAPÍTULO 2: LOS AZTECAS

1) Bernardino Sahagún citó en R. H. Markman y P. T. Markman, *The Flayed God: the Mesoamerican Mythological Tradition: Sacred Texts and Images from the Pre-Columbian Mexico and Central America* (CA: Harper San Francisco, 1992), 388.

2) J. Broda, D., Carrasco, y E. Matos Moctezuma, *The Great Temple of Tenochtitlan: Center and Periphery in the Aztec World* (Berkeley: University of California Press, 1987), 80.

3) Otra referencia del mismo tenor es la siguiente "No habrá falta de hombres para inaugurar el templo cuando esté acabado. He considerado lo que será hecho después. Y lo que será hecho después, es mejor hacerlo ahora. Nuestro dios necesita no depender de la ocasión de una afrenta para ir a guerrear. Más bien, permita se busque un mercado conveniente donde nuestro dios pueda ir con sus armas a comprar víctimas y gente para comer como si fuera a un lugar cercano a comprar tortillas... siempre que lo desee o sienta." Ambas referencias se toman de Diego de Duran, *Historia del las Indias de Nueva España y las Islas de Tierra Firme*, vol. 1, 241-242, citado en León Portilla Miguel, *Aztec Thought and Culture*, J. E. Davis (Norman: University of Oklahoma Press, 1978), 163-164.

4) G. W. Conrad y A. A. Demarest, *Religion and Empire: The Dynamics of Aztec and Inca Imperialism* (Cambridge: Cambridge University Press, 1984), 47.

5) El mito de la migración Azteca aquí es tomado de Markman y Markman, *Flayed God*. El mito está dividido en tres segmentos. Los dos primeros aparecen en el Códice Florentino; el último en *Cronica Mexicayotl*.

6) Rafael Girard, *Los Chortis ante el problema Maya*, vol., 4 (México, D.F.: Antigua Librería Robledo, 1949), 1431.

7) Ibid., vol. 2, 748.

8) Carrasco y Moctezuma, *Great Temple of Tenochtitlan*, 72.

9) Girard, *Los Chortis*, vol., 3, 855 y 936.

10) Carrasco y Moctezuma, *Great Temple of Tenochtitlan*, 151

11) De *Cantares Mexicanos*, fol. 9-r, citado en Miguel León Portilla, *Pre-Columbian Literatures of Mexico*, (Norman: University of Oklahoma Press, 1969), 87-88.

12) Carrasco y Moctezuma, *Great Temple of Tenochtitlan*, 152-3.

13) Douglas Gillette, *The Shaman's Secret: The Lost Resurrection Teachings of the Ancient Maya* (NY: Bantam Books, 1997), 189.

14) G. J. Trejo, "Solar Observations in Ancient Mexico: Malinalco," *Archaeoastronomy* 15 (1990).

15) Mercedes de la Garza, "El juego de pelota según las fuentes escritas", *Arqueología Mexicana* 8, no. 44. (Julio-Agosto 2000).

16) E. C. Krupp, "The Binding of the Years, the Pleiades and the Nadir Sun," *Archaeoastronomy* 5, no. 1 (Jan-Mar 1982).

17) *The Great Temple of the Aztecs: Treasures of Tenochtitlan*, Eduardo Matos Moctezuma, (London: Thames and Hudson, 1988), 43.

18) Carrasco y Moctezuma, *Great Temple of Tenochtitlan*, 130.

19) Ibid., 93.

20) Miguel León-Portilla, "The Poems of Ayocuan," en *Native Mesoamerican Spirituality: Ancient Myths, Discourses, Stories, Doctrines, Hymns, Poems from the Aztec, Yucatec, Quiché - Maya and Other Sacred Doctrines* (NJ: Paulist Press, 1980), 257.

21) Ibid., "The Thoughts of the Sages," pág. 181-187. Pueden encontrarse otros poemas sobre el mismo tema en Portilla, *Pre-Columbian Literatures of Mexico*. Un ejemplo es el siguiente: el poeta Cuauhtencoztli duda de la realidad de la vida en la

tierra. Él dice: "yo, Cuauhtencoztli, estoy aquí sufriendo. ¿Cuál puede ser la verdad? ¿Mi canción todavía será verdadera mañana? ¿Quizás los hombres son reales? ¿Qué es lo que sobrevivirá? Aquí vivimos, aquí nos quedamos, pero somos indigentes, ¡oh mis amigos!" (pág. 82). Otro poema sagrado Nahuatl hace eco del mismo tema:" ¿tienen los hombres raíces y son reales? Nadie puede saber completamente cuál es Su [Dador de Vida] riqueza, cuáles son Sus flores, oh Inventor de Usted que dejamos las cosas inacabadas. Por eso lloro, me lamento." (pág. 69) Terminaremos con otro angustioso poema sobre la cuestión de la vida después de la muerte: "Entregados a nuestra tristeza permanecemos aquí en la tierra. ¿Dónde está el camino que lleva a la región de la muerte, el lugar de nuestra recalada, el país del descarnado? ¿Es quizás verdad que uno vive allí, donde todos vamos? Su corazón lo cree?… Tendré que bajar allí; nada espero. Ellos nos dejan, entregados a la tristeza." (pág. 85)

22) Sahagún, libro III. apéndice, cap. I, Porrua, pág. 293-296, citado en Nahum Megged, *El universo del Popol Vuh: análisis histórico, psicológico y filosófico del mito quiché* (México: Editorial Diana, 1991), 251 (traducción del autor).

23) Girard, *Los Chortis*, 1433-1434.

24) Carrasco y Moctezuma, *Great Temple of Tenochtitlan*, 73 and 140.

25) Luis Barba, Luz Lazos, Karl F.Link, Agustín Ortiz y Leonardo López Lujan, "Arqueometría en la Casa de Las Águilas," *Arqueología Mexicana* 6, (Mayo-Junio 1998).

26) Carrasco y Moctezuma, *Great Temple of Tenochtitlan*, 92-94.

27) Rudolf Steiner, *Relaciones Kármicas*, vol., VI, conferencia del 20 de julio de 1924, Rudolf Steiner Press.

28) Miguel León-Portilla, *Pre-Columbian Literatures of Mexico* (Norman: University of Oklahoma, 1969), 63.

29) Rudolf Steiner, *Mephistopheles and Earthquakes*, 1 de enero

de 1909, (Vancouver, Canadá: Steiner Books Center, Inc.).

30) Ibid.

31) Alexander von Wuthenau, *Unexpected Faces in Ancient America, 1500 BC-AD 1500: The Historical Testimony of Pre-Columbian Artists* (New York: Crown Publishers, 1975), capítulo 7: "The Question of Semites and Semitic Symbolism." Vea diferentes máscaras de todos los lugares citados, 34-37.

CAPÍTULO 3: EL IROQUÉS

1) Rafael Girard, *Historia de las civilizaciones antiguas de America*, vol. 1, (Madrid: Editorial Istmo S.A., 1976), 745-758.

2) Ibid., vol. 1, capítulo 12: "Culturas femeninas en Norteamérica."

3) Vea por ejemplo: Paul A. W. Wallace, *The White Roots of Peace* (Philadelphia: University of Pennsylvania Press, 1946).

4) Charles C. Mann, 1491: *New Revelations of the Americas Before Columbus* (New York: Alfred A. Knopf, 2005), 332-333.

5) Wallace, *White Roots of Peace*. Otros útiles cuentos de la leyenda son los siguientes:

- Horacio Hale, *The Iroquois Book of Rites* (New York: AMS Press, 1969).

- Arthur C. Parker, *Parker on the Iroquois* (Syracuse, NY: Syracuse University Press. 1968).

- Thomas R. Henry, *Wilderness Messiah: the Story of Hiawatha and the Iroquois* (New York: Bonanza Books, 1955).

- Nancy Bonvillain, *Hiawatha founder of the Iroquois Confederacy* (New York: Chelsea House Publishers, 1992).

6) Sobre Chebiabos vea "The White Stone Canoe" en H. R. Schoolcraft, *Schoolcraft's Indian Legends from Algic Researches, The Myth of Hiawatha, Oneota, The Race in America, and Historical and Statistical Information Respecting...the Indian Tribes of the United States*, ed. P. P. Mason, (1956; East Lansing: Michigan State University Press, 1991). Sobre Glooskap vea Stith Thompson, *Tales of the North American Indians*, (Cambridge, MA: Harvard Universidad Press, 1929).

7) Hale, *Iroquois Book of Rites*.

8) Rudolf Steiner, Cómo se Alcanza el Conocimiento de los Mundos Superiores, capítulo 1, "Vida y Muerte: El Gran Guardián del Umbral."

9) Harry Salman, *The Social World as Mystery Center: The Social Vision of Anthroposophy* (Seattle, WA: Threefold Publishers, 1998).

10) Rudolf Steiner, *El Portal de la Iniciación*, 1910, y *Tres Conferencias sobre los Dramas Misterio*, Basilea, Sept. 17, 1910; Berlín, Oct. 31, 1910; y Berlín, Dic. 19, 1911, (Nueva York: Anthroposophic Press).

11) Sergei Prokofieff, *El Significado Oculto del Perdón*, (Editorial Rudolf Steiner) Vea capítulo 5, "El Perdón como Parte Esencial del Camino Moderno a Cristo," y el capítulo 7, "La Naturaleza del Perdón y los Siete Pasos de la Iniciación Maniquea."

12) Matthew Dennis, *Cultivating a landscape of peace: Iroquois-European Encounters in Seventeenth Century America* (New York: Cornell University Press, 1993), 101.

13) Bruce E. Johansen, *Forgotten Founders: How the American Indians Helped Shape Democracy* (Boston: The Harvard Common Press, 1982).

CONCLUSIONES

1) Rudolf Steiner, *Inner Impulses of Evolution: The Mexican Mysteries and the Knights Templar*, conferencia 3 (Spring Valley, NY: Anthroposophic Press).

2) Ibid., conferencia 5.

3) Ibid., conferencia 3 del 18 de septiembre de 1916.

4) Ibid.

5) Ibid, conferencia 5 del 24 de septiembre de 1916.

6) Conferencia del 25 de octubre de 1918 en Dornach.

7) Rudolf Steiner, *The Karma of Untruthfulness* (El Karma de la Mentira), vol., I, conferencia del 18 de diciembre de 1916, Rudolf Steiner Press.

8) Ibid., conferencia del 25 de diciembre de 1916.

9) Rudolf Steiner, *Ideas for a New Europe: Crisis and Opportunity for the West*, conferencia del 15 de diciembre de 1919, Rudolf Steiner Press.

10) Rudolf Steiner, *New Spirituality and the Christ Experience of the Twentieth Century* (Nueva Espiritualidad y la Experiencia del Cristo en el Siglo Veinte), conferencia del 17 de octubre de 1920 (Londres: Rudolf Steiner Press, 1988). La misma idea se reitera en muchos otros lugares, por ejemplo en Rudolf Steiner, *Spiritual Science as a Foundation for Social Forms* (La Ciencia Espiritual como Fundamento para las Formas Sociales), conferencia del 7 de agosto de 1920, así: "con respecto al futuro inmediato, el llamado mundo civilizado enfrenta sólo dos opciones: Por un lado el Bolchevismo, y por el otro el orden social trimembrado. Él que no reconoce que en el futuro cercano sólo existen estas dos alternativas no entiende nada del curso de los eventos a escala mayor."

11) Rudolf Steiner, *Spiritual Science as a Foundation for Social Forms*, conferencia del 13 de junio de 1920, (Spring Valley, NY: Anthroposophical Press).

12) Rudolf Steiner, *Practical Advice to Teachers* (Consejos Prácticos para los Maestros), conferencia del 22 de agosto de 1919 (Londres, Rudolf Steiner Press).

13) Sergei O Prokofieff, *The Encounter with Evil and Its Overcoming through Spiritual Science*, (London: Temple Lodge, 1999).

BIBLIOGRAFÍA

LIBROS Y PERIODICOS

Arguedas J. M. y Duviols, Pierre. - *Dioses y hombres de Huarochiri. Narración quechua recogida por Francisco de Ávila (1573-1647)*, (Lima, Perú: Museo Nacional de Historia y el Instituto de Estudios Peruanos, 1966)

Asmussen, P. - *Manichean Literature: Representative Texts Chiefly from Middle Persian and Parthian Writings* (Delmar, NY: Scholars' Facsimiles & Reprints, 1975).

Baldwin, Neil - *Legends of the Plumed Serpent* (New York: Public Affairs, 1992).

Barba, Luis; Lazos, Luz; Link, Karl F.; Ortiz, Agustín y Lopez Lujan, Leonardo - *"Arqueometría en la Casa de las Águilas"*, en *Arqueología Mexicana*, mayo-junio 1998.

Barba de Piña Chan, B. - *Buscando Raíces de Mitos y Leyendas Mayas*, (Campeche, México: Ediciones de la Universidad Autónoma del Sudeste, 1988).

Berrin, K y Pasztory E. editores *Teotihuacan: Art from the City of the Gods* (New York: Thames and Hudson, 1993)

Bock, Emil - *Moses: From the Mysteries of Egypt to the Judges of Israel* (Rochester, VT: Inner Traditions International, 1986).

Bonvillain, Nancy - *Hiawatha founder of the Iroquois Confederacy*, (New York, Philadelphia: Chelsea House Publishers, 1992).

Broda, J.; Carrasco, D. and Matos Moctezuma E. - *The Great Temple of Tenochtitlan: Center and Periphery in the Aztec World* (Berkeley, Los Angeles, London: University of California Press, 1987).

Burger, Richard L. - *Chavin and the Origins of Andean Civilization* (New York: Thames and Hudson, 1992).

Burland, Cottie; Nicholson, Irene and Osborne, Harold - *Mythology of the Americas*, (London: Hamlyn Publishing Group, 1970).

Carrasco, David; Jones, Lindsay and Sessions, Scott - *Mesoamerica's Classic Heritage: from Teotihuacan to the Aztecs*, (Boulder:

University Press of Colorado, 2000).

Cheetham, David -"The America's First Colony: a Possible Olmec Outpost in Southern Mexico," in *Archaeology,* Jan.-Feb. 2006.

Clarke, Stephen - Introductory notes to "Rudolf Steiner's Inner Impulses of Evolution's 'Mexican Mystery' lectures," in *Southern Cross* 20 (Autumn 2002).

Coe, M. D. - *The Maya* (Fifth edition) (N. Y.: Thames and Hudson, 1993).

Coe M. D.; Diehl R. A.; Freidel D. A.; Furst P. T.; Reilly III, F. K.; Schele L.; Tate C. E. and Taube K. A. - *The Olmec World: Ritual and Rulership* (Princeton, NJ: Princeton University Art Museum, 1996).

Conrad, G. W. and Demarest, A. A. - *Religion and Empire: the Dynamics of Aztec and Inca Imperialism* (New York : Cambridge University Press, 1984).

Cooke, Grace - *The Illumined Ones,* (Cambridge, U. K.: The White Eagle Publishing Trust, 1966)

Davies, Nigel - *The Ancient Kingdoms of Mexico: A Magnificent Re-creation of Their Art and Life* (London: Penguin Books, 1982).

Deal, David Allen - *Discovery of Ancient America* (Irvine, CA: Kherem La Yah Press, 1984).

De la Garza, Mercedes - "El juego de pelota según las fuentes escritas" in *Arqueología Mexicana,* vol. 8, numero 44 (Julio-Agosto 2000).

Demarest, Arthur A. - *Wiracocha: The Nature and Antiquity of the Andean High God* (Cambridge, MA: Harvard University Press, Peabody Museum Press, 1981).

Demarest, Arthur A. Rice, Prudence M. and Rice, editors Don S. - *The Terminal Classic in Maya Lowlands: Collapse, Transition, and Transformation,* (Boulder, CO: University Press of Colorado, 2004)

Dennis, Matthew - Cultivating a landscape of peace: Iroquois-European Encounters in Seventeenth Century America (New York: Cornell University Press, 1993).

Dixon, Patrick - "America: the Central Motif," in *Shoreline* 4 (1991).

Fell, Barry - *Saga America* (New York: Times Books, 1980). *America B.C.: Ancient Settlers in the New World* (New York: Pocket Books, 1976).

Freidel, David; Schele, Linda and Parker, Joy - *Maya Cosmos: Three Thousand Years on the Shaman's Path* (New York: W. Morrow, 1993).

Gilbert, A. G. and Cotterell, M. M. - *The Mayan Prophecies: Unlocking the Secrets of a Lost Civilization* (Rockport, MA: Element Books, 1995).

Gillette, Douglas - *The Shaman's Secret: the Lost Resurrection Teachings of the ancient Maya* (N. Y.: Bantam Books, 1997).

Girard, Rafael –

- *Los Chortis ante el problema Maya* (México, D.F.: Antigua Librería Robledo, 1949).

- *People of the Chan* (Chino Valley, AZ: Continuum Foundation, 1966).

- *Historia de las civilizaciones antiguas de América* (Madrid: Editorial Istmo S.A., 1976).

Goetz, Delia and Morley, Sylvanus G. - *Popol Vuh: the Sacred Book of the Ancient Quiché-Maya*, from the translation of Adrian Recinos (Norman: University of Oklahoma Press, 1950).

Hale, Horatio - *The Iroquois Book of Rites* (New York: AMS Press, 1969).

Hansen, L. T. - *He Walked the Americas* (Amherst, WI: Legend Press, 1963).

Heiden, Doris - *"Una interpretación en torno a la cueva que se encuentra debajo de la pirámide del sol en Teotihuacán"* en *American Antiquity*, vol. 40, #2, 1975.

Henry, Thomas R. - *Wilderness Messiah: the Story of Hiawatha and the Iroquois* (New York: Bonanza Books, 1955).

Irwin, Constance H. - *Fair Gods and Stone Faces* (New York: St. Martin's Press, 1963).

Jenkins, John Major - *Maya Cosmogenesis 2012: The True Meaning of the Maya Calendar End-Date* (Santa Fe, NM: Bear & Co., 1998).

Johansen, Bruce E. - *Forgotten Founders: How the American Indians Helped Shape Democracy* (Harvard and Boston, MA.: The Harvard Common Press, 1982).

Johnson, Thomas Crawford - *Did the Phoenicians Discover America?* (London: James Nisbet & Co., 1913).

Koontz, Rex; Reese-Taylor, Kathryn and Headrick, Annabeth - *Landscape and Power in Ancient Mesoamerica*, (Boulder, CO: Westview Press, 2001).

Krupp, E. C. - "The Binding of the Years, the Pleiades and the Nadir Sun" in *Archaeoastronomy*, Jan-Mar 1982.

Leon-Portilla, Miguel, traductor, editor –

- *Pre-Columbian Literatures of Mexico* (Norman and London: University of Oklahoma Press, 1969).

- *Aztec Thought and Culture* (Norman and London: University of Oklahoma Press,1978).

- *Native Meso-amenican Spirituality: Ancient Myths, Discourses, Stories, Doctrines, Hymns, Poems from the Aztec, Yucatec, Quiché -Maya and Other Sacred Doctrines*, (N.J.: Paulist Press, 1980).

Lowe, Gareth; Lee Thomas A. Jr., and Martinez Espinosa, Eduardo - "Izapa: An Introduction to the Ruins and Monuments," in *Papers of the New World Archaeological Foundation* (Provo, UT: Brigham Young University, 1982).

Malmström, Vincent H. - *Cycles of the Sun, Mysteries of the Moon: The Calendar in Mesoamerican Civilization* (Austin, TX: University of Texas Press, 1997).

Mann, Charles C. - *1491: New Revelations of the Americas Before Columbus* (New York: Alfred A. Knopf, 2005).

Markman, R. H. and Markman, P. T. - *The Flayed God: the*

Mesoamerican Mythological Tradition: Sacred Texts and Images from the Pre-Columbian Mexico and Central America, (San Francisco: Harper San Francisco, 1992).

Mc Dermott, Gerald - *Arrow to the Sun* (New York: Viking Press, 1974).

Mediz Bolio, A. - *Libro de Chilam Balam de Chumayel*, (México: Ediciones de la Universidad Nacional Autónoma, 1941).

Megged, Nahum - *El universo del Popol Vuh: análisis histórico, psicológico y filosófico del mito quiché* (México: Editorial Diana, 1991).

Metraux, Alfred - "Twin Heroes in South American Mythology" in *Journal of American Folklore*, (American Folklore Society of Philadelphia) 1946.

Milla Villena, Carlos - *Génesis de la Cultura Andina*, (Lima, Peru: Colegio de Arquitectos del Perú, Fondo Editorial C. A. P. , Colección Bienal, 1983).

Miranda Gómez, Francisco - *Dos cultos fundantes: los Remedios y Guadalupe (1521–1649): Historia documental* (Zamora, México: El Colegio de Michoacán, 2001)

Mullett, G. M. - *Spider Woman Stories: Legends of the Hopi Indians*, (Tucson: The University of Arizona Press, 1979).

Norman, V. G. - "Izapa Sculpture, Part II: Text," in *Papers of the New World Archaeological Foundation* (Provo, Utah: Brigham Young University, 1976).

Ort, L.J.R. - *Mani: A Religion-Historical Description of his Personality* (Leiden: E.J. Brill, 1967).

Osborne, Harold - *South American Mythology*, (London: Chancellor Press, 1968).

Parker, Arthur C. - *Parker on the Iroquois* (Syracuse, N. Y.: Syracuse University Press, 1968).

Pasztory, Esther - "The Iconography of the Teotihuacan Tlaloc", in *Studies in Pre-Columbian Art and Archaeology*, # 15, 1974, Dumbarton Oaks, Washington D. C.

Piña Chan, Roman - *The Olmec, Mother Culture of Mesoamerica*, ed. Laura Laurencich Minelli (New York: Rizzoli, 1989).

Pinkowski, Jennifer - "A Place by the Sea: Early Urban Planning on Mexico's Pacific Coast," en *Archaeology,* Enero-Febrero 2006.

Popenoe Hatch, Marion - "An Hypothesis on Olmec Astronomy, with Special Reference to the La Venta Site," in *Contributions of the University of California Archaeological Research Facility: Papers on Olmec and Maya Archaeology* (Berkeley: University of California, June 1971).

Prokofieff, Sergei O. – *El Significado Oculto del Perdón* (España: Editorial Rudolf Steiner, 1995).

Recinos, Adrian - *Popol Vuh: las antiguas historias del Quiché* (México D.F.: Fondo de Cultura Económica, 1947).

Roys, R. L. - *The Book of Chilam Balam of Chumayel* (Norman: University of Oklahoma Press, 1933).

Santos-Granero, Fernando - *The Power of Love: the Moral Use of Knowledge amongst the Amuesha of Central Peru,* (London: Athlone Press, 1991).

Schele, Linda and Miller, Mary Ellen - *The Blood of Kings: Dynasty and Ritual in Maya Art*, (New York: George Braziller, 1986).

Schele, Linda and Friedel, David - *A Forest of Kings: the Untold Story of the Ancient Maya* (New York: Morrow and Company, Inc., 1990).

Schoolcraft, H. R. - *Schoolcraft's Indian Legends from Algic Researches, The Myth of Hiawatha, Oneota, The Race in America, and Historical and Statistical Information Respecting...the Indian Tribes of the United States*, 1956, ed. Mentor L. Williams, (East Lansing: Michigan State University Press, 1991).

Seddon, R. - *Mani, His Life and Work Transforming Evil* (London: Temple Lodge, 1998).

Spinden, H. J. - "The Question of the Zodiac in America," in *American Anthropologist* 18, 1916.

Sprajc, Ivan –

- "The Venus-Rain-Maize Complex in the Mesoamerican World View: Part II", in *Archaeoastronomy* #18 of 1993.

- *Venus, lluvia y maíz: simbolismo y astronomía en la cosmovisión Mesoamericana*, (México: Serie Antropológica, Instituto Nacional de Antropología e Historia, 1996).

Steiner, Rudolf –

- *Inner Impulses of Evolution: the Mexican Mysteries and the Knights Templar*, 1916 (Spring Valley, N. Y.: Anthroposophic Press, 1984).

- *El Hecho de Cristo y los Poderes Espirituales Opositores,* 2 conferencias, 1909 – GA 107 *(The Deed of Christ and the Opposing Spiritual Powers* - Steiner Books, 1976),

- *The Mission of Folk-Souls in Connection with Germanic-Scandinavian Mythology,* 1910 (New York: Spiritual Research Editions/Garber Communications).

- *The Spiritual Guidance of the Individual and of Mankind*, 1911, (New York: Anthroposophic Press, 1925).

- *El Quinto Evangelio*, 1913.

- *El Evangelio Según San Marcos*, 1912.

- *True and False Paths in Spiritual Investigation*, 1924 (London: Rudolf Steiner Press).

- *Mystery Centers*, 1923 (Blauvelt, NY: Garber Communications, Spiritual Research Editions).

- *Man and the World of the Stars: The Spiritual Communion of Mankind*, 1922. (Anthroposophic Press, 1963)

- *En el Portal de la Ciencia Espiritual*, 1906.

- *Karmic Relationships*, vols. 1, 3, 5, 6, 7 1924 (NY: Rudolf Steiner Press, 1977).

- *The East in the Light of the West*, 1922 (Anthroposophic Press, New York, 1940).

- *Turning Points of Spiritual History*, 1911-1912 (Rudolf

Steiner Publishing Co., U. K., 1934)

- *La Leyenda del Templo, La Francmasonería y los Movimientos Ocultos Relacionados (The Temple Legend, and the Golden Legend: Freemasonry and Related Occult Movements (From the Contents of the Esoteric School), 1904-06 (Rudolf Steiner Press, 1985)*

- *El Evangelio Según San Lucas (The Gospel of Saint Luke,* 1909 - London: Rudolf Steiner Press, 1975).

- *From Symptom to Reality in Modern History,* 1918 (Anthroposophic Press, 1976)

- *El Impulso de Cristo y el Desarrollo de la Conciencia del Yo (The Christ Impulse and the Development of Ego Consciousness,* 1910, - N. Y.: Anthroposophic Press, 1976).

- *The Book of Revelation and the Work of the Priest* (18 conferencias y session de preguntas y respuestas en Dornach desde el 5 al 22 de setiembre de 1924, reconstruída a partir de notas tomadas por los participantes), Rudolf Steiner (London: Rudolf Steiner Press, 1998).

- *Ideas for a New Europe: Crisis and Opportunity for the West,* (London: Rudolf Steiner Press).

- *Spiritual Science as a Foundation for Social Forms,* Rudolf Steiner (N. Y.: Anthroposophic Press).

- *Mephistopheles and Earthquakes,* 1909, (Steiner Books Center Inc., Vancouver, Canada).

- *How to Know Higher Worlds,* Rudolf Steiner, 1904, (Anthroposophic Press, 1994)

- *The Portal of Initiation,* 1910, (New York: Steiner Books)

- *Cosmic Memory: Prehistory of Earth and Man,* 1904 (New York: Steiner Books, 1959).

- *Three Lectures on the Mystery Dramas, Basel,* 1910-1911 (Anthroposophic Press, New York).

- *World History and the Mysteries in the Light of Anthroposophy*, 1923-24 (London: Rudolf Steiner Press).

- *Practical Advice to Teachers*, 1919 (London: Rudolf Steiner Press).

Sugiyama, Saburo - *Human Sacrifice, Militarism and Rulership*, (Cambridge: Cambridge University Press, 2005).

Taladoire, Eric - *"El juego de pelota Mesoamericano: origen y desarrollo"* en *Arqueología Mexicana* 44, no. 8 (Julio-Agosto 2000).

Tedlock, Dennis, trans. - *Popol Vuh: The Definitive Edition of the Mayan Book of the Dawn of Life and the Glories of Gods and Kings* (New York: Touchstone Books/Simon and Schuster, 1985).

Thompson, Stith - *Tales of the North American Indians*, (Cambridge, MA: Harvard University Press, 1929).

Townsend, Richard, ed. - *Ancient Americas: Art from Sacred Landscapes*, The Art Institute of Chicago (Munich: Prestel Verlag, 1992).

Trejo, G. J. - "Solar observations in Ancient Mexico: Malinalco", in Archaeoastronomy # 15 of 1990.

Trento, Salvatore Michael - *The Search for Lost America* (Chicago: Contemporary Books Inc., 1978).

Truding, Ilona - *A Miracle for Our Time: Studies in Esoteric Christianity* (London: Temple Lodge, 1990).

Uriarte, María Teresa - *"Practica y símbolos del juego de pelota,"* en *Arqueología Mexicana* 44, no. 8, Julio-Agosto 2000.

Villacorta J. Antonio C. and Rodas Flavio N., *Manuscrito de Chichicastenango (Popol Buj)*, (Guatemala: Sánchez y De Guise, 1927).

Von Hagen, Victor - *Realm of the Incas* (New York: The New American Library, 1957).

Von Wuthenau, Alexander - *Unexpected Faces in Ancient America, 1500 BC-AD 1500: The Historical Testimony of Pre-Columbian Artists* (New York: Crown Publishers, 1975).

Wallace, Paul A. W. - *The White Roots of Peace* (Philadelphia: University of Pennsylvania Press, 1946).

Williamson, Glen - *The Mexican Mysteries and Pre-Columbian Art: The Influence of the Deed of Vitzliputzli on Mesoamerican and Andean Culture (33- 1492 AD)* (unpublished paper, July 1999).

Williamson, R. A. - *Archaeoastronomy of the Americas* (Los Altos: Ballena Press, CA.; and College Park, MD.: Center for the Archaeoastronomy cooperative publication, University of Maryland, 1981).

Zuidema, R. Tom - *La Civilisation Inca au Cuzco*, Collège de France, essays et conferences (Paris: Presses Universitaires de France, 1986).

INTERNET Y NUEVAS FUENTES

Acerca de los Murales Maya de San Bartolo

Peabody Museum of Archaeology and Ethnology, "The Early Maya Murals at San Bartolo, Guatemala," http://www.peabody.harvard.edu

Thomas H. Maugh II, "Mural Reveals Pre-Classic Maya as a Civilized Society," *Los Angeles Times*, December 14, 2005.

Acerca de los Primeros Escritos Olmecas

References: *Early Olmec Writing? The Cascajal Block*, Archaeology.about.com/od/olmeccivilization/a/cascajal_block.htm

Mesoweb Reports: the Earliest Precpolumbian Writing, Joel Skidmore (Precolumbia Mesoweb Press). www.mesoweb.com/reports/Cascajal.pdf

Acerca del Escrito Isthmian (Epi-Olmec)

Ancient Mask Adds to Corpus of Isthmian Script: 100 BC to 500 AD? www.ancientscripts.com/epiolmec.html

Beyond the Family Feud: After Decades of Debate, Are Younger Scholars Finally Asking the Right Questions About the Olmec? Andrew Lawler, Archaeology, March/April 2007).

Early Maya Writing at San Bartolo, Guatemala, William A. Saturno, David Stuart, Boris Beltrán, www.sanbartolo.org/science.pdf

Acerca de las Masacres en la Antigua ciudad Maya de Cancuen

Neil Arun, "Mass grave yields Mayan secrets," BBC News, November 21, 2005 at http://news.bbc.co.uk/2/hi/americas/4450528.stm,

John Noble Wilford, "A 1,200-year-old Murder Mystery of Maya King in Guatemala Begins End of Maya Civilization," New York Times, November 17, 2005. http://lamnews.com/1,200-year-old_murder_mystery_of_Maya_king_in_guatemala_begins_end_of_Maya_civilization.htm.

393